LES INDO-EUROPÉENS

Faits, débats, solutions

Illustration de couverture :
Stèle anthropomorphe de Kernosivka (Ukraine) ; culture de Kemi-Oba, IVe millénaire av. J.-C. Pour les partisans de la « théorie des Kourganes », les monuments de ce type constituent les seules représentations d'époque des Indo-Européens, ou d'une de leurs divinités.

7, rue Jean-du-Bellay
75004 Paris
Tél : 01 43 26 85 82
Fax : 01 43 29 34 88

ISBN : 2-87772-321-6

LES INDO-EUROPÉENS

Faits, débats, solutions

Iaroslav Lebedynsky

« Maintenant, rendons cet hommage aux Pères, ceux morts il y a longtemps et ceux qui les ont suivis...
Pères qui siégez sur l'herbe sacrée, venez, assistez-nous : ces offrandes nous les avons faites pour vous ; acceptez-les...
Ployant vos genoux fléchis, assis en direction du sud, acceptez notre sacrifice avec faveur...
Drapés dans le sein des aurores pourpres, donnez des richesses aux hommes qui font les oblations...
Toi, Jatavedas, sais bien le nombre des Pères qui sont ici et qui sont absents, des Pères que nous connaissons et que nous ne connaissons pas : accepte le sacrifice... »

Invocation indienne aux âmes des ancêtres (*Pitáraḥ*, les « Pères ») et au dieu du feu Agni Jatavedas; *Ṛg-Veda*, X, 15.

INTRODUCTION

L'une des plus importantes découvertes de tous les temps en sciences humaines a été celle de l'apparentement des principales langues d'Europe et de plusieurs langues majeures d'Asie, définitivement démontré au XIXe siècle sur la base d'intuitions beaucoup plus anciennes. Le latin (et ses descendants modernes, dont le français), le grec, les parlers germaniques, celtiques, slaves, iraniens, le sanscrit et diverses langues parlées en Inde, comme bien d'autres encore, avaient en commun non seulement une grande partie de leur vocabulaire de base, mais aussi leurs structures grammaticales les plus archaïques. Ces ressemblances, qui excluaient toute coïncidence et ne pouvaient non plus s'expliquer par des emprunts massifs de vocabulaire et de syntaxe aux quatre coins de l'Eurasie, justifiaient le groupement de toutes ces langues éteintes ou vivantes dans une famille que l'on qualifie aujourd'hui, après diverses hésitations terminologiques, d'« indo-européenne ».

Cet ensemble linguistique s'oppose à d'autres familles de langues (ouralienne ou « finno-ougrienne », caucasique, altaïque ou turco-mongole, afro-asiatique ou « chamito-samitique »... pour ne citer que ses principales voisines de l'Ancien Monde), avec lesquelles aucune parenté n'est aujourd'hui formellement démontrée.

De même que la parenté étroite entre l'italien, l'espagnol, le français, etc., s'explique par leur commune origine latine, de même l'explication la plus logique de l'existence de la vaste famille indo-européenne est que ses membres proviennent d'un même parler originel très ancien. C'est cette langue-mère que nous appelons l'« indo-européen ». Bien qu'elle ne soit pas attestée directement (car elle avait disparu bien avant d'avoir pu être notée par un système quelconque d'écriture), sa réalité ne fait guère de doute. Elle peut, dans une certaine mesure, être restituée par comparaison entre ses héritières.

Derrière cette révélation linguistique se profile immédiatement une question historique, ou plutôt une longue série de questions connexes : quand, où et par qui la langue-mère avait-elle été parlée ? On passe ainsi de l'indo-européen, hypothèse linguistique, aux « Indo-Européens », hypothèse ethnoculturelle.

Dès le départ, les recherches sur ce thème furent viciées par des considérations idéologiques plus ou moins conscientes, et elles le sont encore aujourd'hui. En réaction à certains excès, quelques sceptiques ont nié l'existence d'un « peuple indo-européen ». Il est pourtant difficile d'en faire l'économie. Non seulement l'indo-européen a bien dû être parlé à l'origine par un groupe humain déterminé, qui a sans doute assuré sa première diffusion, mais encore les parallèles culturels établis entre des populations de langue indo-européenne très éloignées entre elles, de l'Europe occidentale à l'Inde, suggèrent l'existence d'une culture commune. Ainsi, le problème est moins de savoir s'il y a eu des « Indo-Européens », que de les situer dans le temps et dans l'espace, et de leur faire correspondre des vestiges matériels.

A cette question, il n'y a pas encore, et il n'y aura peut-être jamais, de réponse sûre. La théorie actuellement la plus cohérente et plausible, celle des « Kourganes », est insuffisamment démontrée, mais aucune autre ne présente la même vraisemblance, comme l'a montré l'échec de certaines remises en cause récentes.

Ce livre a été écrit avec le souci de présenter, d'une façon aussi simple que possible, ce problème d'une extrême complexité. Il s'adresse non pas aux indo-européistes, qui ont aujourd'hui à leur disposition une documentation abondante et de qualité, y compris en langue française, mais au public, beaucoup plus nombreux et moins informé, de ceux qui souhaitent comprendre les tenants et aboutissants d'une question que « l'honnête homme » d'aujourd'hui ne peut guère ignorer.

Ce travail de vulgarisation n'est pas inutile en France, où règne une assez colossale ignorance en la matière. Dans le système d'enseignement français, on peut parvenir jusqu'à l'université sans avoir entendu parler d'indo-européen, alors même que l'on aura étudié l'anglais, l'allemand, l'espagnol, le russe, voire le latin ou le grec ancien – et bien sûr le français. Or, une ou deux heures d'initiation à la thématique indo-européenne, dispensées en amont de ces enseignements linguistiques, se justifieraient pour des raisons non seulement intellectuelles, mais aussi pratiques. Que l'on mette en parallèle, par exemple, quelques termes fondamentaux et la conjugaison du verbe « être » dans quelques grandes langues mortes et vivantes de la famille indo-européenne, et celles réputées les plus difficiles, comme le grec ancien, ou les plus exotiques, comme le russe, perdront beaucoup de leur aspect faussement rébarbatif.

Encore l'ignorance est-elle moins grave que la suspicion qui pèse, dans une partie de l'opinion et jusque parmi certains scientifiques, sur les études indo-européennes. Elle procède, bien sûr, de la manipulation, on dirait en jargon moderne : de « l'instrumentalisation », de ces recherches par certaines idéologies. Le problème n'est pas propre à la France, mais il y a été ranimé récemment par la volonté délibérée de la « Nouvelle Droite » des années 1980 de construire un grand mythe identitaire européen sur la base des origines indo-européennes, puis par les accusations portées contre le Centre d'études indo-européennes de Lyon et sa fermeture.

Pourtant, en dehors de toute arrière-pensée, la connaissance de la problématique indo-européenne s'avère indispensable pour comprendre non seulement la répartition ancienne et actuelle des langues et des peuples en Eurasie, mais aussi la genèse de cultures comme celles de l'Inde védique, de la Perse antique, et d'une Europe encore façonnée par les traditions des Celtes, Germains ou Slaves.

Le problème indo-européen sera abordé ici en trois temps. Une première partie sera consacrée aux données linguistiques, qui sont à l'origine de toute l'affaire : comment a-t-on décelé la parenté des langues indo-européennes ? Quelles sont ces langues et comment se situent-elles par rapport à leur ancêtre commune ? Peut-on reconstituer cette dernière, et avec quel degré de vraisemblance ? Nous nous intéresserons ensuite aux locuteurs de la langue-mère, et à ce que les éléments linguistiques peuvent nous apprendre de leur culture. Une large place sera faite aux théories de Georges Dumézil sur la structure « trifonctionnelle » de la pensée indo-européenne. La troisième partie de l'ouvrage présentera le débat archéologique sur l'identification des vestiges matériels des Indo-Européens.

Transcriptions

Dans sa *Grammaire comparée des langues indo-européennes* (1833), Franz Bopp employait hardiment, outre les alphabets latin, grec et cyrillique, l'écriture *devanāgarī* indienne pour le sanscrit, et encore l'alphabet « zend » (avestique) et le syllabaire cunéiforme du vieux-perse ! Il nous a paru plus charitable envers le lecteur de translittérer systématiquement en alphabet latin tous les termes cités, conformément aux systèmes scientifiques couramment employés.

En règle générale :

- les voyelles surmontées d'un trait (***ā***, ***ē***...) sont longues.
- ***č*** = français *tch* dans *tchèque*.
- ***ə*** est une voyelle réduite analogue au *e* allemand dans *aber*.
- ***š*** = français *ch* dans *chat*.
- **θ**, noté aussi ***þ*** en germanique, représente le *th* anglais de *smooth*.
- ***u*** a pratiquement toujours le son du français *ou* dans *cou*.
- ***x*** note habituellement le *ch* allemand de *Bach* (la *jota* espagnole).
- ***ž*** = français *j* dans *jeu*.

Des précisions complémentaires sont données dans la présentation des textes en différentes langues indo-européennes du chapitre II.

Pour les graphies des formes reconstituées de l'indo-européen, on se reportera au chapitre III.

Cartographie

Les cartes ont été regroupées en un atlas à la fin de l'ouvrage (p. 177-212).

En dépit d'une clarté qui doit beaucoup à l'aide technique de l'éditeur, ces cartes ne doivent pas être considérées comme reflétant des informations d'une absolue précision. En particulier, les limites de l'aire des différentes cultures archéologiques, qui peuvent dans certains cas varier de plusieurs centaines de kilomètres suivant les auteurs, sont indiquées sous toutes réserves. Les cartes linguistiques sont souvent des compromis, résumant des situations beaucoup plus complexes et évolutives.

Première partie

Le dossier linguistique

« *Les rapports de la langue ancienne de l'Inde avec ses sœurs de l'Europe sont en partie si évidents qu'on ne peut manquer de les apercevoir à première vue ; mais, d'autre part, il y en a de si secrets, de si profondément engagés dans l'organisme grammatical* [...], *qu'il faut employer toute la rigueur d'une méthode scientifique pour reconnaître et montrer que tant de grammaires diverses n'en formaient qu'une seule dans le principe.* »

Franz Bopp, *Grammaire comparée des langues indo-européennes*, 1833 ;
trad. M. Bréal.

CHAPITRE I

L'aventure scientifique de l'indo-européen

La conception actuelle de l'indo-européen est le fruit de deux siècles de recherches précédées par des théories pré-scientifiques beaucoup plus anciennes.

Le temps des intuitions

L'aptitude à déceler des ressemblances entre les parlers est probablement innée chez l'homme depuis la formation du langage articulé. En tout cas, dès l'Antiquité, les premiers historiens, géographes ou ethnographes évoquaient volontiers des parentés ou des différences linguistiques. De grands groupes de peuples comme les Celtes, les Germains ou les Scythes (au sens large) étaient définis par des critères en partie linguistiques, et certaines observations frappent encore par leur finesse ; Eratosthène (v. 276-194 av. J.-C.) signale ainsi, de façon parfaitement exacte, que les habitants de la Perse et de la Médie, de la Bactriane et de la Sogdiane, sont « à peu près de même langue », c'est-à-dire parlent tous des dialectes iraniens. Les voyageurs ou chroniqueurs chinois employaient eux aussi de telles classifications (ainsi Zhang Qian au IIe siècle av. J.-C.).

Mais au-delà des similitudes évidentes entre des parlers très proches, dans quelle mesure les Anciens percevaient-ils celles qui existaient entre les branches de la famille indo-européenne ? Les contacts entre les représentants de ces différentes branches étaient nombreux, à l'occasion de guerres et de conquêtes, de commerce, ou de diplomatie. Les situations de bilinguisme n'étaient pas rares, qu'il s'agisse de la Bactriane hellénistique (grec/iranien), de la Gaule romaine (gaulois/latin), ou de la classe cultivée romaine elle-même (latin/grec). On peut imaginer qu'un soldat de l'armée d'Alexandre le Grand en Perse ou en Inde, marchandant un article sur un bazar, ne pouvait manquer de remarquer la quasi-identité de certains noms de nombres grecs et iraniens ou indiens (grec *pénte*, iranien *panča*, sanscrit *páñca* « cinq » ; grec *heptá*, iranien *hapta*, sanscrit *saptá* « sept », etc.).

De fait, une réflexion à ce sujet est documentée au moins dans le monde classique occidental. Dans le *Cratyle* de Platon, Socrate note la ressemblance de termes grecs et phrygiens – même s'il veut faire provenir les premiers des seconds. Eschyle met en scène dans *Les Perses* (189-191) des personnifications de la Grèce et de la Perse, « *sœurs de même race* ». Divers grammairiens latins soulignent les rapports entre latin et grec et tentent, faute de meilleure solution, de faire dériver l'un de l'autre (généralement le latin du grec).

Ex Oriente lux : *le temps des érudits*

Cette réflexion ne progressa guère durant le Moyen Age occidental, faute sans doute de matière. Les intellectuels européens de cette période étaient parfaitement capables de raisonner sur l'apparentement, voire sur l'évolution, des langues (ainsi Dante à propos des langues latines), mais manquaient de perspective plus vaste ou se contentaient des schémas bibliques qui offraient des explications de type généalogique.

La situation changea radicalement à partir du XVIe siècle, quand de nombreux marchands et missionnaires européens eurent l'occasion de se familiariser avec diverses langues de l'Asie, en particulier les langues indiennes et le persan. Les premières observations sur leur étrange ressemblance avec le latin, le grec ou diverses langues européennes vivantes semblent dater des années 1580. D'Inde, le jésuite anglais Thomas Stevens nota en 1583 les similitudes structurelles entre les langues indiennes, le grec et le latin ; en 1585, le marchand italien Filippo Sassetti souligna, lui, des similitudes lexicales, concernant en particulier les numéraux, entre sanscrit et langues d'Europe. Très vite, des érudits occidentaux – dont de nombreux Néerlandais – les reprirent et commencèrent à les théoriser. Un vocabulaire comparé du persan et de l'allemand fut publié en 1597 par le Néerlandais de Smet (« Bonaventura Vulcanius » de son surnom latin). Dès 1640, à Leyde, Marc Boxhorn rapprocha le latin, le grec, le persan et le germanique. Comme il fallait un nom pour désigner la famille ainsi définie, il lui donna assez étrangement celui de « scythique », qui connut une certaine fortune jusqu'à la fin du XVIIIe siècle et fut source de diverses confusions. Les vrais Scythes, nomades qui avaient dominé les steppes eurasiatiques aux VIIe-IIIe siècles av. J.-C., parlaient en majorité des langues indo-européennes de la branche iranienne (ce que l'on ignorait, bien sûr, du temps de Boxhorn), et n'étaient en rien les ancêtres linguistiques des Grecs ou des Allemands.

La théorie « scythique » fut ensuite développée pour inclure d'autres langues dont on découvrait la parenté avec celles déjà comparées, comme le slave et le celtique, mais elle fut aussi contestée. En 1700, par exemple, Thomas Hyde prétendit expliquer les ressemblances entre elles par des emprunts de vocabulaire. Mais presque au même moment, le philosophe allemand Leibniz, passionné par la question, réaffirmait la parenté du latin, du grec, des langues celtiques, germaniques, slaves, et du persan. Il en tirait des conclusions de grande portée sur l'histoire ancienne des locuteurs de ces langues :

> « *On peut conjecturer que cela vient de l'origine commune de tous ces peuples descendus des Scythes, venus de la mer Noire, qui ont passé le Danube et la Vistule, dont une partie pourrait être allée en Grèce, et l'autre aura rempli la Germanie et les Gaules.* » (*Essais sur l'entendement humain*, 1703).

Au XVIIIe siècle, les débats se poursuivirent, le terme de « scythique » étant parfois concurrencé par celui de « japhétique » (du nom du Japhet de la Bible, l'un des fils de Noé, ancêtre mythique de divers peuples européens). Les savants propo-

Gottfried Wilhelm Leibniz (1646-1716). Le philosophe allemand fut l'un des grands promoteurs de la théorie « scythique », préfiguration directe des études indo-européennes.

saient diverses classifications des langues parentes, avec parfois des nomenclatures curieuses, voire des erreurs surprenantes (James Parsons, en 1767, prenait le hongrois pour un parler « japhétique »). En 1771, la publication par Anquetil-Duperron de l'*Avesta*, le livre sacré des Zoroastriens, fournit une abondante matière aux comparatistes – quoique l'authenticité de l'œuvre ait été contestée jusqu'en 1823 ! Le texte était en effet rédigé dans une langue liturgique qui représentait un état de l'iranien beaucoup plus archaïque que le persan.

Le tournant symbolique qui devait conduire aux études indo-européennes modernes est représenté par la conférence faite en 1786 par William Jones à la Société de Calcutta. L'une des phrases de Jones est connue par cœur de tout comparatiste :

> « *La langue sanscrite, quelle que soit son antiquité, est d'une structure merveilleuse ; plus parfaite que le grec, plus riche que le latin, et plus délicieusement raffinée que chacune des deux ; et cependant présentant avec les deux une plus forte affinité, tant dans les racines des verbes que dans les formes de la grammaire, que le hasard n'en aurait pu produire ; si forte en fait que nul philologue ne pourrait examiner les trois sans croire qu'elles sont issues d'une source commune qui, peut-être, n'existe plus. Il y a une raison semblable, quoique pas tout à fait aussi convaincante, de supposer que le gothique et le celtique, bien que mêlés à un idiome différent, ont la même origine que le sanscrit ; et le vieux persan pourrait être ajouté à la même famille.* »

Ce discours assez hésitant sur certains points (comme le statut du celtique et du germanique, ou la curieuse idée que la langue-mère pourrait être encore vivante) avait l'avantage de mettre l'accent, au-delà de l'apparentement des vocabulaires, sur les similitudes grammaticales.

Quelques esprits pourtant érudits et éclairés de ce temps n'envisageaient d'ailleurs pas que l'on puisse aller plus loin. Comme l'écrivait curieusement Jan Potocki dans son *Histoire primitive des peuples de la Russie* :

> « *Nous entrevoyons bien les choses anciennes qui ont donné lieu à l'ordre actuel, mais cet ordre encore plus ancien qui a produit les choses anciennes, nous n'en avons aucune idée. Nous savons bien que l'allemand, le slave et le latin sont des dialectes celtiques* [sic ! comprendre : « indo-européens »], *mais la langue celtique, nous ne saurons jamais d'où elle vient. Les origines sont donc du nombre de ces choses que nous ne devions pas savoir...* »

Le temps des fondateurs

Le XIXe siècle peut être considéré comme un âge d'or pour les études indo-européennes. De brillants savants, dont l'œuvre demeure fondamentale, décrivirent avec précision les principales langues indo-européennes, définirent leurs rapports mutuels, recherchèrent derrière elles l'image de la langue-mère et crurent l'avoir trouvée. Ils lui donnèrent aussi son nom actuel : le terme d'« indo-européen » semble être apparu pour la première fois en 1813 sous la plume de Thomas Young. Le géographe Conrad Malte-Brun avait proposé trois ans plus tôt celui d'« indo-germanique » (*Indogermanisch*), qui ne fut jamais utilisé qu'en Allemagne – et pas par tous les linguistes.

A partir de 1818, le Danois Rasmus Rask dressa un nouveau tableau de la famille indo-européenne. Dans son système définitif, il y distinguait les branches indienne, iranienne (à laquelle il ajoutait par erreur l'arménien, à cause de son important vocabulaire emprunté à l'iranien), « sarmate » (balto-slave), « thrace » (comprenant le latin et le grec !), « gothique » (germanique), celtique, et albanaise. A part le choix malheureux de certains termes comme « sarmate » et « thrace », la classification progressait.

Franz Bopp rédigea entre 1833 et 1849 une monumentale *Grammaire comparée du sanscrit, du zend* [avestique], *de l'arménien, du grec, du latin, du lituanien, du vieux-slave, du gothique et de l'allemand.* Son travail (traduit en français en 1866) demeura longtemps fondamental, et il contribua de façon décisive à imposer dans l'usage l'appellation d'« indo-européen ».

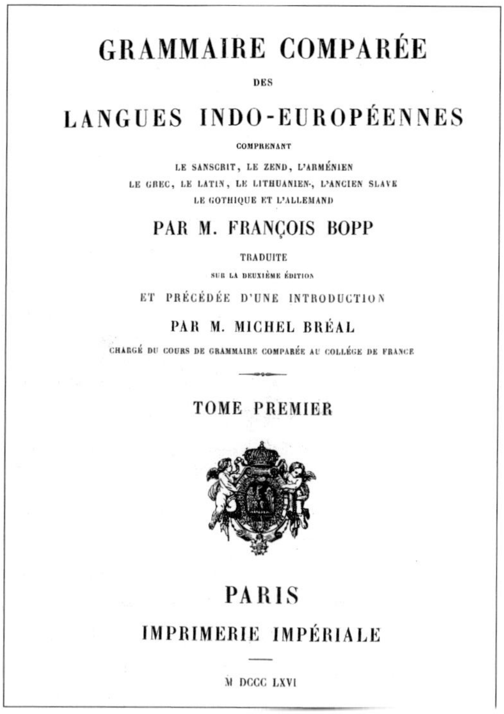

GRAMMAIRE COMPARÉE
DES
LANGUES INDO-EUROPÉENNES
COMPRENANT
LE SANSCRIT, LE ZEND, L'ARMÉNIEN
LE GREC, LE LATIN, LE LITHUANIEN, L'ANCIEN SLAVE
LE GOTHIQUE ET L'ALLEMAND
PAR M. FRANÇOIS BOPP
TRADUITE
SUR LA DEUXIÈME ÉDITION
ET PRÉCÉDÉE D'UNE INTRODUCTION
PAR M. MICHEL BRÉAL
CHARGÉ DU COURS DE GRAMMAIRE COMPARÉE AU COLLÈGE DE FRANCE
TOME PREMIER
PARIS
IMPRIMERIE IMPÉRIALE
M DCCC LXVI

Page de titre de l'édition française (1866) de la *Grammaire comparée des langues indo-européennes* de Franz Bopp, la première grande synthèse parue en France sur le sujet.

La matière disponible fut encore accrue par le déchiffrement, au milieu du XIXe siècle, des inscriptions achéménides en vieux-perse (Rawlinson). La langue s'avérait très conforme à ce que l'on savait de l'iranien ancien grâce à l'avestique.

Les progrès de la recherche étaient tels que d'éminents esprits s'enfiévrèrent. August Schleicher, l'un des plus grands indo-européistes de la seconde moitié du XIXe siècle, publia en 1861 un *Compendium* qui restituait une langue-mère beaucoup trop proche du sanscrit (on y reviendra au chap. III), et crut même pouvoir écrire un texte en « indo-européen ». La période fut marquée aussi par le débat sur la fragmentation dialectale de l'indo-européen : la langue primitive avait-elle donné naissance à ses diverses branches par divisions successives, liées par exemple à des migrations (schéma de l'arbre généalogique de Schleicher), ou par diffusion d'innovations au sein d'un même ensemble traversé par des courants (« théorie des ondes » de Hugo Schuchard et Johannes Schmidt) ?

Ces travaux furent repris et développés à partir de la fin des années 1880 par Karl Brugmann et ses élèves.

Le temps des doutes

A la fin du XIXe siècle, les linguistes spécialisés avaient une image assez nette et, croyaient-ils, véridique, de l'indo-européen. Quelques problèmes demeuraient posés, comme celui de la « voyelle-sonante » *ə* détectée par Ferdinand de Saussure dès 1878, mais pour l'essentiel, on pensait n'avoir plus qu'à approfondir les connaissances existantes. Or, deux découvertes presque simultanées ouvrirent de nouvelles perspectives.

En 1908, Emil Sieg et Wilhelm Sieglin déchiffrèrent les langues « tokhariennes » – une branche éteinte et jusque-là inconnue de l'indo-européen. Le « tokharien » avait été parlé dans le bassin du Tarim, au Turkestan oriental. Il ne présentait aucune affinité particulière avec les langues iraniennes d'Asie Centrale, ses parentes les plus proches géographiquement, et sa découverte remettait en cause les bases de la dialectologie indo-européenne, notamment la dichotomie fondamentale que l'on avait cru percevoir entre langues « Satem » orientales et langues « Centum » occidentales (cf. chap. II).

Mais le choc principal vint du déchiffrement par le Tchèque Bedřich Hrozný du hittite, parlé et écrit en Anatolie dans la haute Antiquité. Le hittite était bien indo-européen, mais présentait des particularités tout à fait remarquables, tant dans sa grammaire que dans sa phonologie.

Ces découvertes ont été « digérées » tout au long du XXe siècle et ont déterminé des débats encore actifs aujourd'hui. La classification des langues indo-européennes a été revue, mais aucun classement n'est admis de façon unanime à l'heure actuelle. Le témoignage du hittite a permis de comprendre que l'indo-européen reconstruit au XIXe siècle avait été précédé par d'autres états de langue, dont certains traits phonétiques et morphologiques peuvent être discernés. Il a notamment fondé la théorie des « laryngales », des sons dont on imagine qu'ils ont existé à un stade archaïque de la langue-mère. La discussion verse parfois, comme on le verra au chap. III, dans une abstraction excessive ; du moins les indo-européistes actuels ne partagent-ils pas les illusions de leurs prédécesseurs sur le caractère définitif de leurs reconstitutions.

Largement admise dès le XIXe siècle, l'existence d'une langue indo-européenne originelle a sporadiquement été remise en cause depuis. Selon N. Troubetskoï (1936), les ressemblances entre langues indo-européennes pouvaient résulter non d'une origine commune, mais d'emprunts ayant conduit au rapprochement progressif de parlers non apparentés au départ. Cette idée est extrêmement peu vraisemblable. C'est un peu comme si l'on soutenait que l'italien, l'espagnol, le catalan, le français, etc., auraient acquis leurs ressemblances par contact au lieu de les hériter du latin. La régularité de l'évolution des différentes langues, le fait que l'on puisse dans une large mesure restituer non seulement le lexique, mais aussi la morphologie de leur prototype commun, rendent à peu près certaine l'existence de la langue-mère.

Les recherches sur les plus anciens états de l'indo-européen ne sont sans doute pas sans lien avec le regain d'intérêt pour la question d'éventuels apparentements entre cette famille linguistique et d'autres. Nous y reviendrons à la fin du chapitre suivant.

On peut enfin signaler que les méthodes comparatistes mises au point pour l'indo-européen ont été ensuite appliquées, souvent avec le même succès, à d'autres domaines, du sémitique à l'ouralien, aux différentes familles de langues amérindiennes, ou au bantou.

Chapitre II

Les langues indo-européennes

Les recherches évoquées au chapitre précédent ont permis l'élaboration d'une liste assez longue des langues indo-européennes. Cette liste est nécessairement incomplète, pour trois raisons. D'abord, certaines langues seront peut-être redécouvertes à l'avenir, comme le « tokharien » au XXe siècle. Ensuite, d'autres ont pu disparaître sans laisser de traces écrites. Enfin, il existe des incertitudes sur l'appartenance à la famille indo-européenne de langues mal attestées.

Le classement des langues indo-européennes reconnues comme telles pose un certain nombre de problèmes que l'on évoquera ici avant de présenter brièvement les différents membres de la famille.

Branches et groupements

Les langues indo-européennes sont groupées par grandes branches : l'iranien, le celtique, le germanique, etc., chacune définie par une proximité linguistique encore assez forte pour que la parenté des idiomes qui la compose soit immédiatement perceptible (à l'exception peut-être du celtique). Dans quelques-unes d'entre elles, d'ailleurs, une dénomination commune a été conservée par les peuples parlant les langues considérées : tous les Slaves, indépendamment de leur ethnonyme propre (Croates, Tchèques, Ukrainiens...) se savent et se considèrent comme « slaves ».

Ces branches sont assez différentes les unes des autres. Certaines, comme le slave ou l'indo-aryen, comprennent des membres nombreux ; d'autres se composent de quelques langues (le baltique), voire d'une seule, comme l'arménien. Les textes qui les documentent permettent de les saisir à des époques plus ou moins anciennes : l'anatolien dès la haute Antiquité, le baltique seulement au Moyen Age ; on verra cependant que les dates des premiers témoignages n'ont rien à voir avec le degré d'archaïsme, ou au contraire d'évolution par rapport à l'indo-européen commun, des langues considérées. La qualité de cette documentation est elle-même très variable : le grec, le latin ou l'iranien sont connus par des littératures abondantes, de même par exemple que la branche « tokharienne » éteinte, mais le thrace n'est représenté que par quelques gloses antiques et des noms propres. Dans certains cas (l'illyrien), l'existence même d'une branche distincte est incertaine. Mais en général, chacune de ces branches représente un développement autonome de la langue indo-européenne originelle et correspond souvent à un grand ensemble ethnoculturel connu par l'histoire : les Celtes, les Hellènes, les Germains...

Les indo-européistes utilisent de préférence pour leurs comparaisons, au sein de chaque branche, la langue la plus anciennement attestée (le slave d'église ou vieux bulgaro-macédonien pour le slave, le gothique pour le germanique), ou celle qui présente les caractères les plus archaïques (le lituanien pour le baltique, l'avestique pour l'iranien). Dans le cas du celtique, très diversifié, le recours à plusieurs langues anciennes (gaulois, vieil-irlandais) ou modernes (gallois, breton armoricain) s'impose.

Les grandes divisions de l'indo-européen habituellement reconnues sont les suivantes (l'astérisque désigne les branches éteintes) :
- albanais
- anatolien*
- arménien
- baltique
- celtique
- germanique
- grec
- « illyrien »* ?
- indien (indo-aryen)
- iranien (irano-aryen)
- italique (prolongé par les langues romanes)
- phrygien*
- thrace* (thraco-daco-gète)
- « tokharien »*

Ces diverses branches, citées ici simplement dans l'ordre alphabétique, ne se situent pas à la même distance les unes des autres, comme si toutes s'étaient individualisées au même moment et avaient ensuite divergé au même rythme. Elles ont des affinités plus ou moins fortes qui permettent de chercher à les classer en grands groupes.

La bipartition de l'indo-européen entre langues dites « centum » et langues dites « satem », longtemps fondamentale, est aujourd'hui largement abandonnée. Ces deux appellations sont tirées des formes du numéral « cent » en latin (*centum*, prononcé */kentum/*) et en avestique (*satəm*). Le critère essentiel était la différence de traitement de diverses consonnes, à commencer par des *k-* qui, dans le groupe « centum », conservaient leur statut initial d'occlusive, alors qu'ils passaient à *s-* dans le groupe « satem ». De même, certains *g-* passent à *j-* en sanscrit, à *z-* en iranien et en slave, etc. (grec *gérōn* « vieillard = sanscrit *járant-* « âgé » = ossète *zärond* « vieux »...). L'intérêt principal de cette distinction résidait dans la distribution géographique des deux types : les langues « centum » (celtique, italique, germanique, grec...) étaient à l'ouest, les langues « satem » (baltique, slave, thrace, arménien, iranien, indien...) à l'est. Mais ce tableau a été bouleversé par la découverte du « tokharien », qui appartient au type « centum », en pleine Asie Centrale. On a voulu expliquer cette apparente anomalie par l'origine occidentale des locuteurs de ces langues. De toute façon, si l'on emploie des critères de classement différents, lexicaux ou morphologiques, on obtient des résultats qui chevauchent souvent la limite théorique entre « centum » et « satem ». L'opposition entre un système verbal à deux temps (présent/parfait) et un autre à trois temps (présent/parfait/aoriste) distingue ainsi par exemple, selon la nomenclature développée par B. Sergent, les langues du « nord-ouest » (italique, celtique, germanique, balte, slave, albanais, thrace, « tokharien »...) de celles du « sud-est » (grec, phrygien, arménien, indo-aryen, iranien), l'anatolien constituant un troisième groupe à lui seul.

Si l'image de deux grands dialectes, occidental et oriental, de l'indo-européen, s'est ainsi avérée trop simple, il n'en existe pas moins des groupements plus modestes, mais plus vraisemblables, entre certaines branches.

Le seul de ces groupements dont l'existence soit attestée par autre chose que la comparaison linguistique est l'indo-iranien (aryen). Non seulement iranien et indien, à leurs stades les plus archaïques – représentés respectivement par l'avestique et le sanscrit – sont pratiquement identiques, mais encore les locuteurs des deux branches ont conservé le même ethnonyme *Arya-*. On le rencontre chez les Iraniens nomades de la steppe (peuples scythiques) et les Iraniens sédentaires (le nom moderne de l'Iran en est un dérivé), et en Inde. Aussi parle-t-on parfois d'« indo-aryen » et « irano-aryen » pour désigner ces quasi-jumeaux.

Un autre groupement universellement admis est le balto-slave. Les différences sont ici plus fortes et il n'est pas certain que les locuteurs du baltique commun et du slave commun aient vraiment formé un même « peuple » à un moment donné, mais le slave apparaît essentiellement comme une forme plus évoluée (sans connotation de « progrès » !) du baltique. La ressemblance entre les deux est d'autant plus significative que l'un et l'autre ne sont attestés que tardivement. 500 ans av. J.-C., ils devaient être à peu près indiscernables.

On a proposé d'inclure d'autres langues, comme l'albanais, dans le même vaste ensemble que B. Sergent, par exemple, qualifie de « macro-balte », mais ces grands regroupements ont toujours un aspect quelque peu arbitraire.

Le peu qu'on sait du thrace suggère qu'il était assez proche du balto-slave. Son vocabulaire, en tout cas, s'y rattache nettement.

Il y a une indéniable proximité, mais beaucoup moins prononcée que dans les cas précédents, entre celtique et italique.

Pour ce qui est des autres branches de l'indo-européen, les linguistes ne s'accordent pas sur leur regroupement en plus grandes unités. Le choix des critères est déterminant. Cela incite à beaucoup relativiser l'usage qui est souvent fait de ces classements pour tenter de déterminer les situations relatives originelles des locuteurs des grands dialectes de l'indo-européen, dans le cadre de la recherche du foyer géographique de la langue-mère.

Dans ce qui suit, les branches de l'indo-européen seront présentées dans l'ordre suivant : d'abord l'anatolien, dont la spécificité justifie un traitement à part ; ensuite les langues européennes ou principalement européennes, avec le phrygien et l'arménien dont la provenance balkanique est probable ; puis les langues iraniennes et indiennes ; enfin le « tokharien », autre cas très particulier.

Les langues anatoliennes

Comme leur nom l'indique, les langues anatoliennes se parlaient en Anatolie, et on n'a

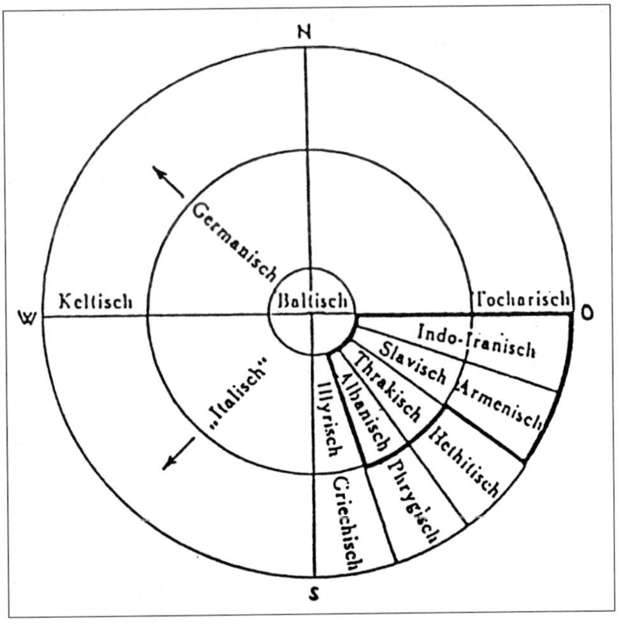

Les relations mutuelles et la proximité relative des langues indo-européennes d'après W. P. Schmidt. Il existe en fait autant de présentations que d'auteurs, et les résultats sont largement conditionnés par les critères de ressemblance et de différence choisis.

A gauche - Guerrier hittite sur un relief de la porte du Roi à Hattusas (Boğazköy, Turquie), la capitale hittite.
A droite - Pointe de bronze du comptoir assyrien de Kanech (Kültepe, Turquie), où ont été retrouvées les plus anciennes mentions de noms hittites. Elle est marquée « palais d'Anittas » – l'un des fondateurs du royaume hittite ; vers 1800 av. J.-C.

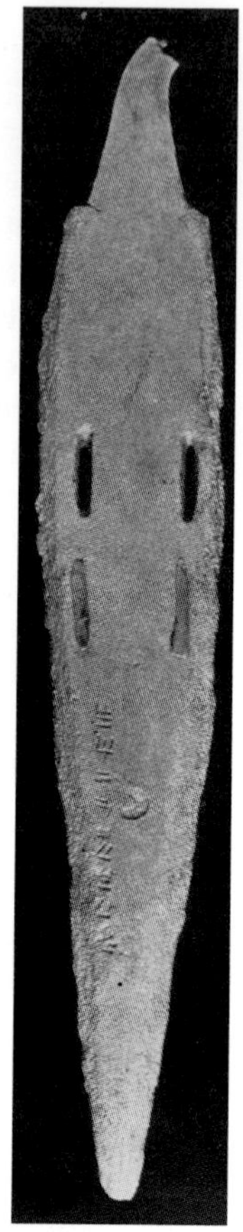

aucun témoignage de leur usage ailleurs (même si l'on a prétendu en déceler des traces à l'état de substrat, par exemple en Grèce). Toutes sont éteintes. La documentation les concernant provient de textes des IIe et Ier millénaires av. J.-C., dont la découverte et le déchiffrement au XXe siècle ont assez profondément renouvelé la vision de l'ensemble indo-européen. L'anatolien possède en effet des caractéristiques habituellement interprétées comme des archaïsmes. Il conserve par exemple en début de mot des vestiges des « laryngales » disparues ailleurs ; la flexion nominale est plus simple que dans les autres branches (cinq cas en hittite, quatre en lydien), et les racines sont parfois employées seules, sans désinences. Certaines

a) Tarkumuwa de Mira

b) Indilimma

c) Tabarna de Hatti

d) Reine Puduhepa de Hatti

Sceaux anatoliens avec des inscriptions en caractères cunéiformes et « hiéroglyphiques » ; d'après E. Doblhofer.

de ces particularités peuvent toutefois être dues à l'action d'un substrat pré-indo-européen très visible dans ces langues. L'anatolien apparaît ainsi comme une branche à la fois détachée très tôt du tronc commun indo-européen, et profondément modifiée par l'influence de parlers étrangers. Il est si éloigné des autres branches que certains linguistes veulent le définir comme une famille de langues apparentée à l'indo-européen, et dérivant de la même source, mais distincte (travaux de Don Ringe, Ann Taylor, Tandy Warnow) ; cette position n'est pas majoritaire.

Les plus anciennes traces de l'anatolien sont des noms propres figurant sur des tablettes assyriennes de Kültepe (Turquie). Les plus anciens textes proprement anatoliens datent, eux, du XVIIe siècle av. J.-C.

La première grande langue anatolienne est le hittite, langue officielle de l'empire de ce nom, écrite de 1650 à 1200 av. J.-C. environ en caractères cunéiformes (les signes en forme de « coins » largement utilisés au Proche-Orient pour noter diverses langues). Après 1200 av. J.-C., le hittite fut supplanté par le louwite, longtemps appelé « hittite hiéroglyphique » à cause de son écriture à base de symboles et motifs figuratifs. Le louwite fut la langue de divers Etats du sud-est de l'Anatolie entre 1000 et 700 av. J.-C.

D'autres parlers anatoliens sont beaucoup moins bien connus *(cf. carte 1, p. 178)*. Le palaïte, à peu près contemporain du hittite, était parlé sur la côte septentrionale de l'Anatolie. Parmi les principales langues attestées plus récemment, le lycien du sud-ouest de l'Anatolie pourrait être issu du louwite. Le lydien, attesté par des inscriptions alphabétiques, en caractères grecs adaptés, du IVe siècle av. J.-C., a un sta-

Type d'écriture « hittite hiéroglyphique » (en fait louwite) ; relief de Karkémich (Djerablous, Syrie).

tut plus incertain : on l'a défini tantôt comme un dialecte du louwite ou du hittite, tantôt comme un rameau anatolien autonome.

Il y a enfin toute une série de langues ou dialectes mineurs dont on ne possède que d'insignifiants vestiges et dont les rapports entre eux ou avec les précédents sont difficiles à préciser. Le sidétique de Pamphylie, écrit au moyen d'un système syllabique de type chypro-minoen, pourrait être un autre produit du louwite. Il en va peut-être de même des parlers cilicien, isaurien, kylaonien et sud-phrygien, dont on ne sait à peu près rien. On peut y ajouter encore, à titre d'hypothèse, le carien (en Carie, entre Lycie et Lydie), écrit lui aussi en caractères chypro-minoen, et le pisidien, en Anatolie du sud-ouest, noté par un alphabet de type grec.

L'impression générale est donc celle d'une grande diversification de l'anatolien, mais peut-être tardive et due en grande partie à l'éclatement du louwite.

Le passage suivant en hittite cunéiforme donne une idée des difficultés de déchiffrement de l'écriture (les termes en capitales droites sont du sumérien, ceux en capitales italiques de l'akkadien).

Ták-ku LÚ.ULÙ^{LU} –an *EL.LUM QA.AZ.ZU* na-aš-ma GÌR-*ŠU* ku-iš-ki tu-wa-ar-ni-iz-zi nu-uš-še 20 GÍN KUBABBAR pa-a-i.

« Si quelqu'un brise la main ou le pied d'un homme libre, il lui donnera 20 sicles d'argent. »

La première phrase complète en hittite lue par Hrozný a un aspect indo-européen plus nettement perceptible :

Nu NINDA-an ezzāteni wādar-ma ekuteni.

« Maintenant, vous mangez du pain, et vous buvez de l'eau. »

Le celtique

La branche celtique de l'indo-européen est traditionnellement divisée en deux grandes catégories, dites « celtique q » et « celtique p ». Une même consonne indo-européenne, restituée sous la forme *k^w, a dans le premier cas été conservée ou a produit un son du type *k*, noté *c* en irlandais, et dans le second a évolué vers *p* (un phénomène du même genre s'est produit en italique). A l'irlandais *ech* « cheval » s'oppose ainsi le gaulois *epo-*, à l'irlandais *cethair* « quatre » correspondent le gaulois *petor-*, le gallois *pedwar*, etc. Le caractère fondamental de cette distinction a été contesté, parce que des traces de dialectes « q » ont été discernées en zone « p », notamment en Gaule (la plus connue est le nom de la Seine : *Sequana*, avec l'ancien k^w, et non **Sepana* !). Il s'agit en fait d'une innovation intervenue à un certain moment dans le bloc central des parlers celtiques, à des rythmes probablement différents suivant les régions et de façon peut-être incomplète dans certains dialectes, et qui n'a pas touché des populations celtiques périphériques comme celles d'Irlande et d'Espagne.

La langue celtique ancienne la plus connue des Français est évidemment le gaulois, éteint aux premiers siècles de notre ère mais qui a légué quelques termes au français, de très nombreux toponymes, et même des textes (en caractères étrusques, grecs et latins) plus abondants qu'on ne le croyait il y a quelques décennies encore. Sa connaissance est donc en pleine évolution. L'une des questions actuellement posées et sans réponse définitive est celle d'une éventuelle division en dialectes, voire en langues locales faiblement différenciées.

Le gaulois était très proche du lépontique, parlé en Italie du nord et noté au moyen de l'alphabet étrusque, et surtout du britonnique. Ce dernier est à l'origine du gallois et du cornique, et du breton armoricain « réimporté » sur le continent lors des Grandes Invasions, bien qu'une influence du gaulois tardif sur le dialecte vannetais soit imaginable. Le picte, également parlé en Grande-Bretagne, était sans doute aussi une langue celtique, mais il est très mal documenté.

Des langues celtiques avaient été parlées en Europe Centrale longtemps avant de se diffuser vers l'ouest, mais on n'en possède que des bribes – essentiellement des noms propres. Les migrations des Celtes les avaient diffusées jusqu'en Anatolie avec les Galates (*cf. carte 2, p. 179*).

Ci-dessus - Inscription gauloise en caractères grecs de Vaison-la-Romaine (France, Vaucluse). Elle évoque la dédicace d'un terrain par un certain Segomaros à la déesse Belisama.

Ci-contre - Guerriers celtes, détail du décor d'un fourreau d'épée, tombe 994 de Hallstatt (Autriche), seconde moitié du Ve siècle av. J.-C. ; d'après O. H. Frey.

A l'ensemble gallo-britonnique s'opposent les deux rameaux périphériques en « q » : celtibère et irlandais. Le celtibère était parlé dans une partie de la péninsule Ibérique, et il est attesté par des inscriptions des années 300-100 av. J.-C. Il était noté au moyen de l'écriture partiellement syllabique empruntée à la langue ibère (non indo-européenne) et, dans sa phase finale, en caractères latins.

L'irlandais est attesté depuis le milieu du Ier millénaire de notre ère par des inscriptions dites « oghamiques » (l'*ogham* est un alphabet à base de traits géométriques), et il a été écrit en caractères latins depuis le milieu du VIIIe siècle. Les invasions irlandaises ont diffusé la langue en Ecosse et sur l'île de Man, où il a donné naissance respectivement au « gaélique d'Ecosse » ou erse, et au manx.

Toutes les langues celtiques sont aujourd'hui dans un état de survie extrêmement précaire. Le cornique et le manx, éteints, ont été « ressuscités » par des groupes d'amateurs. L'irlandais, malgré son statut de langue nationale, et l'erse, ne se maintiennent que sur des territoires très restreints. Le breton, assassiné par la IIIe République française, est devenu une langue de tradition ou de revendication à l'avenir bien incertain, et c'est peut-être le gallois qui possède les meilleures chances de survie à terme.

Le texte suivant, celui de la stèle d'Alise-Sainte-Reine, illustre le gaulois :

MARTIALIS . DANNOTALI
IEVRV . VCVETE . SOSIN
CELICNON - ETIC
GODEDBI . DVGIIONTIIO

- VCVETIN -
IN [... ?] ALISI I A
(Le signe I, *i longa*, note une semi-voyelle analogue à celle du français *yoyo*).
« *Martialis fils de Dannotalos a offert à Ucuetis ce* celicnon *(bâtiment), et cela avec les forgerons qui honorent Ucuetis à Alisia* » (d'après P.-Y. Lambert).

L'italique

La langue italique la plus célèbre est évidemment le latin, dont sont issues toutes les langues « latines » ou romanes modernes (italien, sarde et corse, français, occitan, « franco-provençal », catalan, espagnol ou castillan, portugais et galicien, roumain, langues rhéto-romanes des Alpes). Mais avant la diffusion du latin à la faveur de l'expansion romaine, il n'était qu'un parler italique parmi beaucoup d'autres ; on notera en outre que les langues italiques n'occupaient pas toute la péninsule, où étaient parlées d'autres langues indo-européennes (cf. *infra* à propos de l'« illyrien ») et surtout l'étrusque, sur lequel on reviendra à la fin de ce chapitre à propos des limites de la famille indo-européenne *(cf. carte 3, p. 180).*

Statue de guerrier italiote de Capestrano (Italie centrale), VIe siècle av. J.-C.

Le latin, parlé originellement à Rome et dans le Latium, était très proche du falisque employé plus au nord. Parmi les langues, très mal attestées, de la Sicile antique, il semble que le sicule et peut-être l'élyme étaient également voisins du latin. Le chaînon manquant (géographique) entre les deux serait représenté par des parlers « sud-italiques » encore plus mal connus, quoique l'onomastique des régions considérées offre plutôt des parallélismes avec celle de la Grèce et de l'Epire.

A côté de ce rameau latino-falisque (ou latino-falisco-sicilien ?) existait une série de parlers italiques assez différents réunis en un rameau osco-ombrien. L'osque, en Campanie, auxquels se rattachent différents parlers dits « sabelliens », était la langue du peuple samnite qui connut une grande expansion aux VIe-Ve siècles av. J.-C. Il est attesté par diverses inscriptions. L'ombrien, parlé entre le cours supérieur du Tibre et les Apennins, est surtout connu à travers les « Tables eugubines », inscriptions rituelles découvertes à Gubbio/*Iguvium*. L'osco-ombrien s'oppose au latin comme le « celtique p » au « celtique q », c'est-à-dire que le son indo-européen *k^w y est passé à *p*.

A l'italique se rattache peut-être le vénète, attesté par quelques inscriptions de l'actuelle Vénétie. Autrefois attribué à l'hypothétique branche « illyrienne » de l'indo-européen, le vénète semble plus proche du latin et pourrait constituer une sorte de pont entre la branche italique proprement dite et des langues indo-européennes mal connues d'Europe Centrale.

Plutôt qu'un texte latin, on donnera ici comme spécimen de l'italique quatre lignes d'un texte des « Tables eugubines » en ombrien :

Este persklum aves anzeriates enetu
Pernaies pusnaes preveres treplanes

Iuve Krapuvi tre buf fetu arvia ustentu
Vatuna ferine feitu heris vinu heri puni.
« Commence cette cérémonie en observant les oiseaux,
Ceux de devant et ceux de derrière. Devant la porte Trebula,
Sacrifie trois bœufs à Jupiter Grabovius. Présente des offrandes de grain,
Place les côtes sur un plat, sacrifie avec vin ou viande. »

Le germanique

Originaires du sud de la Scandinavie et du nord de l'Allemagne, les langues germaniques se divisent en trois rameaux dont deux seulement survivent aujourd'hui *(cf. carte 4, p. 181)*. Le rameau oriental, éteint, est celui qui a connu la plus grande expansion à la fin de l'Antiquité, avec les migrations des Goths, des Burgondes, des Vandales, des Gépides, et de plusieurs petits peuples de moindre importance. Le rameau septentrional, confiné pour l'essentiel à la Scandinavie, comprend aujourd'hui le suédois, les deux variantes du norvégien (*bokmål* et *landmål*), le danois, le féringien des îles Féroé, et surtout l'islandais, particulièrement intéressant par son archaïsme. Le rameau occidental comptait dans l'Antiquité les langues de grands peuples germaniques comme les Francs, les Suèves, les Alamans, les Saxons. Ses représentants modernes sont l'allemand, le néerlandais, le frison et l'anglais – ce dernier très influencé par le français de Normandie au Moyen Age et devenu assez aberrant par rapport à l'ensemble germanique.

Ci-contre - Types germaniques : têtes de chefs germains sur le sarcophage du général romain A. Julius Pompilius, 175 de notre ère, et crâne de vieillard d'Eckenford (Allemagne, Schleswig-Holstein) ; d'après P. Wilcox et G. Embleton.
Ci-dessous - Texte scandinave rédigé en alphabet runique ; détail d'une page du *Codex Runicus* de Copenhague.

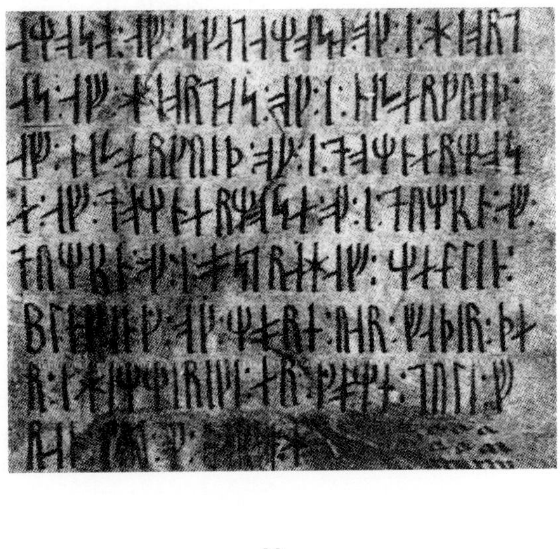

Le germanique est attesté par écrit surtout depuis les premiers siècles de notre ère. Beaucoup de tribus germaniques ont utilisé un alphabet dit « runique », d'origine incertaine mais clairement apparenté aux autres alphabets européens, du IIe au Xe siècle environ. Au IVe siècle, un évêque goth du nom d'Ulfilas a traduit la bible dans sa langue en utilisant un alphabet d'inspiration gréco-latine (avec quelques runes) spécialement adapté, et le gothique a servi jusqu'au VIe siècle de langue liturgique aux Germains orientaux qui adhéraient au christianisme arien. Les langues germaniques occidentales et septentrionales ont commencé d'être transcrites en caractères latins au Moyen Age.

Autant les spécialistes allemands du XIXe et de la première moitié du XXe siècle voyaient dans les Germains de purs héritiers de la tradition indo-européenne (l'indo-européen était d'ailleurs couramment appelé *Indogermanisch* en Allemagne), autant leurs voisins et rivaux français soulignaient le caractère selon eux marginal du germanique par rapport aux autres branches de la famille. Ils se basaient notamment sur l'importante proportion (un tiers) de termes non indo-européens que comprendrait le vocabulaire germanique, sur les phénomènes de « mutation consonantique » qui ont profondément renouvelé le phonétisme des langues germaniques, voire sur des affinités qu'ils croyaient déceler entre le germanique et les langues finnoises. Les Proto-Germains auraient été une population indigène du nord de l'Europe, auxquels des conquérants indo-européens (celtes ?) auraient transmis leur langue. Ces excès sont aujourd'hui discrédités. Tous les peuples historiques de langue indo-européenne sont le produit de mélanges entre les porteurs de diverses variantes de l'indo-européen et d'autres éléments.

Voici un texte en gothique du IVe siècle :

Iþ þuk taujandan armaion ni witi hleidumei þeina, hva taujiþ taishwo þeina, ei sijai so armahairtiþa þeina in fulhsnja, jah atta þeins saei saihviþ in fulhsnja, usgibiþ þus in bairhtein.

« Pour toi, quand tu fais l'aumône, que ta main gauche ignore ce que fait ta main droite, afin que ton aumône soit secrète ; et ton père, qui voit dans le secret, te le rendra. »

(Evangile selon saint Matthieu, VI, 3-4, texte gothique du *Codex Argenteus*)

L'albanais

L'albanais (*shqip*) est aujourd'hui une langue indo-européenne isolée, parlée en Albanie même et dans les zones contiguës d'Etats voisins *(cf. carte 5, p. 182)*. Ses premiers textes ne datent que de la seconde moitié du XVe siècle, et à cette époque, la langue déjà très abâtardie comportait de nombreux emprunts faits au latin puis à l'italien, au grec et au slave. Il y a deux principaux dialectes albanais : le guègue au nord, le tosque au sud.

Il est possible que l'albanais moderne représente un reste d'un ensemble linguistique plus important. Les deux candidats habituellement cités sont l'« illyrien » et le thrace (thraco-daco-gète). Les arguments en faveur du premier sont essentiellement géographiques : l'albanais se trouve à une extrémité de l'aire considérée comme « illyrienne ». Cependant, sa localisation actuelle est peut-être récente, et comme on le verra ensuite, l'« illyrien » est une notion extrêmement vague. En ce qui concerne le thrace, il existe des rapprochements lexicaux peu nombreux mais intéressants, et des parallélismes phonétiques avec le dace. Les similitudes (hors emprunts) entre albanais et balto-slave ne contredisent pas cette idée, puisque le thraco-daco-gète lui-même est parfois rapproché de cette branche de l'indo-européen.

Il s'agit de toute façon, dans tous les cas, de langues si mal connues que toute conclusion péremptoire est imprudente, d'autant que le débat a été largement pollué par des considérations patriotiques (les Albanais voulant à toute force être autochtones et donc descendre des Illyriens). Il est préférable de continuer à traiter l'albanais isolément.

Le début de l'hymne national albanais est représentatif de la langue moderne :

Rreth flamurit të përbashkuar,
Me një dëshirë dhe një qëllim,
Të gjithë Atij duke iu betuar,
Të lidhim besën për shpëtim.

La lettre *ë* représente une voyelle réduite (ə). Pour le reste, bien que l'albanais s'écrive en caractères latins, ses conventions sont souvent déroutantes : *c* = *ts* ; *ç* = *tch* ; *dh* = *th* anglais de *the* ; *ll* = *l* anglais de *well* ; *sh* = *ch* ; *th* = anglais *th* dans *smooth* ; *x* = *dz* ; *xh* = *dj* ; *zh* = *j*.

« Le drapeau qui au combat nous unit
Nous a trouvés tous prêts au serment,
Un esprit, un but, jusqu'à ce que notre pays
Soit libéré de l'ennemi. »
(Alexander Stavre Drenova, 1912)

L'« illyrien »

Il est temps d'en venir au fameux « illyrien », déjà cité plusieurs fois et que nous nous obstinons à mettre entre guillemets, tant son existence même paraît incertaine. Sa mention, dans la plupart des manuels, comme branche indépendante et bien définie de l'indo-européen, relève plutôt de la routine que de la certitude scientifique.

En principe, il s'agirait des langues parlées, avant la diffusion du latin, dans les régions « illyriennes » – à peu près l'ancienne Yougoslavie (*cf. carte 6, p. 183*). En fait, les affinités linguistiques des principaux peuples de cette zone, comme les Péoniens et les Dardaniens, sont inconnues. Des vraies langues illyriennes, au sens géographique du terme, il ne subsiste que des mots épars, comme *sabaia* « bière » ou *rhinos* « brouillard », et des appellations comme le nom ou titre de la reine vaincue en 229 av. J.-C. par les Romains, Teutana (avec une base **tewt-* « peuple » bien attestée dans diverses langues européennes). L'« illyrien » a servi, aux XIXe et XXe siècles, de fourre-tout pour classer des langues dont on ne savait trop que faire, comme le vénète d'Italie, aujourd'hui considéré plutôt comme italique.

La seule piste concrète serait représentée par le messapien, langue parlée elle aussi en Italie (du sud-est), et dont se rapprocherait l'onomastique de la côte balkanique. Peut-être y a-t-il eu, sur les deux rives de l'Adriatique, un ensemble de parlers représentant une branche distincte de l'indo-européen.

Le messapien lui-même est malheureusement très mal compris, comme le prouve l'exemple de l'inscription de Vaste :

Klohizisthotoriamartapidovasteibasta
Veinanaranindarantoavasti

Aucune traduction n'est unanimement admise. En voici un échantillon, d'après J. P. Mallory :

« Ecoute, Jupiter ! Thotoria Marta a donné à la ville de Basta sa terre dans [la localité] de Darantoa. » (trad. « consensuelle »).

« *Ecoute, Jupiter ! Sous le* teutor *Amartapidius, pour les habitants de Basta, cette loi. Ils l'ont votée au conseil des anciens à Basta.* » (O. Hass).
« *Que l'on prête attention à ces choses ! Teutoria Marta, achète dans la ville de Basta les vignobles à Darantua.* » (M. E. Huld).

Tête de guerrier grec sur une plaque d'ivoire de Mycènes, vers 1400 av. J.-C.

Le grec

Avec la branche grecque (hellénique), nous retrouvons un terrain plus solide et surtout une documentation abondante. Les sources les plus anciennes remontent au XIIIe siècle av. J.-C. et aux textes mycéniens. Ecrits au moyen d'un syllabaire apparemment emprunté à une langue non indo-européenne antérieure, ces textes ont été identifiés comme une forme archaïque de grec et déchiffrés par M. Ventris en 1952.

Le grec classique, attesté beaucoup plus tard, apparaît dès l'origine divisé en plusieurs ensembles dialectaux : « achéen » ou arcado-chypriote, dorien, éolien, ionien, « grec du nord-ouest ».

A l'époque hellénistique, après les conquêtes d'Alexandre le Grand, l'ensemble grec s'est progressivement unifié par l'élaboration d'une « langue commune » (*koinè*) sur une double base ionienne et attique. C'est cette langue commune qui a donné naissance au grec moderne *(cf. carte 7, p. 184)*. De ce point de vue, le grec a suivi une évolution inverse de celle de beaucoup d'autres branches de l'indo-européen qui se sont au contraire fragmentées au cours du temps.

Sous ses diverses formes, le grec a bien sûr été l'une des langues de culture majeures dans l'Europe antique, en Anatolie jusqu'à la fin de l'époque byzantine, et aux trois derniers siècles av. J.-C. dans les royaumes hellénistiques d'Asie, jusqu'en Afghanistan (Bactriane) et en Inde. Avec le latin et le sanscrit, il a joué un grand rôle dans les débuts de la reconstitution de l'indo-européen.

A un texte en grec classique, nous préférons ici l'inscription d'une tablette mycénienne de Knossos :

Ti-ri-po-de Ai-ke-u Ke-re-si-jo we-ke
ti-ri-po e-me po-de o-wo-we
di-pa me-zo-e qe-to-ro-we
di-pa-e me-zo-we ti-ri-o-we-e
di-pa me-wi-jo ti-ri-jo-we
di-pa me-wi-jo a-no-we.

Tablette de Knossos (Crète, Grèce) portant une inscription grecque archaïque en syllabaire « linéaire B » ; vers 1400 av. J.-C.

« Le trépied, Egée le Crétois l'a fabriqué.
Trépied à un pied avec une anse,
cruche, assez grande, à quatre anses,
cruches assez grandes à trois anses,
cruche, petite, à quatre anses,
cruche, petite, à trois anses,
cruche, petite, sans anse. »

Guerrier thrace figuré sur un vase grec.

Le thrace (thraco-daco-gète)

D'après Hérodote (V, 3), les Thraces, déjà connus d'Homère, étaient le peuple le plus nombreux de la terre après les Indiens. Leur langue n'en a pas moins totalement disparu et elle est fort mal connue. Il faut d'ailleurs sans doute parler de « langues » au pluriel, car on distingue deux ensembles assez différents de part et d'autre du Danube : au sud, dans l'actuelle Bulgarie, le thrace proprement dit ; au nord, dans l'actuelle Roumanie, le gète, parlé notamment par le peuple des Daces (*cf. carte 8, p. 185*). Les rapports mutuels de ces deux rameaux sont discutés ; le vocabulaire paraît différent, le phonétisme est jugé plus ou moins proche suivant les auteurs. Mais tout le monde semble admettre que les deux appartenaient bien à un même grand embranchement de l'indo-européen.

Le thrace fut diffusé en Anatolie par la migration de tribus venues des Balkans, comme les Mysiens, et peut-être était-il aussi, vers le milieu du Ier millénaire av. J.-C., parlé jusque dans l'actuelle Ukraine occidentale, où Hérodote (IV, 104) rapproche les Agathyrses des Thraces. Certains linguistes croient toutefois déceler en Ukraine un substrat plutôt daco-gète.

La documentation est pauvre : noms propres, gloses, quelques termes daces passés en roumain et thraces en bulgare, et de courts textes thraces en caractères grecs, faciles à lire mais difficiles à comprendre.

Le vocabulaire thrace que l'on peut reconstituer (une cinquantaine de mots) présente d'évidentes ressemblances avec le balto-slave et l'albanais. Comme on le verra, le phrygien, traditionnellement associé au thrace, se rapprocherait plutôt du grec.

La plus longue inscription thrace est celle de la bague d'or trouvée dans une tombe à Ezerovo (Bulgarie), datée du Ve siècle av. J.-C. En voici la transcription en caractères latins :

ROLISTENEASN
ERENEATIL
TEANĒSKOA
RAZEADOM
EANTILEZY
PTAMINE
RAZ
ĒLTA

Bague en or d'Ezerovo (Bulgarie), avec une inscription en langue thrace.

Le texte manque pour le moins de clarté, à en juger par deux des traductions proposées (toutes deux partent du présupposé que la bague est funéraire) :

« *Je suis Rolesteneas, descendant de Nereneas. Tilezupta, une femme arazienne, m'a rendu à la terre.* » (D. Dechev).

« *O Rolistene, moi, Nerenea Tiltea, je meurs paisiblement près de toi mon cher disparu, qui as nourri les enfants.* » (V. Gueorguiev)

Le phrygien

Guerrier phrygien sur une plaque en terre cuite, vernissée et peinte, de Pazarlı (Turquie).

Le phrygien n'est habituellement pas présenté comme formant une branche particulière de l'indo-européen, mais comme il n'est pas possible de le rattacher en toute certitude à une autre, on le traitera ici seul.

Cette langue était parlée en Phrygie anatolienne dans l'Antiquité, mais les auteurs grecs considéraient les Phrygiens comme un peuple originaire des Balkans. Du coup, ce peuple a été longtemps associé aux Thraces au sein d'une branche « thraco-phrygienne » de l'indo-européen, alors que les deux langues étaient apparemment très différentes. Par ailleurs, Hérodote présentant les Arméniens comme une colonie phrygienne, on a voulu faire du phrygien l'ancêtre de l'arménien. Malheureusement, la comparaison entre les deux n'est pas probante ; en particulier, l'arménien ne permet nullement de comprendre les textes phrygiens antiques. On tend aujourd'hui à rapprocher le phrygien plutôt du grec (comme le faisait déjà Platon !), mais il n'est pas possible pour autant de l'inclure dans la branche hellénique. L'origine balkanique des Phrygiens paraissant à peu près certaine, leur langue devait relever d'un ensemble indo-européen de la région distinct du thrace et inconnu par ailleurs.

L'influence du substrat anatolien sur la langue des conquérants phrygiens paraît avoir été modérée.

Les textes phrygiens sont répartis en deux séries, l'une qui date des VIIIe-IIIe siècles av. J.-C. (« paléo-phrygien », en caractères voisins, mais différents, de l'alphabet grec), l'autre des IIIe-IVe siècles de notre ère (« néo-phrygien », en caractères grecs). Les documents néo-phrygiens, essentiellement des formules magico-religieuses maudissant les violeurs de sépultures, reflètent peut-être une langue déjà morte ou en train de disparaître. Le trou de plus d'un demi-millénaire entre les deux séries, les différences entre phrygien ancien et récent, sont évidemment très gênants.

Voici le texte d'une inscription paléo-phrygienne qui mentionne un nom bien connu : celui de Midas, porté par plusieurs rois de Phrygie :

Ates arkia evais akenan o-lavos Midai lavaltaei vanaktei edaes.

« *Ates a dédié et gravé cette pierre pour Midas, protecteur du peuple, roi.* »

On peut donner pour comparaison le texte de l'inscription néo-phrygienne N° 88 :

Ios ni semoun knoumanei kake addaket aōrō ouenaouias tig gegaritmeno[s] eitou pour ouanaktan ke ouraniou isgeiket diounsin.

Bien que l'inscription fasse suite à une épitaphe grecque et constitue ainsi une quasi-bilingue, le sens est discuté. La première partie signifie sans aucun doute « *Qui fera du mal à cette tombe prématurée de Venavia...* ». La seconde a fait l'objet de diverses propositions :

« *...Qu'il soit condamné. Que le feu royal et céleste descendant des cieux le brûle.* » (I. M. Diakonoff).

« *...Qu'il soit maudit et qu'il ait affaire au roi céleste Dionysos.* » (A. Lubotsky).

« *...Que le feu protège le roi céleste parmi les divinités célestes.* » (L. S. Baïoun et V. E. Oriol).

On note la présence dans les deux textes du radical **wanakt-* « roi, royal ».

L'arménien

Si l'on fait abstraction de la très douteuse ascendance phrygienne évoquée plus haut, l'arménien est une langue isolée au sein de la famille indo-européenne dont il constitue en fait, comme l'albanais, une branche distincte. Il est écrit depuis le Ve siècle au moyen d'un alphabet qui lui est propre. Il est subdivisé en différents dialectes, avec une césure principale entre arménien oriental et arménien occidental. Il est parlé en Arménie et dans les nombreuses et parfois anciennes colonies arméniennes du monde entier (*cf. carte 9, p. 186*).

De toutes les langues indo-européennes connues, l'arménien est peut-être celle qui a subi les bouleversements phonétiques les plus surprenants. Sans doute dus à l'action d'un fort substrat indigène (en l'occurrence ourartéen), ils rendent souvent méconnaissables les termes les plus authentiquement indo-européens. A titre d'exemple, « deux » se dit *erku*, et le mot est bien apparenté par des correspondances phonétiques régulières à ceux, nettement plus familiers, que l'on trouve dans toutes les autres branches de l'indo-européen : sanscrit *dváu*, grec *dúō*, albanais *dy*, latin *duo*, gothique *twai*, lituanien *dù*, slave *dŭva*, etc. < **dwō* (**dw-* > **dg^{w}-* > **dg-* > **dk-* > *^{e}rk* ; la même correspondance apparaît dans *erkar* « long » = grec *d[w]ērós*) !

Le même substrat caucasique explique probablement la perte de la distinction des genres grammaticaux.

L'arménien a également incorporé, depuis l'Antiquité, un important vocabulaire iranien, au point qu'il a parfois été, au XIXe siècle, classé parmi les langues iraniennes.

Nous donnons à titre d'exemple le texte du « Notre Père » chrétien dans la langue liturgique classique :

Hayr mer or erkins : surb eɫic'i anun k'o. Ekesc'ē ark'ayut'iwn k'o. Eɫic'in kamk' k'o orpēs erkins er erkri. Zhac' mer hanapazord tur mez aysōr. Ew t'oɫ mez zpartis mer, orpēs ew mek' t'oɫumk' meroc' partapanac'. Ew mi tanir zmez i p'orjut'iwn, ayl p'rkea zmez i č'arēn. Zi k'o ē ark'ayut'iwn ew zōrut'iwn ew p'aṙk' yawiteans.

L'apostrophe inversée ' indique l'aspiration. Le *ɫ* se prononce *gh* (un son guttural un peu analogue au *r* français grasseyé). Le *ṙ* est un *r* roulé long.

« *Notre père qui es aux cieux : que ton nom soit sanctifié. Que ton règne vienne. Que ta volonté soit faite sur la terre comme au ciel. Donne-nous chaque jour notre pain quotidien. Pardonne-nous nos offenses comme nous pardonnons à ceux qui nous ont offensés. Et ne nous nous soumets pas à la tentation, mais délivre-nous du mal. Car c'est à toi qu'appartiennent le règne, la puissance, et la gloire, pour les siècles des siècles.* »

Guerriers vieux-prussiens (de langue balte) d'après un relief des portes de bronze de la cathédrale de Gniezno (Pologne), 1170.

Le baltique

L'étude de l'hydronymie (les noms de cours d'eau) montre que les langues baltiques ont occupé un territoire beaucoup plus vaste que de nos jours, du côté de la Pologne, de la Biélorussie et de la Russie *(cf. carte 10, p. 187)*. Le rétrécissement de l'aire baltique s'est d'ailleurs poursuivi jusqu'à une époque relativement récente, puisque le vieux-prussien, parlé en Prusse avant la colonisation allemande médiévale, n'a disparu qu'au XVIIe siècle. Le lituanien et surtout le letton, les deux seules langues baltiques survivantes, ont failli subir le même sort sous la domination russe puis soviétique, avant de redevenir en 1990 les langues nationales d'Etats indépendants.

Bien qu'elles ne soient documentées que depuis le Moyen Age, les langues baltiques ont une structure très archaïque (les Lituaniens soutiennent volontiers que la leur est la plus proche du sanscrit, ce qui est un raccourci un peu excessif), et donc un grand intérêt pour la comparaison.

Voici le texte du « Je vous salue Marie » en vieux-prussien (langue dont ne subsistent guère que des textes religieux) :

Kâils Marîja, etnîstis pilnâi, Rikîs sên Ti. Tû pagirta sirzdau gennans be pagirts Twâise kêrmenes wêisis Izus. Swinta Marîja, Dêiwas mûti, madli si pêrmans grîkenikans teinû be en kîsman nûse gallan.

« Salut, Marie, pleine de grâce, le Seigneur est avec Toi. Tu es bénie entre toutes les femmes et Jésus, le fruit de Tes entrailles, est béni. Sainte Marie, mère de Dieu, prie pour nous, pauvres pécheurs, maintenant et à l'heure de notre mort. »

Le slave

Proches comme on l'a vu des langues baltiques, celles de la branche slave ont connu à partir du haut Moyen Age un destin bien plus favorable, au point que leur aire linguistique actuelle comprend une grande partie de l'Europe et déborde largement sur l'Asie *(cf. carte 11, p. 188)*.

En dehors de noms propres (les premiers figurent chez les historiens Jordanès et Procope, au VIe siècle), les langues slaves sont connues par des textes depuis la traduction des livres saints chrétiens par Cyrille et Méthode au IXe siècle. Le parler slave utilisé pour ces premières traductions et transcrit d'abord en caractères « glagolitiques », puis « cyrilliques » inspirés de l'alphabet grec, était celui de Macédoine (vieux bulgaro-macédonien). Devenu la langue d'Eglise des Slaves convertis au christianisme de rite grec, il donna ensuite naissance sous l'influence des langues locales aux divers « slavons », langues liturgiques encore employées aujourd'hui dans le culte et qui ont profondément marqué les langues littéraires développées plus tard en Russie, Ukraine et Biélorussie, en Serbie, en Bulgarie et Macédoine. Dans les pays slaves de rite catholique, les langues littéraires se sont développées directement

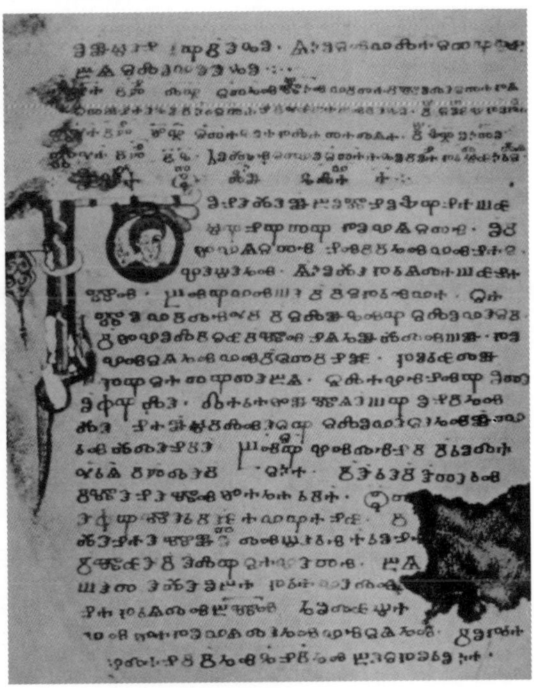

En haut - Couple d'Antes de la culture de Pen'kivka (steppe boisée ukrainienne, VIe-VIIe siècles). Les Antes sont l'une des premières populations connues par les sources et l'archéologie dont l'identité slave soit certaine ; d'après O. M. Prykhodniouk. En bas - Texte slave du *Codex Assemianus*, rédigé en alphabet glagolitique – celui inventé au IXe siècle par Cyrille-Constantin, évangélisateur des Slaves, et qui précéda l'alphabet improprement qualifié de « cyrillique ».

sur la base des parlers locaux, mais ont parfois été durablement concurrencées par le latin (ainsi en Pologne).

Le slave d'Eglise ou vieux-slave est encore très proche de ce que pouvait être le slave commun avant la grande expansion des Slaves (à partir du VIe siècle) et l'éclatement de cette langue en trois blocs toujours bien vivants : occidental, oriental et méridional. Le slave occidental regroupe le polonais, le tchèque, le slovaque, le kachoube, le sorabe de Lusace, et le polabe de l'Elbe (éteint). Le slave oriental comprend le russe, l'ukrainien et le biélorussien. Le slave méridional se compose du bulgare et du macédonien, du serbe et du croate, du slovène. La différenciation relativement tardive du slave fait que les langues modernes demeurent remarquablement proches entre elles, avec des possibilités d'intercompréhension. Certains Etats en ont même joué pour tenter de faire disparaître des langues ravalées au rang de « dialectes » (l'ukrainien et le biélorussien dans l'empire russe jusqu'en 1906) ou même d'« accents » (le slovaque dans la Tchécoslovaquie de l'Entre-deux-guerres).

Bien que moins archaïque que le baltique, le slave conserve beaucoup de traits disparus ou affaiblis ailleurs, et notamment (sauf en bulgare et macédonien modernes) une riche flexion nominale.

Le texte qui suit est un extrait de la Bible (*Genèse*, 11, 1-3) en slave d'Eglise.

« ***I bě vsja zemlja ustně jedině, i glasŭ jedinŭ vsěmŭ. I bystĭ vnegda poiti imŭ ot vostokŭ, obrětoša pole vŭ zemli sennaartsěj i vselišasę tamo. I reče čelověkŭ bližnemu svojemu : priidite, sotvorimŭ plinfy i ispečemŭ ixŭ ognemŭ. I bystĭ imŭ plinfa vŭ kamenĭ, i brenie vměsto měla. I rekoša : pridite, soziždemŭ sebě gradŭ i stolpŭ, jegože verxŭ budetŭ daže do nebese : i sotvorimŭ sebě imę, prežde neže razsějatisę namŭ po licu vseja zemli.*** »

La lettre *ě* transcrit une diphtongue dont la prononciation réelle en slave commun est discutée (*ie* ? *iä* ?). Les voyelles « ultra-brèves » *ĭ* et *ŭ* correspondent respectivement à un *i* ou *e*, et à un *u* ou *o*, très bref. Il existe deux nasales : *ę* et *ǫ*. La voyelle *y* est une sorte de *i* arrière proche de *u*.

« *Tout le monde se servait d'une même langue et des mêmes mots. Comme les hommes se déplaçaient à l'Orient, ils trouvèrent une vallée au pays de Shinéar et ils s'y établirent. Ils se dirent l'un à l'autre : Allons ! Faisons des briques et cuisons-les au feu. La brique leur servit de pierre et le bitume leur servit de mortier. Ils dirent : Allons ! Bâtissons-nous une ville et une tour dont le sommet pénétrera les cieux ! Faisons-nous un nom et ne soyons pas dispersés sur toute la terre !* »

L'indien (indo-aryen)

Les langues indo-aryennes sont aujourd'hui parlées dans une grosse partie septentrionale du sous-continent indien, mais leur première attestation provient d'une tout autre région du monde : l'actuelle Syrie. Au milieu du IIe millénaire av. J.-C., le nord de la Syrie formait le royaume du Mitanni. Ce royaume était dirigé par une aristocratie de langue hourrite (non indo-européenne), mais comprenant des éléments de langue indienne. Les données des archives hittites sur le Mitanni livrent des noms de dieux et de personnes nettement indiens, et un traité hittite sur l'élevage des chevaux, signé d'un certain « Kikkuli le Mitannien », emploie à diverses

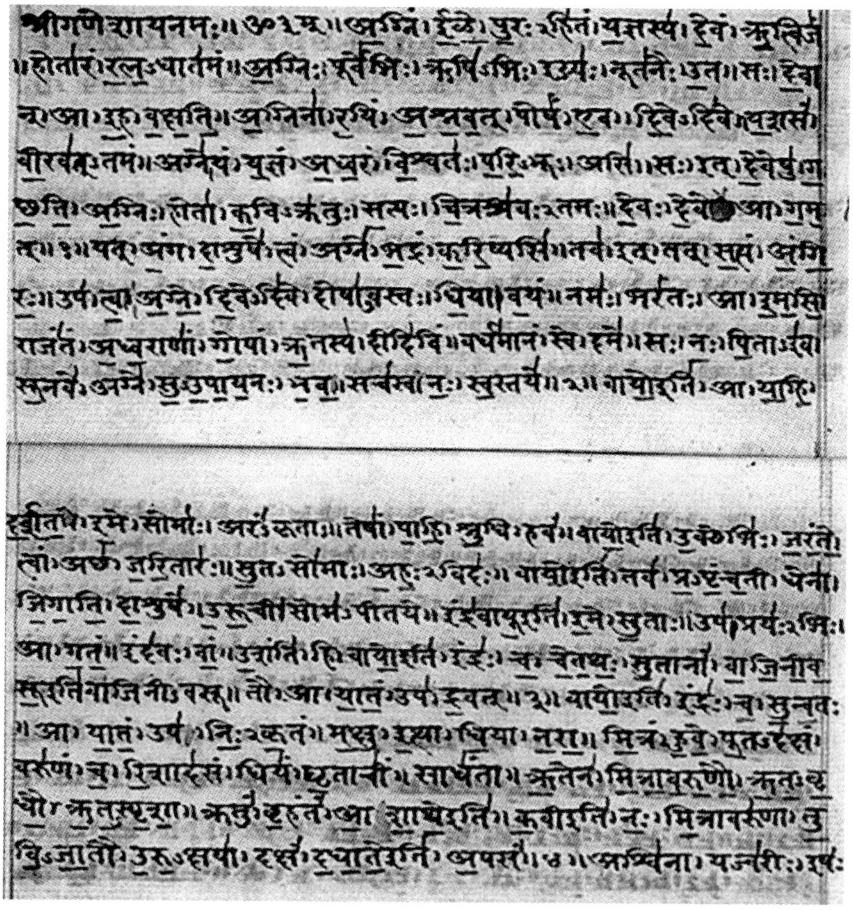

Edition du XIXe siècle du *Ṛg-Veda* en sanscrit, en caractères *devanāgarī*.

reprises des termes indiens (*a-as-su-us-sa-an-ni* « dresseur de chevaux », cf. sanscrit *áśva-* « cheval », *wa-ar-ta-an-na* « tour de piste », cf. sanscrit *vart-* « tourner », et les numéraux *a-i-ka* = *ēka* <*áika* « un », *ti-e-ra* = *trí* « trois », *pa-an-za* = *páñca* « cinq », *sa-at-ta* = *sápta* « sept », *na-wa* = *náva* « neuf »). A la même époque, des noms indo-aryens apparaissent en Palestine, et peut-être en Babylonie sous la dynastie kassite. Tout cela est comme on l'imagine de la plus haute importance pour retracer la provenance et les mouvements des Proto-Indiens.

Inscription indienne sur plaque de calcaire de Mahāsthān (Bangladesh), IIIe siècle av. J.-C. L'inscription est rédigée en langue populaire (*prākrit*), en caractères *brāhmī*, et évoque l'organisation d'une aide publique.

En Inde, l'essentiel de la documentation sur l'indo-aryen ancien est représenté par le sanscrit, langue sacrée et en partie artificielle dont le nom même signifie « poli, perfectionné ». Son état le plus archaïque, le sanscrit « védique » (la langue du *R̥g-Veda*), doit dater du IIe millénaire av. J.-C., mais n'a été mis par écrit que beaucoup plus tard. Le sanscrit classique, dont la découverte par les Occidentaux eut une grande importance pour le début des études indo-européennes, a été codifié par le grammairien indien Pāṇini, peut-être vers 500 av. J.-C.

Rappelons que le sanscrit n'est en aucun cas « l'ancêtre » des autres langues indo-européennes, et que même s'il est archaïque à bien des points de vue, il s'est quand même profondément transformé par rapport à sa source préhistorique.

Les écritures indiennes classiques sont attestées à partir du IIIe siècles av. J.-C. (*khāroṣṭī*, disparue vers le VIIe siècle de notre ère, et *brāhmī*, à l'origine des écritures indiennes modernes). Outre le sanscrit, les textes sont rédigés dans les langues parlées, appelées *prākrit*, et qui sont les ancêtres des langues indo-aryennes actuelles.

Ces langues modernes sont nombreuses et diverses. On peut distinguer grossièrement les langues dites « dardiques » de l'Hindou-Kouch et du Cachemire (ex. : cachemiri) ; les langues indiennes proprement dites, elles-mêmes réparties en plusieurs groupes (ex. : hindi, langue nationale de l'Inde, et son jumeau ourdou, langue nationale du Pakistan, pendjabi, népalais, bengali...) ; le singhalais de Śri Lanka (Ceylan). Une langue indienne (quoique très abâtardie) est parlée hors de l'Inde : le *romani* des Roms ou Tsiganes *(cf. carte 12, p. 189)*.

On peut enfin rattacher au bloc indo-aryen les **langues du Nouristan** afghan : achkoun, kati, prasoun, waïgali, tregami. Elles sont parlées par des populations tardivement islamisées de force par les Afghans au XIXe siècle (d'où le remplacement symbolique du nom de *Kāfiristān*, « pays des infidèles », par celui de *Nūristān*). De ce fait, elles préservent des archaïsmes culturels extrêmement intéressants. Considérées comme intermédiaires entre l'indien et l'iranien, elles sont parfois présentées comme un troisième rameau « aryen », mais il semble qu'elles présentent davantage de similitudes avec l'indien. Certaines expressions renvoient directement au sanscrit védique (en kati, *indríç* « tremblement de terre » – sanscrit *indra-iṣṭi* « coup d'Indra » ; *dewutr* « fée » = sanscrit *deva-putrī*« fille de dieu »).

Voici un extrait d'un hymne en sanscrit védique contenant d'utiles conseils pour les joueurs :

akṣāsa íd aṅkuśíno nitodíno nikŕ̥tvānas tápanās tāpayiṣṇávaḥ
kumārádeṣṇā jáyataḥ punarháṇo mádhvā sámpr̥ktāḥ kitavásya barháṇā [...]
akṣaír mā dīvyaḥ kr̥ṣím ít kr̥ṣasva vitté ramasva bahú mányamānaḥ
tátra gāvaḥ kitava tátra jāyā tán me ví caṣṭe Savitāyám aryáḥ.

La transcription scientifique du sanscrit en caractères latins a été adoptée en 1894 au Xe Congrès des Orientalistes. Compte tenu du nombre de termes sanscrits cités dans l'ouvrage, il est bon d'en indiquer ici les conventions principales : *l̥* et *r̥* sont utilisés comme voyelles (cf. chapitre III à propos des « sonantes » de l'indo-européen) ; en pratique, elles sont prononcées, suivant les régions, *lu* et *ru* ou *li* et *ri*. *ṣ* s'apparente au *ch* français de *chat* et *ś* au *ch* allemand de *ich*. *c* est prononcé comme le *tch* français de *tchèque*, *j* comme *dj* dans *djebel*. *ḍ*, *ṇ*, *ṭ* sont des consonnes « rétroflexes » (ou « cérébrales », ou « cacuminales ») prononcées avec la pointe de la langue touchant le palais : leur existence trahit l'influence d'un substrat local passé dans les langues indo-aryennes. *h* ressemble au *ch* de l'allemand *Buch*, *ḥ* est un souffle remplaçant, en position finale, un ancien *r* ou *s*. Les consonnes suivies de *h* (*bh*, *ch*, *dh*, *gh*, *jh*, *kh*, *ph*, *th*) sont fortement « aspirées ». Enfin, *ñ* est palatalisé, *ṅ* vaut *ng*, et *ṁ* nasalise la voyelle précédente. L'accent tonique peut être indiqué par un accent aigu.

> « *Les dés sont des aiguillons, en vérité, ils sont des déchireurs ; ils suscitent des tourments qui brûlent ; leurs cadeaux sont comme ceux des enfants, ils battent à nouveau celui qui vient de gagner, ils sont enduits de miel, irrésistibles pour le joueur [...]. "Ne joue plus avec les dés ! Laboure seulement le champ ! Réjouis-toi de ce que tu as trouvé, l'estimant pour beaucoup ; voici les vaches, joueur, voici l'épouse !" C'est ce que me révèle le noble Savitar.* »
> (*R̥k-saṁhitā*, X, 34, 7 et 13 ; d'après Silvia d'Intino)

L'iranien

Les langues iraniennes n'ont jamais été limitées au seul Iran actuel, qui n'est d'ailleurs pas leur foyer (celui-ci, comme on le verra dans la troisième partie de cet ouvrage, est à chercher plus au nord, dans les steppes) : elles ont été parlées de la Hongrie à la Chine *(cf. carte 13, p. 190)*.

Les linguistes classent les langues iraniennes en quatre groupes (nord-est, sud-est, nord-ouest, sud-ouest), mais la distinction fondamentale est celle entre les rameaux qualifiés conventionnellement d'« occidental » et « oriental ».

L'iranien occidental comprend surtout les langues de la Perse historique et du Kurdistan : langues disparues comme le vieux-perse, le parthe, peut-être le mède dont on sait pas grand-chose ; langues vivantes comme le persan moderne (*fârsi*) et ses jumeaux le tadjik et le *dāri* d'Afghanistan, le kurde, le baloutche, etc.

L'iranien oriental a eu autrefois une extension bien plus importante qu'aujourd'hui, à travers les parlers des peuples « scythiques » nomades

Type perse : portrait du roi Darius Ier sur le relief de Behistoun ; dans l'inscription de Behistoun, Darius se dit « *Perse de souche perse, Arya de souche aryenne...* » ; d'après E. Porada.

Visages d'Iraniens des steppes : détails de deux têtes de Scythes sur le pectoral d'or de Tovsta Mohyla (Ukraine), IVe siècle av. J.-C. ; d'après R. Rolle.

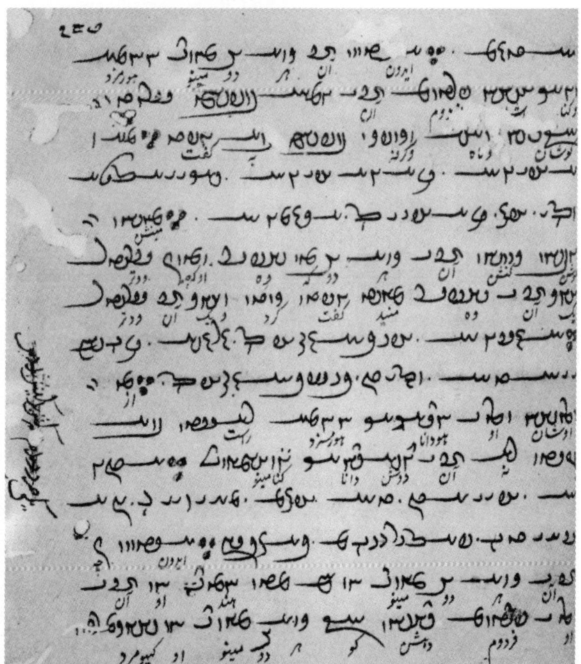

Page du plus ancien manuscrit conservé de l'*Avesta* (manuscrit Zend C1 de la Bodleian Library à Oxford).

d'Europe (Scythes, Sauromates-Sarmates, Alains) et d'Asie (Saces et autres) et de grandes langues centre-asiatiques comme le sogdien et le bactrien. En Europe, il ne survit que par l'ossète, descendant de l'alain médiéval. En Asie, il comprend surtout le pachto d'Afghanistan et du Pakistan, et aussi le yaghnobi qui serait un reste du sogdien et les langues pamiriennes qui prolongeraient certains dialectes saces.

Le stade le plus archaïque de l'iranien est représenté par l'avestique, employé pour noter les textes sacrés mazdéens (zoroastriens). La transcription de ces textes, longtemps transmis par oral avec un grand souci de fidélité, a été faite tardivement (aux époques parthe puis sassanide), au moyen d'un alphabet phonétique élaboré spécialement. La partie la plus ancienne de l'*Avesta*, les Gâthas attribués à Zoroastre en personne, est écrite dans une langue plus proche du sanscrit védique que l'italien ne l'est de l'espagnol. Il est remarquable que l'avestique ne puisse être classé franchement dans l'une des gran-

Inscription en vieux-perse, en caractères cunéiformes, évoquant la fondation d'un palais par Darius ;
d'après E. Doblhofer.

des subdivisions, occidentale ou orientale, de l'iranien : il correspond à une période où la divergence entre les deux rameaux devait encore être peu sensible.

Une autre source importante sur l'iranien ancien est constituée par les textes perses en caractères cunéiformes de la période achéménide (VIe-IIIe siècles av. J.-C.). Il n'est pas sûr que le « vieux-perse » ainsi noté soit l'ancêtre direct du persan moderne, mais il s'agit dans tous les cas d'iranien occidental. Les autres langues éteintes de l'Antiquité et du Moyen Age sont inégalement documentées ; on possède des textes en parthe, moyen-perse, sogdien, bactrien, chorasmien, et sace-khotanais (une langue sace du Turkestan oriental – l'actuel Xinjiang chinois). L'alain médiéval est connu par quelques documents et gloses.

Le texte suivant, gravé sur une stèle en granite à Suez (Egypte), est représentatif des inscriptions royales achéménides en vieux-perse :

θātiy Dārayavauš XŠ[āyaθiya] : adam Pārsa amiy hacā Pārsā Mudrāyam agarbāyam adam niyaštāyam imām yauviyām katanaiy hacā Pirāva nāma rauta tya Mudrāyaiy danuvatiy abiy draya tya hacā Pārsā aitiy pasāva iyam yauviyā akaniya avaθā yaθā adam niyaštāyam utā nāva āyatā hacā Mudrāyā tara imām yauviyām abiy Pārsam avaθā yaθā mām kāma āha.

« Le roi Darius dit : Je suis un Perse. De Perse, j'ai conquis l'Egypte. J'ai ordonné de creuser ce canal d'un fleuve nommé Nil qui coule en Egypte, jusqu'à la mer qui vient de Perse. Ensuite ce canal fut creusé comme je l'avais ordonné, et des navires vinrent d'Egypte par ce canal jusqu'en Perse comme je l'avais voulu ».

Le « tokharien »

La branche « tokharienne » de la famille indo-européenne, la plus récemment découverte, soulève encore bien des questions intéressantes. Sa désignation même pose problème. Lors de son identification sur des documents des VIe-Xe siècles trouvés au Turkestan oriental (Xinjiang), on lui a conféré un peu vite l'appellation de « tokharien ». Elle renvoie à un peuple nomade connu par les sources antiques, et que l'on identifie habituellement à celui que les sources chinoises appellent *Yuezhi*. Chassés du Gansu chinois par l'expansion des Xiongnu, les Tokhariens-*Yuezhi* finirent par s'emparer de la Bactriane hellénistique dans les années 130 av. J.-C. et y fondèrent le brillant empire kouchâne (Ier-IIIe siècles de notre ère). Tout cela n'a pas grand rapport avec notre problème, si ce n'est le fait que cet empire kouchâne contrôla un moment une partie du bassin du Tarim – mais les locuteurs des langues « tokhariennes » y étaient alors déjà installés depuis très longtemps. En fait, le rapprochement entre les « vrais » Tokhariens et les parlers auxquels on a voulu donner leur nom repose sur des indices très fragiles, comme l'appellation de *Tqwry* qui, dans un manuscrit turc ouïghour rédigé vers 800, désigne le royaume d'Agni où était parlée l'une des

Portraits de donateurs – et d'un artiste ! – dans des grottes cultuelles bouddhistes du bassin du Tarim, au Turkestan oriental (Chine, Xinjiang), VIe-VIIe siècles ; il s'agit probablement de locuteurs des langues « tokhariennes » ; d'après A. Grünewald/J. P. Mallory et V. Mair.

langues qui nous intéresse ici. Le nom de Tokharien n'apparaît dans aucun document écrit dans ces langues, et il est fort possible que les authentiques Tokhariens aient, eux, parlé une langue iranienne. Il vaudrait donc mieux évacuer le nom malheureux de « tokharien », mais aucune autre désignation (« agnéo-koutchéen », « *arśi-kuci* »...) n'a réussi à s'imposer. On pourrait proposer le nom géographique neutre de « tarimien », mais d'autres langues étaient parlées dans la région !

On distingue deux langues et les traces probables d'une troisième (*cf. carte 14, p. 191*). Le « tokharien A », à l'est de la zone considérée, est également appelé « agnéen » (du nom du royaume d'Agni) ou « tourfanais » (d'après la ville de Tourfan), et ses locuteurs se nommaient eux-mêmes *Arśi*. Il était probablement déjà éteint à l'époque où les documents qui le notent ont été rédigés, et il servait de langue liturgique. Le « tokharien B » ou « koutchéen » (les habitants de la région de Koutcha s'appelaient *Kuci* ou *Kuśi*), plus archaïque, était néanmoins la langue parlée tant à l'ouest qu'à l'est de l'aire « tokharienne ». Il s'agit bien de deux langues et non de dialectes de la même. Il existe des différences sensibles dans la morphologie, et dans le vocabulaire de base, comme le montre l'exemple des cinq premiers numéraux : tokh. A *sas*, *wu*, *tre*, *śtwar*, *päñ* ; tokh. B *ṣe*, *wi*, *trai*, *śtwer*, *piś*. Certains vocables sont même dérivés de racines différentes : A *mrāc*, B *āśce* « tête » ; A *napeṁ*, B *śaumo* « homme », etc.

Un « tokharien C » ou « kroränien » est supposé sur la base de termes et de noms propres de type « tokharien » relevés dans des documents en *prākrit* (indien, cf. *supra*) du sud du bassin du Tarim, sur l'ancien territoire de Krorän (Shanshan).

La littérature dans les langues « tokhariennes » se limite pour l'essentiel à des textes bouddhistes. L'écriture employée est la *brāhmī* indienne, avec des règles orthograhiques inspirées de celles du sanscrit et des *prākrit*. Voici un passage en « tokharien B » :

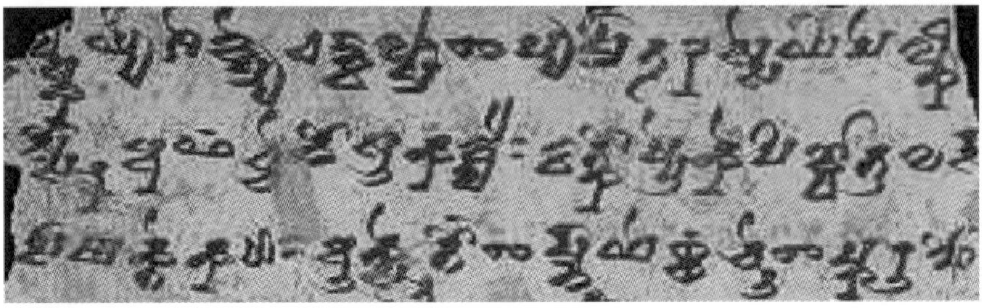

Détail d'un manuscrit en langue « tokharienne » du Turkestan oriental, rédigé dans une écriture dérivée de la *brāhmī* indienne.

Pilycalñeccu wroccu rṣāka purwar mesmeṁ
Śaṣkäs lykwarwa keklyutkusai oṅkorñai tā
Ce pintwātstsa kärtstsomñenta po yātoyeś
Wesi rano ritau akālk käñiyoytär.
« O grand sage voué à l'ascèse, accepte de nous
Le riz que voici, seize fois concentré.
Puissent tous les bienfaits t'advenir par cette aumône !
Pour nous aussi, puisse être enfin exaucé le vœu chéri ! »
(« Le dernier repas du Boddhisatva avant l'Illumination », 30-31 ; manuscrit de la collection de Berlin, trouvé à Sängim près de Tourfan ; « tokharien B »)

Langues inclassables et hypothétiques

Une fois présentées toutes ces langues, réunies en branches aux contours parfois incertains mais à l'existence reconnue, il reste un certain nombre de parlers certainement ou probablement indo-européens, généralement très mal attestés (par l'onomastique et quelques termes passés dans les langues connues), et dont le rattachement à l'un ou l'autre ensemble est douteux.

Diverses langues de la péninsule Ibérique, comme celles des Asturiens et Cantabres, éventuellement celle des Lusitaniens, appartenaient peut-être à une couche indo-européenne antérieure à la diffusion du celtique. Le rapprochement avec le ligure (cf. *infra*) paraît bien hypothétique.

Les langues de divers peuples des Balkans, comme les Dardaniens (au sud de l'actuelle Serbie) peuvent avoir eu des affinités avec le thraco-daco-gète ou le nébuleux « illyrien ». La question – plus politique que scientifique ! – de savoir si le macédonien était un dialecte grec, une langue proche du grec mais distincte, ou un membre d'une autre branche de l'indo-européen, est toujours vivement débattue. Il en va de même du parler étolien voisin, mais les enjeux patriotiques sont moins forts.

Entre les Celtes et les Germains, certains auteurs croient discerner les traces d'une autre branche de l'indo-européen, dont auraient notamment relevé les Belges. On l'a baptisée « bloc du nord-ouest ». Il est difficile d'en dire davantage.

Un autre problème obscur est celui du « vieil-européen » (*Alteuropäisch*) imaginé par H. Krahe sur la base de quelques particularités phonétiques et vocables spécifiques. Dans l'esprit de ce linguiste, il s'agissait de l'ancêtre commun des langues indo-européennes d'Europe, après leur séparation avec l'indo-iranien et avant leur différenciation. Pour d'autres, ce serait une branche particulière de l'indo-européen, diffusée en Europe avant d'être recouverte et remplacée par les langues celtiques, germaniques ou italiques. On a affirmé aussi que le « vieil-européen » n'était rien d'autre que l'indo-européen commun lui-même. La documentation est trop mince pour conclure.

La langue des Philistins de l'actuelle Palestine était sans doute apparentée à l'un ou l'autre parler indo-européen des Balkans (on connaît en Epire une ville de Palaistê, et le fleuve Strymon, en Thrace, s'appelait anciennement *Palaistinos*).

Langues au caractère indo-européen douteux

Une question un peu différente est celle des langues dont le caractère indo-européen même est incertain.

Le ligure était parlé dans des zones assez vastes de France méridionale et d'Italie avant l'expansion du celtique et du latin. Il n'est connu que par des noms et des mots isolés qui permettent diverses hypothèses. Soit il s'agit (comme l'ibère d'Espagne) d'une langue pré-indo-européenne, soit c'était un parler indo-européen proche, mais distinct, du celtique et de l'italique. Il est fort possible que le nom de Ligures ait désigné successivement plusieurs peuples de langues différentes.

Il en va de même du rhétique signalé dans l'Antiquité en Suisse, Italie du Nord et Allemagne du Sud. La variété des théories qui le comparent tantôt à l'étrusque (non indo-européen), tantôt au vénète (apparenté à la branche italique) suggère qu'il peut s'agir de plusieurs langues non apparentées entre elles.

Les langages « picéniens » d'Italie centre-orientale (*Picenium*), connus par des inscriptions dont les plus anciennes remontent au VIIe siècle av. J.-C., forment également un groupement géographique mais non génétique. Les parlers du sud paraissent nettement indo-européens (cf. par exemple la dédicace *matereif patereif* « aux mères [et] aux pères »). Mais le nord-picénien est d'origine inconnue. On lui a cherché des traits indo-européens, mais la vérité est que les textes demeurent absolument incompréhensibles. On peut en juger d'après la plus longue inscription actuellement connue, celle de Novilara :

Mimnis erut gaarestades rotnem uvlin parten us polem isairon tet sut trat neši kruš tenag trut ipiem rotneš lutuis θalu isperion vul tes rotem teu aiten tašur soter merpon kalatne nis vilatos paten arn uis balestenag ands et šut i akut treten teletau nem polem tišu sotris eus.

Le tartessien du sud-ouest de l'Espagne, connu par des inscriptions en caractères voisins de l'alphabet ibère, a été décrit comme indo-européen et plus particulièrement proche de l'anatolien, mais ce diagnostic est loin d'être sûr.

Les substrats pré-helléniques de Grèce sont un problème complexe. On considère traditionnellement que des toponymes et certains termes conservés en grec remontent à une ou plusieurs langues pré-indo-européennes, qui seraient celles des indigènes pré-helléniques que les Grecs appelaient Pélasges. Cependant, divers auteurs décèlent, sous le grec, une couche (« préhellénique A ») qu'ils croient indo-européenne et apparentée à l'anatolien. En particulier, certains toponymes grecs ont de proches équivalents en Anatolie et des correspondances anatoliennes convaincantes (le Parnasse grec, demeure des Dieux, et le *Parnašša* hittite, montagne sacrée dont le nom dérive de *parna* « maison » – mais ne s'agit-il pas, dans les deux cas, d'un élément de substrat méditerranéen pré-indo-européen ?). D'autres identifient également, à travers certaines anomalies phonétiques dans des toponymes ou vocables grecs, les traces d'une langue indo-européenne qui serait apparentée plutôt au balto-slave (« préhellénique B »).

Notons enfin que le nom des Pélasges a été rapproché de celui des Philistins (*Pelas-g- / Pela[i]s-t-*).

Le débat le plus intéressant (à cause de l'abondante documentation) porte sur l'étrusque. Cette langue isolée et le peuple qui la parlait en Toscane demeurent assez énigmatiques. Alors que tout le monde s'accordait précédemment sur son caractère non indo-européen, des linguistes imaginatifs ont tenté au cours des dernières décennies de revenir sur cette exclusion. Il s'appuient sur des arguments essentiellement morphologiques (similitudes de certaines désinences casuelles, et même, ce qui paraît bien vague, ordre des mots), dans la mesure où le vocabulaire étrusque n'offre aucune prise à ce genre de théories. Il suffit de considérer, entre autres termes du lexique fondamental, les cinq premiers numéraux étrusques : *thu, zal, ci, sa, mach.* Avec la meilleure volonté du monde, il est impossible de les associer à quoi que ce soit de connu en indo-européen. Tout cela nous paraît relever d'un simple jeu de l'esprit.

L'indo-européen et les « super-familles » de langues

Il faut évoquer, pour conclure, les hypothèses sur la parenté entre la famille indo-européenne et d'autres familles de langues. L'idée est simple : de même que, disons, le français et le roumain dérivent d'une même langue latine, et que le latin et, par exemple, le sanscrit dérivent d'une même langue indo-européenne, de même on peut envisager que l'indo-européen et d'autres « langues-mères » dérivent à leur tour d'une « langue-aïeule » commune qui aurait été parlée, par exemple, au Mésolithique.

Plusieurs propositions ont été faites en ce sens. Les deux plus connues sont les hypothèses « nostratique » et « eurasiatique ».

Lancée par Holger Petersen, l'hypothèse nostratique envisageait initialement l'apparentement de l'indo-européen, de l'ouralien, de l'altaïque, du sémitique, et de l'eskimo-aléoute. Elle a ensuite été reprise par Vladislav Il'itch-Svitytch (indo-européen ; afro-asiatique ; kartvélien ; ouralien ; altaïque ; dravidien) et Aron Dolgopolski (les familles de langues précitées, moins le dravidien, plus l'eskimo-aléoute et le tchouktche-kamtchatkien).

La théorie eurasiatique de Joseph Greenberg réunit certains des mêmes composants : indo-européen, ouralien, altaïque, coréen-japonais-aïnou, tchouktche-kamtchatkien, eskimo-aléoute, guiliak ou nikhv de Sakhaline et de la côte sibérienne.

Dans les deux cas, l'indo-européen est associé à la plupart des grandes familles de langues de l'Ancien Monde, particulièrement l'ouralien (finno-ougrien, lapon, permien, samoyède) de Finlande et de Russie et Sibérie du Nord, l'altaïque (turc, mongol, toungouse), et, dans le cas du « nostratique », la famille rebaptisée « afro-asiatique » (sémitique, berbère, égyptien ancien/copte, couchitique, tchadien), et le kartvélien ou caucasique du Sud, parlé en Transcaucasie (essentiellement le géorgien et le mingrélien). Les indices de l'apparentement consistent moins en vocabulaire commun – on verra plus loin qu'il y a des termes communs à l'indo-européen et à l'ouralien et peut-être à l'indo-européen et au sémitique, mais qu'il s'agit généralement d'emprunts – qu'en parallélismes morphologiques. Ce sont par exemple, pour l'« eurasiatique », le système pronominal, le pluriel à *-t-* suffixé, le duel en *-k-*, etc.

On mentionnera pour mémoire la position radicale de Merritt Ruhlen qui prétend, sur la base de travaux antérieurs de Joseph Greenberg et d'idées déjà émises en leur temps par Alfredo Trombetti et Morris Swadesh, démontrer l'origine commune de *toutes* les langues du monde et reconstituer des termes d'un parler ancestral remontant au Paléolithique ! Le problème est qu'il le fait sur la seule base de ressemblances extérieures de termes sélectionnés dans les langues les plus diverses, sans qu'il existe de règles phonétiques constantes qui justifieraient la formation de ces mots à partir de racines communes. Or, nous verrons au chapitre III que cette régularité (fût-elle tempérée par des exceptions qui, la plupart du temps, s'expliquent elles aussi par des causes reproductibles) est une condition absolue de la démonstration d'un apparentement du vocabulaire. Sans ce garde-fou, comment éviter le piège de rapprochements purement fortuits comme ceux de l'anglais et du mbabaram (une langue aborigène d'Australie) *dog* « chien », ou de l'anglais et du persan *bad* et du didinga (langue du Soudan) *badh* « mauvais » ?

Sans aller chercher la langue originelle d'*Homo sapiens sapiens*, quel crédit peut-on accorder à des théories du type « eurasiatique » ou « nostratique » ? D'un côté, il est assez logique que l'indo-européen soit originellement issu de la fragmentation d'une « super-famille » linguistique antérieure, et il n'est pas absurde de rechercher d'hypothétiques traces de cette dernière. Mais d'un autre côté, s'il faut la dater de 6000, 8000, voire 10000 ans av. J.-C., comment espérer que ces traces puissent être distinguées d'éventuelles coïncidences et soient assez nombreuses pour être probantes ? Et puis, les parlers les plus proches de l'indo-européen, sans doute contigus géographiquement, on pu être oblitérés lors de l'expansion de « notre » langue-mère : le latin a bien remplacé toutes les autres langues italiques avant de déborder du cadre italien.

Les indo-européistes sont actuellement partagés sur ces questions. Les uns sont des partisans résolus d'apparentements plus ou moins larges, mais concernant généralement au moins l'ouralien ou le sémitique (donc plus largement l'« afro-asiatique »). D'autres considèrent qu'aucun de ces liens génétiques n'est formellement démontré. Le problème est que même si ces familles de langues dérivaient d'une lointaine source commune, elles auraient évolué dans des sens si différents que cette parenté serait quasiment indétectable. Il est à peu près sûr que les pronoms personnels (trois premières personnes : **me*, **te*, **se* !) ou l'interrogatif **ke*, **ki* « qui » reconstitués pour l'ouralien commun correspondent à ceux de l'indo-européen. Mais même en admettant qu'il ne s'agisse pas d'emprunts extrêmement anciens – comme le vocabulaire qui sera évoqué au chapitre VII –, on ne peut guère aller plus loin : les structures agglutinantes des langues ouraliennes (et altaïques) sont radicalement opposées à celles de l'indo-européen tel qu'on peut le reconstituer, qui est une langue flexionnelle. Certes, on peut invoquer des stades plus archaïques et peut-être pré-flexionnels de l'indo-européen, mais par définition, ceux-ci sont mal connus et largement hypothétiques. Le chantier reste ouvert.

CHAPITRE III

La reconstruction de l'indo-européen

Dès lors que l'on admet la parenté des langues indo-européennes et l'existence d'une langue-mère dont elles proviennent, la tentation est forte de chercher à quoi pouvait ressembler cette dernière, et de vouloir en reconstituer les sons, les mots et la grammaire. Ce n'est pas une préoccupation nouvelle : il semble que les premières tentatives de reconstitution de vocables « scythiques », comme on disait à l'époque, en l'occurrence de numéraux, figurent dans l'œuvre de Claude de Saumaise (*De lingua hellenistica*, 1643).

De nombreux manuels donnent des descriptions complètes de l'indo-européen reconstitué. Dans la perspective de ce livre, nous nous contenterons ici d'un survol de ses structures, et nous nous intéresserons davantage aux questions posées par la reconstruction et à l'évolution du tableau donné, à différentes époques, de la langue indo-européenne.

Le processus de reconstruction

Il faut insister, à l'attention du public non spécialisé, sur le caractère scientifique du travail de reconstruction. On connaît l'opinion ironique de Voltaire sur l'étymologie, « *science où les voyelles ne sont rien, et les consonnes sont peu de chose* ». Tout le travail des linguistes consiste précisément à s'affranchir de cet arbitraire et à déterminer des règles strictes, dont les exceptions mêmes doivent être expliquées.

La reconstruction d'une langue disparue consiste à comparer les éléments apparentés (mots, désinences...) de langues attestées qui en sont issues, et à en tirer les formes ancestrales hypothétiques. Pour prendre un exemple simple, le nom du « frère » est *bráthir* en vieil-irlandais, *frāter* en latin, *broÞar* en gothique, *brati* en vieux-prussien, *bratrŭ* en vieux-slave, *phrētēr* en grec, *bratere* (au pluriel) en phrygien, *ełbair* en arménien, *bhrātar-* en sanscrit, *brātar-* en avestique, *pracer* en « tokharien A ».

Si l'on veut dépasser cette équation et obtenir une approximation du mot indo-européen qui a produit ces différentes formes, on a recours à des règles phonétiques, sachant que ces règles ne sont pas *ad hoc*, mais qu'elles doivent s'appliquer dans tous les cas semblables. Ainsi, le son initial sera reconstruit comme un **bh* : Les *b*, *ph*, *f* et *p* qui apparaissent au début du mot dans les différentes langues attestées sont les produits réguliers de l'évolution de ce son, alors qu'une évolution inverse du type *f* > *bh* ou *p* > *bh* serait contraire à toutes les lois phonétiques connues. De même, la dentale de la seconde syllabe est identifiée comme un **t* : les *th* ou þ du vieil-irlandais et du germanique sont dus à une spirantisation secondaire (pour ce qui est du celtique, la forme *brat-* est d'ailleurs attestée en gaulois), le *c* du « tokharien » résulte lui aussi d'une évolution d'un ancien **t*. Finalement, on aboutit à une forme **bhrātēr*. Le terme *ełbair* de l'arménien, qui a la même origine, rappelle les spécificités phonétiques qui font de cette langue, comme on l'a signalé au chap. II, celle qui s'est le plus éloignée, sur ce plan, du modèle originel.

Cette régularité des processus phonétiques est un point essentiel. Elle permet d'éliminer deux risques d'erreurs. Le premier est la confusion entre ressemblance extérieure et apparentement (l'arménien *ełbair* n'a extérieurement rien de commun avec le français « frère » mais provient de la même source, alors que le latin *deus* et le grec *theós* « dieu », qui se ressemblent à première vue, ne sont pas liés !) Le second est la confusion entre des termes d'origine commune, remontant à un même prototype, et ceux empruntés par une langue indo-européenne à une autre. Pour prendre un exemple facile, l'adjectif anglais *fraternal* n'est pas directement hérité de l'indo-européen par la branche germanique, mais emprunté à la branche latine ou romane. Nous le savons par des sources écrites, mais même dans le cas contraire, il serait facile de le déterminer, parce que l'indo-européen **bhrātēr* ne peut en aucun cas produire **frater-* en germanique : dans ces langues, l'évolution conduit à **brōþar-*, d'où l'anglais *brother*.

Le même système permet la reconstitution des désinences de déclinaisons et de conjugaisons.

En pratique, le travail de reconstitution est souvent beaucoup plus compliqué, et certains termes incontestablement apparentés ne peuvent être ramenés à l'unité qu'au prix de contorsions – par exemple en supposant l'existence de consonnes complexes inconnues ailleurs. C'est le cas du nom de la « terre » : hittite *tekam*, vieil-irlandais *dú* (génitif *don*), latin *humus*, lituanien *žemė*, vieux-slave *zemlja*, grec *khthōn*, albanais *dhe*, sanscrit *kṣam*, iranien **zam-*, « tokharien » A *tkaṃ*, B *keṃ*. On peut reconstruire un prototype comme **dh(e)ghōm*, mais A. Martinet invoquait une occlusive complexe g^{dh}- à l'initiale.

Ces résultats n'ont évidemment pas été obtenus du premier coup. Les formes reconstruites n'ont cessé d'être affinées depuis le XIXe siècle, et elles évoluent toujours.

De l'illusion sanscrite aux débats actuels

Les débuts de la reconstitution scientifique de l'indo-européen, au XIXe siècle, avaient été marqués par le respect exagéré porté au données indiennes. Le sanscrit avait été tout simplement identifié à la langue-mère par certains (F. von Schlegel, 1808). Il était considéré par d'autres comme la plus archaïque de toutes les langues indo-européennes anciennes, celle qui avait le mieux, pensait-on, préservé les structures phonologiques et morphologiques de la langue-mère. On réalisait mal, à l'époque, le caractère artificiel de la perfection qu'on lui prêtait, largement due au travail de conceptualisation des anciens grammairiens indiens.

Ainsi, la première vision de la langue indo-européenne fut souvent celle d'une sorte de « proto-sanscrit ». En vieillissant le sanscrit, en le dépouillant de certaines caractéristiques trop strictement indiennes (comme les consonnes dites « rétroflexes » ou « cacuminales », c'est-à-dire prononcées avec la pointe de la langue retournée), on croyait aboutir directement à un tableau vraisemblable de l'indo-européen. Dans une certaine mesure, nos représentations actuelles sont encore marquées par cette « illusion sanscrite », par exemple dans la reconstitution du système consonantique (présence d'aspirées sourdes comme p^h, k^h, etc.)

Dès la fin du XIXe siècle, cependant, les comparatistes avaient nuancé cet enthousiasme trop exclusif pour le sanscrit et élaboré une image plus vraisemblable de l'indo-européen. Même si certaines questions demeuraient ouvertes, le tableau paraissait cohérent.

Comme on l'a signalé au chapitre I, cette reconstruction monumentale et quelque peu péremptoire de l'indo-européen a été mise à mal par les découvertes du XXe siècle, en particulier par celle des langues anatoliennes.

Attesté à date très ancienne (à partir du XVIIe siècle av. J.-C.), l'anatolien ne se conforme pas au schéma indo-européen classique. Il présente des particularités remarquables, dont les unes (par exemple dans le vocabulaire) doivent être dues à l'action d'un substrat local pré-indo-européen, mais dont d'autres sont interprétées comme des archaïsmes, c'est-à-dire comme le témoignage d'un état de langue antérieur à l'indo-européen classique et sensiblement différent de lui. En matière phonologique, c'est essentiellement la conservation de sons notés *ḫ*, *ḫḫ*, absents des autres langues. Dans la morphologie, c'est le faible développement de certains traits des systèmes flexionnels et verbaux qui ont une grande importance en indo-européen classique. Les flexions sont réduites (cinq cas en hittite, quatre en lydien) ; le nominatif et le génitif sont confondus, certaines racines apparaissent nues, sans désinences. Le duel n'existe pas. Les temps et les modes verbaux n'ont pas la richesse et la cohérence des autres grandes langues anciennes. Finalement, l'anatolien apparaît comme un indo-européen incomplètement développé.

L'analyse des données anatoliennes – et la reconsidération de toutes les autres à cette nouvelle lumière – a eu des conséquences énormes sur le processus de reconstruction de l'indo-européen : distinction de différents stades évolutifs dans l'histoire de la langue-mère et réflexion sur les états les plus archaïques, développement de la « théorie des laryngales »...

Les débats ouverts par cette révision ne sont pas clos, et le tableau que l'on peut aujourd'hui donner de l'indo-européen demeure mouvant et comporte des zones de forte incertitude.

Les stades successifs de l'indo-européen

L'indo-européen reconstruit à la fin du XIXe siècle était considéré comme une approximation plus ou moins fidèle de la langue-mère, telle qu'elle aurait été parlée par les Indo-Européens au moment de leur dispersion (généralement imaginée comme le départ vers de nouveaux territoires, à partir d'un même foyer, de groupes conquérants : Proto-Celtes, Proto-Indo-Iraniens, Proto-Grecs, etc.). On se doutait bien que cette dispersion n'avait pas été un événement unique, mais beaucoup des linguistes qui cherchaient à situer dans le temps la communauté indo-européenne et son éclatement étaient partisans de chronologies plutôt courtes, comme celles qui apparaissent encore dans la synthèse relativement récente de P. Bosch-Gimpera.

Les données anatoliennes montrent que cet indo-européen « classique » n'était en fait que l'ultime état de la langue-mère (ce que l'on appelle aujourd'hui couramment « état 3 »). Il avait été précédé par le stade plus archaïque qu'illustrent les langues anatoliennes (« état 2 »). Et sur cette lancée rétrospective, en fonction d'indices linguistiques livrés par l'anatolien – les restes de structures déjà disparues à l'époque où ce dernier était parlé –, on pouvait postuler un état initial (« état 1 ») encore plus primitif.

Historiquement, cet indo-européen 1 se perd dans la nuit des temps (on verra quels temps dans la troisième partie de l'ouvrage). L'indo-européen 2 serait celui parlé à l'époque où toutes les populations de langue indo-européenne formaient encore un continuum (certains parlent d'« indo-hittite », mais la formulation n'est pas très heureuse). L'indo-européen 3 correspondrait au noyau de ces populations demeurées unies – ou continuant d'évoluer parallèlement – après le départ des ancêtres linguistiques des locuteurs de l'anatolien.

La notion d'indo-européen a donc acquis une plus grande profondeur chronologique, et les reconstitutions de ses structures et de son vocabulaire ne sont souvent valables que pour un état donné. Dans ces limites, la fiabilité des reconstitutions peut être appréciée diversement. L'astérisque qui les précède rappelle qu'elles sont et demeureront toujours des hypothèses. Dans certains cas, ces hypothèses frisent la certitude ; il n'y a presque aucun doute que les locuteurs de l'indo-européen de stade 3, par exemple, appelaient la « mère » *$m\bar{a}t\bar{e}r$*, le cheval *$ek^{w}os$*, etc. Mais par nature, le processus a ses limites : il faut se représenter l'image que nous aurions du latin si les textes avaient disparu et si nous devions reconstituer la langue à partir de ses descendantes modernes, qui toutes fonctionnent d'une façon très différente de leur ancêtre.

La phonologie ; la théorie des laryngales

Le système phonologique de l'indo-européen reconstitué comprend des voyelles, des consonnes et des « sonantes » qui peuvent jouer les deux rôles. Il est noté au moyen de l'alphabet latin, avec peu de signes diacritiques. Chaque lettre ou digramme se prononce, et toujours de la même façon.

Les **voyelles** sont *a*, *e*, *i*, *o*, *u*, chacune pouvant être brève ou longue. Il s'y ajoute une voyelle réduite *ə*, et des diphtongues (voyelle + sonante). Ces voyelles sont d'origine et de statut différents ; pour certains linguistes, la seule véritable voyelle serait *a* ; *e* et *o* proviendraient de la réduction d'anciennes diphtongues *ai* et *au* ; *i* et *u* (qui a le son du français *ou* dans *cou*) sont les formes vocaliques des sonantes dont les aspects consonantiques sont *y* et *w*, et *ə* est l'aspect vocalique d'une « laryngale ». Cette théorie de la « voyelle unique » (*a*), développée à l'origine sous l'influence du sanscrit, s'appuie aujourd'hui sur une comparaison fonctionnelle avec les langues caucasiques. Elle est loin d'être universellement admise.

Le **système consonantique** est surtout riche en occlusives. La reconstruction classique en distingue quatre séries correspondant à celles du sanscrit : sourdes (*p*, *t*, *k*, k^{w}) ; sonores (*b*, *d*, *g*, g^{w}) ; sourdes aspirées, c'est-à-dire suivies d'un souffle bien perceptible (*ph*, *th*, *kh*, $k^{w}h$) ; sonores aspirées (*bh*, *dh*, *gh*, $g^{w}h$). En outre, beaucoup de linguistes dédoublent les occlusives dorsales *k*, *kh*, et *g*, *gh* en deux variantes, l'une vélaire et l'autre palatale (tendant vers k^{y}, g^{y}...), pour rendre compte de la différence de traitement de ces sons dans certaines langues indo-européennes. On note alors *k^* ou *k'*, etc., les variantes palatales. Les indo-européistes ne sont jamais parvenus à un consensus sur la question de savoir s'il existait vraiment, en indo-européen, des sons *k* et *k'*, *g* et *g'*… distincts, ou s'il s'agit dans chaque cas d'un seul phonème qui aurait évolué différemment en fonction de son environnement.

Les consonnes notées k^w et g^w et les aspirées correspondantes sont labialisées, c'est-à-dire suivies d'un *-w-* furtif : k^w se prononce comme la consonne du français *quoi*.

Le système d'occlusives à quatre séries sert de base à des discussions sur d'éventuels états antérieurs. La série des sourdes aspirées (*ph*, *th*, etc.) est généralement considérée comme douteuse ; elle pourrait être plus récente que les autres, voire être limitée à des termes expressifs. Comme on l'a signalé plus haut, sa présence dans le tableau classique est essentiellement due à la prééminence du modèle sanscrit dans les débuts de la reconstruction de l'indo-européen. Mais si on l'élimine, on limite la liste des occlusives aux trois séries des sourdes, des sonores, et des sonores aspirées. Or, observent les comparatistes, ce genre de système n'existe dans aucune autre famille de langues et représente donc une contradiction par rapport à des lois phonétiques quasiment universelles. Il pourrait constituer une évolution tardive d'un système antérieur plus logique, sur lequel chaque auteur a sa propre idée. Beaucoup de propositions récentes font intervenir une série de consonnes glottalisées (accom-

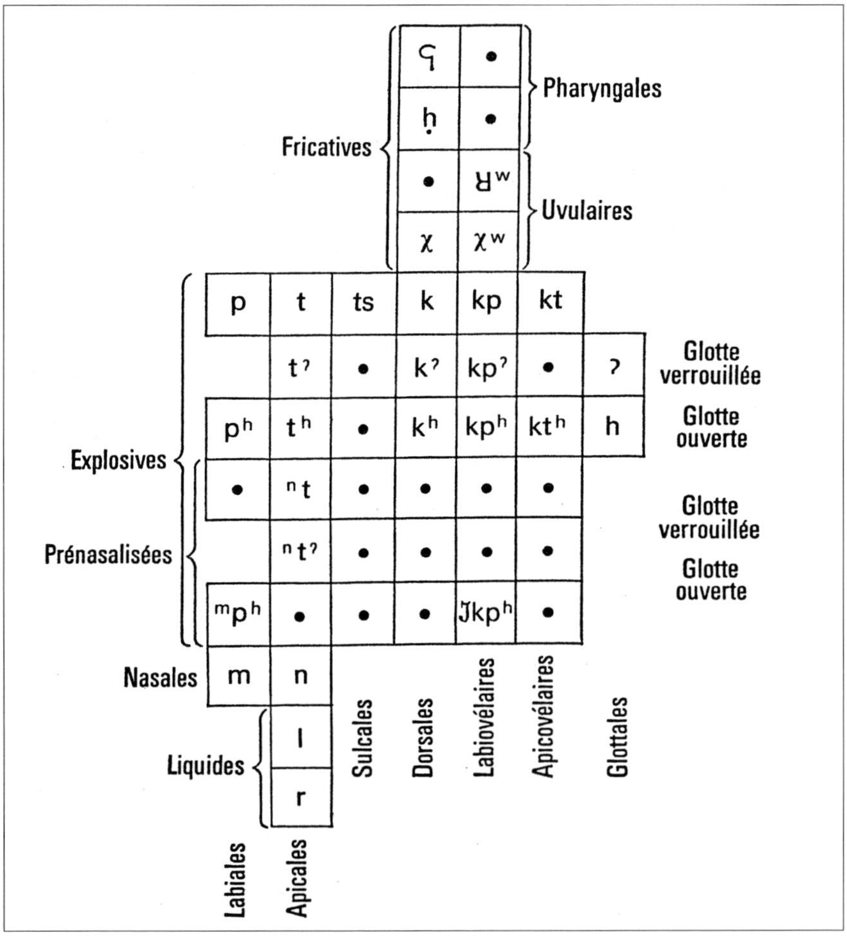

« Phonèmes envisagés pour une très ancienne forme de l'indo-européen » selon A. Martinet. De telles spéculations s'éloignent beaucoup du tableau classique de la phonologie indo-européenne, fixé pour l'essentiel dès le XIXe siècle.

pagnées d'une fermeture de la glotte), comme celles des langues caucasiques ou celles que l'on restitue pour le sémitique commun. Suivant les théories (minoritaires) de Tomas Gamkrelidzé et Viatcheslav Ivanov, le consonantisme très particulier de l'arménien, à un moindre titre celui du germanique, loin d'être comme on l'avance habituellement le produit de mutations poussées, seraient un trait conservateur.

Quelques équivalences ont fait suggérer l'existence d'occlusives complexes de type *kt*, *ks*, etc. Des théories ingénieuses, mais difficiles à démontrer, invoquent d'autres types de consonnes, comme des labio-vélaires (*kp*, *gb*... qui auraient évolué vers les k^w et g^w de l'indo-européen classique), ou des prénasalisées (^nt, ^mp...).

Il existe une seule sifflante, *s*, bien que l'on ait toujours admis qu'elle avait dû avoir des réalisations différentes (par exemple : /*š*/, /*z*/) suivant son environnement. Le nom indo-européen du « nid » est ainsi reconstitué sous la forme **nizdo-*.

A ces consonnes s'ajoutent les formes consonantiques des sonantes (cf. *infra*) : *l*, *m*, *n*, *r*, *y*, *w*.

L'apport de l'anatolien a conduit à développer ce que l'on appelle la « **théorie des laryngales** ». Ce que la reconstruction classique notait *ə* et considérait comme une voyelle (même si Saussure parlait déjà de « voyelle-sonante ») est désormais identifié comme une consonne ou une gamme de consonnes notée *H*. Ces « laryngales » (le terme avait été avancé par le Danois H. Möller par référence à certains sons des langues sémitiques), disparues dans toutes les langues indo-européennes autres que celles de la branche anatolienne, y ont laissé des traces en modifiant les sons avec lesquels elles étaient en contact : aspiration ou sonorisation de consonnes, allongement ou « coloration » de la voyelle *e* qui passe à *a* ou *o*. Dans beaucoup de termes indo-européens, ce que l'on reconstruisait comme des voyelles simples est désormais interprété comme la combinaison d'une laryngale et d'une voyelle.

Le nombre et la nature phonétique des laryngales sont toujours discutés. La plupart des comparatistes opèrent avec une palette de trois laryngales, H_1, H_2 et H_3. H_1 n'affecte pas le timbre de la voyelle voisine mais peut l'allonger ; H_2 combine des effets de coloration de voyelle en *a* et d'aspiration de consonne ; H_3 combine colo-

	Non glottales Colorantes			
	[a] (H_2)		[o] (H_3)	
	sourdes	sonores	sourdes	sonores
Uvulaires	χ̣^{3}	ʁ	χ̣^{w}	ʁ^w
Pharyngales	ḥ	ʕ	ḥ^w	ʕ^w
	Glottales Non colorantes (H_1)			
Fermeture	ʔ			
Frottement	h			

Hypothèse de reconstruction d'une dizaine de laryngales à un stade ancien de l'indo-européen, par A. Martinet.

ration de voyelle en *o* et sonorisation. Mais suivant les auteurs, le nombre des laryngales varie d'une seule à une dizaine.

L'avènement des laryngales a bouleversé la notation jusque-là très claire des termes indo-européens reconstruits, en lui substituant d'obscures graphies que l'on compare souvent à de l'algèbre. Ainsi, **egō* « je » devient *H_1*egō* ; **owi-* « mouton » devient *H_3*ewi-* ; **agro-* « champ, plaine » devient *H_2*egro-*. Bien sûr le système est d'autant plus compliqué que les auteurs reconstituent des laryngales nombreuses. Le nom de la « laine », traditionnellement noté **wl̥ənā*, puis **wl̥Hnā*, peut aujourd'hui être écrit **wl̥*H_2*né*H_4 !

Ces graphies à l'allure de formules chimiques ont ceci de frustrant, qu'elles n'évoquent aucune réalité phonétique. Différents auteurs ont essayé, en déployant une belle imagination, de restituer leur prononciation. Souvent, les langues sémitiques, riches en sons de ce type, servent de source d'inspiration. Le lecteur pourra se reporter, à titre d'exemple, au modèle très complet et clairement expliqué élaboré par A. Martinet, qui propose de traiter – dans certains cas au moins – H_2 comme /x/ (le *ch* allemand de *Buch*, la *jota* espagnole), et H_3 comme un /x^w/ labialisé, H_1 pouvant être un /h/ ou un arrêt glottal. Quel que soit le mérite de ces tentatives, la seule chose à peu près sûre est aujourd'hui l'existence aux stades anciens de l'indo-européen d'un nombre indéterminé de laryngales à l'identité floue.

Les « **sonantes** », enfin, sont des phonèmes capables de servir tant de consonne que de voyelle. Dans leur première fonction, elles sont notées *l*, *m*, *n*, *r*, *y*, *w*. Comme voyelles, *l̥*, *m̥*, *n̥*, *r̥*, *i*, *u*. L'emploi comme voyelles de sons tels que *r* ou *l* déconcerte un francophone, mais on peut encore l'observer dans des langues modernes, notamment slaves (serbe et croate *vlk* « loup », *krk* « gorge », etc.).

L'accentuation est difficile à reconstituer précisément tant elle diffère d'une langue indo-européenne à l'autre. Bien que l'accent soit souvent improprement appelé « ton », on s'accorde à penser qu'il était unique, c'est-à-dire qu'il n'existait pas de système d'opposition d'accents mélodiques comparable à celui des langues baltes. Il marquait l'unité et l'individualité du mot. Sa nature phonétique (accent tonique d'intensité ? élévation de la voix ?) est incertaine. On peut en tout cas souvent restituer son emplacement. Il est noté par un accent aigu : *ék*^{w}*os* « cheval ».

Le vocabulaire reconstruit

L'application des méthodes évoquées plus haut débouche sur la reconstruction d'un vocabulaire abondant (plusieurs milliers de mots). Bien sûr, tous les termes de l'indo-européen n'ont pas survécu dans toutes les langues indo-européennes. Un vocable aussi fondamental que le nom du « père » (**pHtēr*, **pətēr*) a ainsi été remplacé en slave (*otĭcŭ*). Une vieille règle empirique, proposée par Antoine Meillet, veut qu'un terme puisse être considéré comme remontant à l'indo-européen s'il apparaît dans au moins trois branches distinctes de l'indo-européen qui ne soient pas contiguës ou n'appartiennent pas à un même groupement dialectal – par exemple l'indo-iranien, le germanique et le « tokharien » –, ou dans une langue d'Europe et une d'Asie. Des vocables bien attestés, mais qui ne répondent pas à ces conditions, peuvent avoir eu un emploi limité à une zone dialectale donnée de l'indo-européen commun ou à une entité linguistique déjà détachée de la langue-mère (c'est le cas d'une grande partie du vocabulaire agricole des langues d'Europe). Enfin, même si le cas est théorique, le principe de régularité phonétique doit permettre de reconnaître et d'éliminer du lexique originel des mots que les langues indo-européennes déjà individualisées auraient empruntés séparément (et dans certains cas l'une à l'autre), comme les noms du « sucre » ou de la « banane » : aucun terme indo-européen n'aurait pu régulièrement produire *banana* dans des langues aussi différentes que l'anglais, l'italien, et le russe.

La reconstruction du vocabulaire n'est pas simple affaire de sons. La restitution du sens primitif d'un terme n'est pas toujours évidente, comme le montreront trois exemples bien connus des comparatistes.

La racine **sē* a donné, dans différentes langues, des verbes dont le sens peut être « planter », « semer » ou « enfoncer ». Ici, la signification première est logiquement « enfoncer », d'où « planter » (en enfonçant chaque graine), et enfin « semer ».

Un même vocable indo-européen a produit des mots qui signifient « hêtre » en latin (*fāgus*) et en germanique (vieil-islandais *bók*), mais une sorte de « chêne » en grec (*phēgós*) et albanais (*bunge*)... et le « sureau » en slave (serbe ou croate *baz*). Quelle signification donner au **bhāgos* indo-européen ?

De même, les noms du « saule » en avestique (*vaēitiš*), grec (*ītéā*), vieil-islandais (*víðir*), russe (*vetla*) correspondent à celui de la « vigne » en latin (*vītis*), et des termes apparentés en vieil-irlandais (*féith*) et sanscrit (*vetasás*) n'ont que le sens assez vague de « verge » ou « baguette ».

Même quand les significations des termes attestés dans toutes les langues convergent, le sens primitif ne peut en être extrait sans quelques précautions. Le produit de **pHtēr* signifie partout « père », mais on a imaginé que le mot indo-européen pouvait avoir le sens de « chef de famille » (le *paterfamilias* romain) plutôt que celui de « géniteur ». Des termes apparentés désignent un « couteau sacrificiel » en sanscrit (*asíḥ*), et l'« épée » en latin (*ensis*). Mais rien de comparable à une épée ne devait exister à l'époque de la communauté indo-européenne, si bien que le prototype de ces divers vocables doit renvoyer plutôt à un court poignard ou à un couteau.

Ces questions de sens ont évidemment une grande importance, comme on le verra plus loin, pour la reconstitution de la culture indo-européenne commune et de l'environnement dans lequel elle s'est développée.

Racines et mots

Les mots indo-européens peuvent être analysés et décomposés en divers éléments dont le noyau est la « racine ». La racine est une abstraction : dans l'état de langue que l'on reconstitue, elle n'apparaît qu'en composition. Elle est formée d'un squelette consonantique auquel s'ajoute éventuellement une voyelle *o* ou *e*, longue ou courte. Une même racine peut ainsi présenter potentiellement cinq aspects ou « degrés ». En prenant l'exemple classique de la racine qui évoque la notion de « porter », on pourra la rencontrer sous les formes **bher* (degré plein *e* ou « normal »), **bhor* (degré plein *o* ou « fléchi »), **bhr* (degré « réduit »), **bhēr* ou **bhōr* (degrés « longs » *e* ou *o*).

La recherche des racines éclaire la formation du vocabulaire et permet de détecter des apparentements et, au-delà, des associations d'idées significatives. Il est par exemple intéressant que l'appellation générique du « dieu », **deiwos*, provienne d'une racine **dei-* signifiant « briller » ou, dans un domaine plus concret, que celle de la « forteresse », **plH[ey]es*, dérive de la racine **pleH*$_1$ « verser de la terre ».

La racine est la plupart du temps complétée par des suffixes ou préfixes pour former le radical, porteur de sens, d'un mot concret.

La morphologie

L'indo-européen reconstruit est une langue flexionnelle, qui apparaît (dans son état « 3 » final) comme remarquablement complexe par comparaison avec d'autres familles linguistiques – ou avec la plupart de ses héritières modernes.

A l'exception des termes invariables (négation, adverbes, prépositions, sans doute interjections et onomatopées), chaque mot est fléchi : les noms sont déclinés, les verbes conjugués. La distinction entre le verbe et tous les autres termes fléchis (nom, pronom, adjectif, numéraux...) étant fondamentale en indo-européen, les désinences des conjugaisons et des déclinaisons ne coïncident jamais. Ces désinences expriment avec une grande précision le rôle que joue un mot dans un énoncé. Par exemple, la désinence de l'accusatif pluriel d'un nom – variable selon le type de déclinaison auquel appartient le nom – indiquera simultanément : le rôle de complément d'objet, le genre, et le nombre.

Les **noms** sont répartis en trois genres : masculin, féminin et neutre. De l'avis général, cette situation est tardive et dérive d'une distinction plus ancienne entre seulement deux genres, animé et inanimé. On reconstruit trois nombres : singulier, pluriel, et duel, ce dernier servant à exprimer des paires homogènes ou non. Là encore, ce tableau n'est valable que pour l'indo-européen de stade 3 ; dans les langues anatoliennes qui reflètent le stade 2, la distinction entre singulier et pluriel est parfois floue.

Les noms se déclinent. Il existe huit cas, dont on n'indiquera ici que la fonction principale – souvent familière à qui connaît un peu de latin ou de grec ancien... ou de slave ou balte moderne.

- Nominatif : sujet.
- Vocatif : interpellation.
- Accusatif : complément d'objet.
- Génitif : appartenance.
- Datif : destination.
- Locatif : localisation.
- Ablatif : éloignement.
- Instrumental : moyen, association.

Ces cas n'existent tous que dans la flexion des animés, au singulier et au pluriel. La flexion des noms inanimés, et de façon générale la flexion au duel, sont simplifiées. Une voyelle *e* ou *o* peut s'intercaler entre le radical et la désinence, déterminant une flexion « thématique » opposée à la flexion « athématique » où la désinence est directement ajoutée au radical.

Ce système des cas représente certainement le stade final d'une évolution à partir d'un type plus simple, comme celui qu'illustre l'anatolien (quatre ou cinq cas). Il y a différentes hypothèses sur ce qu'aurait pu être l'origine de la flexion nominale dans l'indo-européen de stade 1, et la façon dont les désinences casuelles pourraient dériver de postpositions.

Les **verbes** se présentent sous la forme de différents « thèmes » qui servent à former, non des temps grammaticaux au sens où nous l'entendons dans les langues modernes, mais plutôt des « aspects » de l'action. Le thème du présent indique l'action dans son développement ; le thème du parfait, un état accompli de l'action ; le thème de l'aoriste, le fait même de l'action. Dans certains verbes, le thème peut être redoublé pour exprimer la répétition ou l'intensité de l'action.

La conjugaison connaît deux modes, l'un actif, et l'autre appelé « moyen » ou « médio-passif ». Ce dernier peut exprimer le passif, le réfléchi, l'action réciproque, etc.

Les modes sont l'indicatif, le subjonctif (action éventuelle), et l'optatif (hypothèse, souhait) qui sert aussi à former l'impératif.

L'indo-européen sans peine, ou la fable de Schleicher

En 1868, dans l'enthousiasme d'une recherche qui progressait rapidement, August Schleicher rédigea un texte en « indo-européen » qui est devenu un classique. C'est une petite fable qui est prétexte à employer quelques termes fondamentaux du vocabulaire reconstitué et quelques relations grammaticales essentielles. Elle s'intitule *Avis akvasas ka* « Le mouton et les chevaux ».

« ***Avis, jasmin varnā na ā ast, dadarka akvams, tam, vāgham garum vaghantam, tam, bhāram magham, tam, manum āku bharantam.***

Avis akvabhjams ā vavakat : kard aghnutai ma vidanti manum akvams agantam.

Akvāsas ā vavakant : krudhi avai, kard aghnutai vividvant-svas : manus patis varnām avisāms karnauti svabhjam gharmam vastram avibhjams ka varnā na asti.

Tat kukruvants avis agram ā bhugat. »

« *Un mouton qui n'avait pas de laine vit des chevaux – l'un tirant un lourd chariot, l'autre une grande charge, un autre portant rapidement un homme.*

Le mouton dit aux chevaux : cela me fait mal au cœur de voir un homme conduisant des chevaux.

Les chevaux dirent au mouton : écoute, mouton ! Cela nous fait mal au cœur de voir l'homme, le maître, se faire pour lui-même un vêtement chaud de la laine d'un mouton alors que le mouton n'a pas de laine pour lui-même.

Entendant cela, le mouton s'enfuit dans la plaine. »

Tous ceux qui ont une connaissance, même vague, du sanscrit, mesureront immédiatement l'influence écrasante que la langue sacrée indienne a exercé sur cette tentative.

La fable de Schleicher a été ridiculisée par beaucoup de commentateurs, mais elle constitue toujours un élément de réflexion utile. Sans vraiment croire à la possibilité de « parler l'indo-européen », plusieurs auteurs ont donné des versions modernisées du texte. Voici quelques variantes de la première phrase :

« ***Owis, jesmin w^{e}lənā ne est, dedork'e ek'^{w}ons.*** » (H. Hirt, 1939).

« ***Owis, k^{w}esyo wl̥Hnā ne est, ek^{w}ons espeket.*** » (W. Lehmann et L. Zgusta, 1979).

« ***H_2ówis, k^{w}ésio wl̥H_2néH_4 ne (H_1é) est, H_1ék'^{w}ons spék'et.*** » (D. Q. Adams, 1997, avec quelques modifications de graphie).

La tentation bien compréhensible de s'exprimer dans la langue-mère est permanente. Xavier Delamarre s'était borné à dédier « **pətrei mātreik^{w}e* » son *Vocabulaire indo-européen*, mais d'autres linguistes sont allés beaucoup plus loin, comme en témoigne par exemple l'existence de traductions en « indo-européen »... des principales prières chrétiennes (ainsi le « Notre Père » : ***Pətēr n̥seros k'emeni, onomēn towes estu isəros...*** – d'après R. Sawitzky !).

La vraie question que posent ces essais est celle de la reconstruction d'une syntaxe indo-européenne : du moment que l'on peut restituer des mots et les différentes formes qu'ils prennent en fonction de leur rôle dans une phrase, est-il impossible de former cette phrase elle-même ? A notre avis, le résultat est un pur jeu de l'esprit. On peut recréer une syntaxe inspirée des tournures les plus archaïques des langues indo-européennes connues, mais rien ne garantit sa vraisemblance. Jamais on ne pourrait reconstruire la syntaxe latine à partir de celles des langues romanes.

Deuxième partie

Le dossier ethnoculturel

« Dès le début de leur enquête, en effet, mesurant l'étendue et la précision des correspondances qu'ils découvraient entre les langues indo-européennes, les grammairiens et les philologues firent la réflexion très juste qu'une telle concordance témoignait de plus que d'elle-même. La communauté de langage pouvait certes se concevoir, dès ces temps très anciens, sans unité de race et sans unité politique, mais non sans un minimum de civilisation commune, et de civilisation intellectuelle, c'est-à-dire essentiellement de religion, autant que de civilisation matérielle. »

Georges Dumézil, *Mythe et épopée I*, 1968.

CHAPITRE IV

Le concept d'« Indo-Européens »

L'indo-européen, phénomène linguistique, suppose les Indo-Européens, phénomène ethnoculturel dont on peut essayer de préciser la nature et les contours.

Une hypothèse indispensable

Dès lors que l'on admet, comme l'immense majorité des spécialistes, l'existence d'une langue indo-européenne originelle, on est conduit à envisager celle de la population qui l'aurait parlée : les « Indo-Européens ».

La langue-mère que reconstruisent les comparatistes est beaucoup trop complexe et homogène pour n'avoir été qu'un sabir, c'est-à-dire un instrument de communication entre diverses populations dont aucune ne l'aurait employée comme langue maternelle. Il faut donc bien qu'elle ait été parlée, à un certain moment, par des locuteurs concrets.

Reconstitution (totalement imaginaire !) d'un « Indo-Européen avant la dispersion » ; d'après B. Marillier.

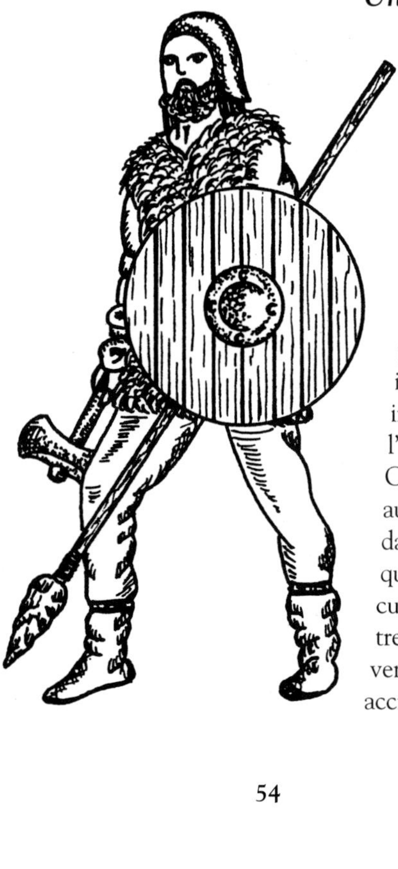

Une notion évolutive

Si l'on compare la diffusion de l'indo-européen à celle de grandes langues historiques comme le latin, on peut imaginer qu'il ait été parlé initialement par un noyau humain relativement réduit, avant de connaître une expansion considérable puis de se fragmenter en groupes linguistiques autonomes.

La définition des Indo-Européens sur une base principalement linguistique implique donc une notion évolutive.

Il s'agit dans un premier temps des porteurs originels de la langue – l'équivalent de ce qu'ont été pour le latin les Romains de la Rome primitive et les habitants du Latium. Ce noyau pouvait lui-même être issu d'un mélange. On a noté par exemple que la série des numéraux indo-européens de 1 à 100 se distinguait du reste du vocabulaire par l'absence de sonores aspirées, sons relativement fréquents ailleurs. Certains linguistes en déduisent que ces termes proviendraient d'une autre langue (laquelle ?). Sur le plan ethnique, on a proposé de voir dans les « Indo-Européens » le résultat d'un mélange ; W. Koppers évoquait des pasteurs nomades et cavaliers « ouralo-altaïques » et des agriculteurs « caucasiens », V. Pisani des « nomades guerriers » et des « prêtres caucasiques ». Les terminologies sont assez fantaisistes, mais nous verrons, dans la troisième partie, dans quelle mesure l'archéologie peut accréditer ces idées de fusion fondatrice.

Dans un deuxième temps, nous pouvons considérer comme « Indo-Européens » tous les locuteurs de l'indo-européen, durant et après le processus d'expansion. Depuis le XIXe siècle, et sur la base de modèles historiques éprouvés, ce processus a été vu la plupart du temps comme une suite d'invasions et de conquêtes ; nous verrons qu'il existe au moins une théorie complètement différente. Mais dans tous les cas, il n'y a pas lieu d'imaginer que les Indo-Européens se soient avancés dans des déserts ou aient exterminé systématiquement les populations qui habitaient avant eux les régions conquises. Le phénomène a pu se produire localement, mais on peut penser que la plupart du temps, les nouveaux venus ont dû absorber, selon différentes modalités et dans des proportions diverses, leurs prédécesseurs. La présence de substrats linguistiques, très probablement dus à l'influence de langues pré-indo-européennes, en indo-iranien, en hittite, ou encore en germanique, présuppose l'existence de substrats ethniques. La différenciation même des grands groupes issus de l'unité indo-européenne a dû être conditionnée en partie par la diversité des substrats qu'ils rencontraient sur leur nouveau territoire. Autrement dit, au fur et à mesure de son expansion, la communauté indo-européenne comprenait un nombre croissant d'éléments « indo-européanisés » – exactement comme la plus grande partie des locuteurs des langues turques sont issus de populations turquisées.

Cette communauté indo-européenne, au fur et à mesure qu'elle s'étendait, avait aussi tendance à se fragmenter. Ce qui a été dit au chapitre précédent des stades 2 et 3 de l'évolution de la langue montre que cette division n'a pas été une sorte de « Big Bang » unique, mais un processus à plusieurs étapes – l'une de ces étapes étant marquée par la séparation précoce des Proto-Anatoliens.

Dans quelle mesure les porteurs des groupes linguistiques issus de cette fragmentation peuvent-ils être encore qualifiés d'Indo-Européens ? On voit souvent des formulations du type « les Celtes sont des Indo-Européens », voire « les Tadjiks sont des Indo-Européens ». Elles doivent être comprises comme des raccourcis incorrects d'une réalité plus nuancée. L'histoire des vrais Indo-Européens, au seul sens scientifiquement admissible de ce terme, s'arrête évidemment avec leur disparition en tant que communauté et la formation des nouvelles entités celtique, germanique, iranienne, etc.

Ethnie, peuple, nation

Les Indo-Européens sont, au sens le plus strict, les gens qui parlaient l'indo-européen, c'est-à-dire une communauté linguistique. Mais dès les débuts de la recherche, ils ont souvent été définis comme un « peuple » ou une communauté ethnique. Pour les savants allemands, en particulier, ils étaient un « peuple originel » (*Urvolk*), tout comme leur langue était la « langue originelle » (*Ursprache*). Sur ce concept ethnique a rapidement été plaquée la notion de « race ».

Que les Indo-Européens aient constitué un ensemble ethnique est très probable sans être rigoureusement démontrable. Roland Breton a défini l'ethnie comme un « *groupe d'individus liés par un complexe de caractères communs – anthropologiques, linguistiques, politico-historiques, etc. – dont l'association constitue un système propre, une structure essentiellement culturelle [...] Suivant cette acception du mot ethnie, la langue n'est qu'un élément caractéristique parmi d'autres.* » Justement, en ce qui concerne les Indo-Européens, à côté de l'existence d'une langue commune, il faut signaler celle, suggérée également par la reconstitution linguistique et par un processus semblable appliqué à diverses traditions, d'une culture commune. Ces questions seront traitées aux chapitres suivants.

Ces éléments objectifs de définition de l'ethnie ne préjugent pas de la conscience que les Indo-Européens pouvaient avoir ou ne pas avoir de leur unité fondamentale. Nous sommes par exemple dans une certaine incertitude quant à l'existence d'un autoethnonyme des Indo-Européens, c'est-à-dire d'une appellation commune par laquelle ils se seraient eux-mêmes désignés. La question est importante, parce que l'attestation d'un autoethnonyme est la marque évidente de la conscience qu'une communauté a d'elle-même. A Rome comme en Inde, d'ailleurs, le peuple s'identifiait à son nom (*nomen latinum*, *áryaṁ nāma*).

On avait cru pouvoir étendre à tout l'ensemble indo-européen l'autoethnonyme *Arya-* des Indo-Iraniens. D'une part, il était à l'évidence d'une antiquité respectable (puisque antérieur à la séparation linguistique des locuteurs de l'indien et de l'iranien), et la vénération des linguistes pour le sanscrit, quasiment identifié à la langue-mère, lui conférait une aura particulière. D'autre part, on croyait identifier des termes apparentés en celtique (le nom indigène de l'Irlande, *Eire*, ou celui de « l'homme libre » en vieil-irlandais, *aire* < **aryos*, des thèmes de noms propres comme *Ariomanus*, *Ariovistus*...) et en germanique (runique *arjōstēR* « les plus distingués » < **arjaR* « noble ») ou en grec (*aristos* « meilleur »). Plus tard, on y a ajouté le hittite *ara-* « ami », *arawa-* « homme libre ».

Cet emploi élargi du nom des Aryens pour désigner ce que nous appelons les Indo-Européens remonterait à la seconde moitié du XVIIIe siècle (Anquetil-Duperron dès 1763, d'après B. Sergent). Il a connu une grande popularité au XIXe siècle avant de sombrer dans un discrédit total après 1945.

Sur le fond, le débat n'est pas tout à fait clos. Si certains de ces rapprochements ont été abandonnés (*Eire*) ou sont aujourd'hui considérés comme douteux, un autre est apparu entre les noms du dieu indo-iranien Aryaman, garant de la cohésion du groupe « aryen » (qui survit dans le persan *ērmān* « hôte »), et du héros mythique irlandais Eremón. Cela veut dire que le nom *Arya-* remonterait bien à l'unité indo-européenne, quels qu'aient pu être alors sa signification et son champ d'application. Ce pourrait être un argument en faveur d'une auto-perception « nationale » des Indo-Européens, mais les preuves sont à notre avis insuffisantes pour trancher.

P. Giles, sachant que beaucoup de peuples du monde se désignent par un nom signifiant simplement « les hommes », avait proposé pour les Indo-Européens le nom reconstitué de **Wiroi*. On pourrait aussi songer à **Ner-* « guerrier, seigneur » – mais ce ne sont que des spéculations sans fondement concret.

Si l'on considère le vocabulaire reconstruit, on constate qu'il n'existe pas de terme commun pour désigner le « peuple » (latin *populus*, mais germanique **teuta-*, grec *éthnos*, iranien **dahyu-*...). Les comparatistes avancent que la notion existait bien et formait le plus large des « cercles concentriques » d'appartenance, mais la diversité des vocables fait planer un doute sur le degré de conceptualisation de la « nation indo-européenne » par les intéressés eux-mêmes.

On ne négligera pas la possibilité que, de même qu'il y avait très probablement des différences dialectales au sein de la langue indo-européenne (en tout cas sûrement de l'indo-européen 3), il pouvait exister des « tribus » indo-européennes se distinguant par certaines caractéristiques ou se considérant comme des « peuples » distincts. Il est peu vraisemblable qu'au dernier stade de l'unité indo-européenne, les Proto-Celtes aient été absolument identiques aux Proto-Indo-Iraniens, aux Proto-Balto-Slaves ou aux Proto-Grecs.

Ajoutons que de toute évidence, les Indo-Européens n'ont pu former une entité politique unique qu'au tout début de leur histoire, avant le commencement de leur expansion. Rien ne permet d'imaginer un « empire indo-européen » soumis à un même pouvoir. Il faut sans doute imaginer les Indo-Européens sur le modèle de grands ensembles historiques comme les Celtes ou les Scythes, dont le sentiment d'appartenance au même monde ethnique, culturel ou religieux s'accommodait fort bien de l'indépendance des tribus.

Un élément important pour la définition de l'entité indo-européenne est l'existence d'une culture commune. Sans cette culture, les Indo-Européens ne seraient guère qu'une communauté linguistique assez abstraite. Avec elle, ils apparaissent comme un véritable « peuple », dont on peut espérer trouver les traces archéologiques concrètes. Or, les données qui vont être présentés dans les deux chapitres suivants, si hypothétiques qu'elle soient, tendent plutôt à conforter cette dernière vision. D'une part, on pense pouvoir reconstituer, à partir du vocabulaire lui-même reconstitué et de la comparaison entre les cultures des populations historiques parlant des langues indo-européennes, un certain nombre d'institutions, de pratiques sociales, de techniques... qu'auraient connues les Indo-Européens. D'autre part, et nous commencerons par là, une théorie développée par G. Dumézil affirme que cette culture indo-européenne commune avait une armature « idéologique », omniprésente dans tous les domaines de l'existence.

Type indo-européen et « race aryenne »

Quant au concept de race, son application au problème indo-européen (dès 1855, sous la plume de Carl Vogt) a donné lieu à bien des aberrations.

D'emblée – et malgré quelques résistances –, l'*Urvolk* se vit attribuer un type nordique : grand, dolichocéphale, à faible pigmentation (cheveux blonds, yeux bleus). L'idée devait évidemment beaucoup au rôle joué par les savants d'Allemagne et d'Europe du Nord dans les études indo-européennes, et à des théories raciales à la mode comme celles d'Arthur de Gobineau (*Essai sur l'inégalité des races humaines*, 1853-55). Mais elle reposait aussi sur l'analyse de textes antiques signalant des populations celtiques, germaniques, grecques, même iraniennes (scytho-sarmates) blondes, et de certaines traditions grecques, celtiques, voire arméniennes, valorisant la blondeur.

A ces assertions s'ajouta vite une erreur méthodologique, souvent faite au XIXe siècle où elle était presque devenue un lieu commun de l'anthropologie : la confusion, sous le même vocable de « race », des caractéristiques physiques objectives d'une population et des caractéristiques psychologiques, voire morales, qu'on prétendait lui attribuer. Dans un contexte de développement économique et technologique rapide de l'Europe et d'une expansion coloniale qui paraissait naturelle, les Européens s'identifièrent largement à leurs « ancêtres » indo-européens ou « aryens » et projetèrent rétrospectivement sur eux les qualités qu'eux-mêmes valorisaient : dynamisme conquérant, capacité civilisatrice, etc. Le mélange inextricable des traits physiques et psychiques aboutit à la vision d'une sorte de race élue, vision qui peut paraître odieuse à un regard actuel mais qui a surtout, par ses excès, des aspects involontairement comiques. Nous citerons seulement cette phrase de Georges Vacher de Lapouge dans l'*Aryen et son rôle social* (1899) :

« *Les ancêtres de l'Aryen cultivaient le blé, pendant que ceux des brachycéphales continuaient probablement à vivre comme des singes* » !

En Allemagne surtout, les « Aryens » idéalisés furent vite assimilés aux Germains, considérés comme leurs descendants les plus purs, ceux qui avaient le mieux conservé les caractéristiques physiques que l'on croyait être celles de l'*Urvolk*. En ce sens, la « race aryenne » des idéologues nationaux-socialistes, supérieure physiquement et intellectuellement aux autres « races », n'était pas de leur invention : elle ne faisait que prolonger un concept élaboré dès le milieu du XIXe siècle, teinté de nationalisme allemand et d'autres idées à la mode dans une grande partie du monde, comme l'eugénisme. Il faut relire, par exemple, Leconte de Lisle, opposant dans *Çunacepa* (1855) :

« *Les hommes au sang pur, au corps blanc, aux yeux fiers,*
Qui vivent sur les monts et sur le bord des mers
Et tendent l'arc guerrier avec des mains robustes,
Et la race au front noir, maudite des dieux justes ».

Il n'est pas interdit pour autant de s'interroger sur le ou les types physiques des Indo-Européens, tout en se rappelant que les classifications linguistiques ne correspondent pas mécaniquement à celles de l'anthropologie. Il y a bien, surtout s'agissant de populations préhistoriques issues de souches relativement limitées, une certaine corrélation entre l'appartenance ethnolinguistique et le type physique. Mais elle est plus ou moins forte suivant les cas. On peut dire sans trop de risques que les locuteurs de la langue altaïque originelle (l'ancêtre des langues mongoles, turques et toungouses) devaient être des mongoloïdes. Sans doute les locuteurs du sémitique commun étaient-ils des europoïdes de type plutôt méditerranéen. Mais il est beaucoup plus difficile de dire, par exemple, à quoi pouvaient ressembler les locuteurs de l'ouralien ou « finno-ougrien » commun, sachant que les porteurs des langues de cette famille présentent une extrême variété de phénotypes allant de l'europoïde pur au mongoloïde pur.

En ce qui concerne les Indo-Européens, on peut leur attribuer avec certitude un aspect europoïde ; on verra dans la troisième partie de l'ouvrage, à propos des données archéologiques, dans quelle mesure on peut le définir plus précisément. Pour autant, on ne peut pas parler d'une race spécifiquement « indo-européenne », c'est-à-dire d'un ensemble de traits physiques qui seraient propres aux locuteurs de l'indo-européen et à eux seuls. De plus, à supposer même que le noyau primitif des Indo-Européens ait présenté un type à peu près homogène, cela ne pouvait plus être le cas après son expansion, qui s'est comme on l'a vu nécessairement accompagnée de l'absorption et de l'indo-européanisation de divers éléments étrangers (sinon, les Suédois, les Espagnols, les Kurdes et les Indiens du nord-ouest auraient à peu près la même allure !). Il est impossible d'imaginer un type physique absolument homogène et exclusif chez les Indo-Européens à leur apogée.

Ces questions, et celle d'un hypothétique type blond idéal, seront développées au chapitre VII, à propos de la contribution de l'anthropologie physique à la recherche du foyer primitif des Indo-Européens.

Chapitre V

La théorie trifonctionnelle de Georges Dumézil

Ce que nous pouvons entrevoir de la culture des Indo-Européens sera examiné dans le chapitre suivant. Mais auparavant, il est essentiel de discuter la théorie « trifonctionnelle » développée par G. Dumézil (1898-1986), dans la mesure où elle prétend livrer la clef de l'« idéologie » indo-européenne et constituer un cadre analytique dans lequel il conviendrait de replacer l'ensemble des faits culturels.

L'échec fécond du comparatisme religieux

Dès les débuts de la recherche, les comparatistes s'étaient attaqués aux domaines de la religion, des mythes et des épopées, qui paraissaient promettre la reconstitution, au-delà de la langue elle-même, de la pensée et de la spiritualité des Indo-Européens. Les noms des dieux, les appellations des grands concepts religieux, devaient, pensait-on, s'être conservés à peu près dans les mêmes conditions que le reste du vocabulaire.

Cette méthode purement linguistique conduisit à des résultats qui n'étaient pas aussi négligeables qu'on le prétend parfois, mais dont la portée était très limitée.

Le point le plus intéressant est la reconstruction d'un dieu plus ou moins identifié au ciel, souvent qualifié de « dieu-père », et dont le nom est apparenté ou identique selon les langues à l'appellation générique de la divinité : c'est le Jupiter (*Iuppiter*) romain, le *Zeús Patēr* grec, le *Dyaúḥ Pitā* de l'hindouisme védique. Une autre correspondance intéressante, découverte plus récemment, est celle entre le « Neveu des eaux » (*Apām Napāt*) védique, le dieu romain Neptune (*Neptūnus*), et le héros irlandais Nechtan.

Quelques autres noms ont pu être rapprochés, mais avec une marge d'incertitude souvent très forte ; souvent, ces noms n'apparaissent que dans deux branches de l'indo-européen, ce qui limite l'importance de la comparaison. Le lien entre les dieux indien Varuna (*Varuṇa*) et grec Ouranos (*Ouranós*) est contesté. Le dieu grec Pan (*Pān*) pourrait être apparenté au *Pūṣan* indien, et le Mars romain aux Marut, compagnons du dieu guerrier indien Indra. On discute encore des rapports éventuels entre les brahmanes et les flamines romains.

La comparaison a enfin mis en lumière la personnification, par les Indo-Européens, de phénomènes ou éléments naturels : le Soleil, la Lune, le Feu, l'Eau, l'Aurore… Les cas du feu et de l'eau sont particulièrement intéressants, parce qu'il existe pour chacun deux termes, l'un du genre inanimé, désignant simplement le phénomène, l'autre du genre animé, qui se réfère à un concept divinisé.

Dans la plupart des cas, ces rapprochements n'aboutissaient qu'à des impasses, parce que l'on ne reconstruisait rien d'autre qu'un nom, auquel on ne parvenait pas à associer une « théologie » précise. Le Jupiter romain, déjà différent du Zeus grec, n'a pas grand-chose d'autre en commun que l'étymologie de son nom avec le *Dyaúḥ* indien.

Dans les années 1920-30, l'opinion dominante chez les comparatistes esquissait le tableau assez pauvre d'une religion indo-européenne essentiellement naturaliste, encore dépourvue des riches mythologies qui devaient ensuite se développer – de façon indépendante – chez les Indiens, les Grecs ou les Germains.

Principes généraux de la théorie trifonctionnelle

Les premiers travaux de G. Dumézil s'inscrivent dans la lignée de cette décevante méthode nominaliste, avec par exemple des tentatives de rapprochement entre les centaures grecs, les Gandharva indiens, et des créatures mythiques balto-slaves, ou encore entre les boissons d'immortalité grecque (*ambrosíā*, l'« ambroisie » des dieux) et indienne (sanscrit *amṛ́ta*). Les hasards de ses recherches – séjour en Turquie, études sur le monde caucasien et en particulier découverte des cycles épiques ossètes – le mirent sur une piste toute différente : la comparaison des structures, des idées, et non plus simplement des appellations. En 1938, il jeta les bases de la théorie trifonctionnelle en montrant comment la superposition de données indiennes et romaines suggérait l'existence de divinités indo-européennes patronnant trois fonctions sociales fondamentales : la souveraineté, la guerre, la production. Il consacra ensuite tout le reste de sa vie à explorer les conséquences de cette révélation. Non seulement l'existence de la structure tripartite pouvait être détectée – selon Dumézil – chez tous les grands groupes ethnoculturels issus de l'ensemble indo-européen, mais encore son champ d'application s'avérait presque universel. En fait, loin de se limiter à un domaine strictement théologique, elle constituait une sorte d'arrière-plan général de la pensée religieuse, institutionnelle, juridique, médicale, etc. que l'on pouvait attribuer aux Indo-Européens. En un mot, elle constituait une « idéologie » globale, une façon de penser le monde et les activités divines et humaines.

Si l'on nous permet ici de résumer de façon simpliste l'œuvre énorme de G. Dumézil, assistée assez tôt et poursuivie aujourd'hui par de nombreux chercheurs, on peut ainsi présenter la théorie qu'il a fondée.

Les Indo-Européens pensaient le monde, les activités divines et humaines, suivant trois grandes catégories auxquelles – pour ne pas préjuger de leur traduction dans l'organisation sociale réelle – on donne le nom un peu abstrait de « fonctions ».

La **première fonction** est le domaine de la souveraineté et comporte deux aspects, l'un magique et religieux, l'autre juridique.

La **deuxième fonction** recouvre la force et plus particulièrement la force guerrière. Elle aussi se présente sous deux aspects différenciés plus ou moins nettement suivant les cultures : l'un plutôt individuel et brutal, l'autre proportionnellement plus raffiné et collectif.

Le **troisième fonction** embrasse tout ce qui concerne la production, la reproduction, la fertilité.

Les fonctions sont hiérarchisées. Les deux premières sont considérées comme nobles par rapport à la troisième, et la première est généralement supérieure à la seconde. Par ailleurs, certains mythes semblent renvoyer à une « guerre de fondation » opposant, à l'origine, les deux premières fonctions à la troisième, la défaite de cette dernière aboutissant à la constitution d'une société complète où elle occupe une place subordonnée.

Les pièces à conviction

La théorie trifonctionnelle s'appuie aujourd'hui sur une masse de faits collectés pendant plus d'un demi-siècle dans toutes les cultures héritières du monde indo-européen, de l'Inde védique et de la Perse antique au monde celtique, en passant par Rome, la Grèce, les mythes scytho-sarmates et leur écho ossète, ou les traditions slaves. On ne peut en donner ici qu'une sélection représentative de leur variété.

L'un des premiers éléments décelés par G. Dumézil est l'**organisation tripartite des panthéons.** Si les dieux indiens, romains, germaniques, etc., ont des noms différents, les principaux (ou les plus anciens) d'entre eux apparaissent souvent sous forme de séries dont les membres sont spécialisés fonctionnellement. Les exemples sont nombreux. En Inde, les trois fonctions sont présidées ou représentées respectivement par le couple Varuna-Mitra (Varuna incarnant l'aspect magique et redoutable de la souveraineté, Mitra son aspect juridique et humanisé), Indra, et les jumeaux divins appelés *Aśvin* ou *Nāsatya.* Ces mêmes dieux, dans le même ordre hiérarchique, apparaissent dans un traité passé au milieu du IIe millénaire av. J.-C. entre le royaume hittite et l'Etat du Mitanni dans l'actuelle Syrie, où s'était installé un groupe de langue indo-aryenne. Le texte cite « *les dieux Mitra-[V]aruna en couple, le dieu Indara, les deux dieux Nāsatya* ». Dans la tradition indienne, cette série de dieux est invoquée en une multitude d'occasions, par exemple par les femmes qui souhaitent concevoir.

Dans le monde iranien, où le système initial devait être identique, les théologiens zoroastriens ont flanqué le dieu unique Ahura Mazdā d'une série de six entités (*Aməša Spənta*, les « Immortels Bienfaisants ») dont les noms, les descriptions ou les contextes d'apparition montrent qu'elles recouvrent les trois fonctions.

A Rome, la plus ancienne triade divine regroupait Jupiter, Mars, et Quirinus, dont le nom (**co-virinus*) fait le responsable de la masse des hommes et donc de la troisième fonction. En Ombrie, les *Tables Eugubines* citées au chapitre II mentionnent trois dieux principaux qualifiés de « graboviens » : Jupiter, Mars, et un Vofionus dont l'appellation, là encore, est liée à celle de la masse des hommes libres (**Leudhyonos*).

Dans le monde germanique et plus récemment, trois divinités étaient adorées au sanctuaire « païen » d'Uppsala : Odin (*Óðinn*), dieu magicien avant tout, Thor (*Þórr*), personnification de la force, et Freyr, associé à la fertilité. D'autres triades ont été détectées en Grèce. Dans tous les cas, il est essentiel qu'elles soient attestées en tant que telles par des textes, ce qui montre qu'il ne s'agit pas simplement d'une interprétation théorique moderne. Il existe par exemple des analyses trifonctionnelles du panthéon slave ; mais les fonctions, voire l'identité, des différents dieux sont si mal connues que les conclusions – d'ailleurs variables suivant les auteurs – demeurent très hypothétiques.

Une analyse comparative plus poussée des personnels divins des religions les mieux connues fait apparaître d'autres parallélismes. On a cité le dédoublement de la première fonction (Varuna et Mitra en Inde, mais aussi Odin et Týr chez les Germains et Jupiter et Dius Fidius à Rome). Sur cette dualité se greffe un curieux mythe qui fait de l'un des dieux – ou de leurs « doublures » mythiques ou pseudo-historiques – un borgne et de l'autre un manchot. Odin a sacrifié un œil pour acquérir la connaissance, Týr une main donnée en gage au loup Fenrir. Dans l'épopée irlandaise, au cours des guerres livrées par les *Tuatha Dé Danann* (en fait les dieux) contre leurs ennemis, Nuada perd le bras droit et Lug remporte une victoire grâce à une grimace où il ferme un œil. Enfin, dans l'histoire légendaire de la Rome archaïque, le borgne Horatius Coclès terrifie l'armée étrusque, tandis que Mucius Scaevola sacrifie sa main pour cautionner un faux serment – ici, le parallèle avec le mythe germanique de Týr est parfait.

Certains personnages divins sont expressément présentés comme « trivalents », c'est-à-dire compétents dans les trois domaines fonctionnels. Le cas le plus connu est celui de la déesse iranienne Anāhitā, définie comme *Arədvī Sūrā Anāhitā* « l'Humide, l'Héroïque, l'Immaculée ». En Italie, la triple Junon de Lanuvium était de même « guerrière, mère, reine ». Il est possible que la Macha irlandaise, et une déesse germanique dont le nom est reconstitué comme **Friyyō*, aient originellement été de telles divinités trivalentes, « éclatées » ensuite en plusieurs personnages.

De nombreux **rites et formules religieux** contiennent des éléments trifonctionnels. Dans une inscription de Persépolis (mur de soutènement sud du palais), le roi Darius de Perse dit : « *Puisse Ahura Mazdā protéger ce pays de l'armée [hostile], de la famine, du Mensonge. Puisse sur ce pays ne venir ni armée, ni famine, ni le Mensonge.* » Les trois fléaux redoutés correspondent aux trois fonctions. On trouve à peu près la même chose dans un hymne indien védique : « *Tenez loin la maladie, loin l'échec rituel, loin l'hostilité.* » Le Mensonge (*Draugā*), image mazdéenne du mal absolu, est remplacé, chez les pointilleux brahmanes, par le dysfontionnement des rites. De façon similaire, le *Senchus Mór*, compilation du vieux droit irlandais, mentionne trois calamités qui sont la mortalité par épidémie ou famine, la guerre intensive, et la rupture des engagements verbaux.

Des sacrifices ont une composition tripartite, avec trois types d'offrandes offerts soit à trois divinités fonctionnelles, soit à une même divinité trifonctionnelle. Outre les *suovetaurilia* romains (porc-mouton-taureau), on peut citer les *sautrāmanī* indiens (bélier-taureau-bouc) ou les sacrifices de chevaux, bovins et ovins à la déesse Anāhitā.

Les **mythes** abondent en formules et images trifonctionnels. Dans l'un des récits de l'origine des Scythes rapporté par Hérodote (IV, 5-7), des objets d'or flamboyants tombent du ciel, dont seul peut se saisir le roi prédestiné : une coupe (associée aux rites religieux), une hache, et une charrue avec un joug. Ce thème des objets symboliques se retrouve en Irlande, où les *Tuatha Dé Danann* possèdent trois talismans : le chaudron du Dagda, la lance de Lug avec l'épée de Nuada, et la pierre de Fal (*Lia Fáil*), qui confère la souveraineté.

Dans l'*Edda* scandinave (« Chant de Skyrnir »), un serviteur du dieu Freyr fait sa cour à la géante Gerdr en lui offrant de l'or, puis en la menaçant d'une épée, enfin en utilisant la magie.

Le « jugement de Pâris » est une fable grecque sur la hiérarchie des trois fonctions : Héra offre à Pâris la souveraineté, Athéna la gloire guerrière, Aphrodite l'amour ; le seul choix « théologiquement correct », en termes indo-européens, aurait été le premier, comme Pâris l'apprendra à ses dépens. La même hiérarchie apparaît dans un récit iranien classique, où les trois fils de Ferīdūn demandent, l'un la richesse, le second le courage, le dernier la gloire royale, la loi et la religion – et reçoivent respectivement en apanage l'empire de Rome, le « Touran » (Turkestan), et la sainte terre d'Iran.

Le thème de la « guerre de fondation » opposant les deux fonctions « nobles » à la troisième se déduit du conflit entre les dieux scandinaves Ases et Vanes, de la légende romaine de l'enlèvement des Sabines, du récit védique sur la lutte menée par les Nāsatya (les jumeaux patrons de la troisième fonction) pour se faire accepter parmi les dieux. En Inde toujours, le même thème transparaît dans le *Mahābhārata*, où les principaux personnages représentent les grands dieux védiques.

Le modèle trifonctionnel influence ou détermine les **structures sociales**, mais il peut s'agir suivant les cultures de l'organisation sociale réelle (comme en Inde) ou d'un modèle considéré comme idéal ou originel, mais sans traduction concrète.

Les fameuses castes indiennes, aujourd'hui très ramifiées, reposent à l'origine sur une répartition en trois groupes de la population aryenne libre, auxquels s'ajoute un quatrième groupe, nombreux mais dépourvu de droits, celui des indigènes pré-aryens soumis (*śūdra*). Les trois groupes aryens sont les brahmanes (*bhrāhmaṇa*) ou prêtres, les guerriers (*kṣatriya* ou *rājanya*), les « plébéiens » (*vaiśya*, un terme qui signifie « agriculteurs » ou « villageois »). Ils sont hiérarchisés dans cet ordre, brahmanes et guerriers étant parfois appelés « les deux forces » et placés nettement au-dessus des autres.

En Iran, l'*Avesta* mentionne une division semblable de la population en prêtres (*Aθravan*, un dérivé du nom du « feu »), guerriers (*raθaē.štar*, litt. « conducteurs de chars ») et éleveurs (*vāstryō.fšuyant*). Des textes plus tardifs y ajoutent les artisans. Cette répartition fonctionnelle n'a jamais évolué vers un système aussi rigide qu'en Inde. Elle a néanmoins marqué profondément la tradition perse, puisque le poète Ferdoûsî (936-1020), dans le *Livre des Rois*, évoque l'institution par le roi mythique Djamched des *asravān*, censés « célébrer leur culte » et « se consacrer au service divin », *arteštan* qui « combattent comme des lions », et *vāštryōš* qui « labourent, plantent et récoltent eux-mêmes. »

Il est remarquable que le terme qu'emploie l'*Avesta* pour désigner ces classes fonctionnelles, *pištra*, ait le même sens de « couleur » que le nom indien des castes, *varṇa*. C'est probablement à mettre en rapport avec des traditions, observées tant chez les Indo-Iraniens que dans d'autres cultures d'origine indo-européenne, qui attribuent à chaque fonction une couleur : le blanc à la première, le rouge à la seconde, et une couleur sombre à la troisième (le jaune en Inde, parce que le noir, sans doute attribué initialement aux *vaiśya*, a ensuite été reporté sur la population pré-aryenne). A Rome, par exemple, les factions originelles des courses de char étaient les Blancs liés à Jupiter, les Rouges liés à Mars, les Verts liés à Venus ou Flora.

Une tripartition sociale identique s'observe chez les anciens Celtes, avec les druides (en charge de l'ensemble des domaines spirituels et intellectuels, y compris le droit, la médecine, etc.), l'aristocratie guerrière, et la masse des producteurs. César la signale expressément chez les Gaulois.

Dans d'autres cas, les structures sociales trifonctionnelles n'existent qu'à l'état de mythe. Dans les légendes épiques ossètes consacrées au peuple mythique des Nartes (projection héroïsée des ancêtres scytho-sarmato-alains des Ossètes), les trois principaux clans de héros sont définis respectivement par la sagesse, la bravoure, et la richesse en troupeaux. Il n'y a néanmoins aucune trace d'un système réel de ce genre chez les anciens peuples « scythiques », sans même parler des Ossètes. La république idéale de Platon, composée des philosophes, des guerriers et des producteurs, est peut-être l'écho de mythes grecs similaires.

Des règles de **droit** et de **morale** comportent souvent une ossature trifonctionnelle. Chez Platon (*République*, 413-414), comme dans le plus ancien droit romain, apparaît une classification des fautes en pratiques de magie noire, violence, et vol. En droit romain également, un testament était valide s'il était établi, soit dans des assemblées religieuses, soit à l'armée, soit encore sous forme de vente fictive.

Les différents modes de mariage, à Rome et en Inde, ont été ramenés à trois possibilités fondamentales : l'accord devant les dieux, l'enlèvement de la femme, et sa « vente » par sa famille.

Un thème moral largement attesté est celui que G. Dumézil a appelé les « trois péchés du guerrier » : trois fautes commises par un héros ou un dieu guerrier dans chacun des domaines fonctionnels. Le dieu indien Indra commet un meurtre sacrilège en tuant le monstre tricéphale ; il viole un accord ; il suborne une femme mariée. Héraklès désobéit aux dieux ; tue un ennemi par tromperie ; enlève une femme. Le héros germanique Starcatherus (Starkaðr) aide Odin dans un sacrifice humain ; il fuit le champ de bataille ; il se fait payer pour assassiner son roi.

Les qualités requises d'un chef – ou d'un homme en général – suivent elles aussi le schéma triparti. Le roi d'Irlande devait être « sans jalousie, sans peur, sans avarice ». Platon réclamait des citoyens de sa république idéale la sagesse, la bravoure, la tempérance. Les distinctions faites par la philosophie indienne entre les trois moteurs de l'action humaine, loi morale (*dharma*), passion (*kāma*) et intérêt matériel (*artha*) remontent à la même analyse fonctionnelle.

En définitive, la grille peut être appliquée à tous les domaines de la pensée et de l'existence pratique, jusqu'au plus inattendus comme la **médecine**. Il s'avère en effet que maux et remèdes sont eux aussi, dans plusieurs cultures d'origine indo-européenne, classés en trois catégories dont le rapport avec les trois fonctions primordiales est évident. L'*Avesta* zoroastrienne (« Vidēvdāt » VII, 44) distingue trois médecines : celles du couteau (*kartō-baēšaza*), celle des plantes (*urvāro-baēšaza*), celle des formules (*maθrō-baēšaza*). La même distinction figure dans la troisième *Pythique* de Pindare (vv. 40-55), qui évoque les « charmes », « potions » et « remèdes », et « incisions ». Et dans la tradition indienne, le *Ṛg-Veda* (X, 39, 3) énumère en quelque sorte les conséquences des aspects négatifs des différentes fonctions : la cécité (conçue comme une malédiction ou un châtiment divin), l'amaigrissement, la fracture d'un os.

De ce matériel énorme, dont l'inventaire se poursuit, G. Dumézil et ses partisans tirent la conclusion que la tripartition fonctionnelle entre religion et droit, force, et production et fertilité, qui a marqué de façon indélébile les cultures héritières du monde indo-européen, devait constituer chez les Indo-Européens eux-mêmes l'idéologie fondamentale, la base de toute pensée religieuse, politique, juridique, ou « préscientifique » – quelque chose de comparable à l'opposition primordiale du *yin* et du *yang* dans la pensée chinoise. Elle était si universelle qu'on la voit répétée en miniature à l'intérieur même d'un domaine fonctionnel (les « péchés du guerrier » au sein de la deuxième fonction, les trois médecines dans un secteur qui relève globalement de la troisième fonction...).

Le débat

Parvenu à ce point, il importe de rappeler que la théorie trifonctionnelle, même étayée par des données convaincantes et nombreuses, reste une théorie. Elle ne doit jamais être présentée comme une certitude scientifique ou une évidence. Elle reste un objet de débat, et même ses partisans doivent, dans le propre intérêt de leur démonstration, prêter attention aux arguments de ses adversaires.

Ces arguments se ramènent à deux idées principales. La première est que le système trifonctionnel n'existe pas en tant que tel, et que ses inventeurs modernes, jouant sur des coïncidences ou des rapprochements douteux, sélectionnent ou déforment des faits pour n'aboutir qu'à une illusion de cohérence.

Il est vrai qu'une partie des rapprochements faits à titre expérimental ou hypothétique par Dumézil – et surtout par des « Duméziliens » moins prudents et érudits que le maître – est extrêmement douteuse. Dumézil lui-même, d'ailleurs, n'a jamais cessé de reconsidérer ses propres résultats, de réviser ses œuvres, de rappeler les précautions méthodologiques nécessaires. Et il évoquait avec une certaine ironie « *les nombreux chercheurs qui, depuis quelque temps, découvrent un peu partout des triades trifonctionnelles* ». Mais il paraît difficile, quand on prend une vue générale de l'ensemble du dossier, de réfuter complètement la théorie trifonctionnelle. Le fait essentiel, il faut le redire, est que les formules trifonctionnelles ne sont pas reconstituées par les chercheurs, mais figurent en toutes lettres dans les sources.

La deuxième critique est beaucoup plus intéressante. Elle s'exprime ainsi : l'existence du système trifonctionnel dans les cultures d'origine indo-européenne est un fait bien documenté. Mais cette « découverte » est d'une grande banalité. Toute société humaine a besoin d'un cadre religieux et (ou) juridique, d'une force guerrière, d'une activité de [re-]production. Les « fonctions » prétendument indo-européennes existent partout, que ce soit dans la Chine ancienne, chez les Aztèques, en Egypte antique ou chez les Hébreux bibliques.

Les partisans de la théorie trifonctionnelle répondent à cela que ce qui fait l'originalité indo-européenne n'est évidemment pas l'existence d'idées ou de mécanismes sociaux répondant à des besoins qui sont universels et fondamentaux, mais la **théorisation de ce système triparti**. Certes, la Chine ancienne avait des prêtres et des juges, des soldats, des paysans. Mais nulle part dans la littérature historique ou philosophique chinoise on ne trouvera la moindre formule conceptualisant ce genre de division ternaire ou en tirant des implications abstraites.

Le débat sur ce point peut aller un peu plus loin, parce que l'on a malgré tout décelé dans des cultures non indo-européennes, par exemple dans la Bible, en Egypte, au Japon, des éléments d'allure trifonctionnelle. Le prophète Isaïe (9, 5) énumère ainsi les titres du Messie : « *merveilleux conseiller, Dieu fort, père à jamais, prince de la paix* », qui se prêtent bien à une analyse trifonctionnelle. Le roi Salomon ne demande à Yahvé ni la longévité ou de grandes richesses, ni la défaite de ses ennemis, mais la sagesse (1er livre des Rois, 3, 9-12). Il y a deux réponses possibles. La première est qu'il s'agit de coïncidences peu nombreuses et de portée limitée, qui ne remettent pas en cause l'existence chez les Indo-Européens d'une idéologie tripartite dont la cohérence et l'omniprésence sont de toute façon inconnues ailleurs. En d'autre termes, il peut bien y avoir dans la Bible ou dans tel ou tel texte égyptien des formules trifonctionnelles isolées, mais les théologies hébraïque ou égyptienne ne reposent pas sur la distinction des trois fonctions. L'autre réponse invoque de possibles emprunts. D'après G. Dumézil lui-même, ces éléments trifonctionnels isolés et dépourvus de base idéologique locale n'apparaissent que dans des cultures qui se sont trouvées en contact avec des populations de tradition indo-européenne.

Ces contacts sont plus ou moins faciles à démontrer selon les cas. L'Egypte a été en relation avec les Hittites, et aussi, comme cela a déjà été mentionné, avec le royaume du Mitanni où le culte de dieux indiens patronnant les trois fonctions est attesté de façon irréfutable. On peut aussi supposer la présence de groupes d'origine indo-européenne au sein des « Peuples de la Mer » qui envahirent l'Egypte vers 1228-1190 av. J.-C. Parmi ces agresseurs énumérés par les inscriptions égyptiennes et que les pharaons auraient réussi à « piéger comme des volailles » (inscription de l'an 8 de Ramsès III), on a proposé d'identifier les *Jqwš.w* (**Eqweš*, *Aqašawa*) aux Grecs Achéens, les *Rk.w* (**Luku* ?) aux Lyciens, les *Prst.w* (**Peleset*) aux Philistins, les *Šrdn.w* (**Šerden*) aux Sardanes de Sardaigne et les *Šqrš.w* (**Šekeleš*) aux Sicules de Sicile.

Les Hébreux ont eux aussi rencontré de telles populations – dont bien sûr les Philistins – au cours de leur histoire. Et des noms propres indo-aryens sont attestés antérieurement en Palestine, vers le milieu du IIe millénaire av. J.-C. (Suardata, gouverneur de Qiltu près de Jérusalem = **svar-dāta-* « don du ciel »).

En ce qui concerne le Japon, des hypothèses difficiles à vérifier invoquent des contacts possibles avec des populations nomades de la mouvance « scythique » sur le continent.

De toute façon, l'apparition sporadique, même indépendante, de schémas trifonctionnels en dehors du monde indo-européen ne retirerait pas son intérêt à leur mise en évidence comme structure idéologique fondamentale de ce dernier. Comme le dit très justement Enrico Campanile :

> « *Dumézil eut le tort de défendre la singularité absolue du tripartisme indo-européen [...], alors qu'il est évident que chaque culture possède très peu d'éléments absolument spécifiques et en partage beaucoup d'autres, à des degrés variables, avec d'autres cultures.* »

Pour donner au lecteur une appréciation générale sur la question, il nous semble que la théorie trifonctionnelle repose sur des bases très solides. Elle est la meilleure explication de parallélismes frappants qui ne peuvent guère s'expliquer par des coïncidences, et doivent donc remonter à un héritage commun. Malgré les zones d'ombre qui subsistent et les inévitables erreurs ou excès dans la manipulation du concept, l'idée de base paraît démontrée de façon convaincante ; elle offre donc un très précieux cadre à la reconstruction d'ensemble de la culture indo-européenne commune.

Chapitre VI

La reconstitution d'une culture indo-européenne

L'examen de la théorie des trois fonctions nous a ouvert une première fenêtre sur la pensée du « peuple » indo-européen. Nous allons ici nous pencher sur les aspects plus concrets de sa culture, tels que l'on peut essayer de les restituer par différents moyens.

Les outils de la reconstruction

Notre exercice trifonctionnel du chapitre précédent a déjà mis en œuvre les instruments scientifiques de cette restitution : d'une part les données linguistiques, d'autre part la comparaison de faits culturels similaires attestés chez diverses populations de tradition indo-européenne. Une troisième méthode serait en principe l'analyse du matériel archéologique. Mais les Indo-Européens ne sont pas, comme les Celtes ou les Germains, identifiables *a priori* à une culture ou un groupe de cultures archéologiques précis. On peut, dans une certaine mesure, utiliser ce que nous reconstituons de l'organisation sociale, des techniques, des croyances, etc., pour vérifier l'attribution éventuelle aux Indo-Européens de vestiges archéologiques ; c'est ce qui sera fait dans la troisième partie de l'ouvrage. Mais il n'est pas prudent, à l'inverse, de s'appuyer sur une hypothèse archéologique pour décrire la culture indo-européenne.

Les **données linguistiques** ont été utilisées, à cette fin, depuis le début des études indo-européennes (par exemple, A. Kuhn en 1845). L'idée est très simple : si un terme indo-européen peut être reconstitué (à partir de ses produits dans différentes langues), c'est que les Indo-Européens possédaient le concept ou la technique qu'il décrit. Il existe par exemple un verbe qui signifie précisément « aller en véhicule », et des noms de la « roue », de l'« essieu », etc. – ce qui veut dire que les Indo-Européens utilisaient des véhicules à traction animale.

On voit simultanément l'intérêt et les limites de cette méthode. Elle permet effectivement la reconstruction d'un vocabulaire abondant et varié. Mais d'une part, comme on l'a déjà signalé, le sens initial de beaucoup de termes est difficile à cerner. D'autre part, même quand le sens est à peu près sûr, on n'aboutit souvent qu'à des banalités qui nous éclairent peu sur la culture commune. Qu'il y ait des vocables désignant des « flèches », des « lances », différents types de récipients, etc., ne nous dit rien de leurs caractéristiques et ne permet aucun rapprochement avec un matériel archéologique concret. Enfin, l'absence d'un terme n'a pas forcément la signification qu'on lui prête (on ne peut pas reconstituer de mot commun pour « main » ou pour « mari », concepts dont l'existence chez les Indo-Européens ne fait pas de doute !).

Malgré tout, l'analyse fine du vocabulaire peut être révélatrice dans beaucoup de domaines. Les termes de parenté, par exemple, reflètent des rapports qui ne sont pas universels et varient considérablement suivant les cultures.

Le **comparatisme culturel** utilise la même méthode, mais en rapprochant des faits et non des mots. S'il apparaît, par exemple, que certains rites de mariage, ou certaines pratiques guerrières, ont existé sous des formes semblables chez diverses populations anciennes parlant des langues indo-européennes, on les fera remonter à un même prototype indo-européen.

La valeur de cette technique est controversée. A comparer les grandes synthèses récentes sur la question indo-européenne, on constate que les différents auteurs ont là-dessus des opinions très variées. Le risque est évidemment de confondre des phénomènes de convergence ou d'imitation avec un héritage ancestral.

En pratique, les deux méthodes doivent être combinées. La comparaison des vocabulaires, comme le montre la mise en lumière de la structure trifonctionnelle, est insuffisante pour dépasser les généralités. Inversement, celle des faits culturels se trouve puissamment étayée par des correspondances lexicales, et il faut se montrer prudent quand celles-ci n'existent pas. B. Sergent consacre par exemple un passage intéressant à la musique chez les Indo-Européens, mais dans la mesure où on ne peut reconstituer aucun nom commun d'instrument ni même de pratique musicale (« chant », « chanter », etc.), le sujet demeure totalement conjectural.

On s'efforcera ici d'en rester aux éléments qui nous paraissent les mieux argumentés.

L'organisation sociale et politique

L'idéologie des trois fonctions pose le problème de sa traduction concrète dans la **structure sociale** des Indo-Européens. On a vu que chez certains de leurs héritiers, il existait bel et bien trois classes, voire – chez les Indiens – trois castes, tandis que d'autres avaient une organisation sociale réelle indépendante du schéma trifonctionnel, préservé comme modèle idéal ou cadre d'analyse intellectuel. A l'époque historique, on constate même des divergences importantes au sein d'une même branche : les Iraniens sédentaires (Perses, Mèdes…) avaient une classe de prêtres, les Mages, alors qu'il n'y en a aucune trace chez les Iraniens nomades (Scythes et Saces, Sarmates…).

Il est en fait impossible de dire ce qu'il en était chez les Indo-Européens, d'autant que la situation a pu varier au cours de la période d'existence de la communauté indo-européenne et pouvait même être différente suivant les « tribus ». Les raisonnements les plus ingénieux sont souvent réversibles, et tous les arguments ont leurs failles. On ne reconstitue pas de nom commun du « prêtre ». La correspondance entre les brahmanes indiens et les flamines romains est discutée et se limite de toute façon au sanscrit et au latin. Le cas des Germains montre que l'existence d'une classe de prêtres n'était pas nécessaire à la transmission de l'idéologie trifonctionnelle sous forme de théologèmes et de mythes. Pour ce qui est des guerriers, on peut envisager une aristocratie guerrière, mais il n'est pas possible de dire s'il s'agissait d'une vraie classe sociale, moins encore si elle était héréditaire. Et n'est-il pas vraisemblable que les autres hommes libres, non nobles, combattaient aussi et formaient la masse des troupes ? Le degré de trifonctionnalité de la société indo-européenne n'est donc pas déterminable, et tous les modèles peuvent être défendus, d'un système de proto-castes à celui d'une polyvalence de la plus grande partie de la population, en passant par divers degrés de spécialisation.

Une autre question est celle de l'existence, tout en bas de l'échelle sociale et en dehors du système trifonctionnel, des esclaves. D'un côté, on ne peut pas reconstituer de nom commun pour l' « esclave », en dehors d'une douteuse comparaison entre le grec (mycénien *do-e-ro* = **doselo* ?, grec classique *doûlos*) et le sanscrit *dāsá*, les ennemis mythiques des Aryas ; mais l'indo-iranien **dasa-* devait signifier simplement « homme » (cf. en iranien le sace khotanais *daha* « homme », le nom de la tribu des *Daha*, et le terme *dahyu* « tribu, nation »). D'un autre côté, il existe diverses appellations de « l'homme libre », de celui qui appartient véritablement au groupe (**leudheros*, **swobhodyos*) et qui pouvait s'opposer à celui qui ne bénéficiait pas de ce statut. Dans le modèle courant qui attribue la diffusion des langues indo-européennes à des vagues de conquête, on peut penser que certains des indigènes soumis étaient réduits en esclavage ou tout au moins exclus de la « vraie » communauté (les *śūdra* dans l'Inde védique). C'est trop peu pour se représenter la culture indo-européenne comme véritablement esclavagiste, c'est-à-dire dépendant des esclaves pour son fonctionnement.

Sur l'**organisation politique** de la communauté indo-européenne, les choses paraissent un peu plus précises, parce que l'on reconstitue une pyramide à plusieurs niveaux, ce qu'E. Benveniste appelait les « quatre cercles de l'appartenance sociale ». Il s'agit de la famille, du clan ou village, de la tribu, et de la « nation ». A chaque niveau existe un chef (**potis*) : chef ou « père » de famille, chef de clan, chef ou roitelet de tribu, et roi proprement dit. A vrai dire, les appellations de ces structures ne correspondent – partiellement – qu'aux trois niveaux inférieurs : ceux de la famille (avestique *dam-* « famille », sanscrit *dámpati-* « maître de maison », slave *domŭ* « maison »...), du clan/village (avestique *vīš-* « clan, village », sanscrit *veśa-* « membre du clan », latin *vīcus* « village » – mais le grec *oîkos* a pris le sens de « maison »), et de la tribu (avestique *zantu-*, latin *gens*). Les appellations du niveau « national » ne concordent pas. Il est vraisemblable que les Indo-Européens faisaient une différence supra-tribale entre les « nôtres » et les « autres », sur le modèle de l'opposition bien attestée plus tard chez les Indo-Iraniens entre Aryas et non-Aryas, mais la nature de leur hypothétique sentiment « national » est difficile à cerner.

Le nom indo-européen du « **roi** », **rēg'-*, n'est attesté qu'en celtique, en italique et en indo-aryen. On l'interprète habituellement comme signifiant « celui qui est droit », « celui qui trace (ou incarne ?) le droit chemin ». J. P. Mallory rappelle néanmoins qu'on a soutenu récemment que dans les plus anciens textes védiques, le terme sanscrit associé ensuite à la royauté n'apparaissait encore que sous la forme d'un nom féminin abstrait signifiant « force » ou « pouvoir ». Dans ce cas, les noms indien et italo-celtique du « roi » ne seraient que les produits de développements parallèles tardifs, et ne prouveraient pas son existence à l'époque de la communauté indo-européenne. Ce débat rejoint celui sur la « conscience nationale » et le niveau supérieur d'organisation politique des Indo-Européens. En tout état de cause, les fonctions et les pouvoirs de l'hypothétique roi ne peuvent être esquissés qu'à partir de comparaisons culturelles, et elles ne donnent pas un tableau parfaitement clair, en particulier en ce qui concerne les rapports du personnage avec les trois fonctions. De façon très générale, elles suggèrent un roi issu de l'aristocratie guerrière (en supposant que cette dernière existait bien en tant que telle), mais investi de responsabilités sacrées et jouant le rôle de clef de voûte symbolique de la société autant que de dirigeant.

Un autre titre est reflété par le grec *wánax*, phrygien *vanakt-*, « tokharien » A *nätäk*. Selon Bernard Sergent, ce serait un emprunt à la langue non indo-européenne des porteurs de la culture de Trypillia (cf. chap. VIII).

Les **rapports familiaux** peuvent être reconstitués d'après les nombreux termes de parenté, qui sont l'un des pans les mieux conservés, dans toutes les langues, du vocabulaire indo-européen primitif. De l'avis général, le système indo-européen était patriarcal (domination sans partage du père/chef de famille), patrilinéaire (l'ascendance paternelle étant déterminante), probablement patrilocal (la femme venant habiter dans la famille de son mari). Le thème du « matriarcat » et de ses survivances ayant fait couler beaucoup d'encre, et donné lieu à des théories délirantes, notamment dans la science soviétique d'inspiration marxiste et sous la plume de féministes enthousiastes, il est utile de préciser que l'on n'en décèle absolument aucune trace en milieu indo-européen.

Cette organisation familiale est parfois identifiée plus précisément comme une variante de ce que les sociologues nomment le « système Omaha » (du nom de la tribu amérindienne chez laquelle il a été étudié – ce qui rappelle que ce n'est pas une exclusivité indo-européenne !). Sans entrer dans les détails, on notera qu'il privilégie, outre les relations directes du type père-fils, des rapports entre oncles et neveux (principalement ceux entre un individu et son oncle maternel, et son neveu par sa sœur). Dans le détail, les opinions diffèrent, le système indo-européen ayant été tour à tour comparé aux types Omaha II, III ou IV, et la validité de ces rapprochements étant contestée par divers auteurs.

L'existence éventuelle de classes d'âge concerne surtout les jeunes guerriers et sera étudiée ci-dessous à propos de la guerre.

On entrevoit la notion de « concubine » à travers un terme dont les produits ont ce sens en arménien (*harc*) et vieil-irlandais (*airech*) et celui de « prostituée » ou « magicienne » en avestique (*pairikā*). Un fait intéressant est l'existence de la notion de « veuve » au féminin seulement (**widh[e]wā*).

La religion

Ce que nous pouvons savoir de la religion indo-européenne est largement éclairé par la théorie trifonctionnelle.

En ce qui concerne les **dieux**, nous disposons de deux types d'éléments qui ne se recoupent pas complètement.

D'une part, la théorie dumézilienne suggère un panthéon triparti, comprenant :

1) deux dieux souverains, l'un terrible et magicien, l'autre bienveillant et juriste, assistés éventuellement de personnages secondaires comme en Inde Aryanam et Bhaga, auxquels répondent sans doute en Iran Sraoša et Aši ;
2) un (au moins) dieu guerrier ;
3) une série de divinités responsables des divers aspects de la troisième fonction.

On doit sans doute y ajouter des divinités « trivalentes » dont les compétences brochent sur les trois fonctions.

D'autre part, les comparatistes restituent quelques noms de divinités, principalement des phénomènes cosmiques et naturels divinisés : le « Dieu-Père » ou « Ciel-Père », le Soleil, un dieu lié à l'orage et à la pluie (sanscrit Parjányas, lituanien Perkūnas, vieux-slave Perŭnŭ et, en Scandinavie, Fjörgyn, la mère de Thor ; le nom est lié à celui du chêne, _*Perk_^{w}_us_), un « Neveu des Eaux » (Apām Napāt en Inde, Neptune à Rome, et le héros Nechtan en Irlande), ou encore un dieu du « gonflement » (_*PHusH_$_{1}$_en-_) à l'origine du Pan grec. Une catégorie précise de personnages divins devait être appelée _*[A]nsus_. Ce nom a fourni celui des dieux germaniques Ases (_AnsuR_ dans les inscriptions runiques, _Ans-_ en gothique, d'après Jordanès au VI[e] siècle), l'iranien _ahura_ « seigneur », le sanscrit _ásu[ra]s_ « puissant ; esprit, démon », peut-être le vénète _ahsu-_ « idole » ? Mais nous ne savons pas si ces _*[A]nsus_ indo-européens s'opposaient à d'autres dieux ou démons, comme les Ases aux Vanes chez les Germains, ou l'Ahura Mazdā zoroastrien, devenu le dieu unique, aux puissances maléfiques fustigés par l'_Avesta_.

Le problème est que les noms ainsi reconstitués ne nous permettent pas de remplir un organigramme de type dumézilien. On s'est même demandé si les dieux cosmiques ne relevaient pas d'une strate plus ancienne, ou d'une religion populaire assez différente du panthéon trifonctionnel. En tout cas, à part _*Dyeus pHter_, issu du groupe « naturaliste » mais devenu parfois le représentant principal de la première fonction (le Zeus grec ou le Jupiter latin), les personnages de ce dernier demeurent anonymes. Pour les duméziliens, leurs noms indo-européens ont été remplacés par des épithètes, des surnoms, voire dans certains cas des appellations empruntées à des substrats locaux non indo-européens, et ce sont leurs fonctions qu'il convient de comparer.

La « **théologie** » indo-européenne doit être imaginée comme une série de mythes expliquant l'origine et la structure du monde, la nature et le rôle des dieux, l'organisation de la société, etc. Le matériel comparatif comprend bien sûr les mythologies issues du fond indo-européen, mais aussi des épopées comme le _Mahābhārata_ indien ou les cycles épiques ossètes et irlandais, et – fait souligné par G. Dumézil – la pseudo-histoire de la Rome primitive, qui travestit en aventures humaines les récits hérités d'un passé beaucoup plus lointain.

On a évoqué quelques-uns de ces mythes à propos de la théorie trifonctionnelle : les dieux souverains borgne et manchot, la « guerre de fondation », les talismans divins... D'autres domaines sont beaucoup plus obscurs, comme la cosmogonie ou la cosmologie (avec un vocabulaire reconstitué assez pauvre et des mythologies qui ne correspondent pas l'une à l'autre). Des mythes germaniques et iraniens de combat final suggèrent une eschatologie dominée par une conflagration guerrière à laquelle succéderait un nouvel âge d'or.

En ce qui concerne **l'homme et son destin**, on en est réduit aux généralités : croyance en un au-delà, en l'influence déterminante des dieux sur le sort des humains... Plusieurs vocables reconstitués désignent un « souffle vital » ou une « force vitale » déterminant une « durée de vie », mais aucun ne se traduit exactement par « âme ».

Les **pratiques religieuses** comprenaient, comme on s'en doute, des prières et des sacrifices sanglants ou non. On reconstitue deux termes différents pour « prier », mais pas de terme général pour le « sacrifice » : peut-être n'y avait-il que des noms désignant des rites particuliers. L'un d'entre eux a pu avoir le sens de « repas rituel, repas sacrificiel » (arménien *tawn* « fête », grec *dapánē* « dépense », latin *daps* « sacrifice, repas rituel » et *damnum* « dommage, dépense, perte », vieil-islandais *tafn* « animal ou repas sacrificiel », « tokharien » A *täp-* « manger »). Les significations liées à la « dépense » font penser aux grands banquets cultuels, ostentatoires et ruineux, que l'on connaissait encore au XIXe siècle chez les Ossètes. Deux termes, aussi, se réfèrent à la « libation », et l'un d'eux, **gheumn̥*, a produit des appellations du « prêtre » – ou d'un type de prêtre – en indo-iranien (sanskrit *hótar*, avestique *zaotar*), et aussi en messapien (*hazzavoa[s]*). Parmi les traits plus typiquement indo-européens figurent les sacrifices à symbolisme trifonctionnel évoqués au chap. V, et bien sûr l'importance de ceux mettant en scène le cheval, comme l'*aśvamedha-*, le grand sacrifice royal indien, qui rappelle des pratiques celtiques (le nom de personne gaulois *Iipomeduos* est étymologiquement identique). L'archéologue peut espérer en discerner les traces.

Rien ne suggère l'existence d'édifices cultuels spécialisés : il n'y a aucun nom commun pour le « temple » ou le « sanctuaire ». Mais il y en a un pour l'« autel » : hittite *haššaš*, osque *aasaí*, et aussi vieux-haut-allemand *essa* « foyer » et sanskrit *āsas* « cendre ». Ces deux derniers dérivés font penser que l'autel était utilisé pour la combustion d'offrandes. Aucun terme reconstituable ne désigne la « tombe ».

La médecine est, comme on l'a vu, liée à la religion, dans ses techniques magiques les plus nobles, par l'idéologie trifonctionnelle. D'un point de vue plus pratique, le vocabulaire reconstitué ne comprend pas de remèdes bien définis, mais décrit les maux et infirmités auxquels on peut s'attendre (maladies de peau, tumeurs ; cécité ; boiterie...). Il existe un terme générique pour la « blessure », associé dans certaines langues au nom de la « douleur », et le nom de l'« épidémie », **moros*, est bien entendu construit sur la racine qui désigne la « mort ».

La tradition orale

Rien n'indique que les Indo-Européens aient employé un quelconque système d'écriture, bien qu'un tel système ait pu exister dans les cultures néolithiques « danubiennes », et dans la culture de l'Indus au nord-ouest de l'Inde, avec lesquelles ils ont sans doute été en contact. On a même imaginé, il est vrai sur la base de faits celtiques et indiens attestés beaucoup plus tard, une réticence culturelle ou religieuse à l'idée même d'écriture. Inversement, ils devaient avoir une riche tradition orale, véhicule de transmission et de conservation des mythes et de l'idéologie trifonctionnelle. Cette transmission se faisait peut-être déjà sous une forme poétique comparable à celle des *Veda* indiens, avec une métrique favorisant la mémorisation.

On reconstruit en tout cas des formules attestées par des correspondances remarquables – souvent entre le grec et l'indo-aryen, parfois aussi le celtique. Toute une série d'expressions concerne ainsi la « gloire », qui est dite « impérissable » (sanskrit *ákṣtitaṁ śrávaḥ* = grec *kléos áfthiton* < **kléwos n̥dhghitom*), « grande » (*máhi śrávaḥ* = *méga kléos*), ou encore qualifiée de « gloire des hommes ». De même, l'astre diurne est appelé « roue du soleil » (sanskrit *sūryasya cakráḥ* = grec *hēlíou kúklos* = vieil-islandais *sunnu hvél*), ou décrit comme un œil ou un observateur : en Inde comme en Grèce, il est appelé « épieur », et le terme irlandais pour « œil », *suile*, désignait à l'origine l'« œil du soleil ». On a probablement là les vestiges de procédés poétiques dont les formes développées, bien plus tard, produiront les formulaires répétitifs de type homérique et les *kenningar* des poètes scandinaves.

La guerre

Le domaine de la guerre présente une importance particulière dans la perspective classique d'une communauté indo-européenne décrite comme agressive et conquérante.

Du point de vue de l'**organisation militaire**, il a pu exister chez les Indo-Européens une notion de « peuple en armes » désignée par un terme que l'on retrouverait dans le grec *la[w]os*, et aussi le mycénien *ra-wa-ke-ta* = **lawagetas* et le phrygien *lawagtaei* « commandant », et le hittite *lahha-* « campagne militaire ». Cela n'exclut pas, comme on l'a vu, qu'il y ait eu une aristocratie guerrière, mais on ne peut en reconstituer l'appellation.

Plus généralement, le rôle militaire du cheval chez les Indo-Européens est moins évident qu'on ne l'affirme souvent. Les éléments archéologiques seront examinés au chapitre VIII, mais on peut d'emblée signaler ici qu'il n'y a pas de trace linguistique d'une cavalerie à proprement parler, c'est-à-dire de combattants montés. On ne reconstitue pas de nom pour le « cavalier » : ses appellations dans les différentes langues indo-européennes ont été développées séparément, et sans doute assez tard puisqu'une telle appellation n'existait toujours pas en indo-iranien (les termes iranien et indien sont différents). En ce qui concerne les chars de combat à deux roues, qui ont joué un rôle considérable d'un point de vue à la fois tactique et symbolique chez les anciens Anatoliens, Celtes, Iraniens, Indiens, Grecs mycéniens, etc., il n'est pas sûr qu'on puisse projeter rétrospectivement leur existence chez les Indo-Européens eux-mêmes. Leurs premières traces archéologiques ne remontent pas au-delà du IIe millénaire av. J.-C., c'est-à-dire qu'ils apparaissent au moment où, pour les raisons qui seront évoquées au chapitre VII, la communauté indo-européenne s'était déjà largement fragmentée.

Certains comparatistes (par exemple Jean Haudry, reprenant les conclusions de R. Schmitt) reconstruisent un composé **ék'^{w}o-wiro*, littéralement « chevaux-hommes ». A supposer que ce soit exact, il est difficile de préciser à quelle réalité, guerrière ou non, il pouvait s'appliquer chez les Indo-Européens.

Une autre institution militaire aurait été la bande de jeunes guerriers, le *Männerbund* qui a existé – comme réalité ou dans les mythes – dans diverses cultures d'origine indo-européenne. On reconstitue une appellation possible du membre de tels groupes à partir de l'avestique *mairyō* « jeune homme agité, brigand, membre d'une troupe de jeunes guerriers », du sanscrit *márya-* « prétendant, amoureux », et du grec *meirákion* « garçon ». Ce seraient les *Mariannu* mentionnés parmi les ennemis (toujours vaincus, bien sûr) des pharaons égyptiens en Syrie. Amenhotep II (r. 1494-1482 av. J.-C.) en avait capturé 550 lors de l'une de ses campagnes.

Le terme **k^{w}oynā* (« vengeance » ? « dédommagement versé pour mettre fin à une vengeance » ?), reconstitué d'après l'avestique *kaēnā* « vengeance, haine », le slave *cěna* « prix » et le grec *poinē* « punition, vengeance », évoque des pratiques de vendetta et peut-être des systèmes de compensation préfigurant le *wergeld* germanique.

Le lexique reconstitué comprend plusieurs noms d'**armes**, dont le sens premier est parfois assez flou. L'emploi de l'arc est assuré (il y a même un terme spécifique pour la « corde d'arc »), de même que celui de lances ou javelots. La panoplie incluait un ou plusieurs types d'armes blanches qu'il est plus prudent de s'imaginer comme des poignards ou des dagues de taille petite ou moyenne, bien que l'un des noms ait fourni celui de l'« épée » en latin.

On reconstitue plusieurs appellations de la « hache », qui peuvent correspondre à des types ou à des utilisations différentes et renvoyer à des outils aussi bien qu'à des armes. L'une d'entre elles (grec *pélekus* = sanscrit *paraśú-*) est souvent comparée à l'akkadien (sémitique) *pillaq* « broche, pointe », mais le rapprochement est incertain.

Comme on le verra à propos de l'habitat, les Indo-Européens avaient des « forteresses » ou « citadelles ».

L'économie et les techniques

Le vocabulaire reconstitué donne des Indo-Européens l'image d'une population sédentaire, pratiquant l'élevage et une agriculture moins développée, et possédant diverses techniques d'artisanat dont une métallurgie embryonnaire.

L'existence d'un **habitat fixe** est bien documentée linguistiquement. Outre le nom de la « maison » (**domos*), qui est aussi celui de la « maisonnée » et du groupe familial, on reconstruit des appellations des « murs » et de la « porte ». Les noms des murs ont été mis en rapport, l'un (celui qui a donné le latin *murus* et donc le vocable français) avec une racine **mey-* signifiant « enfoncer » ou « fixer », l'autre (à l'origine du grec *teîkhos*) avec la racine **dheygh-* désignant la fabrication de poterie. Ces étymologies permettent d'imaginer différentes techniques de construction, apparemment à base de bois et de terre, mais dans tous les cas, il s'agit de bâtiments « en dur ». La porte (**dhwĕr[es]*) apparaît, suivant les langues, soit au singulier (gallois et breton *dor*, gothique *daur*, albanais *derë*), soit au pluriel ou au duel (sanscrit *dvārau*...), ce qu évoque un système de double battant.

On trouve en grec (*pólis*), indo-aryen (sanscrit *pūr-*) et baltique (lituanien *pilis*, letton *pils*) des mots apparentés qui se réfèrent à une « citadelle » ou « ville haute ». Ils dérivent d'un même prototype **plHeyes*, qui ne désignait sûrement ni une ville ni une quelconque agglomération, mais un genre de forteresse. La racine **pleH*$_1$*-* signifie « verser », ce qui renvoie à l'image d'une sorte de motte artificielle. Un autre terme, **ghordos*, est apparenté à **gher-* « haie, palissade », et décrit une « enceinte » ou un « enclos ». On reconstitue encore une appellation de la « cour » ou de l'« enclos » : *dhworos*, qui a produit entre autres le *forum* latin et le nom slave de la « cour » ou « propriété », *dvorŭ*.

La notion de « village » se confond, comme on l'a vu, avec celle de « clan ». Le lexique indo-européen ne semble pas contenir de terme pouvant se référer à une vraie ville ou à des sites proto-urbains.

L'**élevage** est abondamment représenté dans le vocabulaire, et le comparatisme culturel suggère qu'il s'agissait d'une activité plus valorisée socialement que la culture du sol.

Plusieurs noms d'animaux se rapportent exclusivement ou notamment à des animaux domestiques, et l'on reconstruit d'ailleurs un verbe signifiant « domestiquer »

(*$demH_2$-, cf. hittite *damaš-* « contraindre »). Une correspondance entre grec et sanscrit suggère que la castration était pratiquée.

Le cheval (**ék'wos*) occupait sans aucun doute une place très particulière. Son nom a fourni à son tour celui de divinités indiennes (les jumeaux Aśvin) et celtique (la déesse gauloise Epona) et se rencontre dans de nombreux anthroponymes « aristocratiques », indo-iraniens, grecs, celtiques et germaniques. Il était la victime de sacrifices majeurs. Outre son éventuelle utilité alimentaire, il fournissait la force de traction de certains véhicules. On verra les implications archéologiques de ces données dans la troisième partie de l'ouvrage. Il existe des liens incertains entre **ék'wos* et des termes non indo-européens désignant des équidés : sumérien *anše-zi-zi*, hourrite *ešše*, akkadien *sīsû*. S'ils sont bien apparentés, il doit s'agit d'emprunts à l'indo-européen (cf. louwite *aššuwa* « cheval », arménien *ēš* « âne ») et non l'inverse, puisque**ék'wos* dérive d'un adjectif indo-européen **oku-* « rapide ».

Le celtique et le germanique ont préservé un autre nom (antérieur ?) du « cheval », **marko-*, sur lequel on reviendra à propos des emprunts faits par le monde chinois à la culture indo-européenne.

Parmi les autres animaux domestiques figurent les bovins, ovins (et caprins, mal attestés linguistiquement ?), le porc, et le chien.

Le nom générique des ovins ou du « petit bétail », **péku-*, est mis en relation avec des termes signifiant « arracher » ou « peigner » : le mouton est essentiellement le producteur de laine, dont le nom, comme on l'a vu à propos de la fable de Schleicher, est également bien attesté, comme d'ailleurs un terme signifiant « berger ».

On reconstitue deux appellations pour le « porc » : **sū-* et **porko-*. Contrairement à certaines théories anciennes qui y voyaient respectivement l'animal sauvage et son cousin domestique, il semble bien que **sū-* ait été le porc adulte – sauvage ou domestique – et **porko-* le « goret » ou « porcelet ». La domestication du porc est un indice de sédentarité aussi important que l'existence de bâtiments « en dur ».

Les Indo-Européens connaissaient l'abeille (**bhei-*) et le miel (**médhu-*, nom associé dans différentes langues à celui de l'« ivresse » ou d'une boisson enivrante), ce qui ne permet pas forcément de parler d'une apiculture organisée.

L'**agriculture** au sens strict (cultures du sol) est plus pauvrement documentée. Du point de vue du vocabulaire, d'ailleurs, s'il existe de nombreuses correspondances entre les langues indo-européennes d'Europe (noms des plantes, des outils, etc.), ces termes ne se retrouvent que rarement dans le lexique des langues indo-iraniennes. On en déduit, soit que l'indo-iranien a « perdu » ce lexique agricole au cours d'une phase de « nomadisme », soit que les vocables en question n'existaient pas en indo-européen commun et ont été développés (ou empruntés à leurs prédécesseurs ?) par les tribus indo-européennes les plus occidentales lors de leur expansion en Europe.

Ainsi, le seul nom de céréale cultivée attesté à la fois en Europe et en Asie est *yewo-*, probablement à l'origine le « millet ». Une autre appellation commune aux deux zones (**drwa-*) a pris en sanscrit ce même sens de « millet », mais en celtique (gaulois) celui d'« ivraie » et en germanique (vieux-haut-allemand) celui de « froment », et la signification originelle n'est pas claire.

On reconstitue des verbes correspondant aux actions de « semer » (en fait d'abord « enfoncer », « planter » : *sH_2i- > **sē-*) et de « travailler la terre », plus tard spécifiquement « labourer » (*H_2erH_3 > **arH-*), de « moudre » et « piler ».

Le nom de l'« araire », **arətrom*, est cantonné à l'Europe – mais un terme apparenté quoique de construction différente, *āre*, existe en « tokharien ». Existait-il un prototype de cet instrument et de son nom à l'époque de la communauté indo-européenne, ou les langues d'Europe et le « tokharien » ont-ils développé indépendamment des appellations à partir de la même racine évoquant le travail de la terre ? Les noms d'outils agricoles plus anciens ou primitifs sont mieux attestés : la faucille (**sr̥pā*), et quelque chose qui a pu être un « bâton à fouir » et plus tard une « houe » (sanscrit *sphyá-* « instrument de bois utilisé dans des cérémonies, épée cultuelle », « houe » = irlandais *sond* « bâton, étai » = grec *sphēn* « coin » ; le même mot a donné l'anglais *spoon* « cuiller » !).

On remarque encore l'absence de termes communs évoquant le « champ » et la « moisson ». Dans le premier cas, **agros* a dû désigner à l'origine, comme en indo-iranien, la « plaine » ; quant à la moisson, le terme qui la désigne en indo-iranien (**urvárā-*) correspond à des vocables européens de sens assez différent : grec *ároura* « terre à blé », irlandais *arbos* « céréales ».

L'impression générale est celle d'une agriculture qui, à l'époque de l'unité indo-européenne, n'avait pas encore atteint un niveau de développement très élevé. On a supposé aussi (sur la base du comparatisme culturel) que le travail des champs était moins prestigieux que l'élevage, voire que le vocabulaire agricole n'appartenait pas à la langue « noble » dont le lexique se serait mieux conservé. Il est de toute façon difficile d'imaginer qu'un peuple de paysans doués ait pu parler une langue qui ne connaissait qu'un seul nom de céréale.

Ce que nous entrevoyons de l'**alimentation** est en accord avec les données sur l'économie. La nourriture courante comprenait ainsi un bouillon de viande (ou de poissons), **yūs*, et une bouillie de céréales, **poltos*, cette dernière mieux attestée dans les langues européennes. La viande était probablement courante chez cette population d'éleveurs – et de chasseurs. Il n'y a pas de nom commun du « pain ».

On reconstitue plusieurs noms de boissons fermentées : **alut-* désignait certainement la « bière » ; **bhrutom* pouvait avoir le sens plus général de « boisson fermentée » ou évoquer plus spécifiquement le produit du « brassage » ; **ghēlo-* était peut-être le « vin » ou, antérieurement, une autre boisson alcoolisée (grec *khális* « vin pur », thrace *zēlas* « vin », mais sanscrit *hālā* « eau-de-vie ». L'hydromel, dont le nom est identique à celui du « miel » (*médhu-*), devait être largement répandu.

L'**artisanat** est honorablement représenté. A en juger par leur vocabulaire, les Indo-Européens savaient filer la laine (**sneH*$_1$*-*), tisser (**webh-*) et coudre (**syū*), bien que peu de noms de vêtements puissent être restitués. Ils travaillaient le bois (**teks-*) : les noms du « charpentier » en grec (*tektōn*) et indo-iranien (sanscrit *tákṣan-*, avestique *taša-*) correspondent. Ils fabriquaient de la céramique, et l'on peut reconstituer les noms de diverses sortes de récipients, même si leur fonction originelle est difficile à préciser : le **kHlik-*, dont provient notre « calice », était peut-être un « pot » contenant de la nourriture, le **k[h]umb[h]os* un autre type de « pot », et le **k*^{w}*eryos* ou **k*^{w}*eryus* un « chaudron » ou « marmite ». On met souvent le verbe « peindre » en rapport avec la décoration de cette céramique.

Le nom indo-européen de la « pierre » est apparenté à ceux de l'« enclume », du « marteau », de la « pierre à aiguiser », le tout procédant d'une racine **ak-* < ***H*$_2$*ek-* « être pointu, faire saillie ». On en déduit logiquement que la pierre servait à fabriquer des outils. Cependant, le lexique indo-européen comprend aussi des noms de métaux : cuivre, argent et or.

Le vocable indo-européen reconstruit comme **ayos* a produit, dans différentes langues, les appellations de plusieurs métaux différents : le latin *aes* et le norrois (vieux-scandinave) *eir* signifient à la fois « cuivre » et « bronze ». Le gothique *aiz* d'un côté, le sanscrit *áyaḥ* et l'avestique *ayō* de l'autre, ont pris le sens général de « métal », tout en désignant plus particulièrement un métal précis : respectivement l'« airain » et le « fer ». Le sens initial n'a pu être, pour des raisons historiques sur lesquelles on reviendra au chap. VII, que celui de « cuivre ». Ce sont différentes langues indo-européennes déjà individualisées qui lui ont, plus tard, substitué la signification de « bronze » (qui n'est qu'un alliage de cuivre et d'étain), de « fer » ou plus vaguement encore de « métal ».

Un autre mot a pu désigner le cuivre : **roudhos* (latin *r[u]dus* « pièce de cuivre », vieil-islandais *rauði* « minerai rougeâtre », vieux-slave *ruda* « minerai », persan *rōd* « cuivre », sanscrit *lohás* « cuivre, minerai »). On tend à y voir un dérivé de l'adjectif **reudh-* « rouge », mais l'analogie avec le sumérien *urud* « cuivre » est intrigante.

Le « vrai » nom indo-européen de l'or était probablement **au[e]som* (latin *aurum*, « tokharien A » *wäs*). Mais dans diverses langues, on trouve à sa place un terme signifiant « le jaune » : **gh[o]ltom* / **ghel* (gothique *gulþ*, thrace *salt-*, slave *zlato*, avestique *zaranya-*, sanscrit *hiranyam*). Il est curieux que l'aire baltique soit coupée par cette isoglosse (vieux-lituanien *ausas*, vieux-prussien *ausis*, mais letton *zelts*).

Le nom de l'« argent », très bien attesté, est de même basé sur la racine **arg-* « briller, blanchoyer » (gaulois *arganto-*, latin *argentum*, grec *árguros*, arménien *arcat'*, avestique *ərəzatom*, sanscrit *rajatám*, « tokharien A » *ārkyant*).

Du point de vue des moyens de transport, l'existence de véhicules à roues a déjà été mentionnée à propos des techniques militaires. De nombreuses correspondances permettent de reconstruire les noms de la « roue » (**k^weklos*, *k^wek^{w}lom*), de son « essieu » (**aks-* ; c'est notre « axe ! »), du « timon », du « joug » (**yugom*), du « char » ou « chariot » lui-même (**rotos*, *rāthH$_2$-o-* ou *rāthH$_2$-eH-*). D'autres appellations de la roue sont attestées, l'une (**Hurgi*) en hittite et tokharien – langues dont on suppose la séparation précoce du reste de l'indo-européen –, l'autre (**dhroghós*) en celtique, grec et arménien.

Les Indo-Européens connaissaient aussi le « bateau » ou la « barque » (**naus*) ; on reconstitue une appellation de la rame, mais non de la voile.

Enfin, il existe un petit lexique du commerce et des échanges. La strate la plus ancienne est sans doute représentée par des vocables comme le verbe **do-*, qui signifie un peu partout « donner » mais dont le produit hittite *da-* veut dire « prendre ». On reconstruit aussi une vieille racine **wes-* dont dérivent différent termes relatifs à des échanges : la série hittite *wašiya* « acheter », *weššia* « prix », *uššaniya* « vendre » ; des noms du « prix » en sanscrit (*vasná*), arménien (*gin*) et grec (*onos*, appliqué d'abord au commerce humain : rançons de prisonniers et achats d'esclaves) ; le latin *vēnus* (d'où latin tardif *vendita* et notre « vente » !) ; le slave oriental *vĕno* « dot ». A une couche plus récente (puisque non représentée en hittite) appartient un verbe signifiant précisément « acheter » : **k^wrinami*, avec des dérivés aussi bien européens qu'indien et « tokharien ». A l'inverse, le verbe **pernami* « vendre » n'apparaît qu'en grec et celtique. Enfin, le substantif indo-européen **mizdhos*, dont les produits ont le sens de « salaire » (grec *misthós*, gothique *mizdo*, slave *mĭzda*, sanscrit *mīdha-*, avestique *mižda-*) devait simplement signifier « récompense ». Il est difficile d'apprécier, à partir de cela, l'importance et la sophistication des échanges internes et externes à la communauté indo-européenne, mais l'impression générale n'est pas celle d'une culture tournée vers le commerce.

Le verre à moitié plein

On peut porter des appréciations plus ou moins optimistes sur ce tableau de la culture indo-européenne, où nous n'avons inscrit que ce qui est admis par la grande majorité des spécialistes et documenté par le vocabulaire, en nous interdisant les extrapolations tentantes.

D'une part, la masse des informations que le simple raisonnement peut tirer du lexique, de son analyse étymologique, et de quelques comparaisons culturelles prudentes, est impressionnante. La description des Indo-Européens est, dans certains domaines, remarquablement précise et, même si chaque élément demeure par nature hypothétique, quelques-unes de ces hypothèses sont si bien étayées qu'elles ont valeur de quasi-certitudes.

D'autre part, la culture indo-européenne ainsi dépeinte demeure complètement abstraite. Une chose est de savoir que les Indo-Européens habitaient des maisons et les appelaient (probablement) **domos*. Une autre est de déterminer à quoi ressemblaient ces maisons. Il est bon d'élaborer le modèle d'une société indo-européenne sédentaire, patriarcale, élevant du gros et du petit bétail et faisant pousser du millet (?) – mais il serait mieux de pouvoir la situer dans le temps et dans l'espace, et d'en retrouver des traces matérielles.

Ce verre à moitié plein, il est donc nécessaire d'y verser un contenu plus concret. Ce sera l'objet de la troisième phase de notre enquête, consacrée au volet archéologique, ou historico-archéologique, de la question indo-européenne.

Troisième partie

Le dossier archéologique

« Les exemples que j'ai rapportés établissent suffisamment l'origine commune des langues slavonne, grecque et latine [...].
Dans quel temps, dans quelle contrée les nations qui dans la suite parlèrent ces langues différentes n'ont-elles fait qu'une même nation parlant un même langage ? »
Pierre-Charles Levesque, *Histoire de Russie*, 1782.

CHAPITRE VII

Où et quand ? Les données du problème

L'identification archéologique des Indo-Européens n'est pas une question de hasard, moins encore de préférence nationale (un facteur qui, consciemment ou non, a beaucoup influencé et influence encore certaines théories !). Elle doit être en accord avec l'ensemble des données issues de plusieurs champs de recherche. On verra qu'il est relativement facile de situer dans le temps la communauté indo-européenne, ou du moins son stade final. Sa localisation géographique est beaucoup plus ardue, ce qui complique son identification à une culture archéologique précise.

Une communauté néolithique tardive et chalcolithique

Comment dater les Indo-Européens ? Nous disposons d'un *terminus ante quem* qui correspond à l'apparition, dans les sources écrites, de populations parlant des langues indo-européennes déjà individualisées, donc séparées depuis un certain temps du tronc commun.

Les premières attestations du hittite (tablettes de Kültepe) datent du XIXe siècle av. J.-C., et les premiers documents dans cette langue du XVIIe siècle av. J.-C. – mais il est vrai que l'anatolien est considéré comme la première branche de l'indo-européen à s'être individualisée. Les premières traces d'une langue indo-aryenne sont relevées au Mitanni (Syrie) vers le milieu du IIe millénaire av. J.-C. et, à cette date, elle avait déjà acquis des caractères phonétiques qui l'éloignaient nettement de la langue-mère (mitannien *a-as-su-us-sa-an-ni* « dresseur de chevaux », avec **aswa-* pour indo-européen **ék'wos* « cheval »). Les autres langues sont attestées beaucoup plus tardivement : le grec mycénien dans la seconde moitié du IIe millénaire av. J.-C., etc. Si l'on s'en tient aux témoignages de l'indo-aryen et de l'anatolien, il semblerait que la communauté linguistique indo-européenne n'ait pu en aucun cas exister au-delà du IIIe millénaire av. J.-C.

Il existe en principe deux moyens d'en savoir plus.

Le premier est très théorique et considéré avec une certaine méfiance par beaucoup de spécialistes : il s'agit de la « glottochronologie ». La méthode a été mise au point par Morris Swadesh et repose sur un postulat simple : les langues renouvellent sans cesse leurs vocabulaires, et elles le font à une vitesse relativement constante, qui peut se mesurer grâce aux cas les mieux documentés (celui des langues écrites depuis l'Antiquité et de leurs descendantes). Selon Swadesh, on peut ainsi déterminer un taux de renouvellement moyen par millénaire, qui se situerait entre 15 et 20 %. Cela veut dire que deux langues apparentées qui se différencient progressivement vont voir leur nombre de mots communs diminuer à une vitesse constante au fil du temps, partant de 100 % et tendant vers 0 %. Inversement, si l'on mesure à un moment donné le vocabulaire commun de deux langues apparentées – en éliminant les emprunts ! –, on pourra dater leur séparation, c'est-à-dire le début de leur processus de divergence. Comme on ne peut pas, pour des raisons pratiques, effectuer ces mesures sur des lexiques de plusieurs dizaines milliers de mots, on utilise des listes de notions de base (200 pour la liste longue, 100 pour la liste courte) élaborées par Swadesh lui-même. Les expériences effectuées par le linguiste sur des cas vérifiables par ailleurs, comme les langues romanes, donnent des résultats vraisemblables.

Evidemment, l'idée est fascinante, parce que ce système permet en théorie, de façon presque immédiate, de situer assez précisément les Indo-Européens dans le temps. Même en laissant de côté les langues les plus pauvrement attestées comme le thrace ou le phrygien, on peut déterminer le début du processus de divergence des grandes branches de l'indo-européen comme l'indo-aryen, le celtique, le grec, le slave, etc, et même l'anatolien pour lequel on peut compiler des listes de vocabulaire incomplètes, mais utilisables.

En pratique, les choses se présentent moins bien. Le choix des termes à comparer n'est pas toujours évident : quelle largeur de champ sémantique, quelle marge de changement de sens peut-on admettre ? L'indo-européen **deiwos* « dieu » a produit en iranien commun **daiva-* ; mais dans toutes les langues iraniennes attestées, à la suite d'une révolution religieuse peut-être liée à l'enseignement de Zoroastre, ce terme a pris le sens de « démon » et a été remplacé par d'autres pour désigner les divinités. Peut-on alors le faire figurer en face du latin *deus* et de ses autres cognats de même signification ? Dans les langues les mieux documentées, celles qui ont une grande tradition littéraire comme le grec, le latin, le sanscrit, ou même l'islandais, il existe fréquemment des synonymes entre lesquels il faut choisir ; la part d'arbitraire peut complètement biaiser l'expérience.

Mais surtout, le postulat de départ, c'est-à-dire le taux constant de renouvellement lexical, est contesté par la plupart des linguistes. Il est clair que la modification du vocabulaire est conditionnée par toutes sortes de facteurs extra-linguistiques : tabous religieux (comme ceux qui ont donné naissance aux noms sanscrit et slave de l'« ours », qui signifient tous deux « mangeur de miel » !), situation de plus ou moins grand isolement ou au contraire contacts plus ou moins intenses avec d'autres peuples, modes, existence d'une tradition littéraire ou d'une caste de prêtres perpétuant une langue sacrée, etc. L'anglais et l'islandais ont, depuis le haut Moyen Age, renouvelé leurs stocks lexicaux respectifs à des rythmes évidemment incomparables. Les glottochronologistes répliquent cependant que si cela est vrai pour le vocabulaire pris dans son ensemble, c'est beaucoup moins le cas du vocabulaire de base – celui que prétendent représenter les listes de Swadesh. Ainsi, le lexique de l'anglais contemporain contiendrait presque une moitié d'emprunts au français et à diverses autres langues, alors que la proportion de ces emprunts dans les notions de base tomberait à 6 %.

Ajoutons que Swadesh lui-même n'a pas arrangé les choses en mettant ses théories au service de constructions plus fragiles encore sur l'apparentement de l'indo-européen et d'autres grandes familles linguistiques.

Sans nous prononcer sur le fond, relevons le résultat principal de l'application des méthodes glottochronologiques à la question qui nous intéresse : la divergence des branches de l'indo-européen aurait commencé vers 4500-3500 av. J.-C. (4500 av. J.-C. pour le grec et le hittite, par exemple, ou 3300 av. J.-C. pour le grec et le latin). Ces dates nous placent au Chalcolithique, la phase intermédiaire entre le Néolithique et l'âge du Bronze, définie par l'apparition de l'usage du cuivre. En Europe orientale, par exemple, cette phase commence dès 5000-4500 av. J.-C.

Des méthodes de même inspiration, mais qui prennent en compte la comparaison globale des langues et non seulement celle des vocabulaires, donnent des résultats variables, en fonction de postulats toujours très contestables. Par exemple, Tadeusz Milewki estimait que le degré d'éloignement des principaux dialectes de l'indo-européen vers 1500 av. J.-C. devait être similaire à celui des langues romanes (néo-latines) modernes entre elles, après environ quinze siècles d'évolution à partir du latin ; il en tirait la conclusion que leur divergence devait avoir commencé encore quinze siècles plus tôt, donc vers 3000 av. J.-C. Outre l'appréciation très subjective de l'état de cette divergence en 1500 av. J.-C., on voit que le calcul repose, là encore, sur l'idée douteuse d'une transformation linguistique à un rythme constant sur longue période.

Le second moyen de datation de la communauté indo-européenne repose sur la reconstruction linguistique et culturelle évoquée aux chapitres III et VI. A l'évidence, le mode de vie et le niveau de développement technique et économique que révèle le vocabulaire indo-européen correspondent à un stade néo- et chalcolithique. Rappelons simplement la domestication des animaux, l'existence de forteresses ou citadelles, le tissage et la céramique, l'agriculture, l'usage du cuivre. Un élément de datation précieux est fourni par la roue, dont les premières traces remontent au IVe millénaire av. J.-C. Il est intéressant de noter que le vocabulaire indo-européen de la roue, de l'attelage, du harnachement... est représenté en anatolien, considéré comme la branche la plus archaïque de la famille. Autrement dit, l'éclatement de l'indo-européen en langues distinctes n'aurait en aucun cas pu se produire avant le IVe millénaire av. J.-C.

Finalement, nous sommes conduits à situer la **dissolution** de l'unité linguistique – et ethnique – indo-européenne dans une fourchette qui se situerait entre le milieu du IVe (premières roues : vers 3600 av. J.-C. ?) et le IIIe millénaire av. J.-C. – on pourrait sans doute préciser : le début du IIIe millénaire, car l'anatolien et l'indo-aryen attestés respectivement dans la première moitié et au milieu du IIe millénaire sont déjà profondément différents et n'ont pu diverger à ce point en seulement quelques siècles. On pourrait ajouter que l'existence d'un vocabulaire bien développé de l'attelage et du véhicule (axe, etc.) montre qu'il s'est écoulé un certain temps entre l'introduction de la roue et la séparation de groupes indo-européens comprenant des charrons confirmés, mais ce n'est pas sûr. La diffusion rapide de la roue, sans doute originaire du Proche-Orient, vers l'Europe, suggère que ce type de technique pouvait être assimilé assez rapidement.

Bien sûr, dater l'éclatement final de l'indo-européen de 3500-3000 av. J.-C. (avec certainement une phase de différenciation progressive auparavant) ne nous dit rien de son histoire antérieure. Les spéculations sur les phases successives de la langue, exposées au chapitre III, suggèrent une évolution profonde – mais profonde veut-il dire longue ? Après tout, il n'a fallu que quelques siècles à l'anglais, langue germanique à flexions, pour se métamorphoser en un parler au vocabulaire bâtard et à la grammaire simplifiée à l'extrême. Dans tous les cas, ce que nous appelons les Indo-Européens, cette entité ethnolinguistique porteuse de la culture que permet de reconstituer le vocabulaire commun, devrait être située dans un créneau temporel que J. P. Mallory, par exemple, place – en prenant une marge de sécurité des deux côtés – entre 4500 et 2500 av. J.-C. On comparera ce créneau avec la périodisation proposée pour la langue indo-européenne par Wolfgang Meid, avec un stade 1 avant le Ve millénaire, un stade 2 (celui, rappelons-le, qui est attesté par le hittite) aux Ve-IVe millénaires, et un stade 3 plus tardif.

Les Indo-Européens et la néolithisation : la théorie de C. Renfrew

Ces conclusions ne sont pas universellement admises. Récemment, la prise de position de l'archéologue britannique Colin Renfrew en faveur d'une datation beaucoup plus ancienne de la communauté indo-européenne a eu un large écho jusque dans la presse généraliste. La plupart des spécialistes de la question lui ont fait un accueil beaucoup plus réservé.

C. Renfrew (comme avant lui Pia Laviosa-Zambotti) lie l'expansion des langues indo-européennes au processus de néolithisation, principalement à la diffusion de l'agriculture par des communautés de paysans. Celle-ci se serait faite non par des invasions ou des conquêtes – en tout cas à grande échelle – mais suivant le modèle dit de la « vague d'avancée », dans lequel une partie de la population, à la recherche de nouvelles terres à cultiver, se déplace à chaque génération sur de très courtes distances (18 km en moyenne !). Au cours de ce processus, la langue des cultivateurs remplace celle des chasseurs-cueilleurs autochtones à la suite d'un simple rapport de forces démographique, les premiers pouvant être jusqu'à cinquante fois plus nombreux que les seconds. La néolithisation est, pour C. Renfrew, la seule grande rupture culturelle préhistorique à laquelle on puisse associer l'indo-européanisation de l'Europe et d'une partie de l'Asie. Ainsi, l'agriculture et les langues indo-européennes auraient été introduites conjointement en Grèce vers 6000 av. J.-C., à partir de l'Anatolie, avant de se diffuser lentement dans différentes directions. L'origine ultime de ce mouvement – donc, à en croire l'auteur, le vrai foyer de l'indo-européen – serait à chercher en Turquie dans la plaine de Konya, vers le célèbre site de Çatal Hüyük, « voire au-delà ».

L'hypothèse du foyer anatolien sera discutée plus loin. Quant à l'association entre la première agriculture et les Indo-Européens, elle relève d'une intuition qui s'accommode mal de tout ce que nous pouvons reconstituer de la culture indo-européenne. Cette dernière, comme on l'a vu, ne peut guère être située qu'au Chalcolithique, c'est-à-dire à la fin du Néolithique, pas dans sa phase initiale. C'est pourquoi d'autres chercheurs, favorables à l'origine anatolienne, imaginent des foyers secondaires dans lesquels les Indo-Européens auraient, avant leur grande expansion, acquis les traits que nous leur attribuons. Mais du coup, si nous devons rechercher un prétendu berceau originel dans lequel des Indo-Européens primitifs n'auraient pas encore possédé la culture indo-européenne, sur quelle base les identifierons-nous ?

Colin Renfrew balaie en quelques paragraphes ces arguments culturels des comparatistes en expliquant que le nom de la roue, par exemple, a pu se diffuser parallèlement à l'invention elle-même, bien après l'éclatement de la communauté indo-européenne. Mais c'est faux : dans les diverses langues, ce terme et d'autres sont conformes à ce que font attendre les règles phonétiques et ne présentent pas les caractéristiques d'un emprunt (on a vu l'importance primordiale de ces règles pour la reconstruction du lexique de la langue-mère).

Une sorte de « néo-glottochronologie », basée sur des techniques mathématiques et statistiques complexes, a été appliquée tout récemment à la question indo-européenne par deux linguistes néo-zélandais, Russel Gray et Quentin Atkinson. La divergence de la branche anatolienne se serait produite dès 6700 av. J.-C., ce qui place la communauté linguistique indo-européenne dans un Néolithique très ancien, voire au Mésolithique. Sans avoir les moyens de vérifier les bases scientifiques de cette méthode, nous émettons sur ses résultats les mêmes réserves qu'au sujet des conclusions de C. Renfrew. Si l'on aboutit, sur la base de calculs assez abstraits, à des datations totalement incompatibles avec tout ce qu'indiquent les autres méthodes et disciplines, c'est sans doute que certains postulats de départ sont faux.

Aux partisans d'une chronologie longue qui estiment, par exemple, que les différences entre les plus anciens états connus de l'anatolien, du grec et de l'indo-iranien (pour prendre trois branches anciennement attestées de l'indo-européen) ne peuvent s'expliquer que par une très longue séparation, on peut opposer l'argument de bon sens de Frederik Kortlandt. Celui-ci souligne que les langues indo-européennes historiques sont le produit de l'expansion indo-européenne, c'est-à-dire en partie de l'apprentissage de l'indo-européen par des populations antérieures. Dans ces conditions, des mutations profondes ont pu se produire en quelques générations.

Des Indo-Européens dès le Paléolithique ?

Pour achever de présenter cette question de datation de la communauté indo-européenne, il faut signaler que certaines théories (S. Müller, H. Kühn, L. Kilian...) la projettent dans un passé encore plus lointain que les hypothèses de C. Renfrew. Elles la situent au Mésolithique (vers 9000-6000 av. J.-C.), voire au Paléolithique (« théorie de la continuité » défendue par Mario Alinei... qui prétend aussi, entre autres « démonstrations » scientifiques, faire de l'étrusque une forme ancienne du hongrois !). Elles ont une double base linguistique et archéologique. D'une part, la différenciation des langues indo-européennes à l'aube de leur histoire connue serait incompatible avec une divergence « récente » aux Ve-IIIe millénaires, et cette divergence devrait être considérablement vieillie. D'autre part, aucune culture archéologique des Ve-IIIe millénaires av. J.-C. ne pourrait, à elle seule, être considérée comme l'ancêtre commune de celles attribuées aux divers groupes historiques de langue indo-européenne, des Celtes aux Indo-Aryens, si bien que la culture-mère correspondant aux Indo-Européens indivis devrait être cherchée au Mésolithique, voire au Paléolithique.

Sur les vitesses de divergence des langues, il n'y a pas d'unanimité, mais le point de vue classique, situant l'indo-européen dans son état ultime au Chalcolithique, est de loin le plus répandu – chez les linguistes. Quant à l'archéologie, les observations faites plus haut sur la théorie de C. Renfrew valent plus encore à l'égard de cultures paléo- ou mésolithiques. Evidemment, les Indo-Européens avaient des ancêtres qui ont vécu à ces époques ; peut-être ces ancêtres peuvent-ils être hypothétiquement liés à telle ou telle culture. Mais l'entité ethnoculturelle indo-européenne, au sens que la recherche donne à ce nom depuis les origines, est un phénomène du Chalcolithique. Il n'y avait au Paléolithique pas plus d'« Indo-Européens », c'est-à-dire de gens parlant la langue indo-européenne et partageant la culture indo-européenne reconstituées, qu'il n'y avait de « Français » à l'époque romaine.

Le « foyer » indo-européen : méthodes de localisation

La localisation dans l'espace de la communauté indo-européenne est un problème nettement plus complexe que sa datation, surtout si l'on recherche, non les limites approximatives de l'aire indo-européenne déjà fragmentée après les premières phases de son expansion, mais le « foyer originel » plus restreint à partir duquel s'est faite cette expansion. La seule chose absolument certaine est qu'il se trouvait en Eurasie : le Nouveau Monde, l'Océanie, etc. sont bien entendu exclus, et on ne nous en voudra pas de laisser de côté les élucubrations « atlantes » qui ont toujours tant de succès dans une certaine littérature para- ou pseudo-scientifique. Enfin, aucun auteur sérieux n'a jamais soutenu que les Indo-Européens auraient pu venir d'Afrique.

Au XIXe siècle, l'*Urheimat* chère aux indo-européistes était souvent située, de façon totalement arbitraire, en Inde, dans l'Himalaya ou le Pamir, ou encore en Bactriane. C'était une conséquence de l'« illusion sanscrite » déjà évoquée : dès lors que le sanscrit était faussement considéré comme de l'indo-européen presque intact, on pouvait chercher le territoire du peuple originel du côté de l'Inde. L'origine asiatique paraissait évidente à beaucoup des pères fondateurs de la discipline, comme Friedrich von Schlegel, Franz Bopp, Rasmus Rask, ou August Schleicher. On verra plus loin que la théorie indienne a toujours des partisans (aujourd'hui en majorité indiens !), mais prétend s'appuyer sur des arguments plus concrets. Mais le berceau des Indo-Européens – un « berceau à roulettes », pour reprendre la vieille plaisanterie des paléontologues sur celui de l'humanité – a entre-temps été situé un peu partout, de l'Europe moyenne à l'Asie Centrale et du cercle polaire à l'Anatolie.

Comment localiser les Indo-Européens primitifs – ou, plus modestement, comment définir une zone dans laquelle l'archéologie pourrait ensuite chercher à identifier leurs traces matérielles ? La recherche a utilisé, depuis le XIXe siècle, des méthodes assez variées pour répondre à cette question. On peut les classer en cinq séries : l'analyse des traditions culturelles et religieuses ; les méthodes linguistiques ; les raisonnements géographiques ; l'anthropologie physique (et aujourd'hui la génétique) ; l'archéologie.

Des souvenirs du foyer ancestral chez les Indo-Iraniens ?

Puisque nous ne connaissons les Indo-Européens qu'à travers leurs héritiers, il est logique de rechercher chez ces derniers des traditions relatives au passé le plus reculé – mais la moisson est maigre. On ne peut rien tirer de légendes comme celle de l'origine troyenne des Romains ou du récit irlandais sur le séjour des *Tuatha Dé Danann* (les « tribus de la déesse Dana » – en fait les dieux des Celtes) dans « les îles du nord du monde ». Même les traditions iraniennes et indiennes, *a priori* plus prometteuses, s'avèrent décevantes.

L'*Avesta* évoque la terre originelle des Aryas, l'*Airyanəm Vaējo*, le « vaste espace » ou « déploiement » des Aryas. Initialement « *le premier et le meilleur des lieux et des séjours* » (Vendidād I, III-5), le Mauvais Esprit en aurait fait un endroit de mort où l'hiver durait dix mois. Mais cette patrie mythique n'est pas localisable, la tradition iranienne elle-même l'ayant apparemment située en différents endroits. L'« Ariane » qu'évoquent Eratosthène et plus tard Strabon correspond à une partie des territoires iraniens de leurs époques respectives, pas forcément au berceau des peuples de langue iranienne et moins encore aryenne (indo-iranienne). La satrapie d'Arie à l'époque de l'empire perse achéménide se situait autour de l'actuelle ville afghane de Herat.

Il y a encore, dans l'Avesta, des mentions de la mer *Vouru.kaša* et d'un cours d'eau appelé *Raŋhā*, que l'on a voulu identifier à la mer Caspienne et à la Volga qui s'y jette ; le nom de la *Raŋhā*, en particulier, rappelle celui de *Rhā*, en latin *R(h)a*, par lequel les Anciens désignaient la Volga. Les textes védiques évoquent la *Rāsa*, qui est l'exact équivalent sanscrit du nom avestique. D'un autre côté, même si *Raŋhā* et *Rhā* sont bien identiques, il peut s'agir d'une même appellation appliquée à différents cours d'eau réels ou mythiques, un peu comme le *Dānuš* de l'*Avesta* qui n'est pas nécessairement le Don de Russie méridionale.

Nous avouons notre perplexité devant les conclusions que certains chercheurs (principalement indiens) veulent tirer des textes sacrés indiens, notamment du *R̥g-Veda* qui est le plus ancien d'entre eux. Le texte mentionne diverses observations astronomiques, comme la conjonction de planètes du 18 février 3102 av. J.-C. marquant le début de l'ère dite *Kali-yuga*. Pour cette école, il ne s'agirait pas de calculs rétrospectifs, mais d'observations plus directes, qui prouveraient la rédaction du *R̥g-Veda* à partir du IVᵉ, voire du Vᵉ millénaire av. J.-C. Et comme le décor géographique correspond à celui de l'Inde du nord-ouest, on en déduit hardiment que les Aryas y étaient déjà présents au Néolithique, et qu'ils y étaient probablement autochtones. Nous déclinons toute compétence quant aux arguments astronomiques, mais le reste du raisonnement paraît bien naïf. A supposer (le fait est contesté) que les phénomènes astronomiques rapportés dans le *R̥g-Veda* aient bien été observés par des contemporains, pourquoi s'agirait-il des auteurs du texte ? Si le *R̥g-Veda* a été composé au IIᵉ millénaire, rien n'empêche qu'il ait incorporé des traditions bien antérieures – celles de populations pré-aryennes d'Inde.

En marge de cette affaire astronomique, on peut rappeler que l'astronome français Jean-Sylvain Bailly (1736-1793) avait étudié des tables astronomiques indiennes rapportées par des missionnaires, et avait conclu qu'elles supposaient un point d'observation situé à 49° de latitude nord. Le 49° parallèle traverse notamment l'Europe centrale, l'Ukraine, et le Kazakhstan ; si les calculs de Bailly sont justes, ils cadrent avec un foyer indo-européen en Europe centrale ou dans les steppes... à supposer que les rudes éleveurs et guerriers dont les données culturelles précédemment étudiées esquissent le portrait aient vraiment consacré leurs soirées aux observations astronomiques.

Pour en finir avec les traditions indo-iraniennes, il faut signaler les déductions tirées des termes désignant à la fois les points cardinaux et les directions. En sanscrit, *pūrva* signifie « l'est » et « devant » ; en avestique, le mot de même origine, *paurva*, veut dire « devant » et « sud ». On a donc supposé qu'au moment de la séparation des tribus aryennes, les futurs Indiens avaient marché vers l'est et les

Iraniens vers le sud – ce qui ferait supposer un point d'origine situé quelque part dans les steppes européennes ou centre-asiatiques. Ce n'est peut-être qu'un hasard.

Déductions linguistiques sur le berceau des Indo-Européens

D'autres méthodes reposent sur les données linguistiques. L'une des plus utilisées – et des plus controversées – est celle-là même que l'on a employée pour dater les Indo-Européens et reconstruire leur culture : l'analyse du vocabulaire. L'examen des termes indo-européens communs désignant les réalités géographiques, les animaux et les plantes, pourrait permettre de dresser un tableau de l'environnement dans lequel ils vivaient avant leur dispersion. En pratique, malheureusement, les mêmes données peuvent être interprétées de bien des façons. Deux problèmes se posent :

1) Certains termes du lexique reconstruit ont des sens très différents suivant les langues – c'est particulièrement le cas des noms d'arbres et de plantes. Leur valeur démonstrative diminue d'autant.
2) D'autres termes apparaissent dans de nombreuses langues européennes mais sont absents du vocabulaire indo-iranien. Faut-il en déduire que les réalités correspondantes étaient connues des Indo-Européens mais que les Aryas les ont « oubliées » au fil de leurs migrations, perdant les vocables correspondants parce qu'ils ne désignaient plus rien de familier, ou au contraire que ces réalités n'appartenaient pas au monde des Indo-Européens primitifs et que ces termes représentent des innovations plus tardives des branches occidentales de la famille après son éclatement ? Cette alternative peut évidemment conduire à des conclusions radicalement opposées sur la localisation du foyer initial.

Parmi les exemples classiques de ces difficultés figure la « ligne du hêtre ». La reconstruction d'un terme indo-européen **bhāgos* désignant probablement le

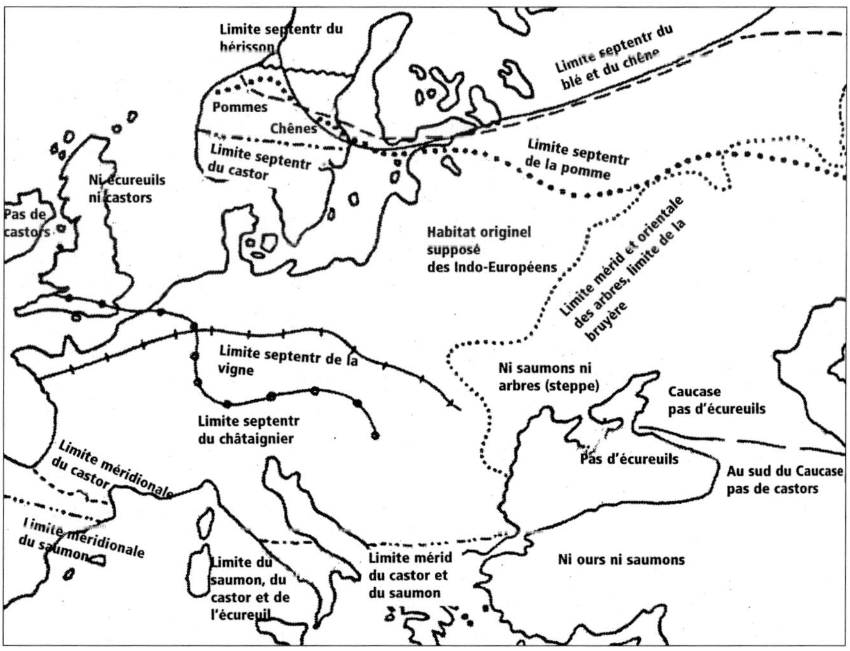

Une tentative de détermination du foyer indo-européen d'après l'environnement reconstruit par la paléontologie linguistique. Les données étant en grande partie erronées (limites du couvert forestier, du saumon, etc.), le résultat n'est pas probant ; d'après S. E. Mann/L. Kilian.

« hêtre », associé à la constatation que cet arbre ne poussait pas à l'est d'une ligne allant de Königsberg (« Kaliningrad »), en Prusse-Orientale, à Odessa au sud-ouest de l'Ukraine, devait permettre de situer le foyer indo-européen résolument à l'ouest de cette ligne. Or, de l'avis de nombreux linguistes actuels, ce raisonnement n'a aucune valeur. D'abord, on a vu au chap. III que les produits de **bhāgos* avaient, dans plusieurs langues, des significations différentes allant du « chêne » au « sureau », et il est assez difficile d'affirmer que le sens premier était précisément « hêtre ». Ensuite, même dans cette hypothèse, la ligne Königsberg-Odessa est un mythe, puisque des diagrammes polliniques révèlent la présence ancienne du hêtre plus loin à l'est jusqu'au cours du Don, et qu'une espèce particulière pousse même au Caucase. Enfin, le terme ne semble pas attesté en indo-iranien, ce qui fait planer un doute sur son appartenance au vocabulaire indo-européen originel. Un autre dossier similaire est celui du « saumon », employé pour localiser les Indo-Européens en Europe du nord-est, du côté de la Baltique : la répartition des diverses espèces de salmonidés, de la truite saumonée, etc., ne permet finalement aucune conclusion définitive. En particulier, *Salmo trutta labrax* et *Salmo trutta caspius* se rencontrent dans les rivières des steppes pontico-caspiennes, et *Salmo trutta aralensis*, comme son nom l'indique, dans la mer d'Aral !

L'absence de termes communs désignant des animaux comme le chameau ou l'éléphant permettrait *a priori* d'exclure de la liste des foyers indo-européens possibles de vastes zones géographiques en Asie Centrale et dans le sous-continent indien, mais outre que l'on peut invoquer ici l'« oubli » de ces noms par des Indo-Européens qui auraient migré vers des pays où ces animaux étaient inconnus, leur absence du vocabulaire commun est contestée par certains linguistes. T. Gamkrelidzé et V. Ivanov proposent ainsi de restituer des noms pour le léopard, le singe, l'éléphant et le chameau. On a aussi relevé que des noms sanscrits d'animaux indiens, même s'ils n'étaient pas attestés dans les autres branches de l'indo-européen, étaient basés sur des racines indo-européennes.

On ne peut pour autant réfuter complètement cette méthode, mais il faut l'utiliser avec précaution et sans trop d'illusions sur son degré de précision. En nous limitant aux vocables indo-européens dont le sens initial est à peu près sûr (parce que leurs descendants ont la même signification dans la plupart des langues historiques) et qui sont attestés à la fois dans les langues européennes et en indo-iranien, on n'obtient en effet qu'une image extrêmement générale et vague de ce qu'a pu être l'environnement des locuteurs de la langue-mère.

Du point de vue géographique, ils connaissaient la mer et les montagnes mais n'en étaient pas forcément très familiers. En tout cas, les vocabulaires spécifiquement maritime et montagnard ne sont pas abondants. On reconstitue un nom de la « plaine »... mais il serait exagéré de le traduire par « steppe ». Rien ne semble désigner le « désert », et il est intéressant de noter que le terme sanscrit pour « désert de sable », *marús*, est peut-être basé sur le terme indo-européen qui désignait la « mer ».

Les noms d'arbre les mieux attestés sont ceux du bouleau, du chêne (mais de quelle sorte ?), probablement du pin et du sapin, et celui du saule – malgré son association en latin à la « vigne ». Le vocabulaire animalier est nombreux, y compris pour les oiseaux et les insectes, mais il s'agit en général d'espèces à très large diffusion en Eurasie : castor (bien que son nom en sanscrit ait été transféré à la « mangouste » : *babhrús*), hérisson, lièvre, renard, ours, souris, loutre, écureuil, loup, canard, oie ou cygne, pie, coucou et hibou (ces deux noms pouvant reposer sur des onomatopées), caille, abeille, moustique, fourmi, puce, guêpe, serpent, écrevisse, coquillage, ver... On a envie d'ajouter le proverbial raton-laveur.

On a souvent dit que cette flore et cette faune évoquaient des régions boisées et tempérées et excluaient, par exemple, les steppes. C'est oublier d'une part que la steppe herbeuse eurasiatique comprend une bordure septentrionale arborée (« steppe boisée »), d'autre part qu'il s'y trouve des vallées fluviales – comme en Europe orientale celles du Don ou du Dniepr – et de grands ravins boisés, et que des zones forestières y ont subsisté jusqu'à l'Antiquité, telle l'Hylée décrite par Hérodote en Ukraine méridionale, à l'est du Dniepr. Les études paléo-botaniques récentes montrent qu'entre 4800 et 2800 av. J.-C. – un créneau chronologique extrêmement important pour les indo-européistes –, il existait dans les steppes d'Ukraine et de Russie méridionales, sur les cours inférieurs du Dniepr, du Donets et du Don, de la Volga, des forêts de pins et de bouleaux sur des terrasses sablonneuses, et des forêts de feuillus ; la liste des arbres représentés couvre la plupart des espèces figurant de façon sûre dans le vocabulaire reconstitué. En Ukraine, la configuration actuelle du couvert forestier ne date que du début de l'époque scythe, vers 600 av. J.-C., et l'extinction du pin dans la vallée du Dniepr ne s'est produite que vers 100 av. J.-C.

L'absence d'un vocabulaire botanique pouvant se rapporter à la zone méditerranéenne (olivier, laurier, palmier, etc.) est intéressante.

Finalement, l'analyse du lexique ne permet pas de cerner de façon satisfaisante le territoire premier de la communauté indo-européenne. Bien des spécialistes sont d'un avis contraire, mais le simple fait qu'ils aboutissent, à partir des mêmes données et au terme de raisonnements très poussés, à des positions incompatibles entre elles, nous oblige à ce constat d'échec.

On peut aussi tenter un usage « externe » des éléments linguistiques, en cherchant à localiser l'aire indo-européenne par rapport à ses voisines.

D'une part, il semble possible d'exclure les zones où nous savons qu'étaient parlées, à l'époque considérée, des langues d'autres familles : langues pré-indo-européennes d'Occident comme l'ibère, langues « asianiques » et sémitiques du Proche-Orient, ouralien en Russie d'Europe et Sibérie septentrionales, caucasique du nord et du sud au Caucase, élamite en Iran, dravidien dans une partie de l'Inde sans doute bien plus importante qu'aujourd'hui, altaïque en Haute-Asie (*cf. carte 15, p. 192*)... On objectera cependant que l'indo-européen aurait pu, au début de son histoire, cohabiter sur un territoire relativement réduit avec d'autres parlers, et que l'extension de ces derniers au Néolithique et Chalcolithique n'est pas toujours très bien connue.

Certaines théories font une grande place à la toponymie, particulièrement à l'absence supposée, dans certaines régions d'Europe centrale et du centre-nord, de couches toponymiques (hydronymiques) pré-indo-européennes. Mais H. Krahe y voyait les traces de son *Alteuropäisch* (cf. chap. II à propos des groupements dialectaux de l'indo-européen). Eric Hamp décèle au contraire dans les mêmes régions un substrat lexical pré-indo-européen, illustré par des termes relatifs à l'élevage du porc que les Celtes et Germains auraient empruntés à une population antérieure.

D'autre part, on croit déceler des similitudes de vocabulaire, voire de structure, entre l'indo-européen et d'autres familles de langues. Qu'elles révèlent un hypothétique apparentement ou des emprunts, elles suggèrent des contacts très anciens et donc une certaine proximité géographique.

Les liens les plus incontestables sont ceux avec l'ouralien (langues finnoises, ougriennes, permiennes, samoyèdes, et lapon/*saami*). D'abord, les langues ouraliennes comportent une impressionnante série de plusieurs dizaines de termes empruntés, à des dates diverses, à l'indo-iranien. Ils ont été recensés par Aulis Joki, puis Vasso Abaïev. Les plus anciens, qui nous intéressent ici, sont antérieurs à la divergence indo-iranienne (attestée dès le milieu du IIe millénaire av. J.-C.), et ne présentent pas les traits distinctifs de l'iranien comme la mutation *s* > *h*, etc. On peut citer l'ouralien **parsas* (finnois *porsas*, mordve *purt[o]s*, komi *pors*) < aryen **parsas* (sace-khotanais *pā'sa*) « porc, porcelet » ; le mansi (ou vogoule, langue obougrienne) *sät* « sept » < aryen **sapta-* ; le finnois *marta-* > *marras* « mort, mourant » < aryen *mr̥tas*. Les locuteurs de l'ouralien se sont donc trouvés en contact avec ceux des parlers aryens encore indivis. Mais, fait plus remarquable encore, certains termes ouraliens ont pu être emprunté à l'indo-européen commun lui-même, à une date encore bien antérieure. Nous laisserons de côté le problème, évoqué au chap. II, des pronoms personnels et de l'interrogatif, que certains linguistes considèrent comme le reflet d'une très vieille parenté ouralo-indo-européenne. Mais l'emprunt est possible dans le cas de vocables comme l'ouralien **nime* (hongrois *név*, finnois *nimi*, etc.), à comparer à l'indo-européen **nōmn̥* « nom », ou encore our. **wite*, i.-e. **wod-/wed-* « eau ». On remarque, sans pouvoir en tirer de conclusion formelle, que certaines de ces correspondances pourraient s'étendre à d'autres familles de langues (tchouktche *n̂inni̯* « nous »).

Le foyer de l'ouralien commun, bien plus facile à localiser que celui de l'indo-européen, se trouvait en Russie et Sibérie du Nord, quelque part entre les cours de la Volga et de l'Ob. Les Indo-Iraniens auxquels il a emprunté du vocabulaire doivent être situés au sud de cette zone : le nord et l'est sont exclus, et à l'ouest, on attendrait plutôt les Proto-Baltes. De plus, en saami (lapon), *årjel*, *årjän*, qui dérive apparemment du nom des Aryas, désigne le « sud » ou le « sud-ouest ». Si l'on admet d'éventuels emprunts à l'indo-européen lui-même, il faut admettre qu'une partie au moins de son aire linguistique était contiguë à celle de l'ouralien – probablement au sud ou à l'ouest.

Des liens entre l'indo-européen et le caucasique du sud (ou kartvélien ; principale langue moderne : le géorgien) sont souvent évoqués, mais concernent moins le vocabulaire que la phonétique et la morphologie. Outre qu'ils peuvent être dus à la proximité des langues anatoliennes durant la haute Antiquité et non remonter à l'époque de la communauté indo-européenne, ils ne sont pas assez nombreux et précis pour que l'on puisse conclure à un apparentement ou à une cohabitation.

Les rapports entre l'indo-européen et le sémitique sont problématiques. D'un côté, il existe des ressemblances dans la structure des racines, dans la phonologie (pour les enthousiastes des laryngales multiples en indo-européen) et une petite liste de termes qui paraissent communs et sont souvent présentés comme des emprunts de l'indo-européen au sémitique. Les plus connus sont les noms de l'« étoile » (indo-européen **H_2stēr*, sémitique *'aθtar*), d'animaux comme le « taureau » et la « chèvre » (i.-e. **ghaidos*, sém. **gadj-*), et surtout des numéraux (« sept » : i.-e. **septm̥*, sém. **šab'atum*). Deux noms indo-européens de la « hache », **pelekus* et **sekūr-*, auraient des correspondants en sémitique (akkadien *pilakk* « broche, pointe », arabe *falaqa* « fendre » ; akkadien *šukurru* « javeline », hébreu *segor* « hache »). D'un autre côté, chacun de ces cas a été contesté par des analystes compétents. Dans l'ensemble, la liste est à la fois moins importante et moins probante que dans le cas de l'ouralien, et les explications historiques moins sûres.

On a identifié quelques termes communs à l'indo-européen et à l'altaïque (turc-mongol-toungouse), qui sont très probablement des emprunts faits par le second au premier : en turc, *tam* « toit » < indo-européen **dom-* « construire » et *yurt* « établissement » < i.-e. **gherto-* « enclos » ; en toungouse, *raketa* « ours » < i.-e. **r̥ktos*. Un nom indo-européen du « cheval » (**márkos*) se retrouve en mongol (*morin*) et toungouse (*murin*), mais aussi, peut-être, en coréen, birman, et japonais.

Enfin, des termes indo-européens semblent avoir été empruntés à date très ancienne par le chinois. Les plus convaincants concernent l'élevage : *mǎ* « cheval » < indo-européen **márkos* ; *yáng* « mouton, chèvre », forme ancienne **[ğ]riang* < i.-e. **wəren-* ? (sanscrit *úran* « bélier », avestique *varən-* « mouton », et « tokharien » *yrīye* « agneau ») ; *niú* « bovin » < i.-e. **gʷou-*. D'autres se rapportent aux techniques métallurgiques et aux véhicules. On rapproche le nom de la « hache-poignard » *gē*, une sorte de hallebarde très utilisée dans la Chine antique, de l'indo-européen **k'el[H]-* « pointe (de lance) ». Un nom chinois du « bronze », *qiáotáo*, rappelle le grec *chalkós* (qui ne remonte pas à l'unité indo-européenne mais peut être apparenté à des appellations balto-slaves du « fer » : s'agit-il d'un ancien terme générique pour « métal » ?) Un terme désignant la « roue », reconstitué sous la forme **kolo* (chinois dialectal moderne *gŭlù*), évoque immédiatement le slave *kolo*, vieux-prussien *kelan*.

Evolution (de gauche à droite) vers l'abstraction du caractère chinois désignant un « cheval » (*mǎ*) : un terme emprunté à l'indo-européen ? ; d'après V. H. Mair.

L'interprétation habituelle de ces correspondances avec l'altaïque et le chinois est que des groupes issus de l'ensemble indo-européen se sont avancés très tôt vers l'Asie orientale ; ce serait en particulier le cas des ancêtres des « Tokhariens » du Turkestan oriental, et des populations europoïdes attestées jusqu'en Mongolie à l'âge du Bronze. Néanmoins, quelques chercheurs, comme Wilhelm Koppers et Wilhelm Schmidt, ont situé le foyer indo-européen en Asie Centrale (au Turkestan occidental), dans une zone de contacts possibles avec les langues et cultures altaïques. Le nom du cheval, en tout cas, soulève un problème intéressant : **márkos* n'est attesté qu'en indo-européen occidental, plus précisément en celtique (gaulois *marco-*, irlandais *marc*) et germanique (vieux-norrois *marr*). Dans les langues les plus orientales et les plus susceptibles d'avoir fourni des vocables à l'altaïque et au chinois, on ne trouve que des produits du nom pan-indo-européen **ékʷos* : indo-iranien **asva-*, « tokharien » *yakwe*. Il faut admettre soit que l'une de ces langues à un stade très ancien, alors qu'elle n'était qu'un dialecte indo-européen en cours d'individualisation, possédait un dérivé de **márkos*, qu'elle a transmis à des langues asiatiques avant de l'« oublier », soit que l'emprunt a été fait à une langue indo-européenne inconnue. Ou alors, il faut imaginer la migration d'une tribu indo-européenne occidentale proche des Proto-Celtes et Proto-Germains très loin vers l'est. Evidemment, les partisans d'un foyer centre-asiatique peuvent plus simplement y voir un emprunt fait directement à la langue-mère elle-même.

Réflexions sur la carte

Chaque grand groupe ethnolinguistique issu de l'ensemble indo-européen nous est connu à partir d'une certaine date (très variable) et sur un territoire donné. Ces territoires sont trop vastes et trop dispersés pour nous renseigner efficacement sur un foyer commun. Mais ne peut-on, en combinant les données historiques, linguistiques et archéologiques, reconstituer une partie de la « pré-histoire » de ces groupes, et voir si leurs ancêtres probables ne peuvent pas être situés davantage à proximité les uns des autres – un peu comme les géologues rapprochent les continents pour reconstituer la « Pangée » primitive *(cf. carte 16, p. 193)* ?

Dans certains cas, la piste tourne court. Par exemple, nous ne savons rien de certain sur les origines des « Tokhariens » du Turkestan oriental, en dehors des curieuses similitudes de leurs langues avec celles des Indo-Européens occidentaux. Dans d'autres, les choses sont plus précises. On peut distinguer deux cas de figure intéressants.

Le premier est celui de groupes qui semblent avoir été présents sur leur territoire depuis des temps immémoriaux, sans qu'on décèle de mouvements migratoires qui les y auraient conduits. C'est le modèle des Balto-Slaves. Bien que les langues slaves et plus encore baltes soient attestées tardivement, la toponymie (notamment l'hydronymie) et l'archéologie permettent de reconstituer une longue période de l'évolution des cultures attribuées aux Proto-Slaves et Proto-Baltes. Les premiers peuvent être situés, apparemment dès l'âge du Bronze, en Ukraine du nord-ouest et dans des régions limitrophes de Biélorussie, Russie et Pologne, avec les seconds plus au nord, sur un territoire débordant largement les limites de l'aire linguistique balte actuelle.

Pour d'autres groupes, le territoire a varié davantage ou s'est accru, mais le point d'origine peut être déterminé avec une certaine vraisemblance. Ainsi, les plus anciennes traces reconnaissables des Celtes (culture de Hallstatt, vers 800 av. J.-C.) et de leurs probables ancêtres (« Champs d'Urnes », dès 1200 av. J.-C., même si ce terme ne recouvre pas une vraie unité culturelle) se rencontrent en Allemagne et Bohême. Celles des Germains (culture de Jastorf au Ve siècle av. J.-C., avec des prototypes locaux dès l'âge du Bronze tardif) en Allemagne du nord et au sud de la Scandinavie.

Le deuxième cas de figure est celui de groupes qui, à en juger par des indices historiques ou linguistiques, apparaissent sur des territoires qui avaient précédemment été occupés par d'autres peuples, et dont l'origine doit être recherchée ailleurs. Les locuteurs de l'anatolien, Hittites, Louwites et autres, avaient été précédés en Anatolie par des peuples de langues « asianiques », non indo-européennes, comme le hattique, le gasga ou le hourrite, et font figure dans la région d'envahisseurs ou de colons (c'est l'une des graves faiblesses des théories « anatoliennes » de l'origine des Indo-Européens). Leurs ancêtres linguistiques n'ont guère pu venir en Asie Mineure que des Balkans – en traversant le Bosphore – ou des steppes ukraino-russes – en franchissant le Caucase. Les deux solutions ont été avancées (la première paraît majoritaire aujourd'hui), mais aucune n'est parfaitement démontrée. Des traditions antiques assez précises attribuent une origine balkanique aux Phrygiens et aux Arméniens ; les porteurs du proto-arménien se sont indiscutablement superposés à la population de l'ancien royaume d'Ourartou, de langue non-indo-européenne (peut-être proche du hourrite).

Dans le cas des Grecs, également, on a de bonnes raisons (tradition historique et substrat toponymiques et linguistiques) de penser que les porteurs des parlers indo-européens proto-helléniques ont occupé des régions où se parlaient des langues non-indo-européennes, et aussi, selon certaines théories, des langues anatoliennes. Leur origine immédiate doit alors être cherchée aussi dans les Balkans.

La genèse des peuples de langue italique est très difficile à reconstituer, à cause notamment des incertitudes sur l'identité archéologique de leurs ancêtres, mais on observe en Toscane l'existence de l'étrusque qui pourrait représenter un substrat pré-indo-européen (s'il n'est pas, comme le voulait la tradition antique et comme le croient certains linguistes, une langue importée d'Asie). D'autre part, la grande proximité entre l'italique et le celtique pourrait suggérer, si le premier a été introduit dans la péninsule par diverses invasions ou migrations, que ses porteurs provenaient d'une région proche du foyer celtique. De toute façon, les Proto-Italiotes n'ont pu arriver que par le nord.

Reste le problème des Aryas. On a vu qu'un voisinage avec les locuteurs de l'ouralien commun était prouvé par la linguistique. Une partie au moins des Aryas encore indifférenciés peut donc être localisée, au plus tard dans la première moitié du IIe millénaire av. J.-C., dans les steppes eurasiatiques au sud des régions forestières occupées par les peuples de langue ouralienne. On ne sait rien des mouvements qui auraient pu conduire, de là, des tribus de langue « proto-indienne » jusqu'en Syrie (royaume du Mitanni) ; même la migration du groupe principal des Proto-Indiens vers l'Inde du nord est mal documentée, bien que quelques jalons possibles aient été identifiés. La formation des peuples iraniens historiques – du moins ceux du groupe occidental – pose encore beaucoup de problèmes. Dans tous les cas, l'hypothèse chère aux Indiens d'une autochtonie des Aryas en Inde est beaucoup moins vraisemblable que celle d'une migration d'ouest en est.

Si l'on assemble sur la carte ces divers éléments, on constate que les plus anciens territoires qui peuvent être attribués aux héritiers de la communauté indo-européenne comprennent d'une part un vaste bloc en Europe continentale excluant les îles Britanniques, la péninsule Ibérique, la France, le nord de la Scandinavie, l'Italie et la Grèce, d'autre part une aire aux limites imprécises dans les steppes eurasiatiques. Intuitivement, on pourrait imaginer une sorte de mouvement centrifuge, à l'œuvre durant une très longue période, qui aurait fait provenir ces peuples d'un foyer situé quelque part vers le centre de cette zone. On a aussi remarqué que le nombre et la diversité des branches européennes de la famille, s'opposant à la relative homogénéité de l'indo-iranien, prêchait en faveur d'un berceau commun situé plutôt en Europe (Roger Latham) ; mais outre que ce raisonnement n'est pas incontestable, la présence du « tokharien » très loin à l'est lui ôte beaucoup de sa portée. Certains linguistes ont essayé de pondérer par cette diversité l'image purement géographique du territoire décrit plus haut, et de déterminer une sorte de « centre de gravité » du monde indo-européen ancien : ils le situent vers l'Ukraine.

L'anthropologie physique

Après les excès des XIXe et XXe siècles, l'utilisation des données de l'anthropologie physique dans le dossier indo-européen suscite souvent la gêne et les controverses, tant l'antiracisme d'aujourd'hui peut être aussi hystérique et obscurantiste que le racisme d'hier. Mais quel spécialiste des Bantous ou des Amérindiens songerait à se priver de ce type d'informations ? S'il faut tenir compte des erreurs du passé, il n'y a pas lieu de renoncer à l'apport de toute une discipline sur un sujet aussi difficile.

La question se pose en ces termes : y a-t-il des caractéristiques physiques dont la présence ou la diffusion pourrait être liée aux Indo-Européens ? A un niveau très

Stèle anthropomorphe de Nariim Khouroumt (Mongolie, dans les monts Khangaï), âge du Bronze ? Le visage présente des traits nettement europoïdes.

général, il est évident que les Indo-Européens étaient europoïdes, c'est-à-dire de « race blanche ». Toutes les populations antiques parlant des langues indo-européennes étaient europoïdes ou, à la rigueur, appartenaient à des types mixtes à forte composante europoïde (les Indiens du nord, les Saces d'Asie Centrale). En Asie notamment, les langues indo-européennes anciennes sont toujours associées à des europoïdes dont les types contrastent avec ceux des porteurs d'autres langues (dravidiennes en Inde, altaïques en Mongolie...). Les choses se compliquent quand on essaie de préciser si les Indo-Européens étaient grands ou petits, clairs ou foncés, avaient une tête ovale ou ronde. Dans l'Antiquité, leurs héritiers mêlés à différents substrats locaux étaient déjà assez variés ; des écrivains romains insistent même sur les particularités physiques, exotiques pour eux, de « Barbares » germaniques ou iraniens.

On a vu au chapitre IV, à propos de la définition de la communauté indo-européenne, que des idées largement admises au XIXe et dans la première moitié du XXe siècle attribuaient au peuple originel un type « nordique » ou, de façon moins précise mais plus parlante, une blondeur distinctive. Outre les préjugés de spécialistes qui étaient en majorité originaires du monde germanique, ces idées reposaient sur deux bases.

D'une part, de nombreuses traditions non seulement germaniques, mais aussi celtiques, grecques, et même arméniennes ou indiennes, paraissaient valoriser la blondeur, et des traits souvent associés comme la pâleur et les yeux bleus, et en faisaient par exemple un attribut classique des dieux et des héros. De Jarl, le prototype du noble dans le « Chant de Ríg » de l'*Edda* scandinave, au dieux védiques Indra « le blond » (*hári-*) et Varuna « le très blanc » (*śukla-*), « l'excessivement blanc » (*atigaura-*) et au héros Pāṇḍu (« le pâle ») du *Mahābhārata* indien, en passant par Apollon, Démeter ou Achille, on distinguait toute une galerie de portraits aux cheveux d'or et à la peau de porcelaine. On en déduisit qu'il s'agissait d'un souvenir du type physique qu'avaient dû présenter les Indo-Européens ou, du moins, leur élite dirigeante. L'affirmation était un peu rapide, car un type physique idéal peut correspondre à des réalités bien différentes : il peut être aussi bien celui, apprécié pour sa rareté, d'une minorité (avec ou sans connotations aristocratiques) que celui de la majorité de la population. On serait bien en peine, par exemple, de tirer des conclusions historiques ou anthropologiques de la tradition populaire ukrainienne qui chante la « belle aux sourcils noirs » (*čornobrivka*), dans un pays où les types clairs et foncés sont à peu près à égalité.

Il existe une interprétation symbolique diamétralement opposée : le blond ne serait qu'un substitut du blanc, couleur associée à la « première fonction » de souveraineté, de même que le roux, celui par exemple de la barbe du dieu guerrier Thor (*Þórr*) chez les Germains, renverrait au rouge de la « deuxième fonction » ; et parfois, comme pour Achille, héros guerrier par excellence, le blond remplacerait ce même roux, mal considéré dans diverses cultures anciennes. L'explication est ingénieuse et peut s'appliquer dans certains cas, mais il est douteux qu'il faille la généraliser. Ce qui est plus gênant, c'est que la réalité même du type clair idéal a été mise en doute. En Inde, le dossier est très confus. Par exemple, le *Mahābhāśya* ou « Grand commentaire » de Patañjali (commentaire célèbre mais mal daté – entre 200 av.

J.-C. et 400 de notre ère ! – de la grammaire sanscrite de Pāṇini) attribue clairement des cheveux blonds ou fauve aux brahmanes. Mais l'*Atharva Veda* (6, 137, 3) affirme que « *les brahmanes ont une abondante chevelure noire* ». En Grèce, on trouve dans la *Physiognomonie* du pseudo-Aristote des appréciations franchement négatives du prétendu type idéal : « *Les cheveux blonds et blanchâtres, comme ceux des Scythes, dénotent la stupidité, la méchanceté, la sauvagerie.* » « *Les gens dont les yeux sont d'un gris-bleu clair ou blancs sont des lâches.* » Donc, la reconstruction d'un idéal esthétique indo-européen, si elle n'est pas aussi absurde que certains le prétendent aujourd'hui, est loin d'être aussi évidente que d'autres l'ont cru autrefois.

D'autre part, outre les peuple de langue germanique, balte, et (pour partie) slave, chez qui les pigmentations claires sont majoritaires ou très courantes, des types blonds sont concrètement attestés par l'histoire, l'iconographie, et l'archéologie, parmi beaucoup d'autres groupes de langue indo-européenne. On en connaît chez les Grecs et les Romains, les Iraniens de la steppe (Sarmates et Alains), etc., sans que l'on puisse toujours déterminer leur importance relative. Wilhelm Sieglin (1855-1935), déchiffreur du « Tokharien », avait tenté d'établir des statistiques à partir des sources classiques – mais on lui a opposé, par exemple, que la peinture grecque montrait des complexions uniformément brunes ! Les momies (« tokhariennes » ? iraniennes ?) découvertes dans le bassin du Tarim au Turkestan oriental (cf. chap. IX) ont souvent des cheveux blonds ou châtain, comme d'ailleurs des représentations plus tardives de personnages dans la même région, et ces types clairs ont laissé des traces jusque chez les Ouïghours turcophones, occupants actuels de ce territoire.

Le terrain est ici plus ferme, et il semble donc que l'on puisse tenir pour assurée l'existence, chez beaucoup de groupes ethnolinguistiques issus de la communauté indo-européenne, d'un élément à pigmentation claire, parfois nombreux. Certes, tous ces groupes sont issus de mélanges entre les Indo-Européens et différents substrats ethniques locaux, et l'élément clair pourrait, en principe, être attribué aussi bien à ces derniers qu'aux premiers. Toutefois, au Turkestan oriental ou en Grèce, la présence d'un substrat blond est extrêmement douteuse, et le type clair peut être plus vraisemblablement assigné à la composante indo-européenne.

Le problème est qu'on l'a un peu vite assimilé à la « race nordique » des anthropologues classiques : un type défini comme grand, dolichocéphale, aux cheveux blonds et aux yeux bleus, que l'on a par conséquent attribué aux Indo-Européens et dont on a voulu, parfois abusivement, retrouver les traces jusqu'en Inde. Les castes supérieures d'Inde du Nord, par exemple, auraient présenté certains traits « nordiques ».

Cet artisan ouïghour de Kachgar (Chine, Xinjiang), membre d'une minorité aujourd'hui turcophone, a conservé le type purement europoïde des anciens habitants du bassin du Tarim ; d'après How Man Wong.

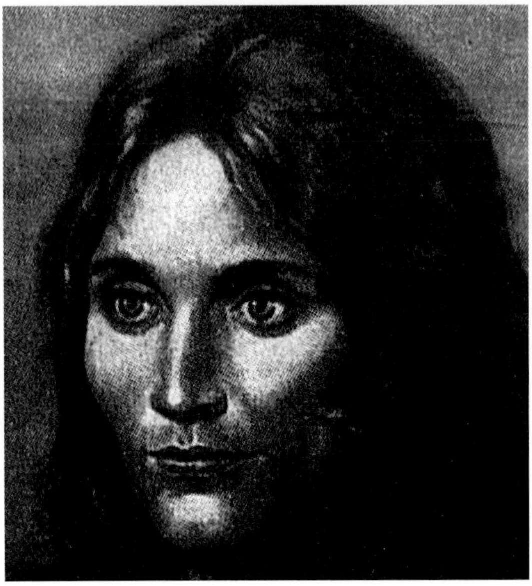

Reconstitution du visage – particulièrement bien préservé – de la momie dite « Beauté de Kroràn » (Chine, Xinjiang), 1re moitié du IIe millénaire av. J.-C. Les cheveux et sourcils sont blonds ou châtain clair ; d'après J. P. Mallory et V. Mair.

Or ce type demeure dominant ou bien représenté en Scandinavie, en Allemagne du Nord, sur les côtes de la Baltique : Dès lors, on pouvait voir dans ces régions la patrie des Indo-Européens, dont les traits physiques distinctifs se seraient atténués par métissage avec les substrats autochtones au fur et à mesure de leur éloignement. Les théories « nordiques » de l'origine des Indo-Européens ont fait un grand usage de ces considérations.

Il y a là un certain nombre de fautes de raisonnement. Admettons (à titre d'hypothèse de travail et bien qu'il soit catégoriquement rejeté par nombre de chercheurs), le postulat de départ, c'est-à-dire la présence d'une proportion significative d'individus clairs chez les Indo-Européens primitifs. Mais rien ne permet de les identifier aux seuls « Nordiques » d'Europe septentrionale. La plus célèbre des momies du Turkestan oriental, baptisée *Kirürän Güzäli*, la « Beauté de Kroràn », a des cheveux et des sourcils d'un châtain clair (*yellowish brown* selon J. P. Mallory et V. Mair), mais un visage assez plat à face large et pommettes saillantes, avec un nez haut et étroit ; elle est mésocéphale et mesurait, vivante, autour de 1,56 m : claire ou pas, elle ne correspond pas à la description théorique de la « race nordique » des anthropologues classiques. Parmi ces mêmes momies, les plus anciennes (cimetière de Qäwrighoul, vers 1800 av. J.-C.), qui représentent un groupe de langue certainement indo-européenne présent dans la région dès l'âge du Bronze, ont en majorité des cheveux clairs, mais se rattacheraient selon l'archéologue chinois Han Kangxin à un type « proto-europoïde », beaucoup plus lourdement charpenté et moins dolichocéphale que le type nordique moderne. De même, en ce qui concerne l'Inde et l'Afghanistan, où apparaissent très sporadiquement des cheveux châtains voire presque blonds (au Nouristan) et, plus fréquemment, des yeux verts ou gris, ils ne dénotent pas la présence de « nordiques » identiques à ceux d'Europe – et ces traits ne remontent pas forcément toujours à la venue des Aryas dans ces régions, puisqu'il faut tenir compte d'apports bien postérieurs. Ajoutons, pour ce qui est de l'analyse des restes humains anciens, que l'archéologie a souvent du mal a distinguer, sur la seule base du squelette et des mensurations crâniennes, les types europoïdes « nordique » (clair) et « méditerranéen » (foncé), tous deux dolichocéphales. Il'ia Gokhman assigne ainsi aux crânes europoïdes d'Aïmyrlyg dans la Touva, datés de l'âge du Bronze et donc contemporains des plus anciennes momies du Tarim, un type relevant « du groupe des formes hypermorphes de la race méditerranéenne ancienne ».

De plus, l'association exclusive des blonds à l'Europe du Nord est une erreur de perspective. Sans même entrer dans le débat sur l'existence de blonds chez les Berbères, voire, selon certains, les aborigènes d'Australie (?), il faut rappeler que la pâleur de la peau, la blondeur et la coloration claire des yeux, sont le produit d'une dépigmentation associée à des régions de climats froids ou tempérés et relativement pauvres en rayons ultra-violets. De fait, la plupart des populations claires actuelles sont localisées en Scandinavie et autour de la Baltique, c'est-à-dire dans la zone de la dernière glaciation. Notons d'ailleurs qu'il s'agit, en termes d'anthropologie classique, non seulement de « nordiques », mais aussi de gens de type « dalique » (à ossature plus lourde, mésocéphale) et « baltique » ou « est-européen » (brachycéphale, de petite taille, avec un visage large à pommettes saillantes – le prétendu « type slave »). Mais à des époques antérieures, les glaciations ont couvert une partie beaucoup plus importante de l'Eurasie septentrionale, et des types clairs ont pu se former par dépigmentation dans d'autres régions : l'Ukraine, ou le nord de l'Oural (une partie des populations de langue ouralienne présente encore de tels types).

Donc, blond ou clair ne signifie pas « nordique », encore moins « originaire de l'Europe du Nord ». Il y avait sûrement des gens aux cheveux blonds ou châtain, et des yeux bleus ou verts, en nombre non négligeable, parmi les Indo-Européens. Mais il n'est pas possible de prétendre que ces derniers étaient des nordiques identiques à ceux de la Scandinavie ou des pays baltes, encore moins d'en déduire qu'ils venaient de ces régions.

Avec la découverte des groupes sanguins et d'autres particularités de la formule sanguine, on a espéré disposer de nouveaux instruments, plus objectifs que les précédents, pour retracer les migrations et identifier le foyer des Indo-Européens. Les résultats n'ont pas été très convaincants, surtout quand on s'est limité à des généralités sur le système ABO ou les rhésus.

La génétique

Tout récemment, ce sont les généticiens qui ont voulu apporter leur contribution au débat, en proposant de mettre en rapport la diffusion de certaines particularités génétiques avec celle des langues indo-européennes.

Sans faire un cours de génétique moléculaire, rappelons que deux systèmes particuliers du génome humain nous intéressent ici. Ce sont, d'une part l'ADN mitochondrial (ADN mt), transmis par la mère, d'autre part le chromosome Y, transmis de père en fils. Leurs transmissions donnent parfois lieu à des erreurs de copie qui se traduisent par des mutations de diverses natures. Ces mutations fondent de nouveaux lignages, parfois appelés « haplotypes » ou « haplogroupes », et qui peuvent être associés à des populations ou à des zones géographiques précises. En déterminant leur succession, on peut espérer retracer une histoire humaine parfois très ancienne. De plus, les classifications génétiques peuvent être mises en parallèle avec les classifications linguistiques, afin de vérifier dans quel mesure les « arbres généalogiques » ainsi obtenus concordent. On sait pour l'instant que les données relatives au chromosome Y s'accordent mieux avec les éléments linguistiques que celles relatives à l'ADN mt, ce qui peut hypothétiquement être mis en rapport avec des systèmes sociaux majoritairement patrilocaux. Souvent, en tout cas, les résultats tirés des deux systèmes sont plus ou moins discordants.

En ce qui concerne l'application de ces méthodes au problème indo-européen, on peut citer les travaux de Luigi Luca Cavalli-Sforza (né en 1922). L'auteur distingue chez les Européens cinq « composantes principales » génétiques et tente de les mettre en relation avec des faits ethnolinguistiques préhistoriques ou historiques. Il lie notamment la « première composante principale » (originaire du Proche-Orient) à la diffusion de l'agriculture entre 10000 et 6000 av. J.-C., tandis que la « troisième composante principale », qui rayonne à partir du nord-est de la mer Noire (Ukraine

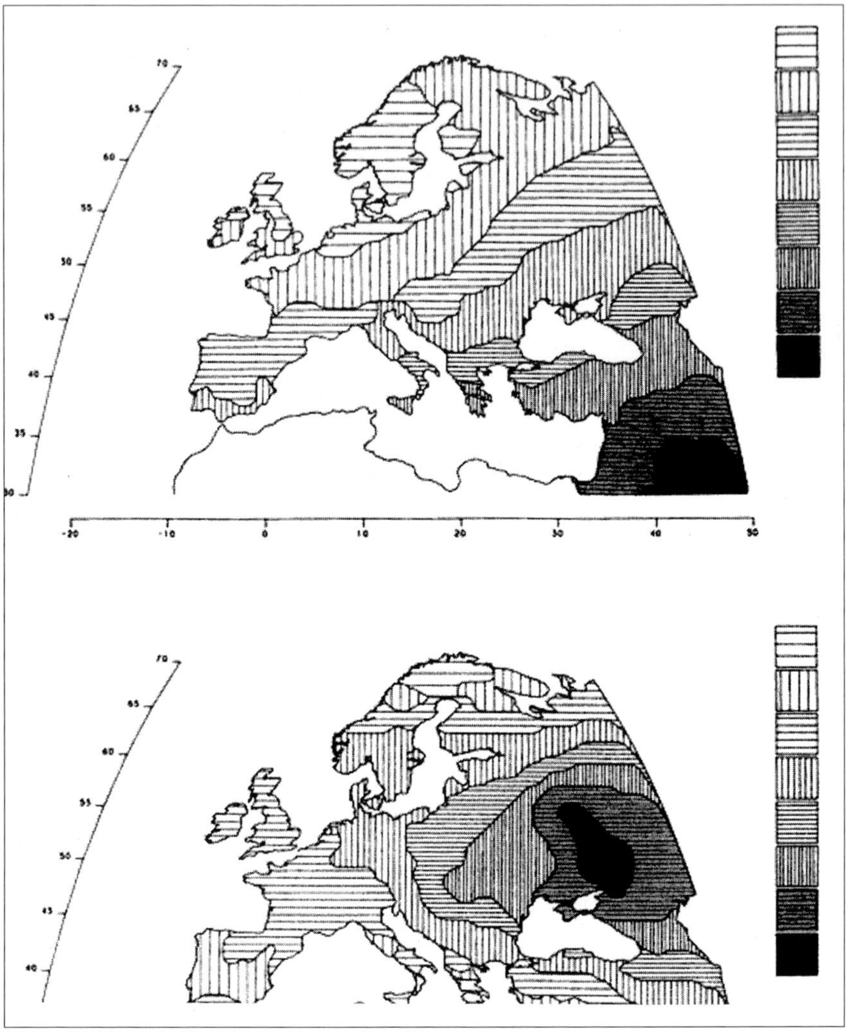

Les « première » et « troisième » composantes principales génétiques des Européens d'après L. L. Cavalli-Sforza.

orientale et Russie méridionale), est attribuée aux mouvements postérieurs « *des nomades pastoralistes [...] qui domestiquèrent le cheval dans la steppe vers la fin de l'expansion de l'agriculture, et dont certains archéologues et linguistes croient qu'ils ont diffusé en Europe la plupart des langues indo-européennes.* » Ainsi, contrairement à ce qui a été dit un peu vite par les partisans d'un foyer anatolien des Indo-Européens, les données génétiques pourraient plutôt être invoquées en faveur d'une origine steppique. Nous souhaiterions cependant en savoir davantage sur les échantillons à partir desquels ont été déterminées ces composantes : le noyau supposé et la zone de plus forte concentration de la « troisième composante principale », par exemple, se situent dans des régions dont la population a été profondément renouvelée au cours de l'histoire. Les travaux de S. Wells sur le marqueur « M17 » du chromosome Y, concentré en Europe centrale et Ukraine et Russie méridionales, mais présent aussi en Inde du Nord, concluent de même à des migrations indo-européennes d'Europe centre-orientale vers l'Asie.

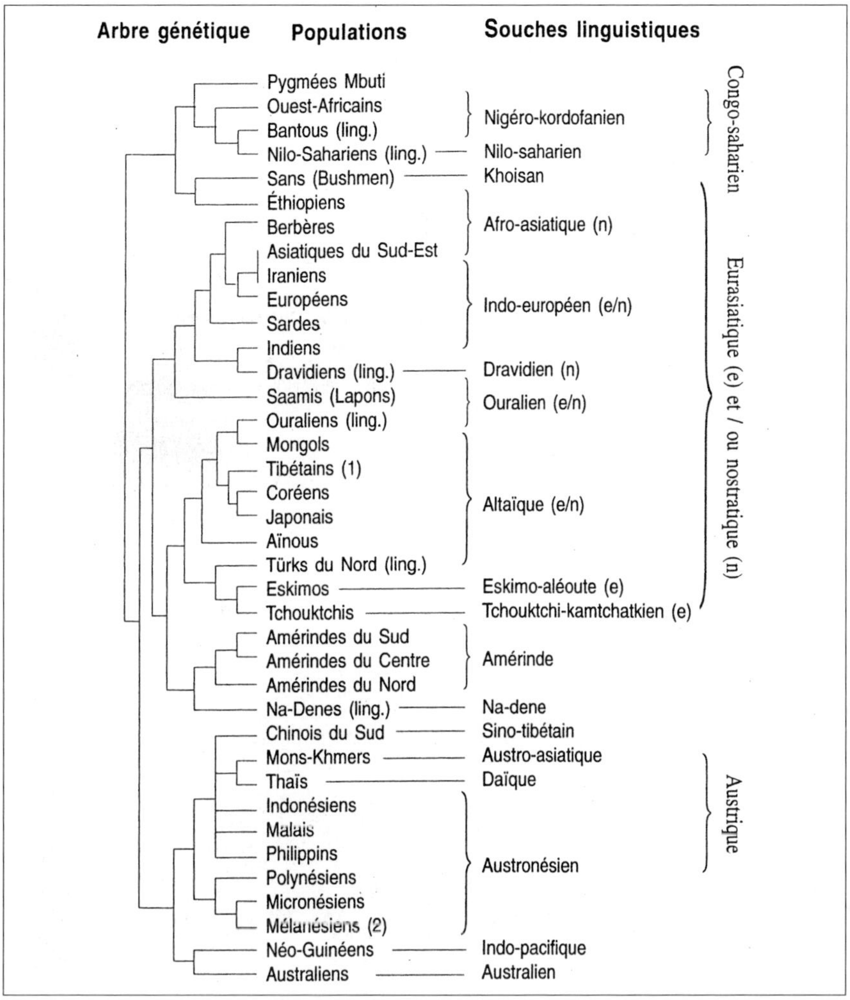

Correspondances supposées entre les classifications linguistique et génétique de l'humanité ; d'après M. Ruhlen.

Il faut bien voir que ces techniques sont récentes et que les croisements de leurs résultats avec ceux d'autres disciplines demanderont une sérieuse mise au point. C'est l'avis prudent des spécialistes eux-mêmes, comme le généticien Lluís Quintana-Murci et le linguiste Jean-Marie Hombert, qui soulignent que « *nous sommes seulement aux débuts de l'application sérieuse et précise de la génétique moléculaire à la linguistique historique* » et qui appellent à « *des approches génétiques plus fines […] et une meilleure connaissance phylogénétique des classifications linguistiques ainsi que de la profondeur historique des diverses familles* ».

L'archéologie : données générales

Si les Indo-Européens ont vraiment formé une communauté non seulement linguistique, mais aussi culturelle, il y a des chances qu'ils soient représentés par une culture archéologique – ou un ensemble de cultures apparentées – du Chalcolithique.

Cette culture doit avoir une certaine importance et, surtout, avoir connu un mouvement d'expansion au moins à la fin de la période qui nous intéresse ; idéalement, il faudrait qu'elle puisse être présentée comme l'ancêtre au moins partielle des grandes cultures de l'âge du Bronze et des époques ultérieures que nous identifions aux principaux groupes ethnoculturels parlant des langues indo-européennes : Celtes, Germains, Iraniens, Anatoliens, etc.

Il faut en outre qu'elle comporte les éléments de civilisation les plus sûrement attribuables aux Indo-Européens. Les principaux sont évidemment le cheval et l'existence de véhicules. La présence du cuivre et de l'argent est également un indice important. D'autres éléments culturels sont, soit très vagues (fabrication de céramique, économie à base d'élevage et d'agriculture, existence d'un habitat fixe...), soit presque impossibles à déceler. Par exemple, même si l'on imagine que l'idéologie trifonctionnelle se traduisait par une division effective de la société en prêtres/juges, guerriers, et producteurs (ce qui est loin d'être sûr et que G. Dumézil lui-même considérait comme une déduction très aventureuse), il n'est pas certain que l'archéologie puisse en identifier les traces. Après tout, où sont les tombes des druides celtes et des mages iraniens ? Le caractère patriarcal des structures familiales est peut-être un peu plus visible d'après les rites funéraires.

On tend à prêter aux Indo-Européens un « caractère » ou un comportement guerrier, ce qui se conçoit bien si l'on imagine leur expansion comme une série de conquêtes. Ces visions belliqueuses sont aujourd'hui moins à la mode, et C. Renfrew pense que le côté « héroïque » de la culture indo-européenne ne reflète que des développements parallèles tardifs dans les cultures celte, germanique, iranienne, etc. – ce qui est tout aussi excessif. Surtout, la présence d'armes dans le mobilier archéologique dépend autant de rites et de tabous que du tropisme guerrier des sociétés : pour citer un exemple bien connu, les Goths, qui n'étaient pas spécialement pacifistes, ne déposaient aucune arme dans leurs tombes !

Si les conclusions présentées plus haut sur les dates probables de la communauté indo-européenne et de son éclatement sont exactes, on peut en rechercher la traduction archéologique à partir du Ve millénaire av. J.-C. A cette date, on devrait pouvoir identifier les Indo-Européens, encore unis, à un grand ensemble culturel, probablement en cours d'expansion, et dont le fractionnement à partir du IVe millénaire correspondrait à l'individualisation des grandes branches ethnolinguistiques. Concrètement, les archéologues ont proposé au cours du XXe siècle trois candidats sérieux : les cultures néolithiques puis chalcolithiques dites « danubiennes » ; les cultures pastorales des steppes ukraino-russes ; et les cultures du nord de l'Europe. Leurs caractéristiques seront développées aux chapitres suivants, et nous insisterons ici surtout sur les traits généraux qui peuvent suggérer ou déconseiller une identification indo-européenne.

Les **cultures « danubiennes »** *(cf. carte 17, p. 194)* sont celles issues du plus ancien courant de néolithisation qui a touché l'Europe à partir de l'Anatolie. Les plus vieux sites néolithiques actuellement connus en Europe (v. 6500 av. J.-C.) se trouvent en Grèce. Du VIIe au Ve millénaire se développe dans les Balkans la grande culture de Starčevo-Körös/Criş et des formes apparentées (culture de la Maritsa en Bulgarie). De cette culture sont issues les cultures danubiennes suivantes, comme celle de Vinča en Serbie (VIe-IIIe millénaires), et surtout le grand ensemble dit de la Céramique rubanée linéaire (vers 5500-4500 av. J.-C.), responsable de la néolithi-

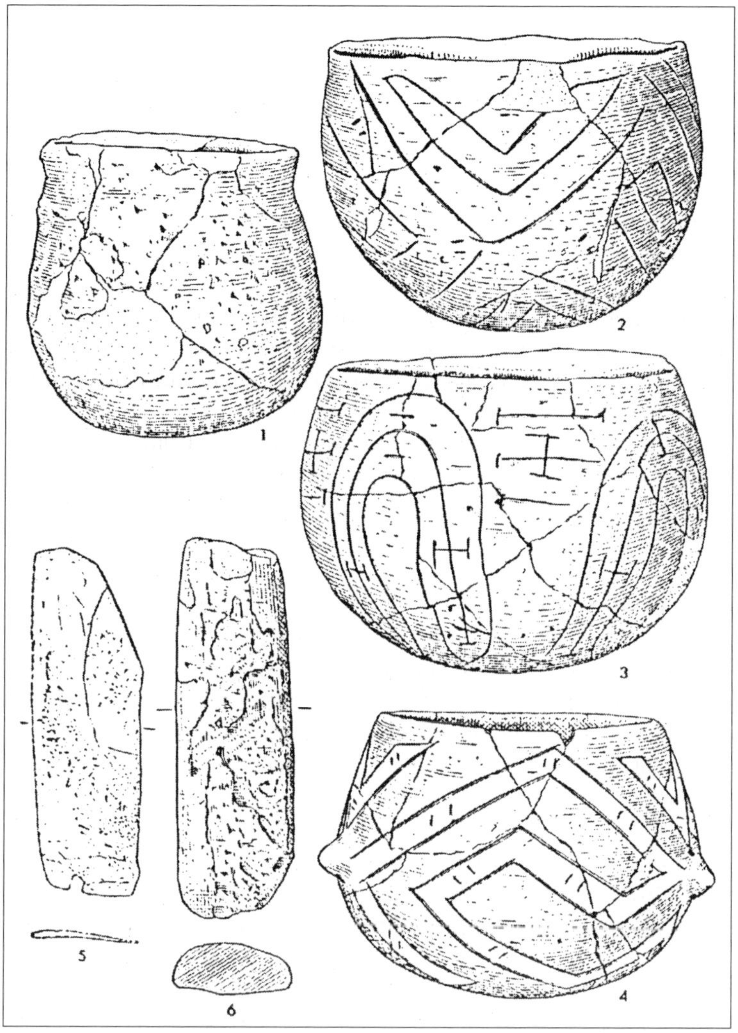

Ci-dessus - Céramique à décor « rubané linéaire » caractéristique, provenant de Basse-Saxe ; d'après K. H. Jacob-Friesen.
Ci-contre - Céramique rubanée linéaire de Sondershausen (Allemagne) ; d'après H.-D. Kahlke.
Ci-dessous - Céramique de la culture de Rössen, provenant de Basse-Saxe ; d'après K. H. Jacob-Friesen.

sation d'une grande partie de l'Europe centre-occidentale entre le Rhin et l'Elbe. A son tour, cette tradition du Rubané linéaire inspire à partir du Ve millénaire des cultures comme celles de Boian (Roumanie-Moldavie) puis de Gumelniţa (à partir de 4500 av. J.-C.), de Cucuteni-Trypillia (Roumanie-Moldavie-Ukraine occidentale, v. 4500-3000 av. J.-C.), de Lengyel (Europe centrale et Croatie, v. 5000-3400 av. J.-C.), de Rössen (du nord-est de la France à l'Elbe, v. 4500-4000 av. J.-C.).

D'autres cultures néolithiques, développées indépendamment sur des bases locales, ont reçu des apports danubiens. C'est le cas de celle de Dniestr-Bouh (Moldavie et Ukraine du sud-ouest, vers 6500-5000 av. J.-C., à base mésolithique locale). Elle a subi successivement l'influence de Starčevo-Körös vers 5800 av. J.-C., puis celle du Rubané linéaire vers 5500 av. J.-C.

Toutes ces cultures de type danubien ont en commun des traits fondamentaux. La population est sédentaire – bien que son dynamisme démographique et le manque de terres entraînent à chaque génération des migrations à courte distance.

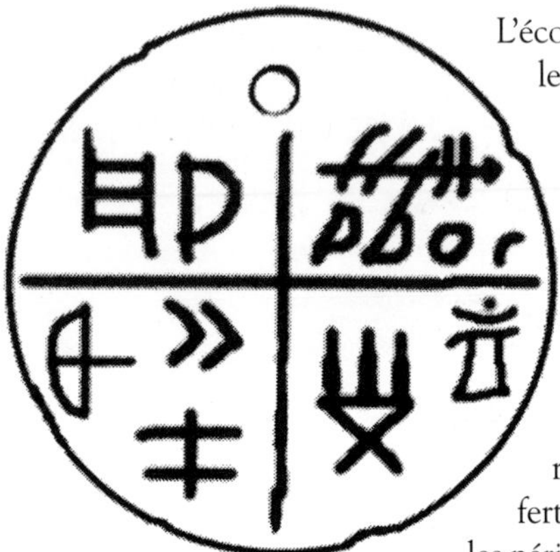

Un exemple de proto-écriture danubienne : « amulette » de Tărtăria (Roumanie), vers 4500 av. J.-C.

L'économie est diversifiée, avec une agriculture développée (céréales, millet, pois et lentilles, etc.), l'élevage de bovins, ovicaprins, et porcs, et un artisanat qui est parfois de haut niveau, comme en témoignent les magnifiques céramiques ornées de Cucuteni-Trypillia. Ces ressources étaient complétées par la chasse et la cueillette. L'habitat est représenté par de longues maisons très typiques de la tradition danubienne. Abritant sans doute plusieurs familles apparentées et peut-être des animaux, couvertes de toitures de chaume sur poteaux, elles peuvent (dans la culture de la Céramique rubanée linéaire) atteindre une longueur de 45 m et une largeur de 7 m. La religion était probablement centrée sur des divinités féminines de la fertilité/fécondité. Les rites funéraires varient suivant les types locaux et les périodes. Dans le Rubané linéaire, les plus anciennes sépultures sont des tombes – de femmes et d'enfants – sous le sol des maisons ; plus tard apparaissent des cimetières où cohabitent des inhumations (en position repliée, dans des fosses plaquées d'argile ou de pierre) et des incinérations.

Un trait frappant, particulièrement marqué dans le Rubané linéaire, est le caractère « pacifique ». Certes, les mobiliers funéraires comprennent des armes, et des crânes trouvés à Tallheim en Allemagne et à Schletz en Autriche montrent les traces claires de coups mortels portés à l'aide de haches. Mais les villages groupant 5 à 8 maisons longues ne possèdent pas de défenses et ne sont même pas situés dans des positions fortes.

En général, les cultures danubiennes donnent, à leur apogée, une image brillante. Certaines (Vinča) possédaient même des proto-écritures, attestées entre la fin du VIe et le milieu du IVe millénaire av. J.-C. Les porteurs de la culture de Trypillia, eux, construisaient des agglomérations peuplées de 10000 à 15000 personnes, que l'on pourrait presque qualifier de villes.

Il est peu probable que toutes les cultures danubiennes soient dues à un seul et même « peuple », mais les porteurs de la plupart d'entre elles présentaient en majorité un type méditerranéen (dolichocéphale, à ossature plutôt gracile, de taille moyenne). Un même noyau ethnique, d'une part s'est multiplié et installé dans des régions à faible densité de population, d'autre part a assimilé des populations mésolithiques antérieures.

Le second grand ensemble qui nous concerne ici est celui des **steppes** (Ukraine et Russie méridionales avec le nord du Caucase). Il représente un courant de néolithisation apparemment indépendant du précédent, et dont on cherche la source soit en Asie Centrale, soit au Caucase. Il s'agit des cultures auxquelles Marija Gimbutas a attribué l'appellation collective de « cultures des Kourganes », du nom (russe) du tumulus couvrant les sépultures de certaines d'entre elles. Elles apparaissent vers 4500 av. J.-C. dans la steppe ukrainienne (Serednii Stih), et peut-être un peu plus tôt en Russie méridionale, dans la région de la Volga (Khvalynsk). Leur évolution du Ve à la fin du IIIe millénaire av. J.-C. sera détaillée au chapitre suivant. Bien que leurs porteurs pratiquent l'agriculture – une agriculture nettement plus primitive que celle des Danubiens et de leurs émules – et l'artisanat, leur économie repose essentiellement sur l'élevage : bovins, ovicaprins, et cheval. L'habitation typique est une maison semi-enterrée (à sol décaissé), et les villages pouvaient être fortifiés. Les défunts étaient inhumés sur le dos avec les jambes fléchies, et souvent aspergés

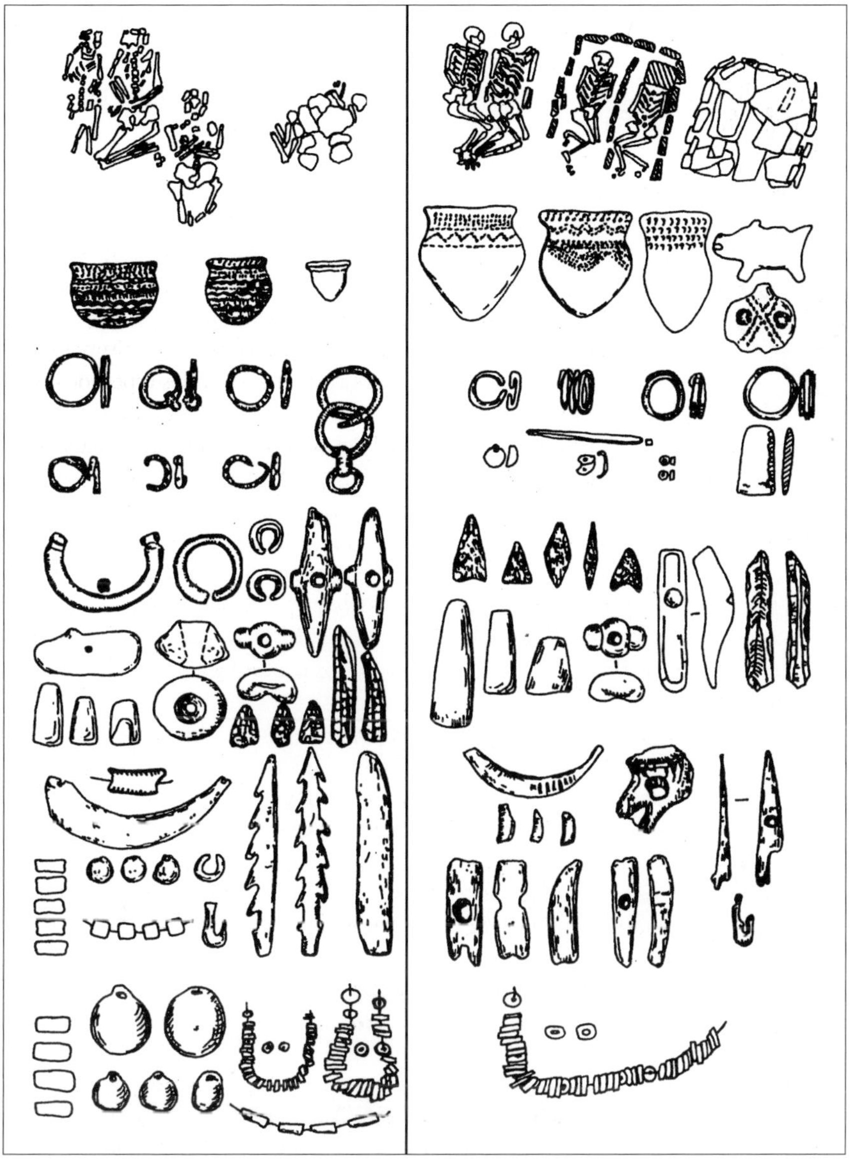

Artefacts caractéristiques des cultures de Khvalynsk (à gauche) et de Serednii Stih II (à droite) ; d'après I. Vassiliev.

d'ocre. D'abord plates et bordées ou couvertes de dalles de pierre, les tombes sont, à partir du milieu du IVe millénaire av. J.-C., surmontées d'un tumulus : le fameux « kourgane ». On s'accorde à penser que la religion, dominée par des divinités masculines, accordait une large place au soleil et sans doute à un dieu de la guerre. Le rôle rituel du cheval est évident.

Ces cultures des steppes comportent différents stades successifs et des variantes locales, et leurs rapports mutuels ne sont pas parfaitement clairs, mais leur organisation générale et beaucoup de leurs caractéristiques sont communes. On y note aussi la fréquence du type anthropologique dit « proto-européoïde » : grand, lourdement charpenté, plutôt dolichocéphale (*cf. cartes 20 à 22, p. 197-199*).

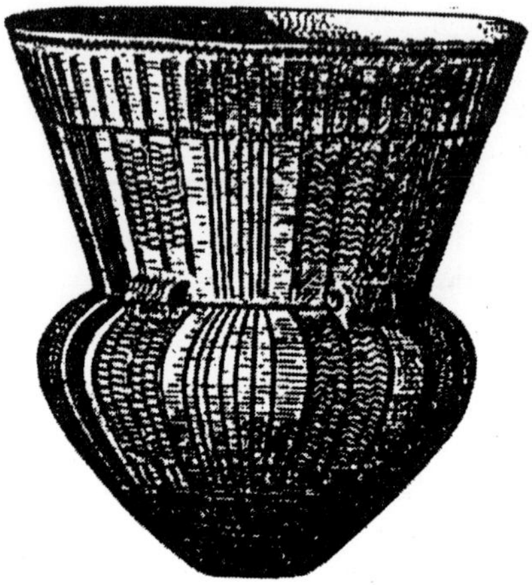

Gobelet à entonnoir provenant de Helseviek (Allemagne) ; d'après R. Dehnke.

Enfin, les cultures de l'**Europe du Nord** représentent un phénomène moins homogène que les deux ensembles précédents. Là se sont développées, successivement ou en partie simultanément, trois grandes cultures dont les origines et les rapports mutuels sont encore assez mystérieux. La plus ancienne est celle des « Gobelets à entonnoir » (vers 4500-3400 av. J.-C.), dont les origines sont peut-être à chercher, d'une part dans des traditions locales comme celles de la culture d'Ellerbek-Ertebölle (Schleswig-Holstein et Danemark), d'autre part dans la tradition, d'origine danubienne, du Rubané linéaire. La diversité de ses faciès locaux rend d'ailleurs difficile sa caractérisation. Après elle apparaissent, avec des limites en partie identiques, la culture des « Amphores globulaires » (v. 3500-2000 av. J.-C.), et un peu plus tard celle, beaucoup plus importante par son extension et la place qu'elle occupe dans le

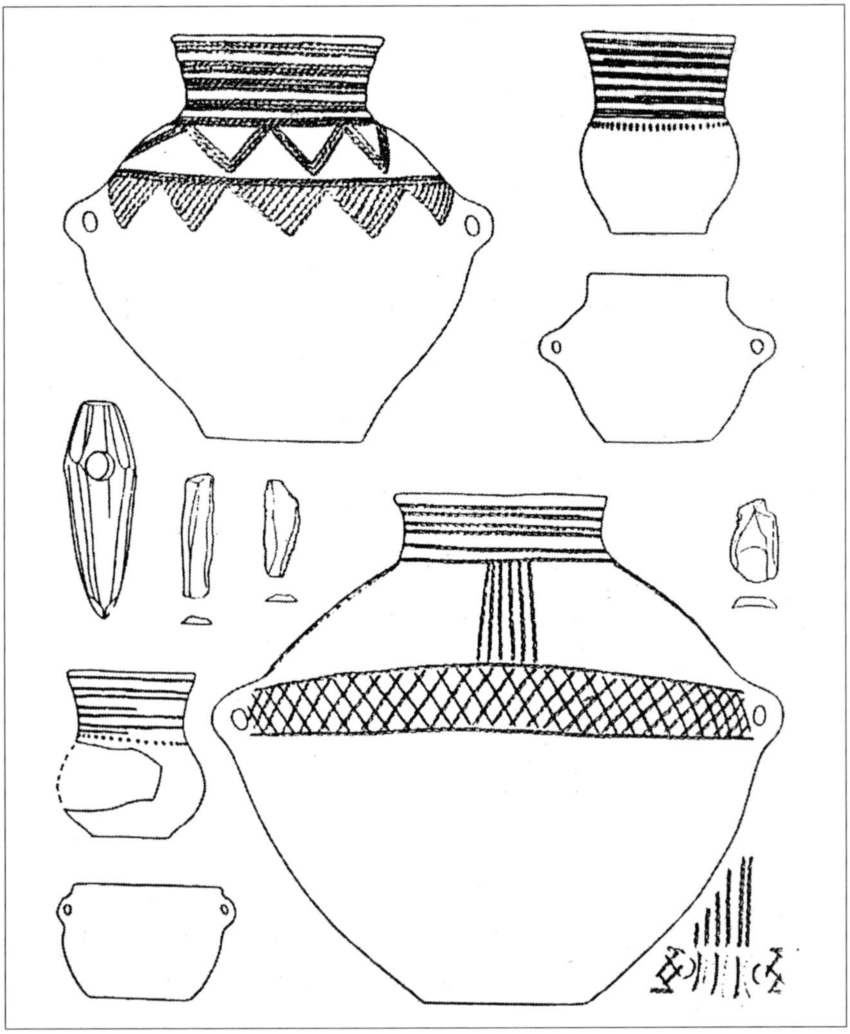

Mobilier d'une sépulture de la culture de la Céramique cordée : tumulus 12, Luckär Forst (Allemagne, Thuringe) ; d'après G. Löwe.

dossier indo-européen, de la Céramique cordée et des haches de combat (v. 3200-2300 av. J.-C.) *(cf. cartes 25 et 26, p. 202-203)*.

Les cultures des Amphores globulaires et de la Céramique cordée avaient des économies mixtes – probablement avec une forte tendance au pastoralisme dans le cas de la seconde. Elles connaissaient les véhicules à roues et avaient probablement domestiqué le cheval. Les sépultures sont des tombes à inhumations, parfois couvertes d'un tumulus, mais il existe de nombreuses variantes au sein même de chaque culture.

Il y a, à côté de ces trois grands ensembles culturels, d'autres cultures importantes qui ne s'y rattachent pas, comme celle de Dniepr-Donets qui a précédé en Ukraine le premier stade des Kourganes. Mais en général, l'attention des indo-européistes s'est focalisée sur les ensembles danubien, steppique, ou nord-européen. Chacun des trois s'est développé dans des régions occupées ensuite par des peuples de langue indo-européenne. Chacun a connu un processus d'expansion et de diversification. Partant de là, on peut distinguer quatre grandes théories.

1) Les Indo-Européens étaient les porteurs des cultures danubiennes.

Cette hypothèse se heurte à différents problèmes et surtout à la mauvaise adéquation entre les caractéristiques culturelles danubiennes et celles que l'on restitue chez les Indo-Européens : absence du cheval, de la roue, panthéon à dominante féminine, « pacifisme ». En fait, des éléments de type indo-européen ne se rencontrent que tardivement, dans des cultures dont on peut supposer qu'elles ont été influencées par les Indo-Européens sans être originellement indo-européennes – comme celle de Trypillia à ses stades finaux. En outre, la solution danubienne explique mal la genèse des groupes indo-européens les plus orientaux (les ancêtres des Indo-Iraniens et des « Tokhariens »). Certes, les « Trypilliens » se sont avancés jusqu'au cours du Dniepr en Ukraine centrale (l'un de leurs établissements a été fouillé à Kiev), mais ensuite, leur culture a été détruite ou assimilée par des populations venues des steppes. Quels que soient les rapprochements que l'on a essayé de faire entre les céramiques trypilliennes et des types trouvés jusqu'en Chine, il est clair que l'expansion des cultures danubiennes vers l'est s'est arrêtée sur le Dniepr avant d'être battue en brèche par un mouvement en sens inverse.

2) Les Indo-Européens étaient les « gens des steppes » (selon l'expression d'A. Martinet), les porteurs des cultures des « Kourganes ».

Ces cultures correspondent évidemment beaucoup mieux au portrait-robot des Indo-Européens – ce point sera développé ultérieurement. Dès la fin du Ve millénaire, et surtout aux époques suivantes, elles ont connu une forte expansion dans plusieurs directions, aux dépens notamment des Danubiens. Il est même possible, archéologiquement, d'établir un lien de continuité entre elles et des cultures de l'âge du Bronze attribuées avec une quasi-certitude à des Indo-Iraniens. C'est sur ces bases que Marija Gimbutas et ses continuateurs ont échafaudé la « théorie des Kourganes », dont il sera plus amplement question au chapitre suivant. Disons immédiatement que dans ce système, les cultures issues de la steppe auraient non seulement supplanté celles de type danubien, mais aussi influencé profondément celles d'Europe du Nord, ce qui correspondrait à l'indo-européanisation de cette région.

3) La communauté indo-européenne est représentée par les cultures de l'Europe du Nord, avec une continuité allant du Mésolithique local à la culture de la

Céramique cordée, en passant par celles des Gobelets à entonnoir et des Amphores globulaires, considérées comme relevant d'une même tradition. Cette position a surtout été défendue par l'école allemande.

En fait, si le caractère indo-européen de la culture de la Céramique cordée n'est guère douteux, elle est trop tardive et trop localisée en Europe du Nord – malgré l'ampleur de son territoire – pour correspondre à l'unité indo-européenne. Ses porteurs peuvent, comme on le verra, être considérés comme des ancêtres (dans des proportions évidemment variables, compte tenu du jeu des substrats) des Germains, Baltes, Slaves, et peut-être de quelques autres groupes individualisés en Europe centrale – mais ils n'étaient pas « les » Indo-Européens. Quant aux cultures septentrionales antérieures et notamment celle des Gobelets à entonnoirs, leurs liens avec la Céramique cordée sont incertains et leur caractère indo-européen controversé. De façon générale, Il est impossible de faire dériver les plus anciennes cultures attribuables aux Aryas, aux Anatoliens, ou encore aux Arméniens ou aux Phrygiens, de ces cultures d'Europe du Nord, qui n'ont pas connu d'extension vers les Balkans ni vers les steppes.

4) Aucune des trois grandes agrégations ne peut représenter seule la communauté indo-européenne, parce qu'aucune n'a connu une expansion suffisante, et qu'on ne peut établir de continuité, à partir d'une seule d'entre elles, avec **toutes** les cultures attribuables aux ancêtres des peuples historiques. Ainsi, si l'on admet que les Aryas sont bien issus des cultures steppiques, et les Celtes ou Germains, par exemple, des cultures de l'Europe du Nord, il en résulte que les unes et les autres sont indo-européennes.

Notons que des raisonnements semblables étendent ce caractère indo-européen aux cultures danubiennes. Mais ils sont beaucoup moins défendables pour les raisons exposées plus haut à propos de l'hypothèse 1. Les Indo-Européens, comme le reconnaît la grande majorité des spécialistes, ne peuvent pas être à la fois les Danubiens et les gens des steppes. L'archéologie montre par exemple, de façon assez convaincante, une pénétration par étapes des seconds sur le territoire des premiers. Au moment où les premiers contacts se sont produits (apparemment vers 4200 av. J.-C.), les uns et les autres étaient si différents physiquement et culturellement qu'il est difficile de supposer qu'ils aient pu parler la même langue ou constituer deux branches du même « peuple ».

On en revient donc à l'hypothèse où à la fois les cultures steppiques des Kourganes et celles de l'Europe du Nord, auraient été indo-européennes. Mais comme on ne peut faire dériver les unes des autres (contrairement à ce qu'envisage l'hypothèse 2 selon laquelle les gens des steppes ont indo-européanisé ceux d'Europe septentrionale), il faut nécessairement chercher l'unité indo-européenne à un stade antérieur, dans une culture archéologique dont dériveraient les deux. Dans tous les cas, l'unité primitive indo-européenne se trouve repoussée au moins au VIe millénaire av. J.-C., voire au Mésolithique ou plus tôt – et elle sera très difficile à localiser.

Nous avons vu, cependant, que « nos » Indo-Européens, les locuteurs de l'indo-européen des stades 2 et 3, les porteurs de la culture que l'on peut reconstituer théoriquement, étaient encore unis au IVe millénaire, puisqu'ils partageaient le vocabulaire de la première métallurgie (cuivre, or, argent), de la roue et des véhicules. Pour s'en sortir, il faudrait imaginer que les tribus indo-européennes, tout en adoptant des

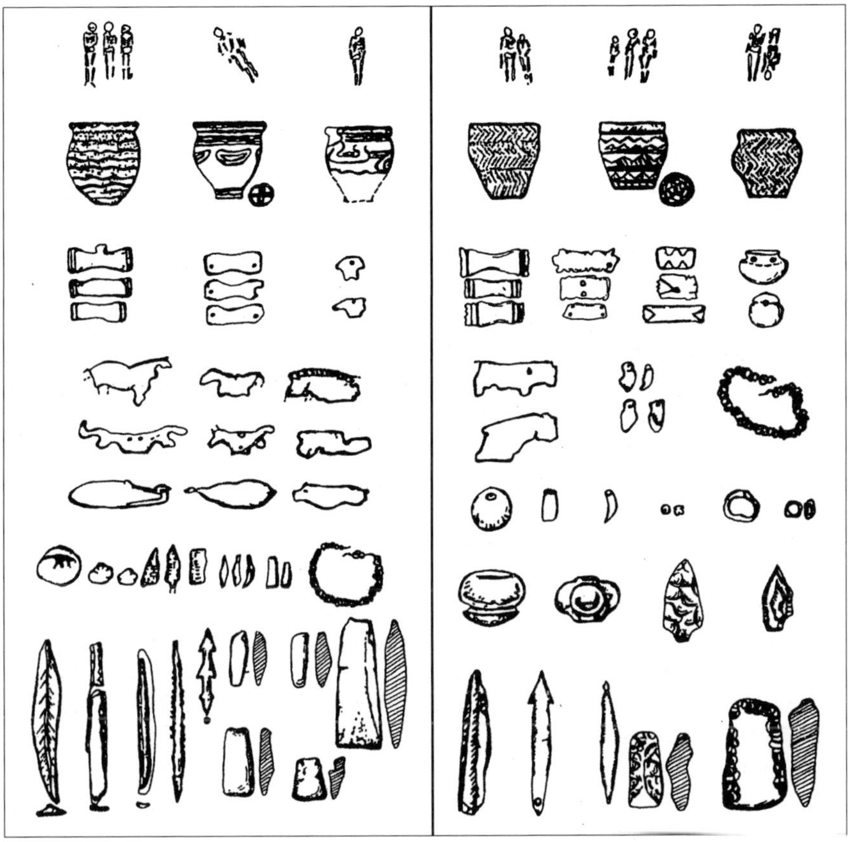

Artefacts caractéristiques des cultures néolithiques « pré-Kourganes » dans les steppes ukraino-russes ; à gauche, culture de Samara sur la Volga ; à droite : culture de Dniepr-Donets ; d'après I. Vassiliev.

modes de vie extrêmement différents suivant les régions, auraient maintenu durant deux à quatre millénaires une unité linguistique et une proximité telles qu'elles auraient continué de développer un vocabulaire commun au fur et à mesure de leurs progrès techniques. Mais ce scénario n'est pas très vraisemblable.

Plus modestement, on pourrait attribuer un rôle de plaque tournante ou de substrat commun à la culture de Dniepr-Donets, située géographiquement entre les deux ensembles que nous cherchons à relier. Elle avait développé une économie mixte (élevage et agriculture s'ajoutant progressivement aux ressources de la chasse et de la pêche) ; elle faisait un usage limité d'objets en cuivre. La place du cheval est incertaine. Il est admis qu'elle a légué certains éléments aux plus anciennes cultures des Kourganes. On a cru déceler son influence dans la seconde phase de la culture des Gobelets à entonnoirs d'Europe septentrionale. Enfin, il n'est pas exclu que la culture de Dniepr-Donets représente une partie d'un horizon archéologique beaucoup plus vaste, mais là, les avis divergent : il existe des ressemblances avec la culture de Samara sur la Volga – où le rôle éminent du cheval est bien attesté –, mais Dmitri Teleguine en voyait plutôt avec des cultures de la zone baltique *(cf. carte 19, p. 196)*.

Le problème de ce scénario intéressant est que la culture de Dniepr-Donets a été complètement assimilée par celle des Kourganes dans la seconde moitié du Ve millénaire av. J.-C. Il faudrait donc imaginer que les porteurs de ces dernières aient adopté la langue de leurs prédécesseurs tout en imposant leurs propres traditions. En outre, le vocabulaire de la roue et des véhicules, partagé par tous les groupes ethnolinguistique d'origine indo-européenne, n'a pu se diffuser avant le IVe millénaire, bien après la disparition de la culture de Dniepr-Donets, ce qui oblige de toute façon à envisager des contacts directs entre les cultures de la steppe et celles d'Europe du Nord.

Foyers possibles et impossibles

A la lumière de ces éléments très divers et souvent bien flous, on peut à présent faire une revue critique des différents foyers indo-européens proposés depuis le XIXe siècle. Le lecteur notera le caractère nécessairement schématique de l'exercice, certains de ces berceaux hypothétiques se chevauchant partiellement et les limites précises de chacun variant suivant les auteurs. On distinguera ici, d'ouest en est et du nord au sud : 1) le Grand Nord ; 2) l'Europe du Nord (plus ou moins étendue vers la Baltique et l'Europe centrale) ; 3) les Balkans (avec des parties variables de l'Europe danubienne et centrale) ; 4) les steppes ; 5) l'Anatolie ; 6) l'Inde. Les zones 2, 3, 4 ont parfois été associées faute de pouvoir définir une zone d'origine plus étroite, comme chez P. Bosch-Gimpera *(cf. carte 18, p. 195)*.

L'idée que les Indo-Européens pourraient provenir originellement de **régions circumpolaires** dérive des travaux de l'Indien Bāl Gangādhar Tilak (1856-1920) sur la provenance des traditions védiques. Tilak s'appuyait sur des éléments cosmologiques et astronomiques extraits des textes sacrés indiens – ceux-là mêmes qui aujourd'hui étayent une prétendue autochtonie des Aryas en Inde du Nord ! Extrapolées à l'ensemble des Indo-Européens, ces idées ont été périodiquement reprises, par exemple par Jean Haudry. Leurs partisans les plus sérieux admettent que la région polaire ne saurait être le foyer de dispersion des Indo-Européens ; elle constituerait une sorte de berceau antérieur que leurs ancêtres auraient gagné lors du réchauffement climatique post-würmien, à partir de 12000 av. J.-C., en suivant les troupeaux de rennes, dont ils tiraient leur subsistance, vers des régions libérées par les glaces. Ensuite, chassés de là par de nouvelles détériorations climatiques, ils se seraient dirigés vers leur foyer ultime, placé alors, selon les hypothèses, au nord de l'Europe ou dans les steppes.

Pour nous, la discussion s'arrête là. Il est tout à fait possible que certaines traditions culturelles indo-européennes remontent à l'époque des glaciations (par exemple le *Fimbulvetr*, le « Grand Hiver » des mythes scandinaves) et une partie du vocabulaire commun à une « langue de chasseurs ». Mais pour les raisons évoquées plus haut, on ne peut pas rechercher les Indo-Européens et leur foyer à des dates aussi anciennes, sans compter que tout ce roman climatico-migratoire n'est étayé par aucun élément concret. Et puis, si ces prétendus chasseurs de rennes étaient remontés vers le nord au Paléolithique, d'où venaient-ils auparavant ? Faut-il imaginer encore un autre « foyer originel » derrière l'*Ultima Thulé* ? Ajoutons que les constructions des théoriciens du berceau polaire sont souvent mêlées d'éléments pseudo-scientifiques (l'Atlantide, bien sûr !) qui en disent long sur leur degré de sérieux. On en trouve d'intéressants échantillons dans des ouvrages de vulgarisation comme celui de B. Marillier.

L. Kleijn imagine que les traditions « arctiques » indo-européennes pourraient résulter d'influences ouraliennes.

L'**origine nord-européenne** des Indo-Européens, avancée par Lazarus Geiger en 1871, développée par Hermann Hirt en 1892, a été défendue surtout par des savants allemands, sous des formes d'ailleurs assez variées. La plus radicale est la théorie élaborée au début du XXe siècle par Gustaf Kossinna : L'expansion indo-européenne se serait produite à partir du sud de la Scandinavie et du nord de l'Allemagne à la faveur d'expéditions guerrières (très précisément 24, dont trois principales !) vers le sud et le sud-est. L'argumentation, en partie anthropologique et en partie archéologique, est aujourd'hui considérée comme périmée même par les partisans du berceau nordique. En particulier, il n'y a aucune trace des prétendus *Züge* conquérants partis de la région.

Hermann Hirt lui-même et plusieurs de ses continuateurs envisageaient un foyer indo-européen plus étendu vers l'est, comprenant des parties de l'Allemagne, des pays baltes et de la Pologne, voire de l'Ukraine occidentale. Cette vaste zone aux limites variables suivant les auteurs répondait selon eux aux critères de la paléontologie linguistique (« ligne du hêtre », « ligne du saumon », etc.) et à certaines données toponymiques : selon Jan Rozwadowski (1913) puis Hans Krahe (années 1930-40), on n'y trouvait pas d'hydronymes antérieurs à la couche indo-européenne. Elle abritait la plus grande concentration d'individus du type nordique que beaucoup de savants du XIXe et du début du XXe siècle attribuaient *a priori* aux Indo-Européens. Enfin, on y trouvait les vestiges d'importantes cultures néolithiques puis chalcolithiques à grande diffusion et à multiples variantes : successivement celle des « Gobelets à entonnoirs », puis des « Amphores globulaires » et de la « Céramique cordée et des haches de combat ». Comme on l'a vu plus haut, tous ces raisonnements sont critiquables, et en tout état de cause, la culture de la Céramique cordée ne saurait représenter qu'une partie des populations indo-européennes de la fin du IVe et du IIIe millénaire av. J.-C.

Un autre argument en faveur d'un foyer qui se situerait au nord de l'Europe centrale serait la proximité de l'habitat originel des populations baltes qui semble s'être trouvées sur leur territoire historique depuis une date très ancienne et ont conservé des langues indo-européennes archaïques. Mais l'aire baltique et slave n'est finalement pas très éloignée non plus de la steppe ukrainienne – et surtout, la corrélation entre archaïsme de la langue et proximité du berceau de sa famille est une idée fausse. Souvent, c'est le noyau qui innove alors que la périphérie se montre plus conservatrice (comme dans le cas du sanscrit).

Le rôle attribué à la **zone balkano-danubienne** est fonction de l'identification des brillantes cultures néolithiques et chalcolithiques de la région aux Indo-Européens, que proposent certains chercheurs (cf. *supra* à propos de l'archéologie). Pour Igor Diakonov, par exemple, l'indo-européanisation correspond à une « vague d'avancée » des cultures balkano-danubiennes à partir des Ve-IVe millénaires av. J.-C. J. Makkay attribue aux Indo-Européens la Céramique rubanée linéaire. Mais alors, les cultures danubiennes ayant comme source ultime le Néolithique proche-oriental, il faut envisager cette région comme un foyer secondaire après l'Anatolie (théorie de Vladimir Safronov) – ce qui nous conduit à l'hypothèse suivante.

A priori, **l'Anatolie** semble un bien curieux endroit où situer la communauté indo-européenne, puisqu'il s'agit d'une région où les deux branches attestées de la famille – l'anatolien et l'arménien – ont absorbé d'abondants substrats pré-indo-européens. Pourtant, plusieurs théories récentes y ont placé l'*Urheimat*. On a déjà évoqué celle de Colin Renfrew, pour qui le mouvement de néolithisation qui serait parti au VIe millénaire av. J.-C. d'Asie Mineure serait la seule grande transformation pouvant correspondre à la diffusion des langues indo-européennes ; elle est incompatible avec la datation classique de la communauté indo-européenne – à laquelle nous adhérons. Dans le détail, elle aboutit à des absurdités ; elle oblige par exemple à localiser les ancêtres linguistiques des Grecs en Grèce dès 6000 av. J.-C., ce qui est invraisemblable. D'autres hypothèses mettent l'accent sur les rapports réels ou supposés entre l'indo-européen et le sémitique ou le caucasique du Sud (Tomas Gamkrelidzé et Viatcheslav Ivanov, avec un foyer en Anatolie orientale), et expliquent alors moins bien ceux, incontestables, avec l'ouralien. Plus récemment, on y ajouté des arguments génétiques, mais ceux-ci, comme nous l'avons dit, sont aussi invoqués en faveur d'un foyer est-européen.

J. P. Mallory souligne, dans la postface à l'édition française de son livre, d'une part que les partisans du berceau anatolien ne sont d'accord entre eux ni sur sa localisation précise (mais on pourrait en dire autant de beaucoup d'autres hypothèses), ni sur sa datation, ni sur sa traduction archéologique, d'autre part que l'Anatolie est souvent présentée comme une sorte de patrie originelle à partir de laquelle des Proto-Indo-Européens auraient gagné un ou plusieurs « foyers secondaires ». Gamkrelidzé et Ivanov, qui identifient les premiers Indo-Européens à la culture de Hataf (nord de la Mésopotamie, V[e] millénaire av. J.-C.), envisagent ainsi, à partir de l'Anatolie orientale, un curieux contournement de la Caspienne par le sud et l'est, avec un foyer secondaire dans les steppes ukraino-russes. Vladimir Safronov dessine un mouvement du sud de l'Anatolie centrale vers les Balkans puis l'Europe du Nord, etc. On aboutit finalement à donner une « préface » plus ou moins longue, et très mal documentée, à des théories antérieures.

Sans remonter aux hypothèses « scythiques » de Leibniz, l'idée d'une expansion indo-européenne venue des **steppes eurasiatiques** a été proposée par Robert Gordon Latham dès le milieu du XIXe siècle, puis par Otto Schrader en 1890, et a connu un succès grandissant au cours du XXe siècle. Elle a des racines diverses. Consciemment ou inconsciemment, leurs partisans ont projeté dans le passé préhistorique le modèle bien attesté des mouvement des peuples nomades, qui a agité toute la ceinture des steppes du début de l'âge du Fer aux invasions mongoles du XIIIe siècle. Les Indo-Européens ont été imaginés un peu sur le modèle des Scythes ou des Turcs, comme un peuple d'éleveurs nomades prédisposés aux conquêtes par un mode de vie mobile et guerrier. Les steppes d'Ukraine et de Russie méridionale apparaissaient comme une place d'armes idéale pour une expansion tournée à la fois vers l'ouest (les peuples d'Europe), vers l'est (les Aryas et les « Tokhariens »), et vers l'Anatolie (que ce soit à travers le Caucase ou par les Balkans), avec un déplacement très limité vers le nord-ouest des ancêtres des Balto-Slaves. Mieux, un tel foyer indo-européen était parfaitement compatible avec les contacts linguistiques entretenus par l'indo-européen avec l'ouralien, voire (en imaginant des passages par le Caucase) avec le caucasique du Sud et le sémitique. Il permettait d'identifier les lieux saints mythiques de l'Avesta avec des objets géographiques de Russie méridionale, la Volga et la mer Caspienne.

Là-dessus, l'archéologie a fait apparaître que les steppes d'Europe orientale et du Kazakhstan avaient vraisemblablement été le théâtre de la première domestication du cheval, et le siège de grandes cultures à dominante pastorale et guerrière assez proche du modèle indo-européen tel qu'on pouvait se le représenter.

Actuellement, les théories « steppiques » sont majoritaires chez les spécialistes, même si les « steppes » des uns ne sont pas celles des autres. La plupart du temps, il s'agit des steppes européennes (Ukraine et Russie méridionale jusqu'à l'Oural). Marija Gimbutas, dans sa « théorie des Kourganes » qui sera discutée au chapitre suivant, place le noyau indo-européen primitif sur la Volga et envisage une expansion rapide jusqu'au Dniepr à l'ouest. Un foyer steppique plus oriental (Kazakhstan-Asie Centrale) a cependant eu des partisans, à cause des similitudes culturelles avec les nomades altaïques – le rôle du cheval – et des emprunts faits par des langues asiatiques à l'indo-européen. Johanna Nichols voit dans la région située au sud-est de la mer d'Aral (cours de l'Amou Daria et du Syr Daria, à la frontière des actuels Kazakhstan et Ouzbékistan) un « centre d'innovations linguistiques » représentant un possible foyer indo-européen – ce que ne confirme aucune autre donnée. Des restes humains europoïdes sont attestés très loin à l'est dès le Chalcolithique (Afanassiévo sur le Iénisseï) et l'âge du Bronze (les « momies du Tarim », auxquelles nous reviendrons au chapitre IX).

Le **Caucase** occupe une place périphérique dans la recherche de l'*Urheimat*, bien qu'on y ait vu au XIXe siècle, en vertu de théories fantaisistes, le berceau de la race blanche (ce pourquoi les Anglo-Saxons définissent toujours curieusement les europoïdes comme *Caucasians*). Mais la Ciscaucasie (au nord des montagnes) est généralement rattachée, au moins partiellement, au foyer steppique, et la Transcaucasie (au sud) au foyer anatolien. La région occupe néanmoins, justement pour cette raison, une place stratégique entre les steppes européennes et le Proche-Orient. Elle a pu servir, en diverses occasions, de passage ou de lien entre eux ; certains préhistoriens supposent notamment que le courant de néolithisation qui a donné naissance aux cultures steppiques a pu passer par le Caucase. Archéologiquement, certains scénarios accordent une grande importance à la culture de Maïkop (nord-ouest du Caucase, vers 3500-2500 av. J.-C.), même si aucun n'y voit l'unique expression de la communauté indo-européenne.

On a vu précédemment que l'hypothèse d'un **foyer indien** avait été l'une des premières échafaudées par les indo-européistes du XIXe siècle, obnubilés par la « pureté » et l'« archaïsme » du sanscrit. Elle avait été à peu près complètement abandonnée par la suite, faute d'élément linguistique ou archéologique probant. Elle connaît aujourd'hui un regain marginal. Il se trouve que pour des raisons qui tiennent plus au patriotisme ou à l'intégrisme religieux qu'à la science, des auteurs indiens remettent en cause le modèle jusque-là généralement admis d'une immigration des Aryas en Inde du Nord au IIe millénaire av. J.-C. Pour eux, la présence aryenne dans la région serait immémoriale, et c'est au contraire d'Inde que seraient partis les mouvements qui ont conduit un groupe proto-indien au Proche-Orient et les peuples iraniens vers leurs différentes patries historiques. Et si les Aryas ne sont pas des immigrés en Inde, il faut en déduire (bien que cet aspect des choses n'intéresse guère l'école indienne) que ce pays serait aussi le berceau de l'ensemble indo-européen. Ces idées ont trouvé un certain écho hors d'Inde. L'exposé talentueux qu'en a récemment fait Koenraad Elst a surtout l'intérêt, à notre avis, de mettre le doigt sur certaines lacunes des positions traditionnelles, et de rappeler la faiblesse de nos connaissances (notamment archéologiques) sur les premières étapes de l'histoire des Indo-Aryens.

Mais la théorie indienne est encore bien plus lacunaire et problématique. Entre 2700 et 1500 av. J.-C., toute l'Inde du Nord-Ouest était dominée par la civilisation

urbaine et commerciale de l'Indus. L'identification de celle-ci comme aryenne est dépourvue de toute vraisemblance. L'écriture de l'Indus n'est pas encore déchiffrée ; il est possible qu'elle transcrive une langue dravidienne. En tout cas, s'il s'agissait d'une langue indo-aryenne proche du sanscrit, cette écriture aurait pu être déchiffrée suivant les méthodes appliquées par M. Ventris au syllabaire B du grec mycénien. En outre, malgré son haut degré de développement dans divers domaines, la civilisation de l'Indus ignorait presque totalement le cheval. Dès lors, la théorie indienne oblige à imaginer que les Indo-Européens auraient quitté l'Inde à une époque antérieure à la floraison de la civilisation de l'Indus, auraient domestiqué le cheval en chemin (et dans ce cas, quand et comment les Indo-Aryens demeurés en Inde en auraient-ils bénéficié ?) avant d'émerger dans les steppes

Sceau à inscription de la culture de l'Indus. L'écriture de l'Indus n'est pas encore déchiffrée et la langue transcrite est inconnue, quoique certainement non indo-européenne.

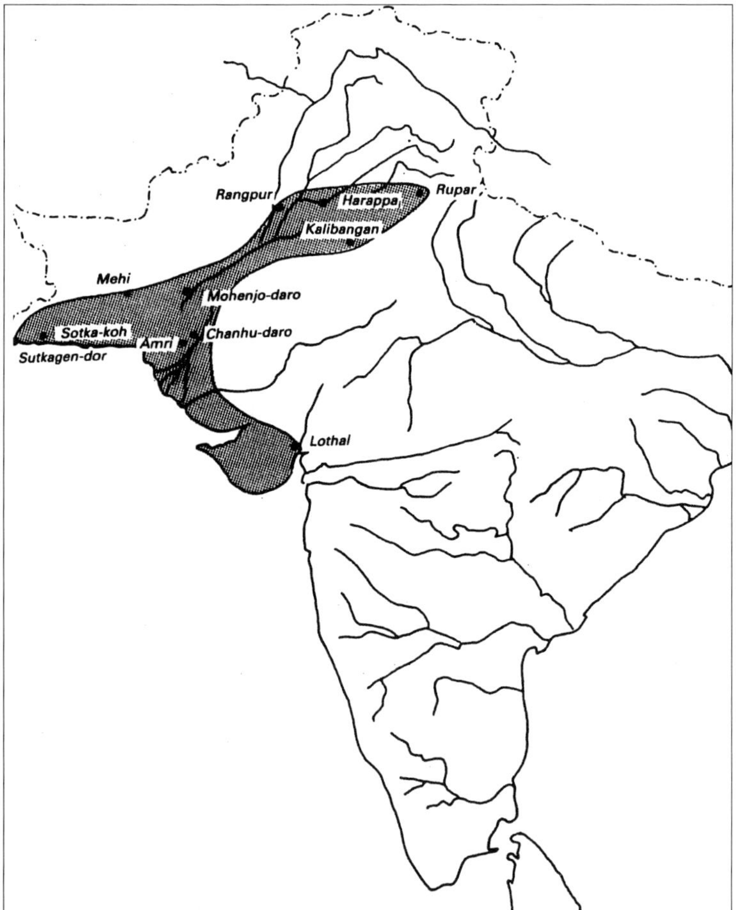

Aire de la culture de l'Indus ; d'après C. Renfrew.

et en Europe sous les traits que nous leur connaissons. En pratique, dans l'exposé de K. Elst, le berceau indien est simplement préfixé à une variante de la théorie des Kourganes, que nous examinerons au chap. IX. Nous préférons nous en tenir à la vision traditionnelle : la civilisation de l'Indus, présente depuis le IIIe millénaire av. J.-C. en Inde du Nord-Ouest, n'est pas indo-européenne. Son extinction vers 1500 av. J.-C. peut au contraire correspondre chronologiquement au début de la domination aryenne dans la région – que les Aryas soient ou non responsables de son dépérissement.

Les steppes, solution privilégiée ?

Si l'on récapitule l'ensemble des données et que l'on dresse une sorte de tableau des arguments pour et contre les différents foyers proposés, il apparaît que l'on peut écarter sans regret les positions extrêmes ou paradoxales (théories « polaire » et indienne).

Bien qu'elles ne revêtent pas le même caractère fantaisiste, nous écarterons également les théories anatoliennes : soit elles demeurent abstraites, faute de pouvoir offrir une identification archéologique des Indo-Européens, soit elles font de ces derniers les véhicules de la néolithisation de l'Europe et les projettent alors dans un passé excessivement ancien.

Restent les différents foyers européens, steppes ukraino-russes comprises. Là, nous l'avons vu, plusieurs options sont défendables. Si l'on élimine l'aire des cultures danubiennes, peu conformes à notre modèle de la culture indo-européenne primitive, il demeure un choix entre l'Europe septentrionale et moyenne, et les steppes. Dans cette alternative, nous privilégierons – comme la plupart des spécialistes – la seconde option, parce qu'elle nous paraît être la plus compatible avec les données de toutes sortes qui ont été développées plus haut.

Le problème est alors de savoir si cette conclusion intuitive peut faire l'objet d'une démonstration rigoureuse, c'est-à-dire s'il est possible, sur la base des connaissances actuelles, d'élaborer un modèle qui rende compte de l'expansion indo-européenne à partir des steppes d'Europe orientale. Un tel modèle a été proposé à partir des années 1950 par Marija Gimbutas : la « théorie des Kourganes ». Nous exposerons cette théorie et les critiques qui lui ont été adressées dans le prochain chapitre, avant de voir dans quelle mesure elle permet de rendre compte de l'apparition des peuples historiques issus (au moins sur le plan linguistique) de la communauté indo-européenne.

CHAPITRE VIII

La théorie des Kourganes

La « théorie des Kourganes » est à l'heure actuelle la solution archéologique la plus cohérente et détaillée qui ait été proposée au problème indo-européen. Formulée à partir de 1956 par l'archéologue lituanienne Marija Gimbutas (1921-1994), reprise et perfectionnée par divers auteurs, elle a convaincu un grand nombre de préhistoriens et de linguistes, et a même parfois été présentée comme un fait avéré dans la littérature de vulgarisation, voire dans des ouvrages spécialisés. En même temps, elle a fait l'objet de critiques qui n'ont pas toutes reçu des réponses convaincantes. Toute analyse de la question indo-européenne passe en tout cas aujourd'hui par une réflexion sur cette théorie extrêmement féconde.

Le cadre de la théorie

Nous commencerons par un exposé rapide du système de Marija Gimbutas. La démonstration démarre là où nous étions arrêtés au chapitre précédent, c'est-à-dire par l'idée que le foyer indo-européen le plus vraisemblable se situe dans les steppes. Archéologiquement, les Indo-Européens doivent donc être identifiés à certaines des cultures chalcolithiques de ces régions, dont il convient de prouver qu'elles se sont ensuite étendues vers les autres zones où, durant l'âge du Bronze, sont attestées des populations d'origine indo-européenne.

La théorie associe toute une série de cultures steppiques, simultanées ou successives, au sein d'une même tradition dite des « Kourganes ». Ce terme de kourgane, courant en archéologie est-européenne et centre-asiatique, est un mot russe (*kurgán*) d'origine turque désignant un « tumulus funéraire ». Il y a dans les steppes des kourganes de tous les temps, de la Préhistoire à l'époque moderne, si bien qu'il convient de mettre une majuscule au nom quand il désigne un ensemble culturel précis. Certains archéologues ont proposé des termes concurrents pour désigner le même ensemble, notamment celui de « Sépultures à ocre » (les *Ockergräber* des auteurs allemands), mais le nom plus imagé de Kourganes l'a emporté. Le vaste ensemble ainsi défini comprend principalement les cultures de Seredniï Stih, Novodanylivka et Khvalynsk, de Mykhaïlivka et Ousatové, de Maïkop, et des Tombes à fosse.

D'après Marija Gimbutas et ses continuateurs, l'unité essentielle de cette tradition des Kourganes, révélatrice d'une continuité ethnique et culturelle, est manifestée par les rites funéraires (aspersion d'ocre et – à partir d'un certain stade – érection d'un tumulus funéraire), le rôle du cheval, une économie basée surtout sur l'élevage, une structure socio-politique très hiérarchisée, patriarcale, avec une forte coloration guerrière. Ces traits l'opposeraient de façon marquée aux cultures néolithiques de

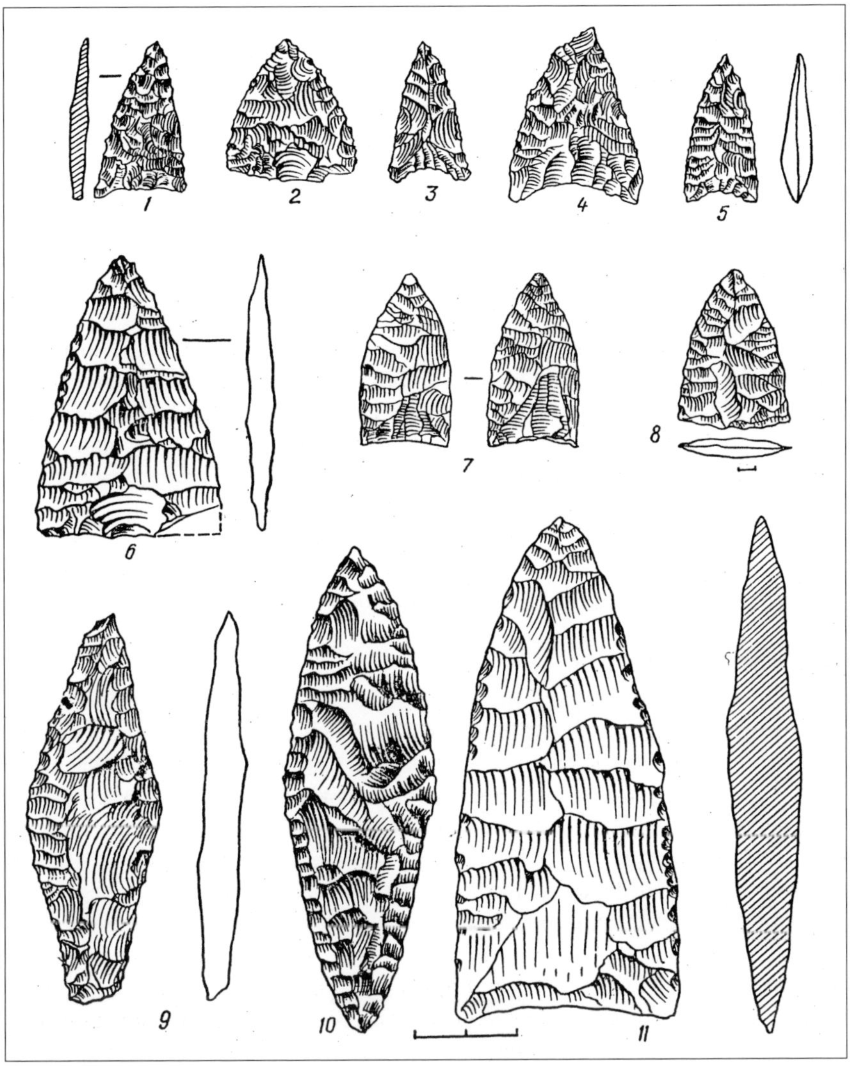

Pointes de flèches, javelots, et lances, en silex, de la culture de Serednii Stih en Ukraine : 1-Oleksandriïa, 2 à 5 et 9-Dereîvka, 6-Iama, 7-Stril'tcha Skelia, 8 et 10-Petro-Svystounové, 11-Hontcharivka ; d'après D. Téléguine.

tradition danubienne, celles de la « Vieille Europe » selon la terminologie de M. Gimbutas, perçues comme principalement agricoles, pacifiques, égalitaires, et adorant des divinités féminines. En outre, le type physique « proto-europoïde » (forte stature, charpente robuste, dolichocéphalie modérée) des porteurs des cultures à Kourganes diffère de celui, méditerranéen (taille inférieure et structure plus gracile, dolichocéphalie prononcée), des « Danubiens ».

L'évolution des cultures des Kourganes est divisée en quatre phases, précédées par une période de formation qui se serait déroulée sur les deux rives de la Volga, avec une extension rapide vers l'ouest jusqu'au Dniepr et l'assimilation de la culture antérieure dite de Dniepr-Donets. La phase I débuterait au Ve millénaire av. J.-C. et la phase IV, correspondant à l'apogée de la culture des Tombes à fosse, daterait du IIIe millénaire av. J.-C. Les dates assignées aux quatre étapes varient fortement suivant les auteurs.

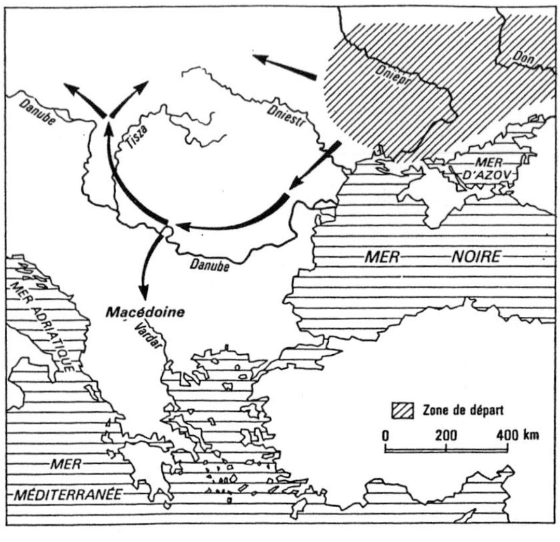

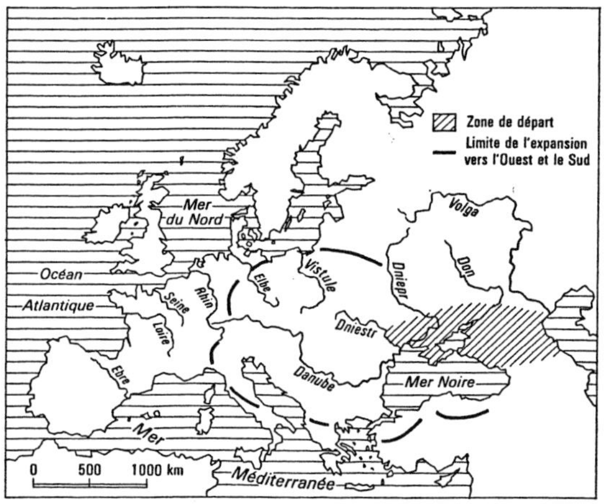

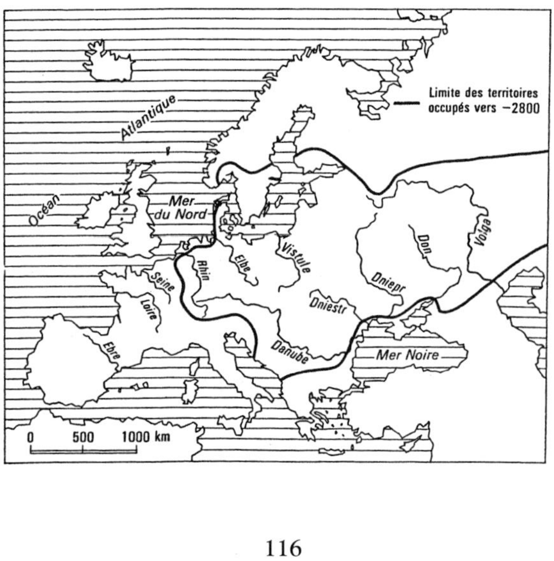

Les trois vagues d'expansion indo-européennes à partir des steppes, suivant la théorie des Kourganes ; d'après A. Martinet.

Ce qui est plus important que cette périodisation, c'est la définition de trois grandes vagues d'expansion parties de l'aire de plus en plus étendue de ces cultures des Kourganes, et qui refléteraient les premières étapes de l'indo-européanisation linguistique et culturelle de l'Eurasie (la théorie s'intéresse d'ailleurs surtout à celle de l'Europe et de l'Anatolie).

Une première vague se serait produite vers 4400-4300 av. J.-C. à partir de l'Ukraine orientale et de la Russie méridionale (entre les cours du Dniepr et de la Volga), en direction des régions balkano-danubiennes. Elle aurait touché plus ou moins directement les cultures danubiennes de Vinča, Karanovo, Varna, Gumelniţa, Lengyel, et l'aire de la Céramique rubanée linéaire. Ces mouvements auraient occasionné d'importants dommages à certaines d'entre elles et entamé l'indo-européanisation de la région avec l'émergence de types culturels locaux marqués par l'influence des Kourganes (destruction de Karanovo VI en Bulgarie et apparition de Cernavoda I, etc.).

La seconde vague serait partie de l'ouest de l'aire des Kourganes vers 3500-3200 av. J.-C. Elle aurait entraîné la fusion définitive des cultures des Kourganes et danubiennes – en fait, l'absorption des secondes par les premières (formation des cultures de

Maquette en argile de chariot à quatre roues de Szigetszentmárton (Hongrie), v. 3500-3000 av. J.-C.

Baden, Ezero...). Elle aurait aussi entamé l'indo-européanisation de l'Europe du Nord-Ouest, avec notamment la formation de la culture des Amphores globulaires sur l'ancienne aire du Gobelet à entonnoir.

La troisième et dernière vague, vers 3000-2800 av. J.-C., partie des steppes ukraino-russes, aurait conduit à l'expansion de la culture des Tombes à fosse vers les régions balkano-danubiennes. Marija Gimbutas y rattachait aussi l'apparition de la Céramique cordée et le phénomène du Campaniforme.

Chacune de ces vagues aurait causé la formation de foyers secondaires, sous forme de cultures « kourganisées » susceptibles de poursuivre le processus d'indo-européanisation. Les Proto-Anatoliens seraient issus de la première vague et d'un foyer secondaire balkanique. Les Aryas se seraient individualisés dans les steppes, où leurs premières cultures résulteraient de l'évolution locale des stades tardifs des cultures des Kourganes. Les ancêtres de la plupart des peuples européens de langue indo-européenne seraient les porteurs des cultures « kourganisées » occidentales comme celle de la Céramique cordée.

Critiques et débats

En dépit d'une remarquable cohérence et d'éléments de démonstration assez convaincants, la théorie des Kourganes présente deux grands points faibles. Le premier est la réalité incertaine de la notion même de « cultures des Kourganes », que l'on a accusée d'être (comme celles de la « Vieille Europe » qui leur sont opposées trait pour trait) un fourre-tout où seraient associées des entités archéologiques assez différentes. Le second est le caractère insuffisamment démontré du scénario de « kourganisation » – c'est-à-dire, suivant la théorie, d'indo-européanisation linguistique et culturelle – de certaines zones, en particulier de l'Europe centrale et du Nord. Ces deux points méritent quelques développements.

La tradition des Kourganes : continuité réelle ou illusoire ?

La néolithisation des steppes européennes à l'est de la zone occupée par les cultures de tradition danubienne, et la genèse de la tradition des Kourganes, sont des processus encore mal connus. Au début du Ve millénaire av. J.-C., en tout cas, une large partie occidentale du futur territoire des Kourganes était occupée par la culture néolithique de Dniepr-Donets. Son origine est discutée : certains éléments peuvent provenir d'Ukraine du Nord et de Pologne, mais des racines mésolithiques locales doivent sans doute être prises en compte. Ses porteurs étaient des cro-magnoïdes robustes de haute taille (1,72 m de moyenne – on a même calculé un poids moyen de 75,5 kg !), dolicho- ou mésocéphales, avec un visage très large et de hauteur moyenne. Ils vivaient de chasse et de pêche, auxquelles ils avaient ajouté l'élevage et l'agriculture. Quelques objets en cuivre sont connus à côté de l'outillage lithique. Les morts étaient inhumés collectivement (2 à 12 individus) dans des fosses, étendus sur le dos avec une orientation variable, et saupoudrés d'ocre. On rencontre des corps arrangés sur plusieurs « étages », et des assemblages de crânes. On a cru déceler dans quelques cas les traces de petits kourganes en terre. Certains squelettes portent des traces de blessures sans doute reçues lors d'un combat.

Céramique de la culture de Dniepr-Donets ; d'après V. N. Danilenko.

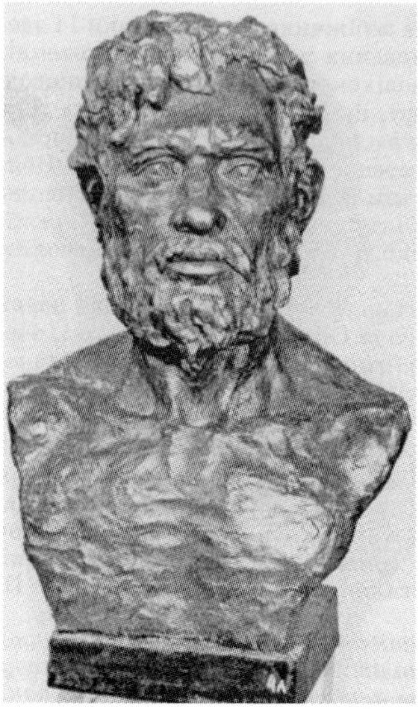

Certains éléments de cette culture de Dniepr-Donets (*cf. carte 19, p. 196*) se retrouvent plus à l'est, jusque dans la région de la Volga. Ils sont en particulier attestés dans la culture de Samara sur le site de Siezjeïé : rites funéraires avec aspersion d'ocre, petites plaques en coquille ou en dent d'animal peut-être destinées à orner les vêtements... Siezjeïé est fameux pour ses figurines animalières, dont certaines représentent des chevaux ; les chevaux paraissent avoir joué un rôle dans les rites religieux (dépôt de crânes et membres).

C'est dans ce paysage qu'apparaissent les cultures censées représenter la phase « Kourganes I » (*cf. carte 20, p. 197*) de Marija Gimbutas (entre 4500 et 3500 av. J.-C.) :

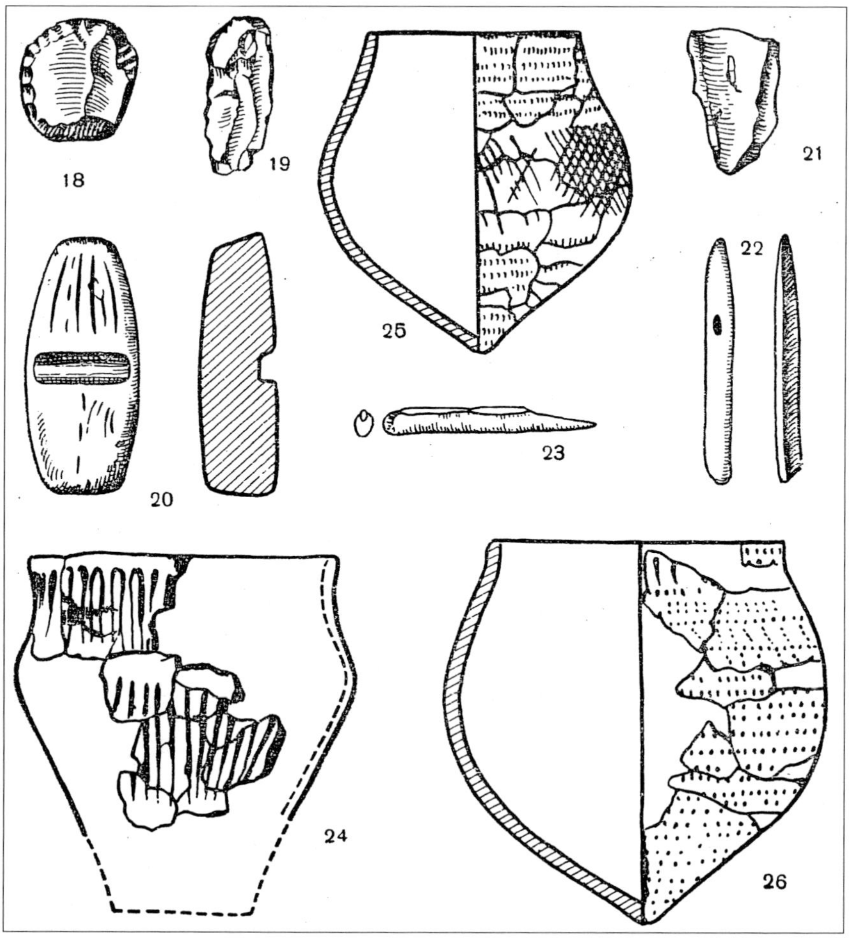

Ci-dessus, à gauche - Reconstruction faciale d'un homme de la culture de Dniepr-Donets, d'après un crâne de Vil'nianka (Ukraine) ; sculpture de G. Lebedinskaïa.
Ci-dessus, à droite - Reconstruction faciale d'une femme de la culture de Dniepr-Donets, d'après un crâne de Vil'nianka (Ukraine) ; sculpture de T. Sournina.
Ci-contre - Artefacts caractéristiques de la culture de Dniepr-Donets. 1-21 : pierre ; 22-23 : os ; 24-26 : céramique ; d'après D. A. Avdoussine.

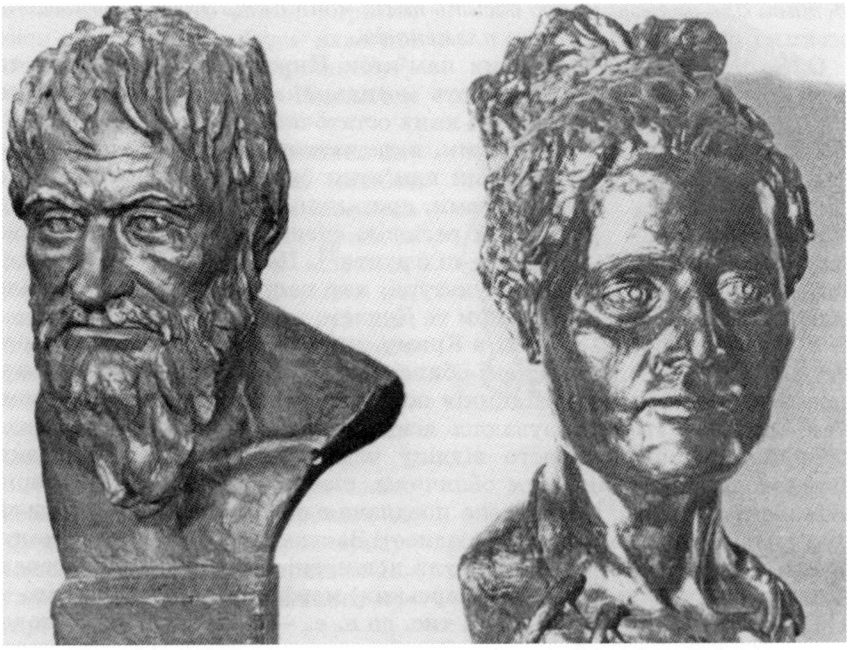

A gauche - Reconstruction faciale d'un homme de la culture de Serednii Stih II, d'après un crâne du cimetière d'Oleksandriïa (Ukraine) ; sculpture de T. Sournina.
A droite - Reconstruction faciale d'une femme de la culture de Serednii Stih II, d'après un crâne du cimetière d'Oleksandriïa (Ukraine). Sculpture de S. Horbenko.

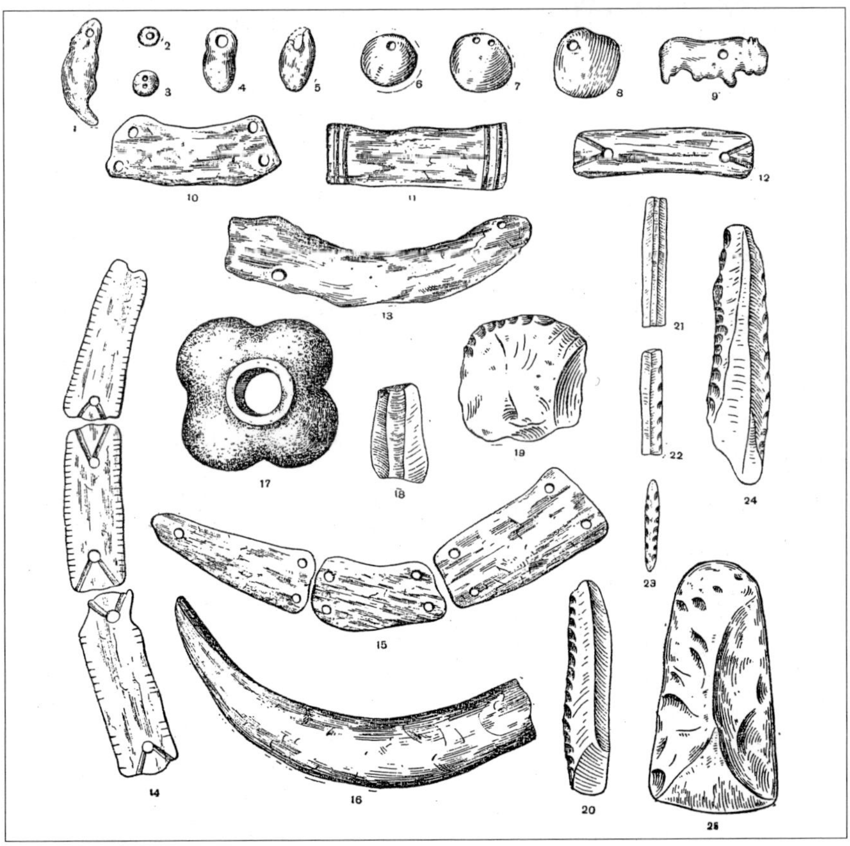

Objets provenant de sépultures de Marioupol' (Ukraine), culture de Serednii Stih ; d'après D. A. Avdoussine.

Dereîvka (Ukraine), site majeur de la culture de Serednii Stih : plan, et objets trouvés dans les fouilles (figurine de sanglier, céramique à base pointue, « hache-marteau » en bois de cerf ; d'après J. P. Mallory/ D. Teleguine.

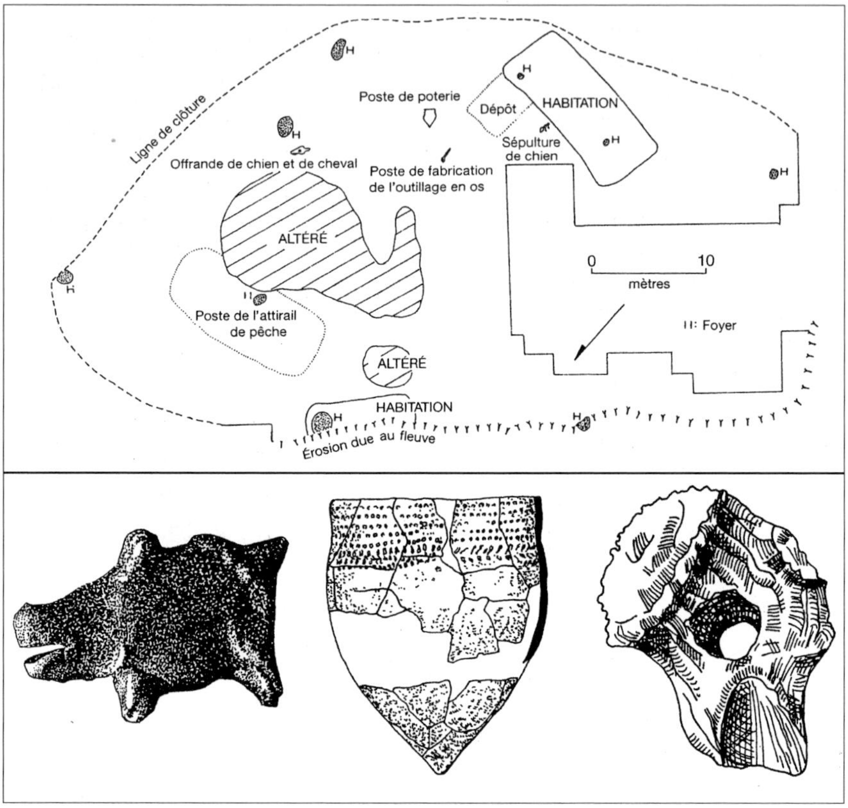

Haches en silex de la culture de Serednii Stih en Ukraine : 1-Bila Hora, 2-Petro-Svystounové, 3-Ihren', 4-Iama, 5-Hontcharivka ; d'après D. Téléguine.

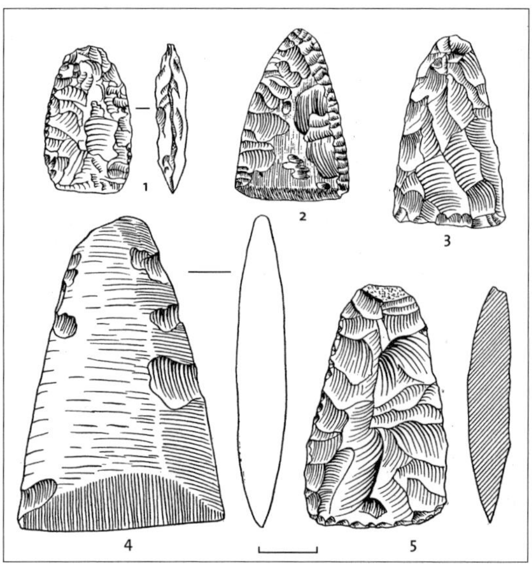

celle de Serednii Stih II et celles globalement contemporaines de Novodanylivka et Khvalynsk. Elles occupent un large territoire étendu d'ouest en est du cours du Dniepr à celui de la Volga.

Serednii Stih II succède à la culture de Dniepr-Donets (le site de Serednii Stih I est d'ailleurs un site de Dniepr-Donets). L'interprétation habituelle est que ses porteurs ont assimilé leurs prédécesseurs, dont ils diffèrent physiquement par un type proto-europoïde moins robuste, quoique de taille également moyenne à grande. Ce type a été bien analysé grâce aux nombreuses trouvailles faites à Oleksandriïa. Les crânes sont dolichocéphales, avec un visage très large de hauteur moyenne. A Ihren', on a identifié une variante plus gracile.

La culture de Serednii Stih est connue par ses sépultures, mais aussi des établissements, dont le principal est Dereîvka (2 000 m^2). Les maisons avaient un sol plus ou moins décaissé et une forme rectangulaire ; la plus grande connue mesure 13 x 6 m. L'économie associait la chasse et la pêche, l'agriculture, et l'élevage des chevaux, bovins, ovicaprins, et porcs. Le chien est bien représenté. L'usage du cheval est discuté (cf. en fin de chapi-

Haches en pierre de la culture de Serednii Stih en Ukraine : 1-Kodatchok, 2-Vasylivka, 3-Serednii Stih, 4-Oleksandriïa ; d'après D. Téléguine.

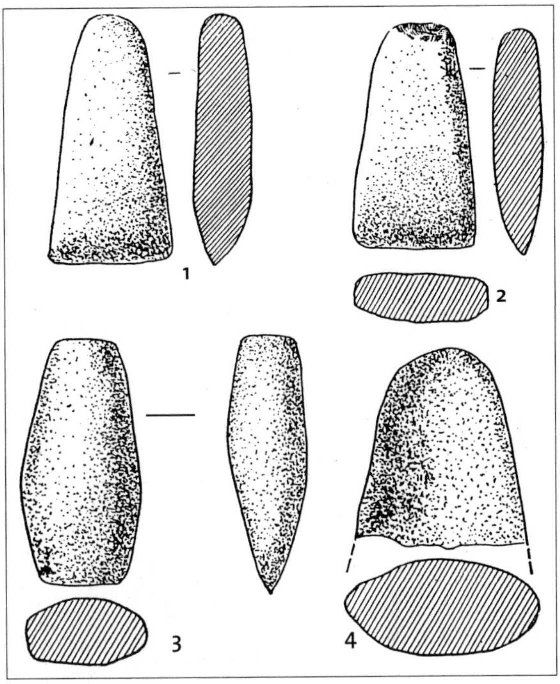

tre à propos du rôle supposé de la cavalerie dans l'expansion des Kourganes).

L'outillage est essentiellement lithique ; quelques objets de cuivre pourraient provenir de l'aire de la culture de Trypillia, voisine occidentale de celle de Serednii Stih. La céramique (on a retrouvé des ateliers de poterie à Dereïvka) est faite d'une pâte qui incorpore des coquilles écrasées. A partir du début du IVe millénaire, elle est décorée d'impression de cordelettes, détail important pour la discussion des rapports éventuels entre les steppes et l'Europe du Nord (culture de la Céramique cordée, justement). En ce qui concerne les sépultures, elles ne comportent nul « kourgane » : les défunts aspergés d'ocre étaient inhumés sur le dos, jambes fléchies, dans des fosses. Les tombes forment de petits groupes (jusqu'à cinq

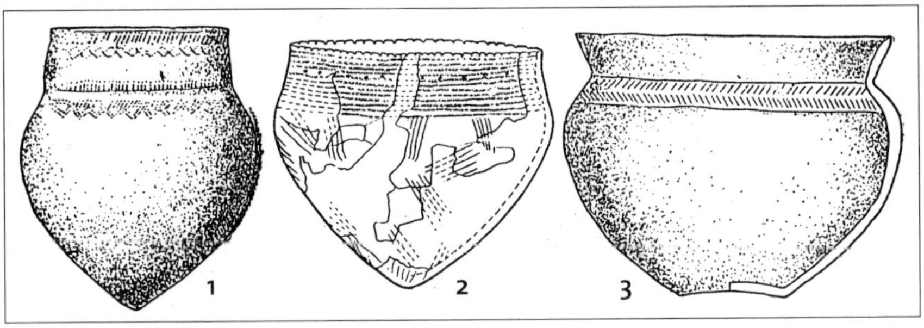

Trois types de céramiques de la culture de Serednii Stih en Ukraine : 1-Kvitiana, 2-Oleksandriïa, 3-Bouz'ky ; d'après D. Téléguine.

fosses) correspondant peut-être à une structure familiale. On a observé à Dereïvka un dépôt rituel de restes animaux : tête et jambes gauches de chevaux, deux chiens, avec une figurine de sanglier.

Beaucoup moins bien représentée, mais largement diffusée du Dniestr au Donets, la culture de **Novodanylivka** a laissé des sépultures à fosses bordées de dalles de pierre où reposent des corps aspergés d'ocre et orientés à l'est ou au nord-est. Elle contiennent généralement un mobilier assez riche comprenant des objets en pierre soignés (haches polies...) et en cuivre. Son caractère indépendant est contesté : on a imaginé qu'il pouvait s'agir de vestiges de la classe supérieure de la culture de Serednii Stih, voire d'artisans du silex hautement qualifiés ou de marchands. Le type physique des défunts est proto-européoïde.

A ces cultures de la steppe ukrainienne répond, sur la Volga, celle de **Khvalynsk** qui en est très proche par l'économie (y compris la présence du cheval) et les rites funéraires : fosses collectives contenant de 2 à 7 personnes, couchées sur le dos avec les jambes fléchies et aspergées d'ocre. Les tombes sont plates (toujours pas de kour-

Objets de cuivre des cultures de Seredniï Stih et Novodanylivka en Ukraine : 1, 9, 14, 15-Petro-Svystounové, 2 à 8-Tchapli, 10-Dereïvka, 12-Zolota Balka, 13-Marioupol' ; d'après D. Téléguine.

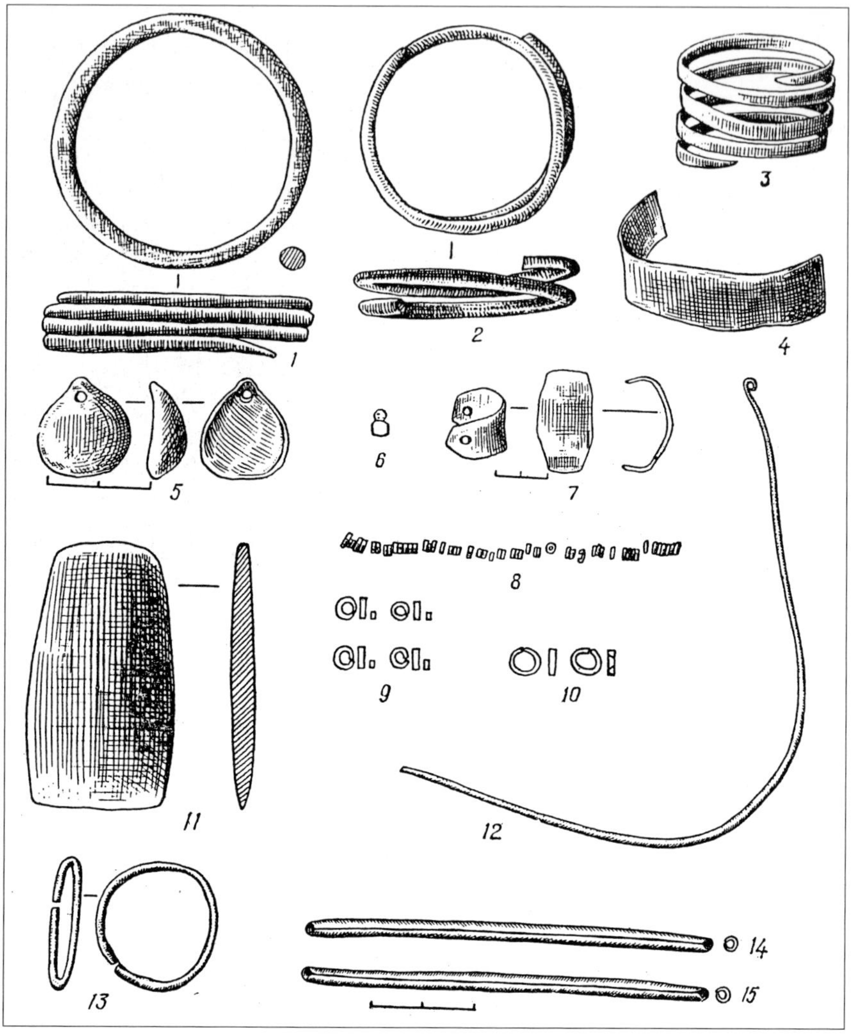

Couteaux en silex des cultures de Seredniï Stih et Novodanylivka en Ukraine : 1 à 6-Oleksandriïa, 7 et 8-Novodanylivka ; d'après D. Téléguine.

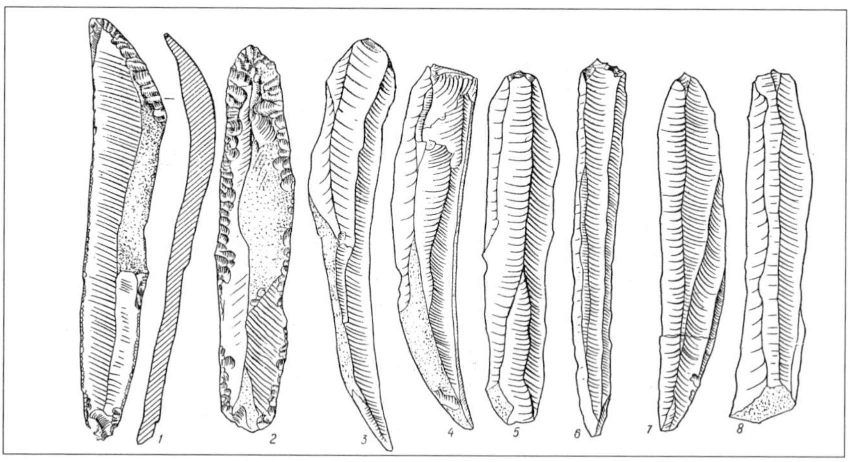

De haut en bas -
Objets provenant du cimetière de Khvalynsk (Russie, sur la Volga).
Tombes 91 et 90 du cimetière de Khvalynsk (Russie, sur la Volga), avec le dépôt rituel 4 (os de bovin, de mouton et de cheval). Le mobilier de la tombe 90 contenait plusieurs objets de cuivre ; d'après Agapov.
Architecture funéraire et artefacts caractéristiques de la culture de Kemi-Oba ; d'après T. Sulimirski.

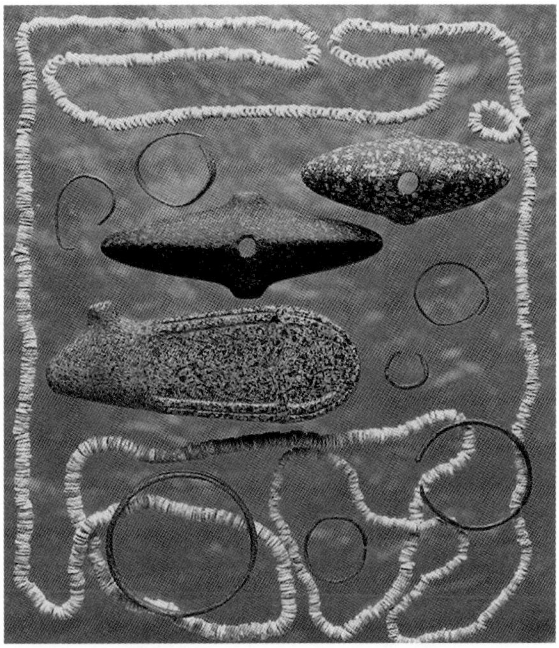

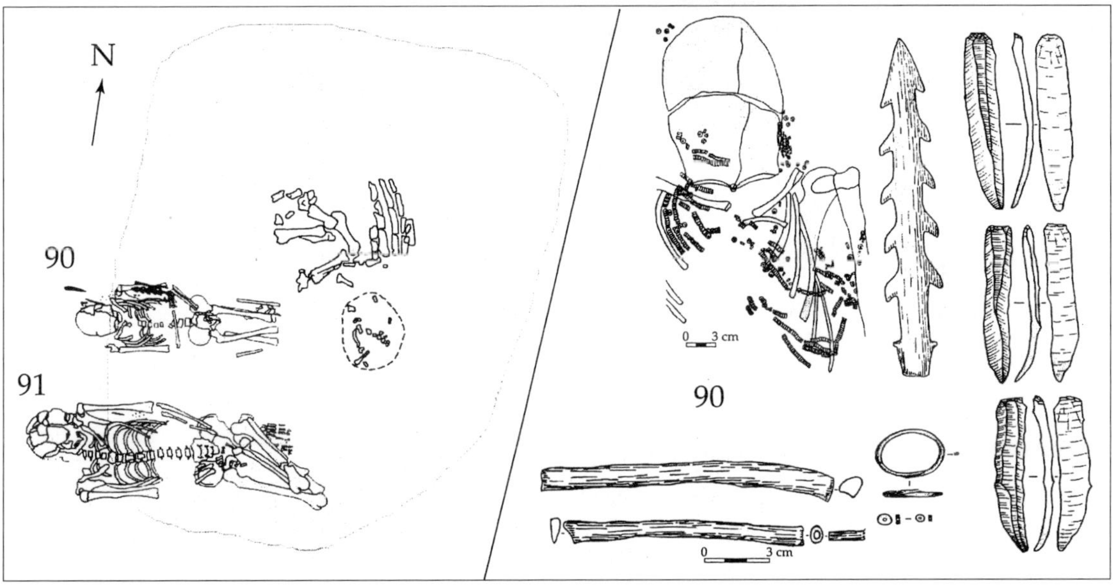

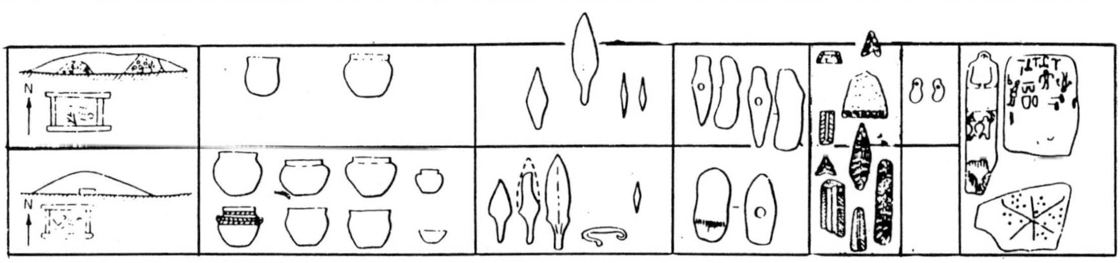

ganes !) mais parfois recouvertes de pierres. Les objets de cuivre sont d'origine balkano-danubienne. Seule la céramique diffère notablement de celle de Serednii Stih. La culture de Khvalynsk succède à celle de Samara à peu près comme la culture de Serednii Stih II a remplacé celle de Dniepr-Donets. Des datations récentes au radiocarbone ont attribué au site même de Khvalynsk une ancienneté supérieure aux estimations précédentes : vers 5000-4500 av. J.-C. Les débuts de la culture de Khvalynsk seraient ainsi parallèles non à Serednii Stih II, mais à la culture antérieure de Dniepr-Donets ; en d'autres termes, la phase « Kourganes I » aurait commencé sur la Volga plus tôt que sur le Dniepr, ce qui rejoint l'idée, émise par Marija Gimbutas, d'un berceau originel dans cette région.

Au stade final de Serednii Stih, vers 3500 av. J.-C., apparaissent au sud de l'Ukraine les cultures de **Mykhaïlivka** (cours inférieur du Dniepr) et **Kemi-Oba** (péninsule de Crimée). Elles sont assez proches entre elles et parfois considérées comme deux expressions locales d'un même type *(cf. carte 21, p. 198)*. L'économie a la même structure diversifiée que dans les cultures précédentes : chasse et pêche, agriculture, élevage. Les maisons, comme celles du site éponyme de Mykhaïlivka, étaient semi-enterrées. Dans le domaine religieux et funéraire apparaissent des innovations importantes : des kourganes de faible hauteur sont désormais érigés sur les sépultures, avec des foyers associés (sur le kourgane, à sa périphérie, ou dans la fosse) ; le tout peut être entouré d'un cercle de pierres. Dans la culture de Kemi-Oba se rencontrent également des tombes en caisson de pierre ou de bois, enduits et peints à l'intérieur. Des aires circulaires jonchées de restes animaux et de tessons de poteries sont interprétées comme des autels sacrificiels. Des plateaux à rebord sur pieds en céramique évoquent des ustensiles supposés cultuels que l'on retrouve dans des cultures plus tardives des steppes, jusque chez les Sauromates-Sarmates. On les identifie comme des « brûle-parfum » ou « encensoirs », des genres d'autels portatifs sur lesquels auraient pu être brûlées des substances psychotropes, en particulier des graines de chanvre (*cannabis sativa*). Andrew Sherratt a même hardiment mis en relation cet usage de substan-

Inhumation en caisson de pierre de la culture de Kemi-Oba, en Crimée ; d'après I. Artemenko.

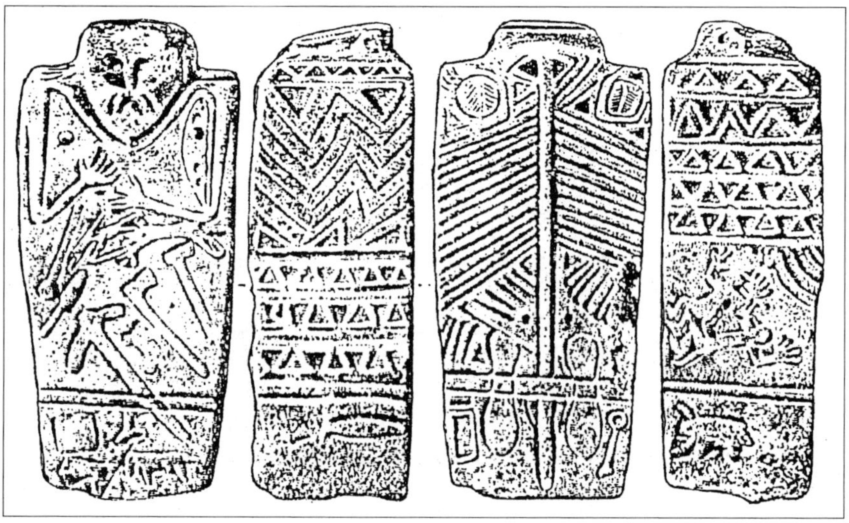

Stèle de pierre anthropomorphe de Kernosivka (Ukraine), culture de Kemi-Oba.

ces intoxicantes avec les impressions de cordelettes (de chanvre ?) des céramiques. Enfin, des sites de Mykhaïlivka et de Kemi-Oba ont livré des stèles de pierre anthropomorphes représentant des personnages parfois armés ; la plus belle est celle de Kernosivka. Là encore, on peut y voir les prototypes des monuments connus à l'époque historique chez les nomades « cimmériens » puis scythes.

Les anthropologues signalent une différence phénotypique entre les porteurs des cultures de Mykhaïlivka et Kemi-Oba. Les premiers étaient, comme les gens de Seredniï Stih et Novodanylivka, des proto-europoïdes. Les seconds présentaient un type également dolichocéphale, mais à visage étroit et haut, identifié comme « méditerranéen oriental ».

Au nord-ouest du Caucase, sur le cours du Kouban, existait au même moment la grande culture de **Maïkop** (vers 3500-2500 av. J.-C.), que Marija Gimbutas rattachait également à la tradition des Kourganes. Elle constituait un lien entre les steppes d'Ukraine et de Russie méridionale, et la Transcaucasie et le Proche-Orient. Les sépultures sont des fosses, parfois plaquées de pierre, sous un kourgane ou, plus tardivement, un cairn. Les objets d'or, d'argent, et aussi de bronze, sont nombreux. La tombe « royale » de Maïkop qui a donné son nom à cette culture comportait un mobilier particulièrement riche.

Appliques zoomorphes en or du kourgane « royal » de Maïkop (Russie, territoire de Krasnodar), culture de Maïkop ; longueur : 6, 4,8 et 3,1 cm.

Chaudron en cuivre (hauteur : 17,5 cm) et récipient en or (hauteur : 13,6 cm) du kourgane « royal » de Maïkop (Russie, territoire de Krasnodar), culture de Maïkop.

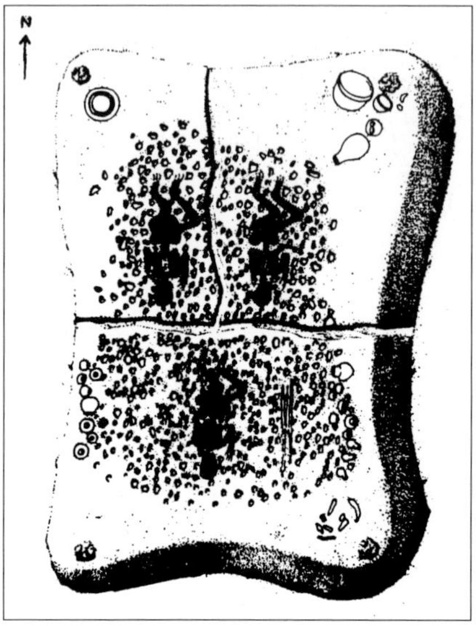

A gauche - Vue aérienne de la fosse du kourgane « royal » de Maïkop (5,33 x 3,73 m) ; le sol est pavé de galets, les parois plaquées de rondins de bois ; le squelette de la sépulture principale (au sud) portait des traces d'ocre ; d'après Farmakovski.
A droite - L'un des quatre taureaux d'or qui surmontaient le dais funéraire de la tombe « royale » de Maïkop (Russie, territoire de Krasnodar).

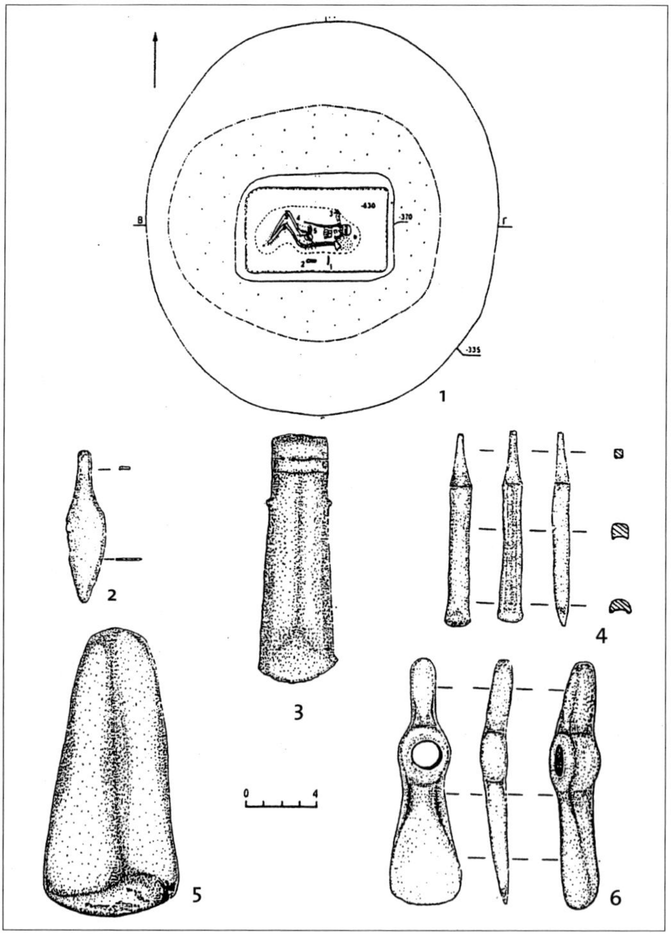

Plan et mobilier d'une sépulture de la culture des Tombes à fosse à Khoutor Barychnikova (Russie, région d'Orenbourg au sud de l'Oural) ; d'après V. Botchkarev.

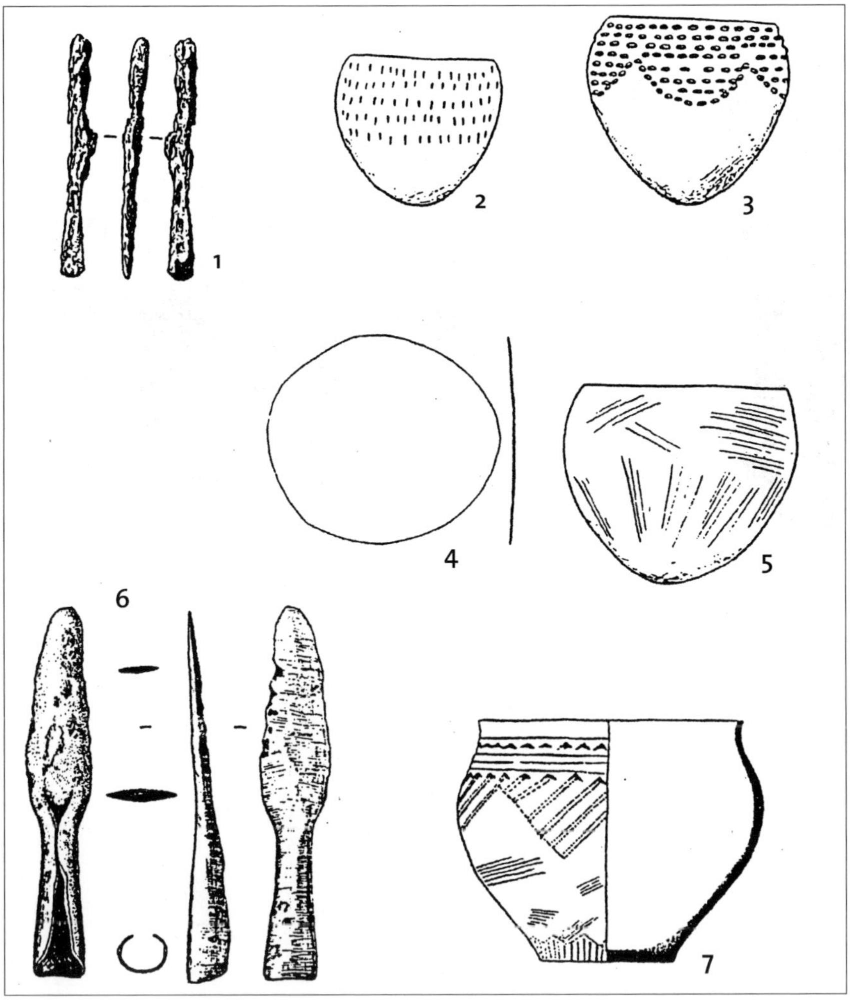

Artefacts caractéristiques de la culture des Tombes à fosse ; d'après V. Botchkarev.

La dernière grande culture des Kourganes serait celle des **Tombes à fosse** (vers 3600-2200 av. J.-C.), dont l'apogée se situe au IIIe millénaire av. J.-C. (*cf. carte 22, p. 199*). Il s'agit en réalité d'un ensemble de types culturels étroitement apparentés, occupant à eux tous un territoire plus vaste que celui d'aucune autre culture antérieure de la région des steppes : il va des bouches du Danube au cours de l'Emba, à l'est de la Caspienne. C'est une extension équivalente à celle qu'aura la culture des Sarmates au début de notre ère. Les principales variantes locales sont (selon la classification de Nikolaï Merpert) celles du Sud-Ouest en Ukraine sud-occidentale et Moldavie ; du Nord-Ouest, du Donets, du bas-Dniepr en Ukraine ; de Crimée ; du Don ; du Caucase du Nord ; de Volga-Oural. L'ensemble dérive assez nettement des cultures précédentes des types Seredniï Stih-Khvalynsk.

Les habitats sont rares, mais fortifiés par des murs de pierre. Les maisons à sol décaissé côtoient des demeures de surface à soubassement de pierre parfois haut d'un mètre. A côté de la chasse et d'une agriculture bien attestée par l'outillage, l'économie semble avoir reposé surtout sur l'élevage (bovins, ovicaprins, chevaux, porcs). Il semble qu'au moins dans les régions les plus steppiques, cet élevage ait pu entraîner le passage à des formes de nomadisme ou au moins de semi-nomadisme. Il est possible que les hommes des Tombes à fosse aient pratiqué l'équitation – mais il est certain qu'ils employaient des véhicules à deux et quatre roues (pleines), ces derniers analogues aux chariots d'habitation scythes, tirés par des bœufs, de l'Antiquité.

L'armement et l'outillage lithiques sont abondants. Le cuivre continue à se répandre, avec une production locale utilisant du minerai caucasien et même, entre Volga et Oural, un début d'exploitation minière.

Les sépultures qui ont donné leur nom à cette culture sont des fosses, le plus souvent surmontées d'un kourgane, dans lesquelles le défunt, fréquemment aspergé d'ocre, repose tête à l'est ou au nord-est, sur le dos, jambes fléchies ou plus rarement droites. Elles peuvent être entourées d'un cercle de pierres. L'emploi sporadique de planchers de bois ou de civières végétales, la couverture en bois de la fosse, annoncent des pratiques bien connues chez les nomades des époques suivantes. L'importance du mobilier funéraire est très variable, ce qui peut correspondre à des différences sociales mais aussi chronologiques (il est moins abondant dans les tombes les plus anciennes). Un foyer peut être associé à la sépulture.

Les porteurs de la culture des Tombes à fosse ne formaient pas, sur le plan physique, une population absolument homogène. Au nord, on rencontre un type massif, au visage haut et large, proto-europoïde ; le même type apparaît, sous une forme atténuée, sur le cours inférieur du Dniepr. Mais dans la plus grande partie de l'aire

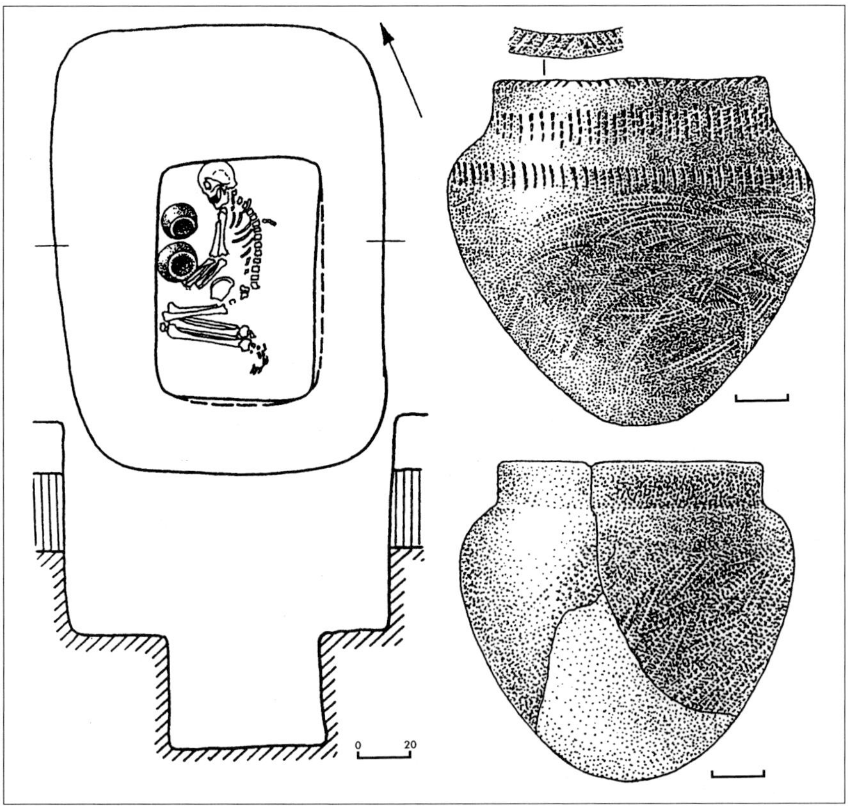

Sépulture de la culture des Tombes à fosse à Ordjonikidzé (Ukraine) ; d'après A. V. Nikolova et K. P. Bouniatian.

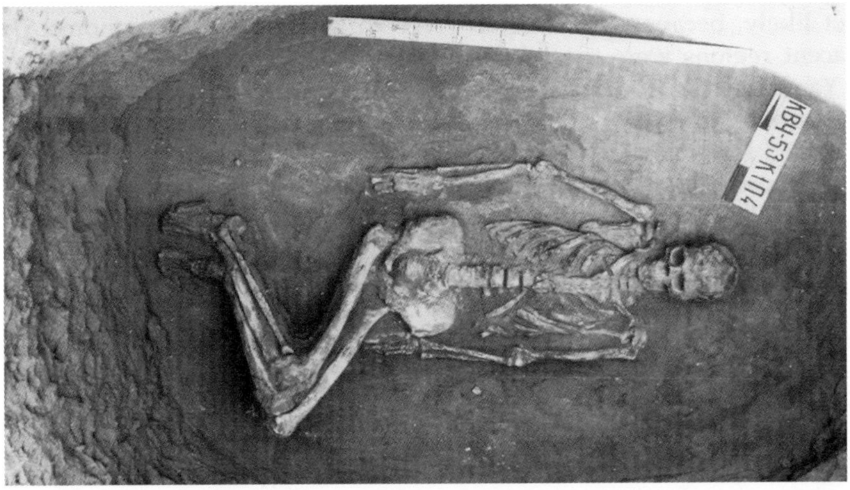

Sépulture de la culture des Tombes à fosse dans la steppe kalmouke.

méridionale des Tombes à fosse, on décèle des influences méditerranéennes (visage étroit et long), peut-être dues aux mélanges intervenus avec les porteurs des stades finaux de la culture de Trypillia (là-dessus, cf. *infra*). A la fin de la période considérée apparaît la pratique du modelage crânien, effectué sur les nouveau-nés pour donner à leur tête une forme considérée comme idéale, et qui connaîtra un plus grand développement dans la culture des Tombes à catacombe.

Il faut noter l'existence, entre 3500 et 2000 av. J.-C., d'une culture dite d'**Afanassiévo**, présentant de fortes similitudes avec celles des Tombes à fosse, dans des régions situées très loin à l'est de l'aire de

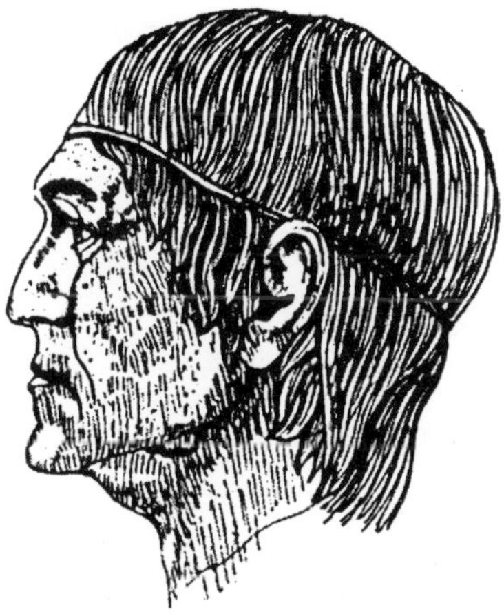

Reconstitution d'un visage d'homme, culture des Tombes à fosse.

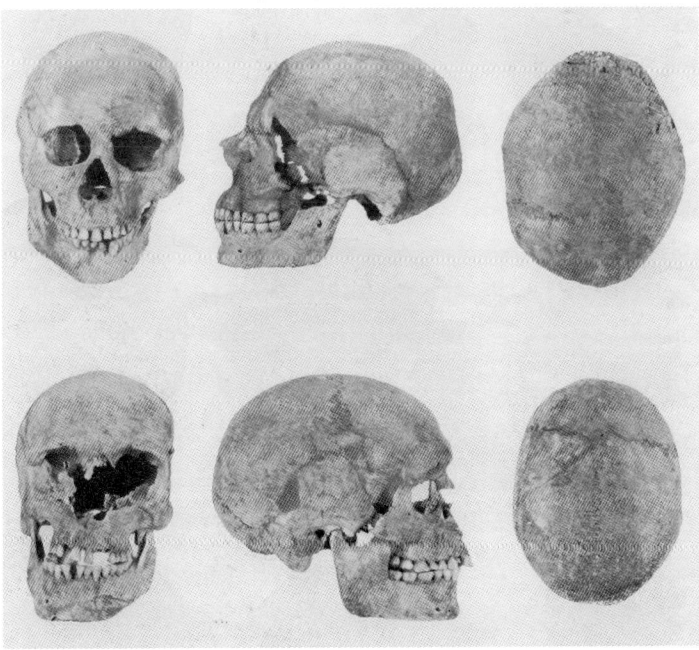

Crânes provenant de sépultures de la culture des Tombes à fosse à Bachtanivka (Ukraine).

Céramiques et pointes de flèches de la culture d'Afanassiévo ; d'après S. V. Kisseliov.

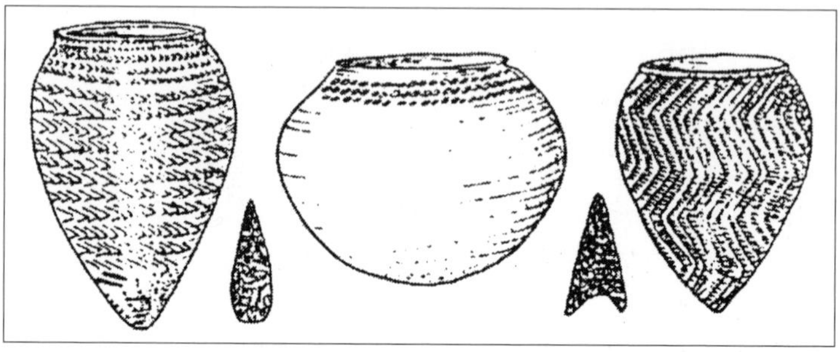

Constructions funéraires caractéristiques de la culture d'Afanassiévo.

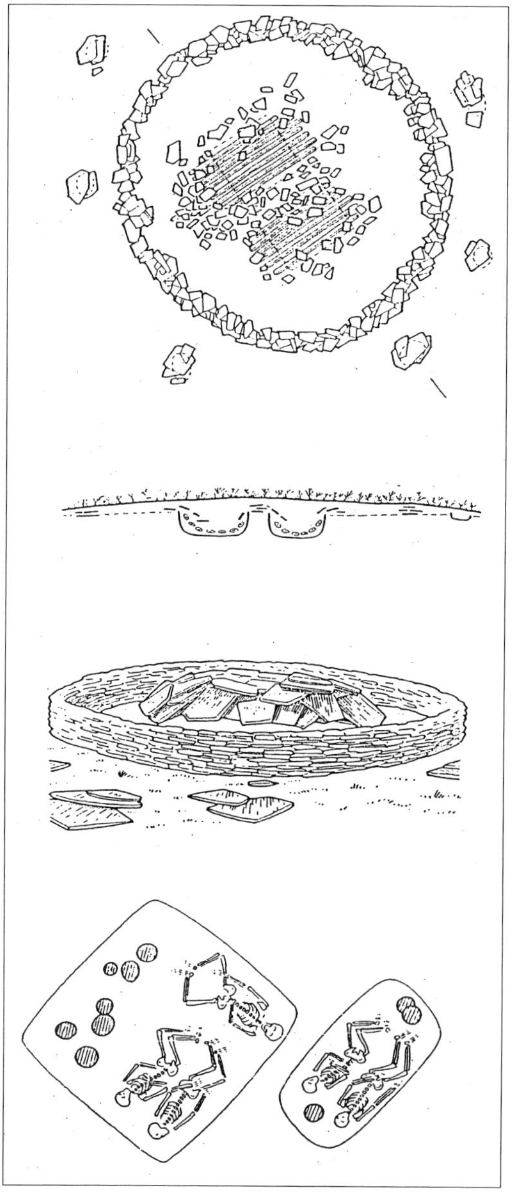

cette dernière : le cours du Iénisseï, dans le bassin de Minoussinsk et une partie du massif de l'Altaï *(cf. carte 23, p. 200)*. Etrangère aux traditions néolithiques indigènes de Sibérie, elle se caractérise par des sépultures collectives en fosse recouvertes de dalles de pierre et de petits kourganes, et entourées d'enceintes de pierre de 5 à 12 m de diamètre. Les défunts sont étendus sur le dos, jambes fléchies, et aspergés d'ocre. Leur type physique proto-europoïde les rapproche des porteurs des cultures des Kourganes. Certaines poteries évoquent les « autels » ou « brûle-parfum » connus dans les steppes européennes. La présence du cheval (sauvage ou domestiqué ?), l'usage du cuivre et de l'argent, de véhicules (représentés sur des pétroglyphes) sont attestés.

1 500 km séparent l'aire européenne des Kourganes du Iénisseï et de l'Altaï, et entre les deux, il n'existe que de très maigres indices d'une éventuelle migration. Le site de Keremtchi/Ke'ermuqi au nord de la Dzoungarie est déjà très à l'est. Entre l'Oural et l'Irtych, on connaît des vestiges évoquant les cultures des Tombes à fosse et d'Afanassiévo : Verkhniaïa Alabouga, Oubagan I, Karaghandy/

« Brûle-parfum » en argile de Karassouk (Russie, région de Krasnoïarsk), culture d'Afanassiévo ; hauteur : 10 cm.

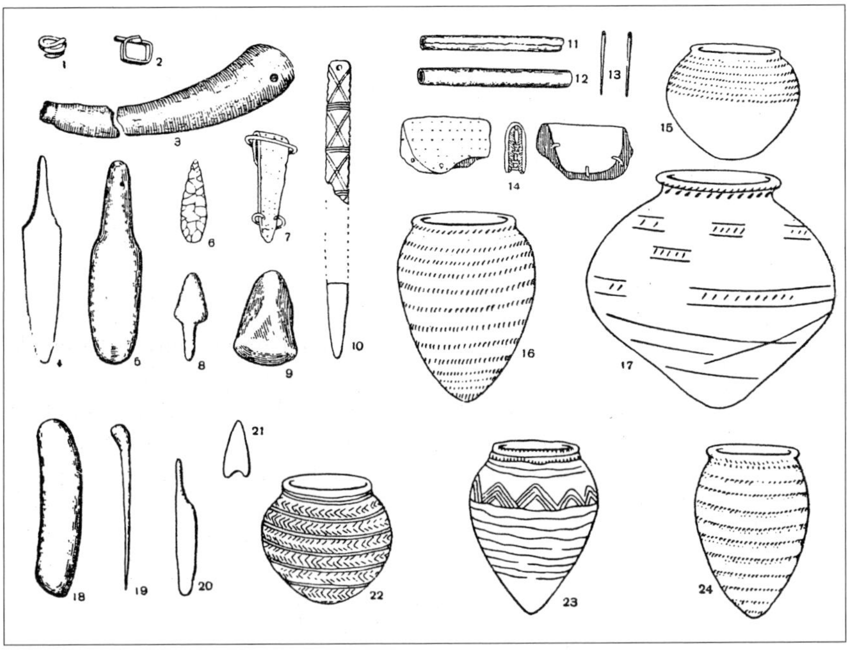

Artefacts caractéristiques de la culture d'Afanassiévo. 1-2, 4, 7-8, 11-12, 14, 20 : cuivre ; 3, 10, 13, 19 : os ; 5-6, 9, 18, 21 : pierre ; 15-17, 22-24 : céramique ; d'après D. A. Avdoussine.

Poignard en cuivre de Tes' (Russie), culture d'Afanassiévo ; longueur : 9 cm.

Céramiques de Keremtchi/Ke'ermuqi (Chine, Xinjiang). Elles présentent des analogies avec celles de la culture d'Afanassiévo ; d'après J. P. Mallory et V. Mair.

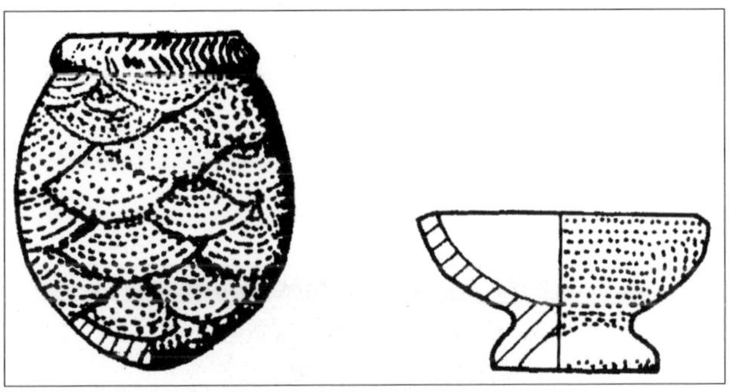

Karaganda… Néanmoins, de l'avis presque unanime des archéologues, la culture d'Afanassiévo est liée aux cultures des steppes européennes, même si l'on ne peut à l'heure actuelle déterminer les conditions de sa formation. Un autre problème est posé par la culture de Botaï, localisée dans les steppes du Kazakhstan septentrional à l'est du cours de l'Ichim, et le type voisin de Tersek à l'ouest du même cours d'eau. Botaï date de 3500-3000 av. J.-C. Il s'agit d'une culture de chasseurs (et éleveurs ?) de chevaux spécialisés : 99,9 % des restes d'animaux trouvés à Botaï même sont ceux de chevaux ! Les chevaux avaient un rôle économique et alimentaire central, mais aussi un rôle rituel très important. Les chasseurs habitaient des maisons à sol décaissé

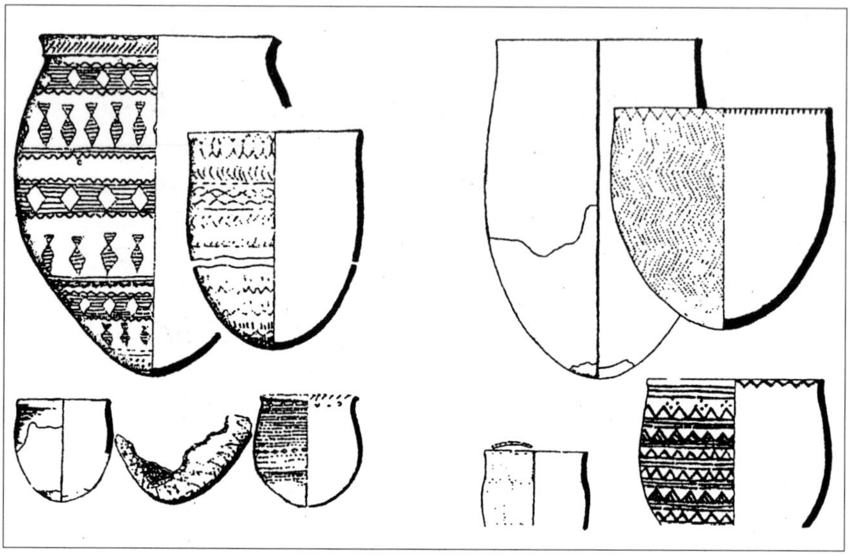

Céramique de Botaï (Kazakhstan).

(158 fouillées à Botaï). Les liens éventuels de cette culture avec celles des steppes européennes à l'ouest et d'Afanassiévo à l'est sont très incertains.

A la culture des Tombes à fosse succède dans les steppes européennes, à partir de 2200 av. J.-C. environ, celle des Tombes à catacombe (XXIIIe-XVIIIe siècles av. J.-C.) – du nom d'un type de sépulture comportant une chambre funéraire souterraine reliée à la surface par un puits d'accès, le tout recouvert de l'habituel tumulus. On lui a cherché des racines au Caucase du Nord. Après 1700 av. J.-C., elle aurait donné naissance en Ukraine à la culture dite de la « Céramique à bourrelets multiples » (XVIIe-XVIe siècles av. J.-C.)., tandis que plus à l'est se développaient les cultures des Tombes à charpente et d'Andronovo. Toutes sont basées sur la même économie privilégiant l'élevage et prolongent plus ou moins des traits associés à la tradition des Kourganes – mais elles ne peuvent plus être associées à la communauté indo-européenne pour les raisons chronologiques évoquées au début du chapitre VII. Leur rôle dans la

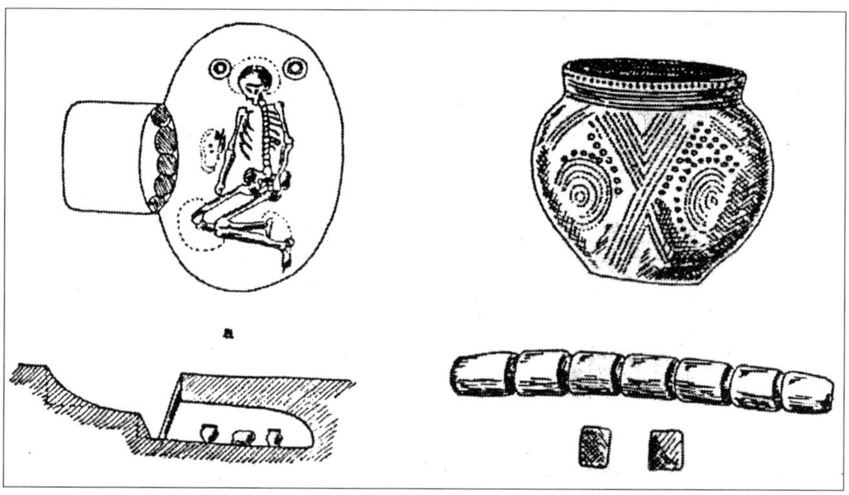

Plan et mobilier du kourgane 9 de Chpakivka près d'Izioum (Ukraine), culture des Tombes à catacombe ; d'après V. A. Gorodtsov et M. Gimbutas.

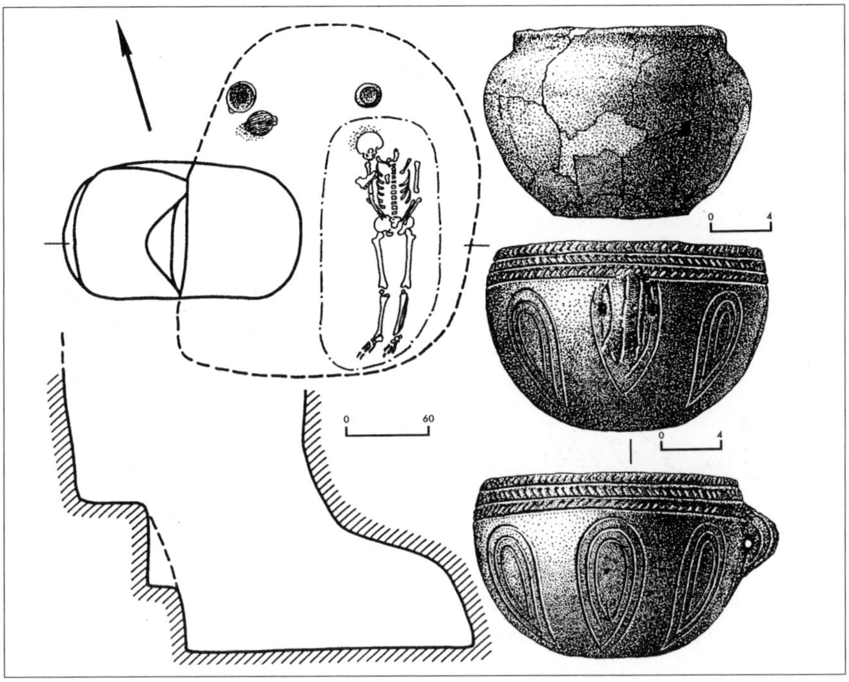

Sépulture de la culture des Tombes à catacombe à Ordjonikidzé (Ukraine) ; d'après A. V. Nikolova et K. P. Bouniatian.

genèse de certains groupes ethnoculturels issus de cette communauté sera détaillé au chapitre IX.

A considérer globalement les cultures steppiques du Chalcolithique, il est assez clair qu'elle présentent de nombreux traits communs, allant du type physique proto-europoïde, largement représenté chez leurs porteurs, au mode de vie – mais aussi qu'elles ne peuvent en aucun cas représenter une même population homogène. La culture des Tombes à fosse procède des cultures antérieures de Serednii Stih (à l'ouest) et Khvalynsk (à l'est), et il est légitime d'inscrire dans le même ensemble les cultures de Mykhaïlivka et Kemi-Oba où apparaissent, par exemple, les fameux kourganes, éventuellement celle de Maïkop bien que d'autres influences y soient évidentes. L'idée d'une continuité culturelle et, éventuellement, ethnolinguistique, paraît donc assez fondée – à condition d'admettre qu'il s'agit d'une nébuleuse de populations apparentées mais distinctes, qui a d'ailleurs incorporé des éléments antérieurs assez nombreux (en particulier les porteurs de la culture de Dniepr-Donets).

L'attribution aux Indo-Européens des cultures des Kourganes repose, comme on l'a vu, sur l'hypothèse plus ancienne d'un foyer steppique. Elle est étayée par le dynamisme expansionniste qui est prêté à ces cultures et surtout par des caractéristiques extrêmement proches de ce que les comparatistes proposent comme modèle d'une « culture indo-européenne ». Encore faut-il préciser à quel(s) stade(s) de cette succession de types archéologiques peut être identifiée l'unité indo-européenne originelle. La réponse la plus logique est

Crâne surmodelé provenant d'une sépulture de la culture des Tombes à catacombe à Jovtnevé (Ukraine).

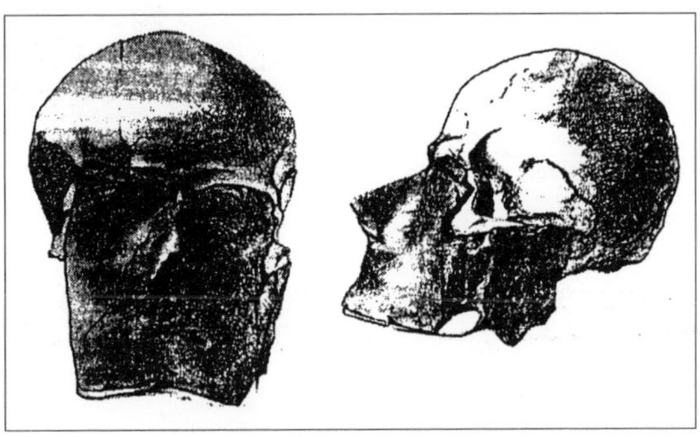

l'horizon « Kourganes I » de Serednii Stih et Khvalynsk, avant la formation de foyers secondaires pouvant correspondre à des groupes indo-européens déjà individualisés.

Même à cette époque reculée, il faut imaginer les Indo-Européens comme une population diversifiée et en cours de diversification accrue du fait de l'absorption (par la force ? par attraction d'un modèle culturel ou social ?) de substrats ethniques locaux. Les cultures de Serednii Stih et de Khvalynsk sont similaires mais non identiques, comme le montre la comparaison des céramiques.

Le modèle des vagues d'expansion de Marija Gimbutas signifie que, tandis que les cultures des Kourganes continuent d'évoluer sur place, des groupes s'en détachent et « kourganisent » (indo-européanisent) d'autres peuples et régions. Par conséquent, au stade final (« Kourganes IV »), la culture des Tombes à fosse, malgré son importance, ne représente plus « les » Indo-Européens, mais « des » Indo-Européens (et des représentants indo-européanisés de populations antérieures, notamment danubiennes), qui plus est déjà divisés en entités régionales préfigurant peut-être de futures divisions ethnolinguistiques. Mais à cette date, il faudrait déjà compter, en dehors du foyer steppique, avec des cultures d'origine indo-européenne fondées par les vagues précédentes.

Reconstitution de l'apparence du « chef » inhumé dans la tombe 43 de la nécropole chalcolithique de Varna (Bulgarie). Les trouvailles de cette riche nécropole infirment-elles la vision d'une « Vieille Europe » égalitaire et pacifique, ou traduisent-elles au contraire les premières influences, sur le monde danubien, des cultures de la steppe auxquelles on attribue parfois la fin brutale de Varna vers 4200 av. J.-C. ?

Kourganes contre « Vieille Europe »

Un aspect important de la théorie de Marija Gimbutas est l'opposition initiale entre les cultures des Kourganes et les cultures danubiennes de la « Vieille Europe », dont elle donne une image exactement inversée. Cette présentation a été critiquée comme caricaturale. La « Vieille Europe » pacifique, matriarcale, égalitaire, agricole, serait le fruit d'une vision idéologique – largement teintée, dans le cas de Marija Gimbutas elle-même, de féminisme, et influencée aussi par des conceptions marxistes qu'elle ne partageait d'ailleurs pas. Des fouilles comme celles de la nécropole de Varna 1 en Bulgarie montrent par exemple l'existence de hiérarchies sociales nettes – à des dates, il est vrai, qui pourraient correspondre aux toutes premières manifestations des Kourganes dans la région, comme l'a suggéré Jan Lichardus. Ce qui reste vrai, c'est la base économique principalement agricole des cultures danubiennes, leur probable culte d'une déesse-mère ou en tout cas de divinités ou principes féminins, et une militarisation moindre que dans les cultures des steppes. En tout cas, la différence d'orientation entre les unes et les autres est difficilement contestable. Il faut signaler à ce sujet que beaucoup de détracteurs de la théorie des Kourganes font un contresens en s'imaginant que son auteur célébrait les triomphes des conquérants venus de la steppe sur les pauvres Danubiens pacifiques : Marija Gimbutas se situait clairement du côté de ces derniers et de leur civilisation plus développée !

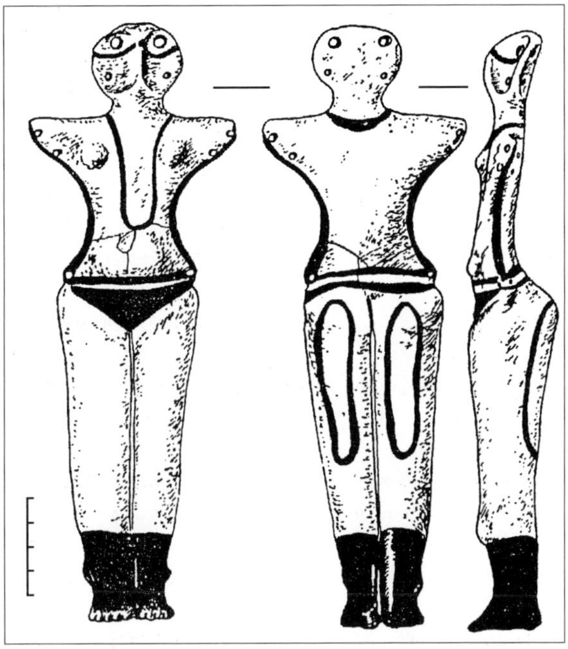

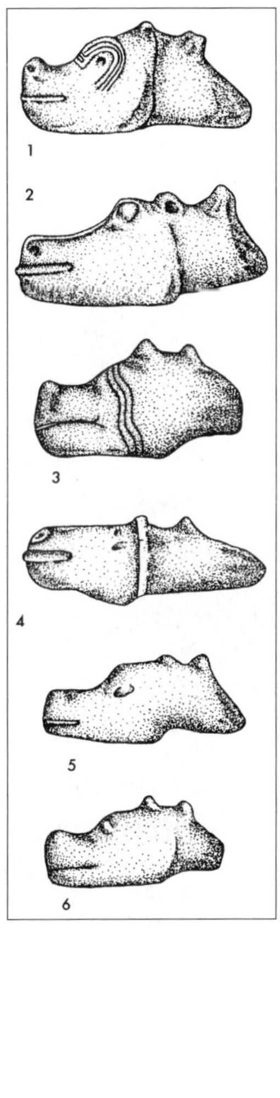

En haut - Statuette féminine, culture de Trypillia.
En bas - Les « sceptres » à tête de cheval du Chalcolithique : emblèmes de pouvoir et marqueurs de l'avance indo-européenne en zone balkano-danubienne ? 1-Casimcea (Roumanie) ; 2-Terekli-Mekteb (Russie, Daghestan) ; 3-Salcuţa (Roumanie) ; 4-Souvorové (Ukraine) ; 5-Fedeleşeni (Roumanie) ; 6-Rjevo (Bulgarie) ; d'après J. P. Mallory.

Cela posé, il convient d'examiner les éléments archéologiques susceptibles de confirmer un élément essentiel de la théorie des Kourganes : l'avance de populations des steppes dans l'aire des cultures danubiennes, qui aurait marqué le début de l'expansion indo-européenne.

Il en existe certaines traces précoces (dès la fin du Ve millénaire av. J.-C.). On a expliqué la disparition vers 4200 av. J.-C. de la culture danubienne de Varna, en Bulgarie, par les premières incursions des gens des Kourganes – mais il existe une autre explication, alternative ou complémentaire, par une catastrophe géologique. Au début du IVe millénaire apparaît, sur des sites danubiens de la culture de Trypillia, une céramique proche de celle des steppes (cf. *infra*). Des rites funéraires analogues à ceux des cultures des Kourganes sont attestés dans des sépultures comme celles de Decea Mureşului en Roumanie (vingtaine de tombes avec ocre, défunts sur le dos jambes pliées, mobilier funéraire de type Novodanylivka) ou Csongrád en Hongrie, qui dateraient des environs de 4000 av. J.-C. On attribue aux même contacts précoces la diffusion dans ces régions balkano-danubiennes de « sceptres » de pierre zoomorphes représentant des têtes de chevaux plus ou moins réalistes, et dont l'inspiration proviendrait des steppes. On les a trouvés en Ukraine du sud-ouest (Souvorové), Roumanie (Fedeleşeni, Salcuţa, Casimcea), Bulgarie (Rjévo), au nord-est du Caucase (Terekli-Mekteb au Daghestan). Des ossements de chevaux apparaissent dans des sites des régions danubiennes vers 4300-4000 av. J.-C.

Trypillia et les Kourganes

Cette interaction entre les cultures de la steppe et leurs voisines (victimes ?) du sud-ouest peut être étudiée plus précisément à travers le cas de la culture de Trypillia (Cucuteni-Trypillia), l'une des civilisations majeures de la Préhistoire européenne *(cf. carte 17, p. 194)*.

Cette culture s'est formée sur la base de la tradition néolithique danubienne, d'abord en Roumanie-Moldavie, avant de s'étendre vers l'Ukraine du sud-ouest en y absorbant des groupes locaux locaux antérieurs qui ont peut-être influencé son évolution, comme la culture de Bouh-Dniestr. Au stade Trypillia A, elle atteint le cours du Dniestr ; au stade Trypillia B, elle occupe une partie de la rive droite

Evocation d'un village de la culture de Trypillia : site de Kolomyïchtchyna I dans la région de Kiev (Ukraine) ; dessin de T. S. Passek.

Maison à deux étages de la culture de Trypillia ; site de Tymkové (Ukraine) ; dessin de N. B. Bourdo.

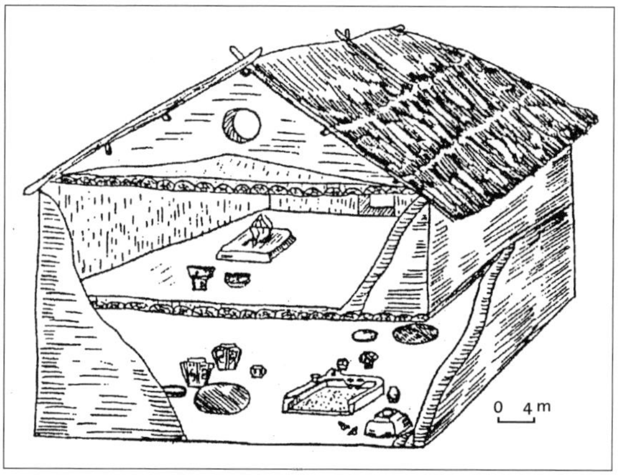

Vase en argile peint de Nezvys'ko (Ukraine), culture de Trypillia, phase moyenne ; hauteur : 28,8 cm.

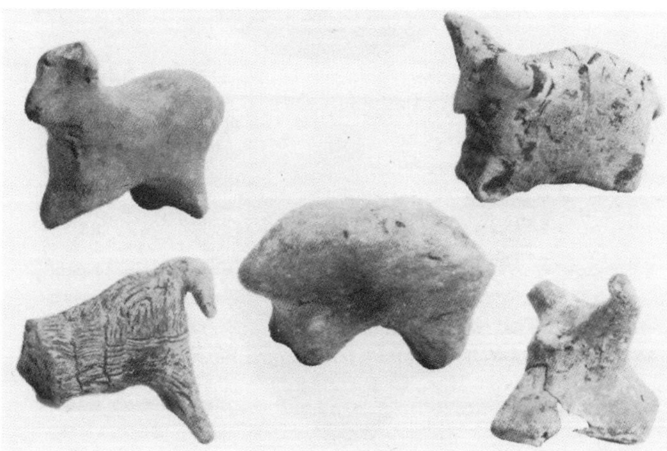

Figurines zoomorphes en argile de Nemyriv (Ukraine), culture de Trypillia.

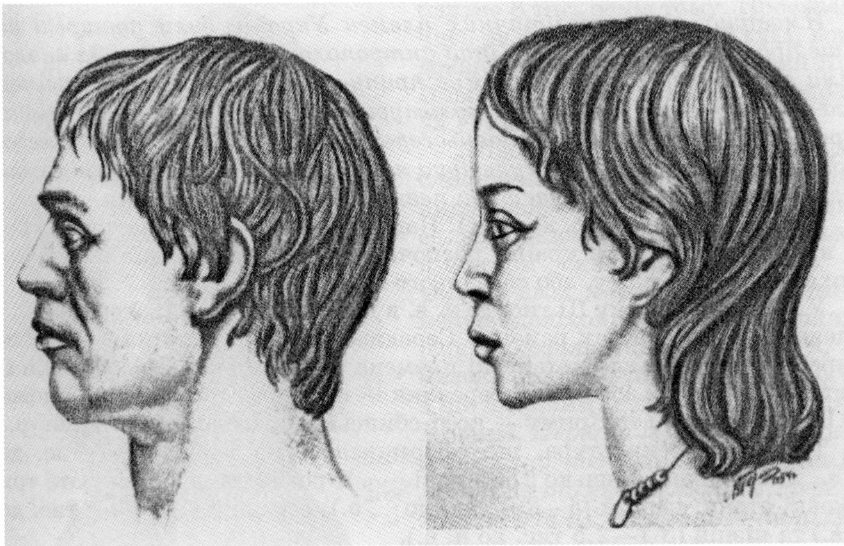

Reconstitution graphique des visages d'un homme et d'une femme de la culture de Trypillia, d'après des crânes trouvés à Vykhvatyntsi (Ukraine) ; dessin de M. Guérassimov.

Tête de femme en argile de Krynytchky (Ukraine), culture de Trypillia ; hauteur : 5,3 cm.

(occidentale) du Dniepr. Elle connaît son extension maximale au stade Trypillia C où elle atteint Kiev et le cours de la Desna, occupe la Volhynie et les côtes de la mer Noire jusqu'à l'actuelle Odessa. L'ensemble des trois phases aurait duré, suivant les datations couramment admises aujourd'hui, de 4500 à 3000 av. J.-C. environ.

Les « Trypilliens » pratiquaient agriculture et élevage (surtout des bovins et du porc), et vivaient dans des villages qui déménageaient tous les 30-40 ans. Certains paraissent être devenus de véritables proto-villes – bien qu'on n'y ait pas identifié de bâtiments spécialisés, administratifs ou cultuels. Dans la région de Tcherkassy (au sud de Kiev), l'agglomération de Tal'ianky couvrait 400 hectares (pour comparaison, la « ville » d'Ur en Mésopotamie n'en faisait que 90 au IIIe millénaire av. J.-C. !). De forme ovale, elle était entourée d'un rempart percé de portes. Une partie au moins du site était organisée suivant un plan radial qui évoque un genre d'urbanisme délibéré, et l'on y a relevé au moins 2 700 bâtiments d'habitation en rangées ! 10 000 à 15 000 personnes auraient pu y vivre, et de hardis calculs suggèrent que la population trypillienne aurait pu compter, à l'apogée de la culture, plus de 400 000 personnes. Trypillia est également célèbre par la qualité de sa céramique peinte.

Le type physique de la population est mieux connu pour la phase récente (Trypillia C) que pour les précédentes. Il est majoritairement méditerranéen : de taille moyenne (165,5 cm de moyenne pour les hommes, 157,7 cm pour les femmes), dolichocéphale, avec un nez de largeur moyenne. On décèle aussi une composante proto-europoïde qui serait plus apparente chez les femmes (ossature plus lourde). Certains auteurs en ont déduit un métissage avec d'autres ethnies – les porteurs des cultures à Kourganes ? – mais la taille plutôt menue de ces femmes de Trypillia les distingue radicalement de celles des steppes plus orientales. D'autre part, ces éléments proto-europoïdes paraissent presque plus nombreux aux stades Trypillia A et B qu'au stade C. On dispose aussi d'une « galerie de portraits » trypil-

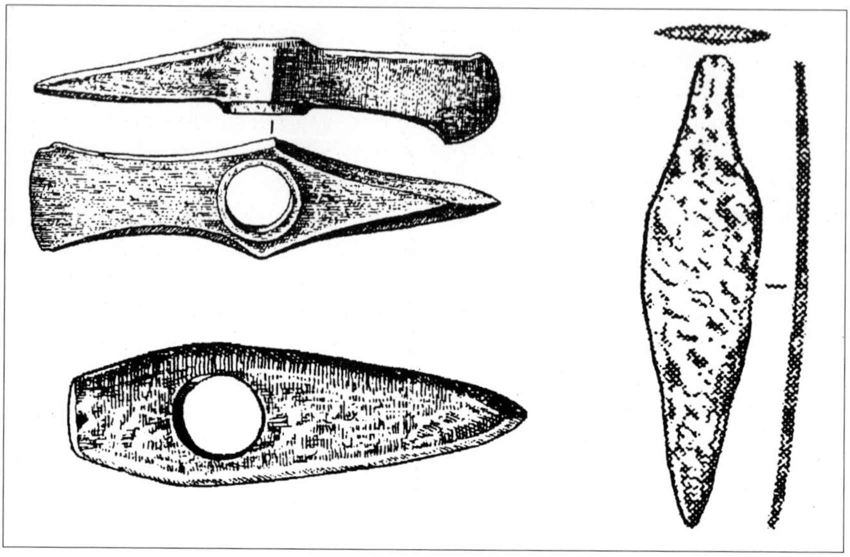

Armes de cuivre provenant d'un village de la culture de Trypillia à Horodnytsia (Ukraine). L'apparition d'armes de combat plus nombreuses au stade B (moyen) de Trypillia est interprétée comme une influence des cultures guerrières des Kourganes ou une réaction à leur menace ; d'après K. Tchernykh.

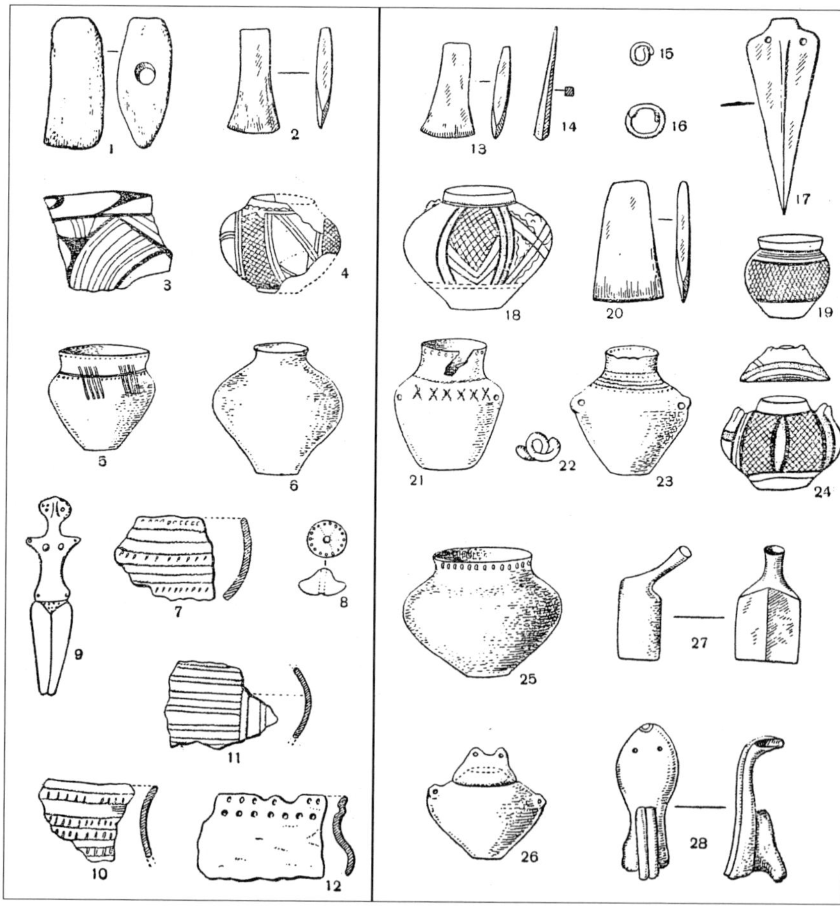

Artefacts caractéristiques de la culture d'Ousatové (à droite) et de la culture apparentée de Horods'k (à gauche). 1 : pierre ; 2, 13-17, 20 : cuivre ; 3-7, 10-12, 18-19, 21, 23-26 : céramique ; 22 : argent ; 8-9, 27-28 : argile ; d'après D. A. Avdoussine.

liens sous forme de statuettes réalistes de personnages toujours dotés d'un grand nez, et que les archéologues cataloguent, de façon peut-être un peu simpliste, comme « méditerranéens » ou parfois « arménoïdes ».

Les rapports de la culture de Trypillia avec celles, contemporaines, des Kourganes, ont été étroits et constituent un terrain intéressant pour la vérification des théories de Marija Gimbutas et de ses partisans.

De l'avis général, la culture de Trypillia s'est étendue du sud-ouest vers le nord-est jusqu'à atteindre, voire dépasser ponctuellement, le cours du Dniepr. L'arrêt de cette expansion – certainement provoquée par des raisons démographiques et l'épuisement de certaines terres – sur la ligne Dniepr-Bouh correspond au développement de la culture de Serednii Stih qui a pu lui faire barrage. Les deux cultures ont été en contact : On a signalé plus haut la présence de céramiques et surtout d'objets de cuivre trypilliens (ou en tout cas balkano-danubiens) sur des sites de Serednii Stih et même de la culture parente de Khvalynsk sur la Volga. Inversement, on voit apparaître, peut-être dès 4000 av. J.-C., de la céramique « kourganisée » (coquille broyée dans la pâte, impressions cordées) sur des sites trypilliens. Or, ces céramiques sont grossières, d'une qualité très inférieure aux belles poteries de Trypillia, si bien qu'elles représentent sans doute moins une marchandise que la trace du séjour, dans l'aire trypillienne, de groupes originaires de l'est. On a évoqué plus haut la diffusion vers la même époque, dans toute la zone balkano-danubienne, des « sceptres » zoomorphes.

Les choses se précisent à l'époque suivante, dans la seconde moitié du IVe millénaire av. J.-C. La culture de Trypillia évolue dans un sens qui trahit l'influence de la steppe : plus grande place de l'élevage, du cheval, fortification des sites (dès l'étape Trypillia B1)... Elle se fragmente en types régionaux dont certains paraissent donner naissance à des cultures mixtes « kourganisées ».

Entre 3500 et 3000 av. J.-C. apparaît la culture d'**Ousatové** en Ukraine du Sud-Ouest. Son économie associe classiquement agriculture et élevage, mais en ce qui concerne ce dernier, on trouve désormais davantage d'ovicaprins que de bovins ou de porcs, et le cheval est largement représenté. L'armement est abondant (avec des poignards de cuivre), et l'outillage lithique a des ressemblances avec celui de la steppe. La céramique trypillienne, soignée et peinte, voisine avec la céramique à coquille dans la pâte et motifs cordés décrite précédemment. Dans les rites funéraires se décèle la même dualité : à côté de tombes plates qui caractériseraient Trypillia C apparaissent des kourganes munis d'un mobilier souvent riche. Diverses représentations ont fait supposer un culte, ou du moins un rôle rituel, du taureau. Le type physique de la population serait plutôt proto-europoïde, quoique les anthropologues ukrainiens évoquent des influences du type méditerranéen de Trypillia. La culture d'Ousatové est proche de celle, contemporaine, de Mykhaïlivka sur le Dniepr (cf. *supra*). Elle est présentée tantôt comme une culture de la tradition des Kourganes qui aurait incorporé des éléments trypilliens antérieurs, tantôt comme un type trypillien tardif très « kourganisé ». Quel qu'ait été son processus précis de formation, elle paraît bien manifester l'avance vers le sud-ouest de la « kourganisation », qui s'achève au IIIe millénaire à l'époque des Tombes à fosse. Cette dernière culture occupe en effet la plus grande partie de l'ancien territoire trypillien.

Ce modèle a essuyé diverses critiques, et une théorie bâtie par l'archéologue ukrainien Iou. Rassamakine (sur la base de travaux antérieurs de Danilenko) prétend même l'inverser complètement. Ce sont les cultures des steppes qui auraient été influencées par l'ensemble danubien. Une première vague d'apports occidentaux se serait produite vers 4500-4100 av. J.-C. à partir des cultures de Varna et de Trypillia B1. Elle aurait influencé la formation dans les steppes de ce que Rassamakine appelle « culture de Skelia » et où il inclut tout ou partie des cultures de Mykhaïlivka, Novodanylivka, Khvalynsk, etc. Une seconde vague, succédant à une « période de déclin », aurait accompagné des migrations vers l'est de porteurs de la culture de Trypillia C1-C2 en 3500-3000 av. J.-C. Le site de Dereïvka, et la « culture de Dereïvka » dont Rassamakine fait l'un des quatre groupes entre lesquels il partage la culture de Serednii Stih, ne dateraient que de cette période. Finalement, il n'y aurait eu aucune diffusion vers l'ouest des cultures steppiques, mais au contraire une expansion vers l'est des cultures – et des populations – danubiennes, principalement celles de Trypillia.

Ce type de remise en cause radicale est toujours intéressant, parce qu'il oblige à de nouvelles vérifications des schémas habituellement admis ; mais dans le cas présent, le modèle de Rassamakine ne peut être admis. Il repose sur des bases erronées : par exemple, la datation « haute » de Dereïvka (dates centrales : 4300-3900 av. J.-C.) est bien assurée. La diffusion d'artefacts de la culture de Trypillia (céramiques, et surtout objets de cuivre) dans les steppes est un fait avéré, mais la migration trypillienne vers l'est est imaginaire. Tout indique au contraire une expansion vers l'ouest des populations de la steppe et de leurs pratiques culturelles, du stade de Serednii Stih et à celui des Tombes à fosse.

Commentaires finaux

Il n'est pas besoin de revenir longuement sur tous les arguments en faveur d'une identification des cultures des Kourganes aux Indo-Européens : localisation géographique vraisemblable, compatible avec les données de la paléontologie linguistique ; ensemble de cultures important, dynamique, présentant des caractéristiques proches de ce que suggère le comparatisme (économie sédentaire mais mobile avec prédominance de l'élevage, société hiérarchisée et patriarcale, abondance des armes, et surtout importance du cheval – quelle que soit la date précise de sa domestication et des débuts de l'équitation). On mentionne aussi souvent la mise à mort de l'épouse d'un défunt, qui préfigurerait des rites de ce genre bien attestés chez divers groupes historiques parlant des langues indo-européennes, jusqu'à nos jours (en Inde). Mais il faut interpréter avec prudence des données archéologiques qui sont loin d'être aussi abondantes et claires que ne le feraient croire certaines généralisations.

Quelques autres points méritent d'être soulignés.

Si nous voulons définir de façon réaliste la communauté indo-européenne des IVe-IIIe millénaires, il faut y inclure non seulement les porteurs des cultures des Kourganes, mais aussi le substrat néolithique qu'ils ont assimilé au début de leur histoire (Dniepr-Donets et Samara), et encore les parties des populations balkano-danubiennes, notamment des Trypilliens, progressivement « kourganisées ».

Au moment de sa dissolution, la communauté indo-européenne était issue du mélange de différentes composantes, comme le révèlent le type anthropologique, le matériel archéologique, et sans doute certaines particularités linguistiques. L'une de ces composantes – celles des Kourganes, suivant la théorie exposée ici – a légué à l'ensemble sa langue, probablement son organisation sociale et, à en croire Georges Dumézil, son cadre de pensée « trifonctionnel ». Il est évident que les autres aussi ont laissé quelque chose d'elles-mêmes : leurs gènes, certes, mais également des éléments culturels. Une partie du vocabulaire agricole indo-européen (notamment celui qui n'est attesté que dans les langues d'Europe) a pu être emprunté à un substrat danubien. On pourrait imaginer que ce soit aussi le cas de l'un des noms du cuivre (**ayos*), compte tenu de l'avance dans ce domaine de la culture de Trypillia et des « exportations » trypilliennes vers l'aire des Kourganes ; l'autre nom, **roudhos*, lié à l'adjectif « rouge », pourrait alors être le « vrai » nom indo-européen (mais cf. chapitre VI à propos de l'éventuelle parenté avec le sumérien *urud*).

On a vu à propos des théories duméziliennes (chap. V) qu'un mythe dit de la « guerre de fondation » montrait une société divine divisée entre, d'une part les représentants de la souveraineté et de la guerre (deux premières fonctions), d'autre part ceux de la richesse et de la volupté ; ils s'affrontent avant de se réconcilier, formant le panthéon trifonctionnel complet. Il est tentant d'y voir un souvenir mythique de la superposition des cultes indo-européens à ceux, dominés par des divinités féminines, des cultures danubiennes. Le prototype néolithique de Zeus était-il adoré dans les steppes par les porteurs de la culture de Serednii Stih, tandis que celui d'Aphrodite l'était sur le Dniestr par les Trypilliens ? Ou n'est-ce qu'une fausse bonne idée, séduisante parce que simpliste ?

On s'est également posé la question de l'origine des porteurs du plus ancien stade (Serednii Stih II et Khvalynsk) de la tradition des Kourganes. Une théorie en fait des immigrants d'Asie Centrale, venus plus précisément de l'est ou du sud-est de la mer Caspienne : leurs traces se rencontreraient sur des sites de la fin du Mésolithique et du tout début du Néolithique comme Belt, Dam-Dam Tchachmar, Djebel. Les racines ultimes de ce groupe humain devraient être cherchées dans des cultures paléolithiques du nord-ouest de l'Iran, et B. Sergent conclut : « *il y a plus de 10 000 ans, les Indo-Européens, encore indifférenciés, étaient un petit peuple voisin des Sémito-Hamites du Proche-Orient.* » Outre qu'on ne peut pas plus parler d'« Indo-Européens », même « encore indifférenciés », au Paléolithique, que de « Français (encore indifférenciés) à l'époque romaine », cette continuité est hypothétique. Elle cadre apparemment mal avec les données de l'anthropologie physique, qui assigne aux porteurs des cultures mésolithiques de la Caspienne un type majoritairement méditerranéen distinct du type proto-européoïde courant dans les cultures des Kourganes. Et il existe des théories qui lient la néolithisation des steppes plutôt à des influences caucasiennes. D'autres auteurs, comme on l'avait signalé au chapitre IV, envisagent que les Indo-Européens se soient formés par mélange d'éléments ethniques divers, ce qui n'a rien d'impossible.

Une autre conséquence inattendue de la théorie des Kourganes est que les héritiers les plus directs de l'unité indo-européenne, les plus fidèles à des aspects fondamentaux de la culture ancestrale, ne sont ni les Anatoliens précocement détachés du tronc principal, ni les Indiens ou les Baltes aux parlers « archaïques », ni les Germains que Tacite croyait de pure race – mais les Iraniens, plus précisément les Iraniens des steppes.

L'évolution des cultures des Kourganes dans les steppes débouche en effet directement, à la fin de l'âge du Bronze, sur les entités ethnoculturelles connues historiquement sous les noms de Scythes et Saces, Sauromates-Sarmates, Massagètes, et peut-être auparavant Cimmériens. La liste est longue des traits qui les rattachent au modèle ancestral : la passion du cheval et son rôle rituel, jusqu'à la tombe de son maître ; l'inhumation sous kourgane, avec aspersion d'ocre, usage de litières, toitures, érection de stèles anthropomorphes ; l'emploi rituel de substances psychotropes… Le mode de vie nomade de ces peuples est l'ultime étape du glissement vers la mobilité et le pastoralisme des cultures des Kourganes du Chalcolithique. Leurs ancêtres sont simplement demeurés sur le territoire originel, et certains kourganes de la steppe ukrainienne et russe ont été réutilisés presque sans discontinuer de la Préhistoire à l'époque sarmate. Même le type physique proto-europoïde, si bien attesté dans les sépultures de Seredniï Stih ou des Tombes à fosse, se retrouve chez les premiers nomades de l'âge du Fer.

Nous ne voulons évidemment pas dire que les Scytho-Saces, Sauromates ou Massagètes étaient des Indo-Européens « purs » – simplement qu'ils ont conservé un héritage relativement peu marqué par d'autres influences. Et la conservation de cet héritage dans les steppes est un argument de plus en faveur d'une localisation dans cette région du foyer indo-européen.

La théorie des Kourganes – comme d'ailleurs beaucoup d'autres hypothèses – est sous-tendue par un modèle migratoire : la diffusion des langues indo-européennes, et donc la formation des peuples qui les parlaient à l'origine, s'expliquent principalement par des migrations, et surtout par des phénomènes de conquête et de domination. On l'admet souvent de façon implicite tant cela semble évident ; l'histoire nous en montre des exemples nombreux et parfaitement documentés, de la diffusion du latin par les conquêtes des Romains à celle du turc en Asie Centrale et en Anatolie… ou des langues européennes (indo-européennes, d'ailleurs !) aux Amériques. Il n'existe d'ailleurs pas de vrai modèle alternatif. L'idée que l'indo-européen aurait pu se diffuser par simple contact (à travers des relations commerciales ou culturelles, par voisinage…) n'est applicable qu'à une échelle très réduite. Elle ne peut expliquer l'ampleur du phénomène indo-européen, surtout quand celui-ci se traduit par l'apparition de populations parlant des langues de cette famille dans un milieu non indo-européen. Le « Tokharien » isolé au milieu du Turkestan oriental ne s'est sûrement pas développé là par contact !

Objets en bois de cerf, identifiés comme des barrettes de mors, de la culture de Seredniï Stih en Ukraine :
1 et 2-Dereîvka,
3-Vynohradnyï ;
d'après D. Téléguine.

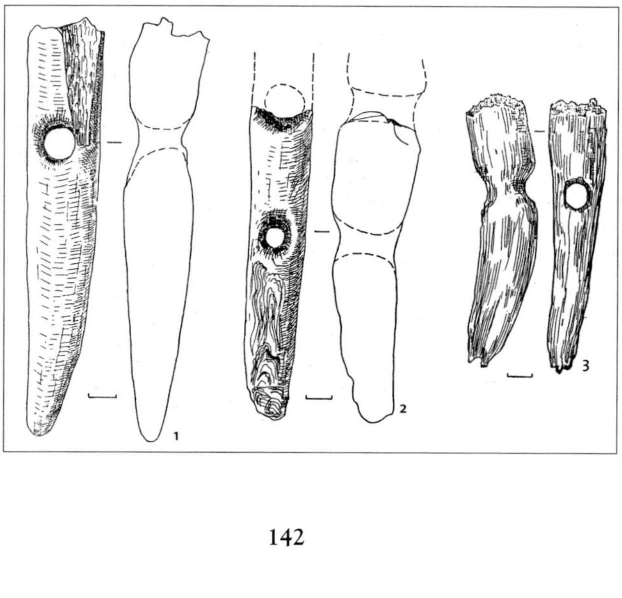

Le caractère guerrier de ces migrations a peut-être été exagéré ou en tout cas trop systématisé. Mais il ne serait pas non plus très vraisemblable d'imaginer que les Indo-Européens se soient installés de façon pacifique et consensuelle sur des territoires dont certains étaient densément peuplés. Toutefois, il y a sans doute lieu de se représenter des modèles diversifiés d'expansion : la conquête, mais aussi l'occupation opportuniste du territoire d'une culture en crise, et encore l'intrusion – peut-être bienvenue dans certains cas – de petits groupes détenteurs de techniques avancées, comme celles liées au cheval et aux véhicules.

Pour beaucoup de spécialistes, en effet, les conquêtes indo-européennes auraient été facilitées par la domestication du cheval. Or, ce point, après avoir été largement admis, a été contesté récemment à travers la réinterprétation de certaines données archéologiques : traces d'usure éventuellement causées par un mors sur des dents de chevaux, et objets interprétés comme des éléments de harnachement. Il s'agit notamment d'objets en bois de cerf découverts à Dereïvka et identifiés comme des montants latéraux de mors (les précurseurs des *psalia* ou barrettes de mors de l'Antiquité). Ute Luise Dietz, qui a procédé à une contre-enquête technique très détaillée, conteste cette hypothèse et y voit des fragments d'outils, voire des éléments de filets de pêche. Même la domestication du cheval par les chasseurs spécialisés des cultures du type Botaï/Tersek en Sibérie est discutée. Il faut rappeler que les plus anciens vestiges indiscutables de chars de combat attelés de chevaux ne datent que des environs de 2000 av. J.-C. (Krivoïé Ozero au sud de l'Oural, culture de Sintachta, entre 2200 et 1800 av. J.-C.) ; les véhicules à deux roues pleines de la culture des Tombes à fosse, au IIIe millénaire av. J.-C., n'avaient sans doute pas de fonction tactique. Et des combattants montés ne sont attestés que beaucoup plus tard encore, à la fin du IIe et au début du Ier millénaire av. J.-C. Dans les steppes eurasiatiques, ce sont les nomades des périodes « cimmérienne » puis « scythe » qui développeront l'emploi d'une vraie cavalerie. Autrement dit, il est fort possible que les porteurs des plus anciennes cultures des Kourganes aient commencé leur expansion à pied, et qu'on ait projeté sur eux de façon anachronique l'image de cavaliers exclusifs des nomades historiques. Mais le débat n'est pas clos, et beaucoup de spécialistes s'en tiennent à une domestication du cheval, assortie d'un début de monte, dès le IVe millénaire av. J.-C.

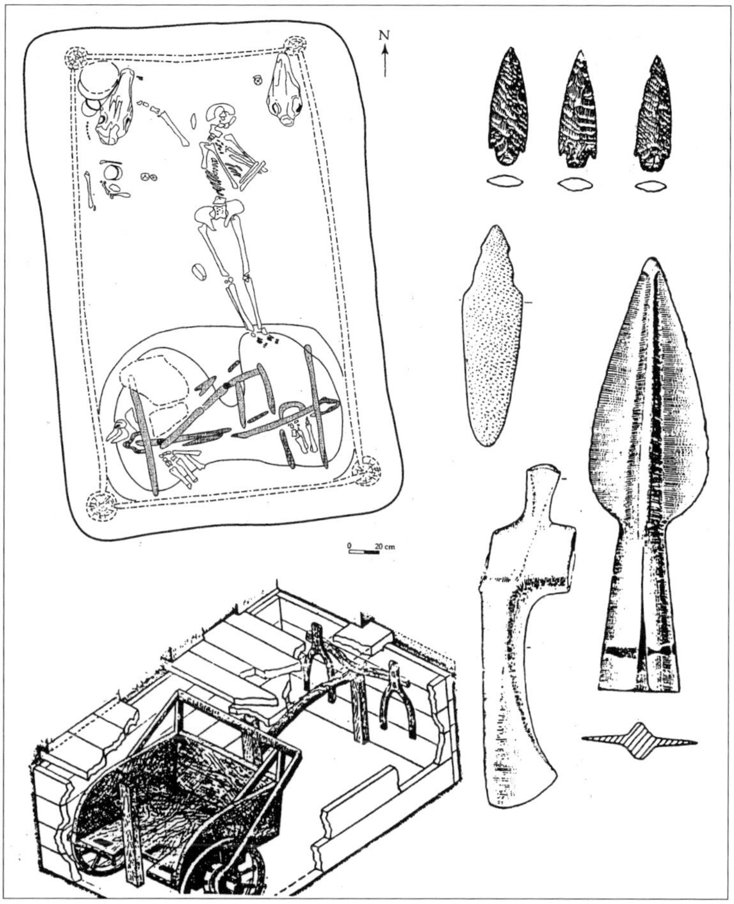

Plan et mobilier de la tombe à char sous kourgane de Krivoïé Ozero (Russie, Oural méridional), culture de Sintachta, avec reconstitution du char ; d'après V. Botchkarev.

Enfin, pour revenir à l'esprit dans lequel Marija Gimbutas avait imaginé son modèle, il faut reconnaître que si les Indo-Européens sont initialement les porteurs des cultures des Kourganes, et si leur expansion vers le sud-ouest s'est faite en partie par la force, ils sont responsables de la disparition de l'un des ensembles culturels les plus brillants de l'histoire de l'humanité. Ils ont interrompu son évolution qui semblait devoir conduire, bien plus tôt que ce qui s'est effectivement produit dans l'histoire de l'Europe, à l'urbanisation et à l'apparition de l'écriture. C'est un contrepoint amusant aux anciens mythes de « l'Aryen civilisateur » !

CHAPITRE IX

De la communauté indo-européenne aux peuples historiques

Si l'on ne peut pas, à ce stade, conclure par un « C.Q.F.D. » cette présentation de la théorie des Kourganes, quitte à en modifier certains aspects mineurs au fur et à mesure des découvertes, c'est parce que la démonstration ne serait parfaite que si nous pouvions suivre l'évolution des cultures et des peuples à partir de l'agrégation ethnoculturelle des Kourganes jusqu'aux Celtes, Iraniens, Thraces, etc., historiques. Or, cette continuité est plus ou moins facile – ou possible – à retracer suivant les cas. Parmi les prises de position récentes des « Kourganistes » à ce sujet, on peut opposer la vision optimiste d'un Bernard Sergent au relatif scepticisme d'un J. P. Mallory. La première position est évidemment plus satisfaisante pour l'esprit, et le rôle du chercheur est bien de pousser son modèle jusqu'à ses conséquences extrêmes pour le tester. Néanmoins, cela conduit à brosser de grandes fresques « macro-archéologiques » que les spécialistes des diverses cultures impliquées ne reprennent pas toujours à leur compte. Certaines formulations choquent par leur caractère péremptoire, ainsi, chez B. Sergent : « *Il est acquis que les descendants des porteurs de la culture des Amphores globulaires sont les Macro-Baltes.* » : c'est loin d'être universellement admis, et il en va de même de l'existence d'un groupement « macro-balte ». Dans un domaine où il n'existe presque aucune certitude (presque, parce que le cas des Iraniens de la steppe est relativement clair), nous essayerons de distinguer le probable de l'hypothétique.

Genèse des peuples et des langues

Avant ces études de cas, quelques notions générales doivent être rappelées.

Comme cela a déjà a été expliqué au chapitre IV à propos de la notion d'« Indo-Européens », on ne doit pas se représenter un peuple originel se divisant d'un seul coup pour former les groupes que nous connaissons. On peut discuter sur les trois vagues imaginées par Marija Gimbutas, mais l'idée générale est claire : de la communauté indo-européenne, qui a existé pendant à peu près deux millénaires dans les steppes européennes, se sont détachées à plusieurs reprises des populations qui ont migré dans différentes directions. Chacune parlait une forme de l'indo-européen conditionnée par la date de sa « sécession » et, probablement, par sa région d'origine (si, comme c'est probable, l'indo-européen avait des dialectes régionaux). Ensuite, il faut envisager dans la plupart des cas une phase d'interaction entre ces migrants indo-européens et les indigènes des différents territoires où ils se sont installés. Elle a certainement été très différente suivant les cas, en fonction des rapports numériques entre les uns et les autres, de leurs relations plus ou moins conflictuelles, et du degré de développement des cultures indigènes. Mais à son terme, partout où l'élément indo-européen l'a emporté sur les plans linguistique et culturel, sont apparus des peuples parlant des langues de la famille indo-européenne (après une période plus ou moins longue de bilinguisme ?) et ayant une culture de tradition indo-européenne. Il est très difficile de savoir si ce processus d'ethnogenèse a fait intervenir des majorités de migrants indo-européens assimilant des indigènes moins nombreux, ou si de petites minorités indo-européennes ont réussi à « indo-européaniser » des populations plus nombreuses qu'elles. Les deux cas ont dû se produire. Comme le montre l'histoire, la diffusion et le recul des langues et des cultures sont bien liés à des rapports de force, mais ceux-ci ne sont pas purement quantitatifs. D'autres facteurs que les effectifs de locuteurs entrent en ligne de compte : les questions de prestige (de la langue elle-même, de la culture ou de la religion qu'elle véhicule, du mode de vie de ses porteurs) sont souvent déterminantes. Dans le même esprit, J. P. Mallory insiste sur le rôle joué par les structures sociales des deux populations en présence et les possibilités qu'elles offrent respectivement.

Dans certains cas, le même processus a dû se produire plusieurs fois. Si l'on imagine par exemple que la « kourganisation » de l'ancienne aire des cultures néolithiques danubiennes comme celle de Trypillia représente l'indo-européanisation de populations d'autres souches, il en résulte que des populations génétiquement issues de ces mélanges, mais de langue et de culture indo-européennes, sont ensuite sorties de cette zone pour aller en indo-européaniser d'autres, par exemple en Anatolie. La chose est simple à comprendre : il suffit de se rappeler comment la langue latine a été diffusée par la conquête romaine en Gaule et adoptée, sous une forme influencée par le substrat celtique local, par les populations gauloises, dont les descendants français ont ensuite eux-mêmes implanté leur langue néo-latine (marquée entretemps par des apports germaniques) sur les territoires qu'ils ont conquis sur plusieurs continents

On voit alors à quel point l'ethnogenèse des Grecs, des Celtes, ou des Iraniens historiques a pu être complexe. Nous avons un point de départ hypothétique dans les steppes. Nous avons comme point d'arrivée les populations parlant des langues indo-européennes (du moins celles que nous connaissons : on verra qu'on peut soupçonner la disparition de divers groupes anonymes !). Mais les étapes intermédiaires, plus ou moins nombreuses, plus ou moins documentées, restent floues dans beaucoup de cas *(cf. carte 24, p. 201)*.

Les Anatoliens

De l'avis général, les ancêtres linguistiques des Anatoliens sont les premiers à s'être séparés du reste des populations de langue indo-européenne, à un stade encore archaïque de la langue (« indo-européen 2 »). Néanmoins, ce « décrochement » des Proto-Anatoliens n'a pas pu se produire avant l'apparition des premiers véhicules : le hittite possède des termes, apparentés à ceux d'autres langues indo-européennes, pour la « roue » (*hurki-* = « tokharien » B *yerkwanto*), le « joug » (*yukan* = sanskrit *yugám*, slave *igo*, latin *jugum*, etc.), le « timon » ou « brancard d'attelage » (*hissa-* = avestique *aēša*), le « harnais » (*turiya-* = sanskrit *dhúr* « joug, timon », « tokharien » A *tursko* « bœuf de trait »). Cela nous place au plus tôt au IVe millénaire (après 3600 av. J.-C. ?).

Comment les locuteurs du ou des dialectes indo-européens à l'origine des langues anatoliennes sont-ils parvenus de leur foyer steppique en Asie Mineure ? Il existe deux possibilités : celle d'une venue par les Balkans et le Bosphore, et celle d'une traversée du Caucase vers le sud *(cf. carte 16, p. 193)*.

Cette seconde hypothèse a longtemps été privilégiée et même présentée comme une évidence, peut-être par analogie avec les mouvements dans la même direction, à l'époque historique, des Cimmériens, Scythes, et autres occupants des steppes ukraino-russes. Sur le plan archéologique, on peut invoquer l'apparition un peu avant 3000 av. J.-C. de kourganes analogues à ceux des steppes, en Transcaucasie sur l'aire de la culture dite de Koura-Araxe, et en Anatolie du nord-est, où sont signalés des ossements de chevaux. Ces influences venues du nord du Caucase seraient ensuite reflétées par certaines particularités des grandes tombes « royales » d'Alaca Höyük (vers 2350-2150 av. J.-C.), au nord de l'Anatolie centrale. Tout cela correspondrait à l'expansion des Proto-Anatoliens. On observe cependant que ce schéma explique mal la répartition territoriale ultérieure des langues anatoliennes, concentrées plutôt à l'ouest et au sud de l'Asie Mineure, suivant une configuration qui s'accorderait mieux avec une expansion à partir de l'ouest. Ajoutons que les quelques prétendues traces de parlers anatoliens dans les steppes (le nom de *Temarunda* donné selon Pline à la mer d'Azov, glosé « mère de la mer » et rapproché du hittite *aruna* « mer ») ou au Caucase (la mystérieuse langue « khati » évoquée dans les récits épiques ossètes) ne sont à notre avis absolument pas convaincantes.

L'hypothèse d'une provenance balkanique des Proto-Anatoliens est aujourd'hui majoritaire. Il s'agirait de l'un de ces groupes indo-européens établis en territoire « danubien » (et, sans doute, déjà mélangé aux porteurs de cultures danubiennes), et qui aurait traversé le Bosphore comme devaient le faire, beaucoup plus tard, les ancêtres des Phrygiens et ceux des Arméniens. Les éléments anatoliens que d'aucuns ont cru identifier en Grèce iraient en ce sens. Dans cette hypothèse, la manifestation archéologique de l'arrivée de cette population serait la série de destructions attestée sur des sites anatoliens, d'abord occidentaux vers 2700-2600 av. J.-C., assortie de la diffusion de traits culturels originaires du nord-ouest de l'Anatolie (architecture à *megaron*, c'est-à-dire à foyer central et colonnes, céramique type Troie V) et de l'apparition de restes de chevaux. Un mouvement dans cette direction serait compatible avec la carte des langues anatoliennes au IIe millénaire av. J.-C.

Les peuples d'Europe du Nord : le problème de la Céramique cordée

Un vaste espace entre Rhin et Volga était dominé au IIIe millénaire par un même ensemble culturel : celui de la Céramique cordée et des Haches de combat, auquel nous avons déjà fait diverses allusions. La plupart des spécialistes considèrent que ses porteurs devaient parler des dialectes indo-européens à l'origine des grandes langues attestées ensuite à l'époque historique dans ces régions : germanique, balte et slave. On remarque qu'après une brève phase d'unité jusque vers 2800 av. J.-C., cette culture de la Céramique cordée s'est scindée en une dizaine de groupes régionaux bien caractérisés, correspondant probablement à des « peuples » en cours de cristallisation.

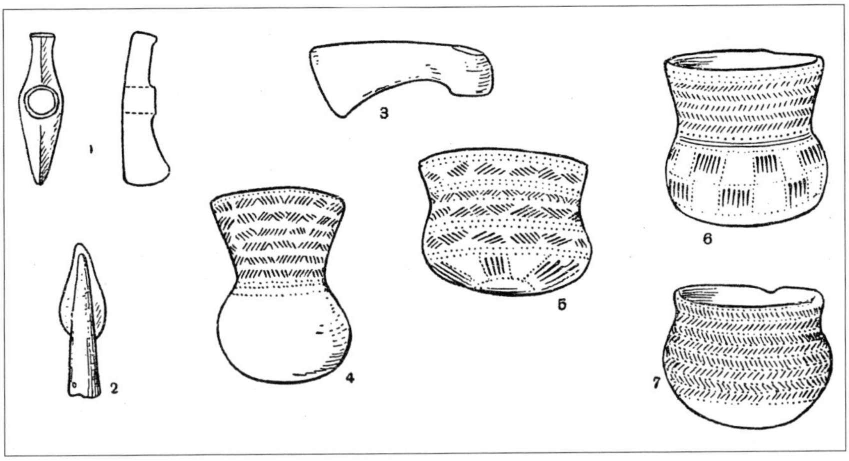

Artefacts caractéristiques de la variante régionale « du Dniepr moyen » de la culture de la Céramique cordée.
1 : pierre ;
2-3 : « métal » ;
4-7 : céramique ;
d'après D. A. Avdoussine.

La première question qui se pose est celle de l'origine de la Céramique cordée et plus spécifiquement, dans le cadre de notre vérification de la théorie des Kourganes, de ses liens avec les steppes. Pour bien la comprendre, il faut la resituer dans un contexte un peu plus large.

La culture de la Céramique cordée a été précédée, sur des aires assez voisines, par la culture des « Gobelets à entonnoir » (à partir de 4500-4000 av. J.-C.), et elle a cohabité avec celle dite des « Amphores globulaires » (v. 3500-2000 av. J.-C.).

Haches de pierre et céramiques de la culture des Gobelets à entonnoir, provenant de Pologne ; d'après K. Jazdzewski.

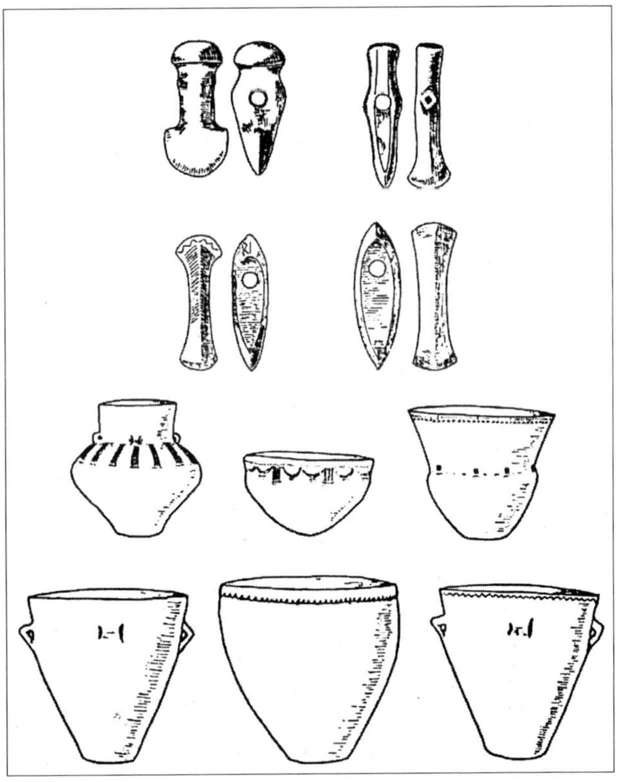

La culture des **Gobelets à entonnoir** a occupé un vaste territoire entre Allemagne du nord-ouest et Ukraine du nord-ouest, mais avec des variantes locales très contrastées, au point qu'en dehors du récipient qui lui a donné son nom, elle présente peu de caractéristiques claires *(cf. carte 25, p. 202)*. L'une des variantes, celle de Baalberg (Allemagne centrale et Bohême) se distingue par des sépultures en cistes de pierre sous tumulus, et des liens avec les cultures plus orientales.

La culture des **Amphores globulaires** *(cf. carte 26, p. 203)* s'est développée sur la plus grande partie de l'aire des Gobelets à entonnoir (sud de la Scandinavie, Allemagne, Pologne, Lituanie). Elle en est sûrement l'héritière, mais comporte d'importantes innovations, par exemple des tombes collectives où le corps d'un homme (parfois muni d'un disque d'ambre portant des motifs solaires) est entouré de ceux de femmes et d'enfants. On trouve également les restes de bovins et de chevaux. Les tombes peuvent être recouvertes d'un tumulus, et les corps aspergés d'ocre – ces traits seraient surtout attestés dans la partie orientale du territoire des

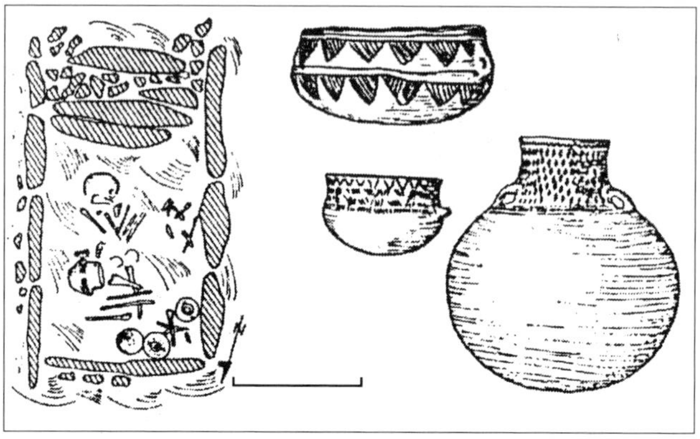

Sépulture de la culture des Amphores globulaires, Schönebeck (Allemagne) ; d'après L. Kilian.

Amphores globulaires. En Pologne septentrionale, on a également trouvé des stèles anthropomorphes associées aux sépultures. L'économie reposait sur l'agriculture et sur l'élevage de bovins, d'ovins, du porc et du cheval.

La culture de la **Céramique cordée** *(cf. carte 26, p. 203)* apparaît peu après celle des Amphores globulaires, sensiblement sur le même territoire et probablement à partir des mêmes éléments. Les établissements sont rares, au point qu'on a voulu faire des « Cordés », comme on appelle parfois les porteurs de cette culture, une population essentiellement pastorale. Les sépultures, elles, sont nombreuses, et leur trait le plus frappant est le traitement différencié des deux sexes. Les tombes sont plates ou surmontées d'un tumulus. Les corps reposent sur le dos, ou sur le côté avec les jambes fléchies ; dans ce cas, les hommes reposent sur le côté droit, tête vers l'ouest, visage vers le sud, et les femmes sur le côté gauche, tête vers l'est, visage également vers le sud. Dans certains groupes locaux, la distinction est maintenue, mais les positions respectives des hommes et des femmes inversées. Les artefacts typiques comprennent bien sûr la céramique à impression de cordelettes qui a donné son nom à la culture, la « hache de combat » en pierre polie par laquelle on la désigne aussi parfois, et divers objets de pierre, d'os, et de cuivre. Il semble que le cheval était domestiqué et que les « Cordés » utilisaient des véhicules à roues.

On voit comment diverses caractéristiques peuvent évoquer une parenté avec les cultures des Kourganes – plus précisément une impulsion ou des influences venues de ces dernières. Le problème est de savoir à quel stade précisément elles seraient intervenues, et si elles sont démontrables. Il n'y a de réponse claire à aucune de ces deux questions.

Tumulus de la culture de la Céramique cordée à Mokhovoïé/Wiskiauten (Russie, Prusse-Orientale), contenant trois sépultures superposées ; d'après O. Kleeman et L. Kilian.

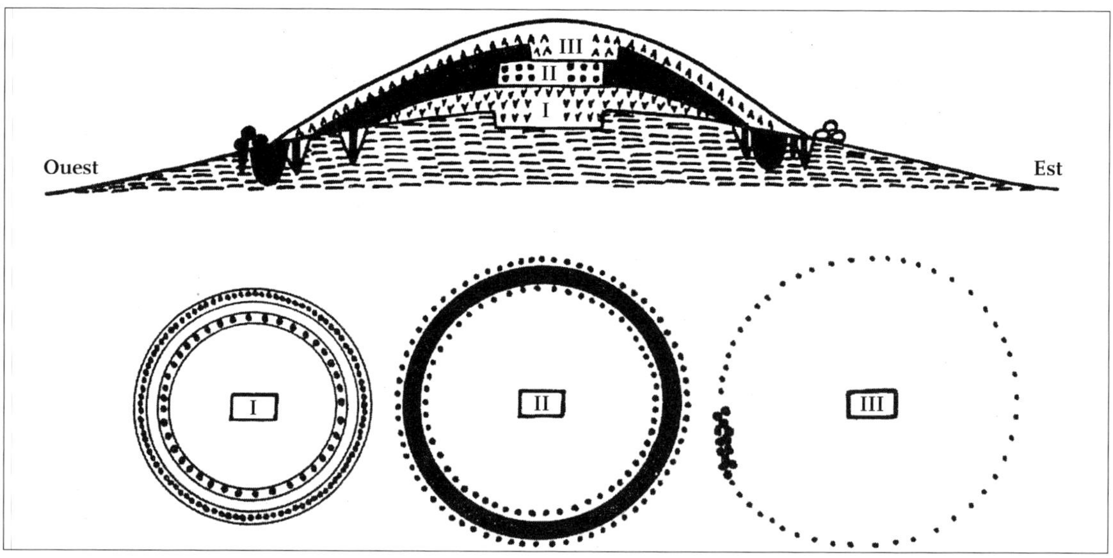

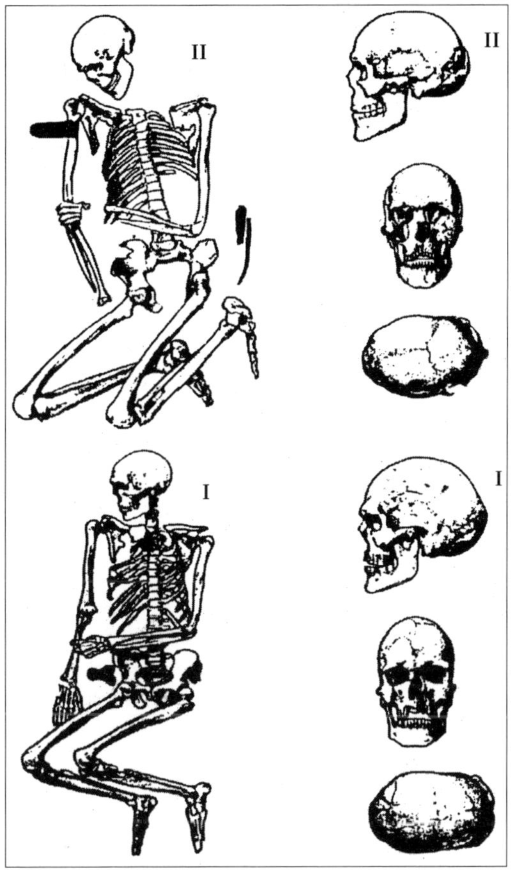

Ci-dessus - Coupe en bois de bouleau provenant d'une sépulture de la culture de la Céramique cordée à Stedten près d'Eisleben (Allemagne).
Ci-contre - Squelettes des sépultures I et II de Mokhovoïé/Wiskiauten (Russie, Prusse-Orientale) ; d'après Heydeck.

Haches de combat en pierre provenant de Thuringe ; d'après G. Löwe.

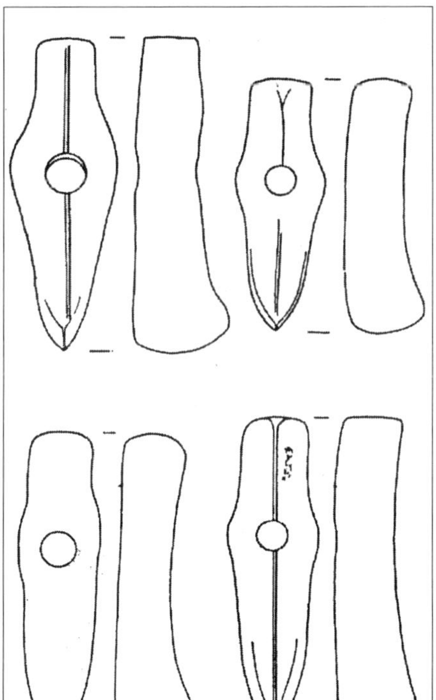

Céramiques de la phase B de la culture des Gobelets à entonnoir, provenant du Danemark ; d'après C. J. Becker.

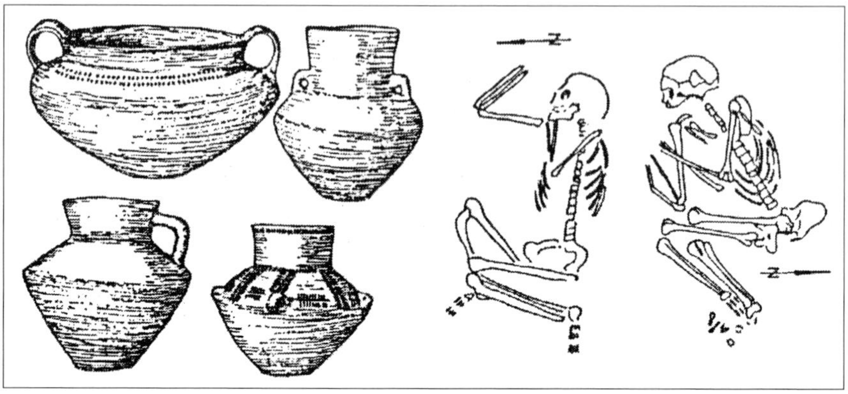

Céramique et squelettes de tombes de la culture de Baalberg ; d'après U. Fischer, J. Preuß, W. Weber.

Jan Lichardus croit déceler des apports venus des steppes dès le stade des Gobelets à entonnoir. Ils auraient déterminé le passage de la « phase B », liée aux cultures danubiennes, à la « phase A » postérieure, et se traduiraient par l'apparition de prototypes des futures haches de combat et décors cordés sur la céramique, de la position étendue des corps dans les sépultures, de l'aspersion d'ocre, et aussi par la diffusion des véhicules à roues et peut-être la domestication du cheval. Il s'agirait d'influences de la culture de Serednii Stih venues à travers l'aire de l'ancienne culture de Dniepr-Donets. Le modèle des fameux gobelets eux-mêmes se trouverait à Ihren', en Ukraine, sur un site du Ve millénaire av. J.-C. D'autres chercheurs ont vu dans le type local de Baalberg l'intermédiaire entre les steppes et l'Europe du nord.

Ces schémas sont vigoureusement contestés par différents spécialistes de la culture des Gobelets à entonnoir ; il est d'ailleurs intéressant de savoir que pour Marija Gimbutas, cette dernière n'était pas indo-européenne.

L'auteur de la théorie des Kourganes associait l'indo-européanisation de l'Europe du Nord à l'apparition de la culture des Amphores globulaires (rites funéraires, rôle du cheval, forme de certaines céramiques, etc.). Mais là encore, les spécialistes de cette culture sont souvent réticents à envisager une origine ou même une influence steppique.

Enfin, la comparaison entre la culture de la Céramique cordée et celles des Kourganes a donné lieu à de vives controverses – d'autant qu'on ne compare pas toujours les mêmes choses. D'une part, l'horizon de la Céramique cordée est lui-même assez diversifié ; d'autre part, si l'on invoque une influence steppique sur la **formation** de la Céramique cordée, il est clair qu'il ne faut pas la rapprocher seulement de la culture globalement contemporaine (en fait à peine plus ancienne) des Tombes à fosse, mais aussi et surtout des stades précédents de la tradition des Kourganes (Serednii Stih – Novodanylivka – Mykhaïlivka – Maïkop).

A la rubrique des ressemblances figurent des traits assez généraux et d'autres beaucoup plus précis. On cite habituellement le caractère plutôt pastoral de l'économie, la dimension guerrière, le tumulus/kourgane, la pose des défunts (sur le dos, jambes fléchies), la composition des mobiliers funéraires qui se recoupent partiellement, les décors cordés de la céramique, certains pendentifs en dents d'animaux.

Les différences résident dans le traitement funéraire différencié des deux sexes et tous les principaux types d'artefacts (notamment les céramiques – en dehors du décor cordé – et la fameuse hache de combat). La question des rapports entre le type physique des « Cordés » et celui des populations de la steppe est controversée. Celui des premiers serait, en général, plus gracile et plus nettement dolichocéphale que celui des seconds.

Ces éléments contrastés rendent toute conclusion bien incertaine, d'autant que dans le détail, certains demandent à être nuancés. C'est ainsi que la différence de traitement entre hommes et femmes dans les rites funéraires, si elle n'apparaît pas dans les cultures des Kourganes proprement dites, est connue dans des types périphériques ou tardifs : la culture chalcolithique de Nal'tchik au nord-ouest du Caucase, ou des variantes de l'horizon centre-asiatique d'Andronovo, attribué à une partie des Aryas, à l'âge du Bronze (Toulkhar, Tazabaguiab). Dans le même esprit, on a cherché au Caucase des prototypes métalliques aux haches de combat de la Céramique cordée.

Pour B. Sergent, tant les Amphores globulaires que la Céramique cordée (puis le Vase campaniforme dont il sera question plus loin) représenteraient un phénomène originaire du nord du Caucase, lié à la culture de Maïkop et attribuable aux mouvements d'une population proche des Aryas ; le type physique des « Cordés » évoquerait un type indo-afghan actuel.

En toute objectivité, on peut avancer deux propositions. Premièrement, le matériel archéologique actuel ne permet pas de donner à la culture de la Céramique cordée, ou à celle des Amphores globulaires, ou à leur devancière des Gobelets à entonnoir, une origine steppique, ou de déceler une intrusion massive en Europe du Nord de populations originaires de la steppe (ce qui ne préjuge en rien de découvertes futures). Deuxièmement, il y a bien dans ces cultures, peut-être dès la phase A des Gobelets à entonnoir et en tout cas assez nettement dans les horizons suivants, des éléments qui évoquent les cultures des Kourganes – et le Caucase. Ces faits ne sont pas incompatibles avec l'idée d'une influence exercée en Europe septentrionale par les cultures de la steppe aux IVe et IIIe millénaires, peut-être à travers les infiltrations limitées mais répétées de petits groupes mobiles. A partir de là, c'est affaire d'appréciation personnelle : pour les uns, ces données suffisent amplement à étayer le volet de la théorie des Kourganes portant sur l'indo-européanisation de l'Europe du Nord. Pour les autres, c'est une faille fatale dans la démonstration de cette théorie.

Pour le reste, et comme on l'a souligné au début de ce développement, les plus anciennes cultures attribuables aux ancêtres des Germains et des Balto-Slaves, éventuellement des Celtes selon certains auteurs, se sont développées sur l'ancienne aire de la culture de la Céramique cordée et sont, en conséquence, souvent considérées comme les héritières de cette dernière.

Les **Germains** se sont à l'évidence formés là où les signalent les plus anciennes sources historiques : au sud de la Scandinavie et au nord de l'Allemagne. Les archéologues leur attribuent, avec une belle unanimité, la culture de Jastorf (entre 600 av. J.-C. et le début de notre ère), à laquelle on peut sans doute ajouter la culture voisine de Harpstedt. Jastorf est liée aux cultures du Bronze nordique, héritières des groupes septentrionaux de la Céramique cordée *(cf. carte 27, p. 204)*.

La genèse des peuples **baltes et slaves** est controversée sur beaucoup de points (notamment celui de savoir si les Proto-Slaves n'étaient pas originellement une simple tribu proto-balte), mais certaines lignes générales sont claires. L'ensemble balto-slave s'est développé à l'âge du Bronze entre la côte orientale de la Baltique et l'Ukraine, sans que l'on signale sur ce territoire d'intrusion postérieure à l'horizon de

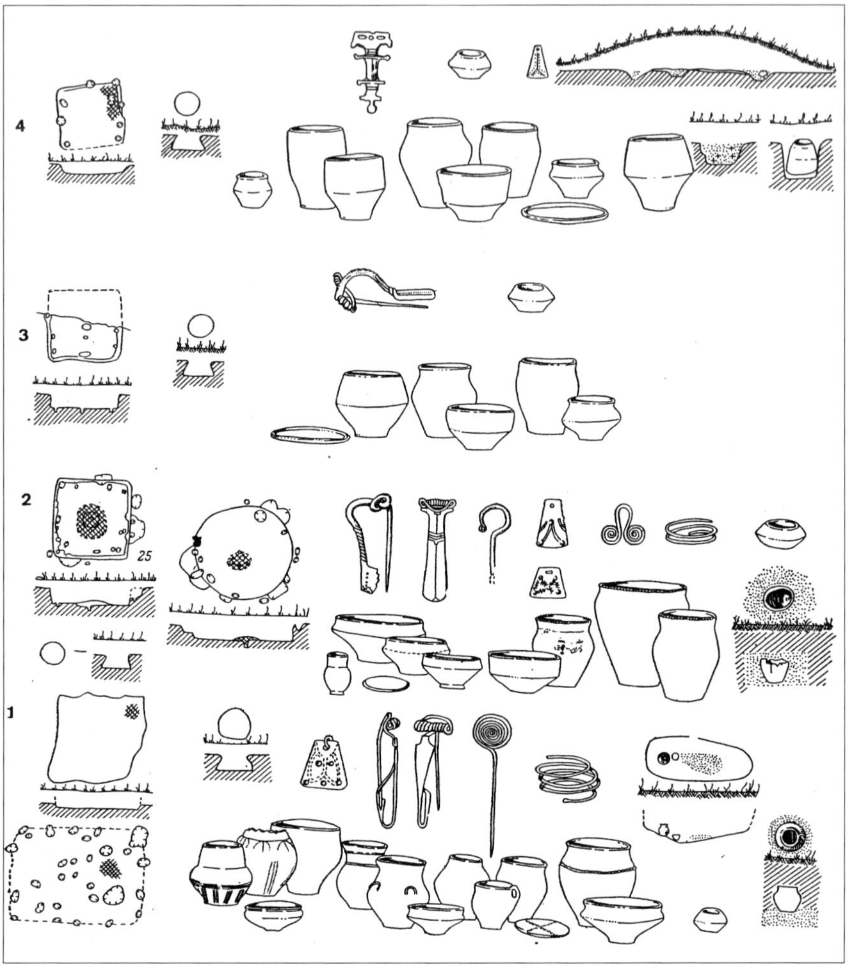

Structures funéraires et objets caractéristiques des cultures attribuées aux Proto-Slaves, de l'époque romaine à leur apparition dans les sources : 1-culture de Zaroubyntsi (IIe siècle av. J.-C.- Ier siècle ap. J.-C.) ; 2-« Post-Zaroubyntsi » (Ier-IIe siècles) ; 3-culture de Kiev (IIIe-Ve siècles) ; 4-culture de Kolotchine (V^{e}-VIIe siècles) ; d'après M. Kazanski/ P. N. Tret'iakov.

la Céramique cordée. En d'autres termes, il résulte de l'évolution de groupes locaux de cet horizon (par exemple ceux de la « Hache de combat baltique » et du « Dniepr moyen »). On en suit les traces jusque vers 1500 av. J.-C., au Bronze moyen, dans des cultures comme celles de Trzciniec en Pologne et de Komariv en Ukraine – cette dernière assez généralement attribuée à des Proto-Slaves. La suite, et notamment l'importance prise par le rameau slave et l'accroissement de son aire linguistique aux dépens de celle des Baltes, ne concerne plus la problématique indo-européenne *(cf. carte 28, p. 205)*.

Quant aux Celtes, ils feront plus loin l'objet d'un développement particulier.

Les peuples balkano-danubiens

Une autre grande aire culturelle très diversifiée située au sud de celle de la Céramique cordée, dans les régions danubiennes et les Balkans, représente le probable foyer de plusieurs groupes méridionaux issus de la communauté indo-européenne : Thraces, Grecs, Phrygiens, Arméniens, certains peuples d'Italie,

« Illyriens » (le cas des Anatoliens a été traité séparément plus haut). C'est ce que l'on nomme le « complexe balkano-danubien » des IVe-IIIe millénaires av. J.-C. Mais ici, le lien avec la steppe et les cultures des Kourganes est plus facile à établir. Ce territoire était, au Néolithique, celui des cultures danubiennes : au Ve millénaire av. J.-C., celles de Karanovo-VI (Bulgarie), Gumelniţa (Roumanie), Vinča (Serbie), Cucuteni et Trypillia (Roumanie, Moldavie, Ukraine du sud-ouest). Comme on l'a vu au chapitre précédent, dès 4200-4000 av. J.-C., il fut la cible de certains mouvements précoces vers l'ouest et le sud-ouest des populations de la steppe porteuses des cultures des Kourganes. Ces mouvements et les suivants expliquent, au moins en partie, la disparition des vieilles cultures de type danubien et l'émergence dans la région, vers le milieu du IVe millénaire av. J.-C., de cultures notablement « kourganisées » formant le nouveau complexe balkano-danubien. Ce sont notamment celles de Cernavoda-I, Coţofeni et Folteşti (Roumanie), et Ezero (Bulgarie), avec prolongement en Anatolie du nord-ouest (Troie). Elles sont liées aux cultures ukrainiennes d'Ousatové et Mykhaïlivka, qui appartiennent à la tradition des Kourganes. On en rapproche aussi la grande culture de Baden-Kostolac sur le cours moyen du Danube *(cf. carte 29, p. 206)*.

La « kourganisation » de cette région balkano-danubienne s'est encore accentuée au IIIe millénaire av. J.-C., avec l'expansion dans cette direction de la culture des Tombes à fosse (la phase Kourganes IV et la troisième grande vague d'expansion selon Marija Gimbutas). Des sépultures sous kourganes extrêmement proches de celles des steppes par le rite funéraire et le mobilier apparaissent en Roumanie et Moldavie, Bulgarie, Serbie, Hongrie... Il n'est dès lors pas étonnant de retrouver dans cette zone le berceau ou le point d'origine de plusieurs grands groupes indo-européens.

C'est le cas des **Phrygiens** et des **Arméniens** *(cf. carte 30, p. 207)*. La date de leur(s) migration(s) vers l'Anatolie n'est pas déterminée précisément. La culture phrygienne n'est attestée par l'archéologie qu'au VIIIe siècle av. J.-C., et il n'y a aucune mention sûre des Arméniens avant le Ve siècle av. J.-C. Cependant, la rupture intervenue vers 1200 av. J.-C. entre les phases archéologiques Troie VIIa et Troie VIIb en Anatolie du nord-ouest pourrait correspondre à l'arrivée de ces envahisseurs. Les emprunts au hittite détectés en arménien prêcheraient également en faveur d'une migration intervenue au plus tard vers cette date. B. Sergent mentionne la diffusion en Anatolie, à cette époque, d'éléments de la culture carpatho-danubienne de Gáva-Holihrady – mais cette dernière est souvent identifiée à des Proto-Thraces. De toute façon, la provenance balkano-danubienne des Proto-Phrygiens et Proto-Arméniens est universellement admise. On peut considérer les grands tumulus funéraires de Gordion, la capitale phrygienne, comme des héritiers assez directs des kourganes de la steppe.

La génèse des **Grecs** est un problème historique, archéologique et linguistique classique. Elle s'est, en tout état de cause, déroulée avant le milieu du IIe millénaire av. J.-C., puisque la culture mycénienne (v. 1430-1300 av. J.-C.) était, comme le prouve le déchiffrement des documents en linéaire B, de langue grecque. Les Grecs antiques savaient déjà que leur peuple était né de l'assimilation, par les Hellènes (nous dirions aujourd'hui : par les locuteurs du ou des dialectes indo-européens proto-helléniques), d'une population indigène qu'ils appelaient les « Pélasges » *(cf. carte 31, p. 208)*.

Guerriers grecs mycéniens figurés sur un vase trouvé par Schliemann à Mycènes ; vers 1200 av. J.-C.

Toute la difficulté est d'identifier archéologiquement ces nouveaux arrivants. On distingue trois possibilités.

La première correspond au tout début de l'âge du Bronze en Grèce et à la formation, actuellement mal expliquée, de la culture dite « Helladique ancien I ».

La seconde situe l'invasion à la charnière entre l'Helladique ancien II et l'Helladique ancien III, vers 2200 av. J.-C. Ce changement est marqué par des destructions de sites, l'apparition d'un type de maison à abside, la diffusion de la célèbre céramique mynienne (monochrome, à surface lissée) et de haches de combat en pierre. L'architecture à abside est connue dans les cultures d'Ezero et de Baden, et aussi en Anatolie. Une théorie intéressante en fait une adaptation… à l'élevage des ovins, qui ne risquaient pas de se briser les pattes sur des angles droits (Jan Best).

La troisième possibilité, enfin, est d'identifier les Proto-Grecs aux Mycéniens eux-mêmes, et de situer leur arrivée à la fin de la première moitié du IIe millénaire av. J.-C.

Le problème est compliqué par l'éventualité de vagues d'invasion indo-européennes en Grèce antérieures à celle des Proto-Grecs (cf. chap. II à propos des substrats « préhellénique A » et « préhellénique B »), et celle que la formation des populations grecques se soit déroulée en plusieurs étapes au cours de l'âge du Bronze. Il existe cependant un accord assez général sur l'origine balkanique des locuteurs du prototype indo-européen des parlers grecs – même si une théorie les fait passer par l'Anatolie avant de revenir en Europe et de se diriger vers la Grèce.

L'indo-européanisation des **régions illyriennes**, et la formation des peuples qualifiés plus tard d'« illyriens », peut remonter au Bronze ancien.

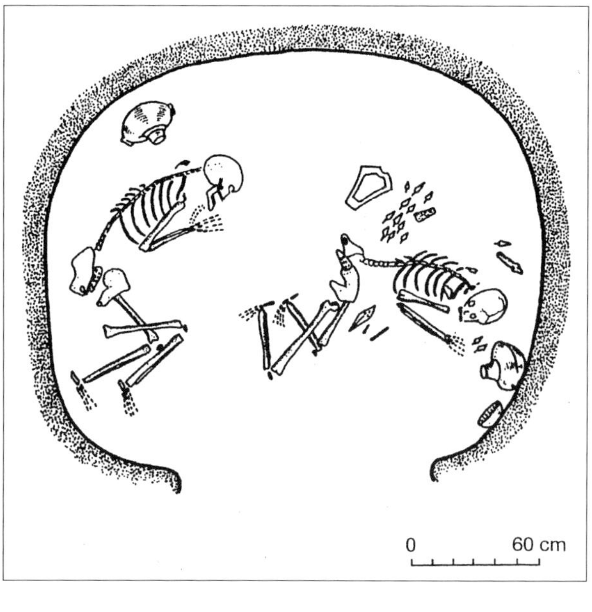

La « Tombe de la veuve », la plus célèbre sépulture de la culture de Rinaldone, à Porte San Pietro (Italie). Les blessures à la tête de la femme sont considérées comme la trace d'une mise à mort sur la tombe du mari, conformément à des pratiques supposées indo-européennes ; d'après M. Gimbutas.

J. P. Mallory mentionne la rupture entre les niveaux IIb et IIIa de la culture de Maliq (un site lacustre célèbre, en Albanie).

Sur la genèse des **peuples thraces, dace, et gète**, dont l'histoire s'est principalement déroulée sur le territoire même de l'ancien « complexe balkano-danubien », il existe deux points de vue. Selon l'un, elle procède de l'évolution interne des cultures de la région, qui présentent une certaine continuité durant tout l'âge du Bronze. D'après l'autre, il s'est au contraire produit une rupture vers le milieu du IIe millénaire av. J.-C. Le remplacement, aux XIVe-XIIIe siècles av. J.-C., des cultures type Monteoru et Ezero par celles de Noua, Coslogeni, Plovdiv, refléterait l'arrivée d'un ultime groupe de migrants venus des steppes ukrainiennes et qu'il faudrait identifier aux Proto-Thraces. Ces nouvelles cultures se caractérisent, par rapport aux précédentes, par une plus forte tendance au pastoralisme et un artisanat moins développé. Des couteaux courbes en silex sont considérés comme les prototypes des armes à lame de fer, de profil semblable, bien connues à l'époque historique chez les Daco-Gètes et Thraces. Cette théorie d'une arrivée tardive des Proto-Thraces (« Proto-Thraco-Daco-Gètes » !) s'appuie aussi sur les ressemblances entre les cultures de Noua-Plovdiv-Coslogeni et celle de Sabatynivka en Moldavie et Ukraine occidentale (XVIIIe ou XVe-XIIe siècles av. J.-C.), avatar tardif de la tradition des Kourganes.

Le cas de **l'Italie** rappelle celui de la Grèce parce que, là aussi, l'arrivée des porteurs de parlers indo-européens – d'ailleurs plus diversifiés qu'en Grèce – est difficile à dater. Trois créneaux chronologiques sont remarquables *(cf. cartes 32, 33 et 34, p. 209)*.

Le premier correspond à une hypothétique vague d'invasion venue d'Europe centrale et danubienne débouchant, vers 2700 av. J.-C., sur la formation des cultures de Rinaldone, Remedello, et Gaudo, qui marquent le début de l'âge du Bronze en Italie. On souligne particulièrement les caractéristiques supposées « indo-européennes » de la culture de Rinaldone en Toscane : présence d'ossements de chevaux, abondance d'armes en pierre et en métal dans le mobilier funéraire, présomption d'une pratique de sacrifice de la femme d'un chef défunt (« Tombe de la veuve » à Porte San Pietro). D'un autre côté, son aire correspond en grande partie au territoire historique des Etrusques, dont la langue – en dépit de théories récentes – n'est pas indo-européenne.

Au Bronze moyen, vers le milieu du IIe millénaire av. J.-C., apparaissent en Italie deux ensembles culturels dont on a également attribué la formation à des migrations venues d'Europe centrale : celui des Terramare (1500-1100 av. J.-C.) dans la vallée du Pô, avec des points de comparaison en Hongrie, et celui des Apennins au centre et au sud de la Péninsule, dont la céramique et les armes évoquent des modèles centre-européens.

Enfin, au tournant des IIe et Ier millénaires av. J.-C. se développent dans la vallée du Pô et en Toscane les cultures proto-villanovienne puis villanovienne. A nouveau, elles présentent des affinités centre-européennes : sépultures à incinération, types d'objets métalliques… On a souvent rapproché le Villanovien italien de la culture des Champs d'urnes, ce qui était intéressant compte tenu de la proximité entre langues italiques et celtiques. Le problème est que l'évolution du Villanovien débouche d'une part sur des cultures attribuables à des peuples de langue italique comme les Osco-Ombriens, d'autre part sur la culture des Etrusques. On a là une belle illustration des problèmes de recoupement entre données linguistiques et culturelles.

Finalement, si les détails des processus de constitution des peuples italiens historiques demeurent souvent flous, l'impression générale est que la péninsule a reçu à diverses reprises, au cours de l'âge du Bronze, des apports en provenance d'Europe centrale et danubienne. La diversité des langues indo-européennes de l'Italie antique, avec la cohabitation de plusieurs groupes de langues italiques (latino-falisque, osco-ombrien… vénète ?) et du messapien, pourrait refléter plusieurs vagues indépendantes d'indo-européanisation.

Les Celtes

Les dernières étapes de la genèse des Celtes font l'objet d'hypothèses relativement solides. La culture de la Tène (v. 500 av. J.-C.-début de notre ère), celle du monde celte classique, s'enracine dans la culture, considérée comme au moins partiellement proto-celte, de Hallstatt (v. 800-500 av. J.-C.). A son tour, cette dernière est génétiquement liée à l'horizon culturel des Champs d'urnes (v. 1200-800 av. J.-C.), et, au-delà, aux cultures des Tumulus (v. 1600-1200 av. J.-C.), et d'Únětice/Aunjetitz (v. 2300-1700 av. J.-C.) (*cf. carte 35, p. 210*).

On remonte ainsi jusqu'à l'âge du Bronze, certes au prix de simplifications un peu désinvoltes – en particulier, le concept même d'une culture des Champs d'urnes homogène est remis en cause, et il est très douteux que le vaste horizon ainsi désigné ait correspondu à un seul groupe ethnolinguistique. Les choses se compliquent quand on considère les origines de la culture d'Únětice/Aunjetitz, dans des régions où se superposent les influences de la culture de Baden et celles de la Céramique cordée.

Dans le cadre de la théorie des Kourganes, la culture de Baden (v. 3600-2800 av. J.-C.), qui a occupé toute la vallée du Danube, représente le produit de l'indo-européanisation, par la deuxième vague d'expansion des Kourganes, du fond « danu-

Tumulus de Tübingen-Kilchberg (Allemagne, Bade-Wurtemberg), culture de Hallstatt, VIe siècle av. J.-C. ; restitution de l'état originel. Le tumulus funéraire surmonté d'une stèle anthropomorphe a des analogies frappantes avec l'architecture funéraire scythe et peut, comme elle, rappeler un héritage indo-européen.

bien » local. Elle aurait constitué la base commune de diverses cultures de la fin du Chacolithique et du début de l'âge du Bronze, notamment celle de Makó qui serait une composante du noyau de la culture d'Únětice/Aunjetitz (« Proto-Únětice »). Mais les variantes centre-européennes des cultures des Amphores globulaires et de la Céramique cordée ont également touché le probable foyer des Proto-Celtes, si bien que ceux-ci peuvent être rattachés plus ou moins directement aux deux grands axes (nord-européen et balkano-danubien) d'indo-européanisation de l'Europe. Pour Marija Gimbutas, la genèse des Celtes avait commencé au sein de la culture des Amphores globulaires. Il faudrait également compter avec des influences du Campaniforme (cf. *infra*).

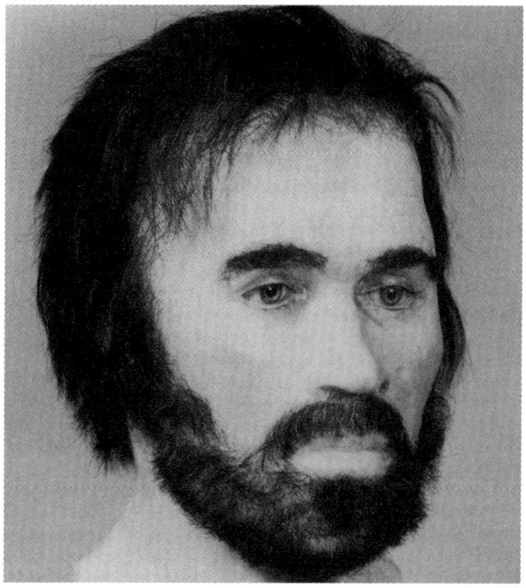

Reconstruction faciale d'un Celte de l'âge du Fer, d'après les restes trouvés dans une tourbière du Cheshire en Angleterre ; d'après S. Allen.

Ce n'est pas forcément un cas unique : Les contacts, voire le chevauchement en Europe centrale, du « complexe balkano-danubien » et de l'aire de la culture de la Céramique cordée pourraient aussi contribuer à expliquer, par exemple, les affinités particulières que croient déceler certains linguistes entre le thraco-daco-gète, et aussi l'albanais (que ce dernier soit ou non un vestige du précédent) et le balto-slave.

Le mystère des Vases en cloche

Pour en finir avec l'Europe, il faut encore évoquer ici un problème classique de l'âge du Bronze occidental : celui de la culture des « Vases (ou Gobelets) campaniformes ». Il s'agit d'un phénomène complexe et encore mal compris qui a, entre 2600 et 1900 av. J.-C., touché une grande partie de l'Europe occidentale et centre-occidentale (péninsule Ibérique, France, îles Britanniques, Pays-Bas, Allemagne jusqu'à l'Elbe, Sardaigne et Sicile, cours supérieur du Danube jusqu'à Vienne). Il est caractérisé par une poterie en forme de cloche (« campaniforme »), parfois de belle qualité, associée à divers objets en métal et en silex, et à un rite funéraire où le défunt, en position repliée, repose sous un tumulus rond. Le mobilier comprend des pointes de flèches et des accessoires d'archerie (brassards en os ou pierre), et des stèles anthropomorphes comme celles

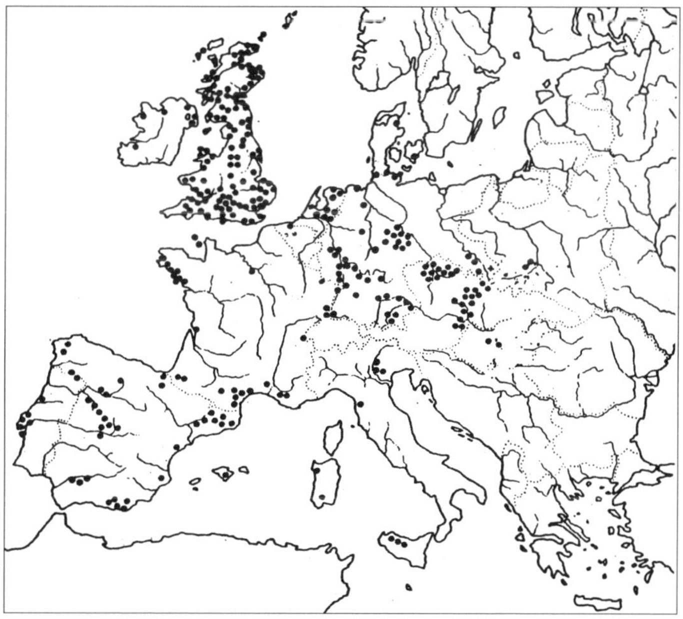

Un phénomène encore mal expliqué : la diffusion du Vase campaniforme ; d'après V. Gordon Childe.

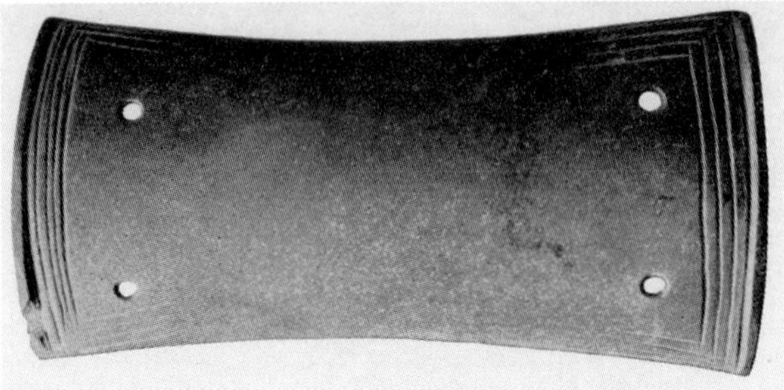

« Brassard d'archer », typique de l'équipement guerrier lié au Vase campaniforme, provenant de Criebach (Allemagne).

du Petit-Chasseur à Sion (Suisse) montrent des représentations d'arcs. Il existe plusieurs groupes régionaux différenciés. On a souvent associé ce matériel à un type physique plutôt brachycéphale.

Déterminer la place de ce phénomène dans le paysage indo-européen des IIIe-IIe millénaires av. J.-C. est extrêmement difficile. D'abord, son origine n'est pas clairement déterminée. Les datations au radiocarbone suggèrent pour l'instant la péninsule Ibérique, peut-être plus précisément le Portugal, mais certains types de céramique (« céramique commune ») seraient originaires d'Europe septentrionale et centrale, et un foyer rhénan a aussi des partisans. Ensuite, la diffusion du mobilier campaniforme a reçu des interprétations diverses et souvent liées aux modes scientifiques : migrations d'un « peuple » ou, du moins, de groupes de spécialistes ; commerce d'une panoplie prestigieuse ; diffusion d'idées et de rites – le vase campaniforme lui-même aurait pu servir à la consommation rituelle d'une boisson enivrante... La théorie actuellement dominante, en accord avec les tendances anti-migrationnistes de beaucoup d'archéologues, interprète le développement du style campaniforme comme l'adoption, par divers peuples d'Europe, d'un ensemble de pratiques culturelles, plutôt que comme l'expansion d'un « peuple campaniforme » imaginaire. Ces conclusions, bien sûr, ne peuvent pas être considérées comme définitives. Enfin, le caractère indo-européen de cet ensemble à la nature incertaine est controversé. Une théorie rattache la « culture » du Vase campaniforme à un stade précoce de celle de la Céramique cordée – ce qui serait difficilement compatible avec une origine ibérique de la première. On a également observé que l'aire du phénomène campaniforme correspondait pour l'essentiel à des régions qui ont probablement été indo-européanisées assez tard. En fait, il restera impossible d'affirmer quoi que ce soit de sûr à ce sujet tant que les questions relatives à la genèse et à la diffusion des Vases campaniformes ne seront pas éclaircies.

Les Aryas

La très grande proximité des langues iraniennes et indiennes les plus anciennement connues, et l'existence de l'ethnonyme commun *Arya*, incitent à rechercher une même entité culturelle archéologique dont seraient issus Proto-Iraniens et Proto-Indiens, et à la situer (pour des raisons tenant à la logique géographique et aux contacts attestés avec les langues ouraliennes) quelque part dans les steppes et (puis ?) en Asie Centrale. L'unité indo-iranienne est forcément antérieure au milieu du IIe millénaire av. J.-C., puisque les noms et termes aryens relevés à cette époque au Mitanni présentent des traits spécifiquement proto-indiens ; mais antérieure de combien ? La langue de l'*Avesta* iranienne et celle des *Veda* indiens sont si semblables qu'on imagine une divergence assez récente – mais les dates de composition des plus vieilles strates de ces textes sont discutées, et il s'agit de langues sacrées archaïsantes. Finalement, les Aryas indivis devraient être situés vers la fin du IIIe ou le tout début du IIe millénaire av. J.-C. – pour J. P. Mallory, plutôt avant 2000.

Si l'on considère, au tournant des IIIe et IIe millénaires, la vaste zone dont peuvent être issus les peuples historiques de langue indienne ou iranienne, on y rencon-

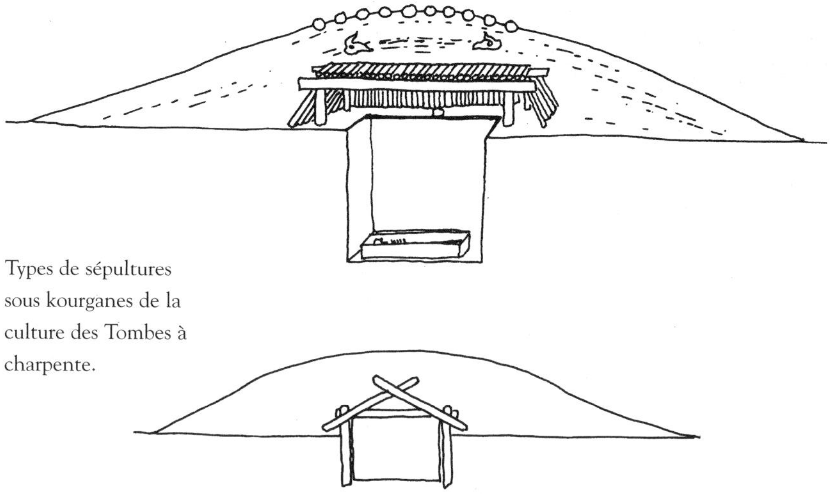

Types de sépultures sous kourganes de la culture des Tombes à charpente.

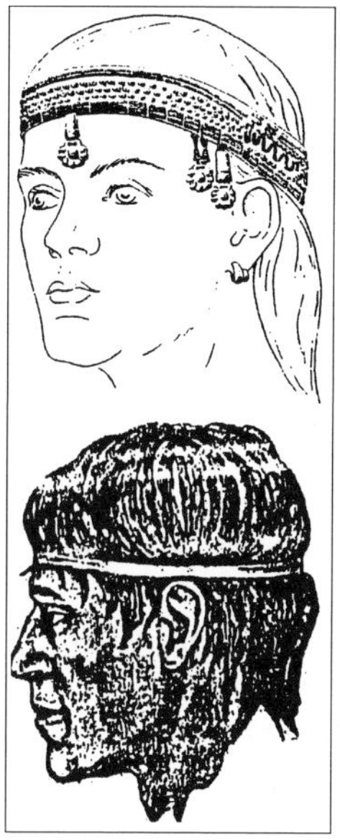

Ci-dessus - Reconstructions faciales de porteurs de la culture d'Abachevo (Volga-Oural, XVIIe-XVIe siècles av. J.-C.), l'un des maillons possibles de la continuité entre la culture des Tombes à fosse et celle des Tombes à charpente ; d'après V. Botchkarev.

Ci-contre - Céramiques de la culture des Tombes à charpente, provenant de la région de Kherson (Ukraine) ; XVe-XIVe siècles av. J.-C.

tre deux grandes agrégations culturelles : l'ensemble formé par les cultures steppiques des Tombes à charpente et d'Andronovo, et la culture de Bactriane, ou « complexe archéologique Bactriane-Margiane » (le BMAC, *Bactrian-Margian Archaeological Complex*, des auteurs de langue anglaise), ou encore « culture de l'Oxus » *(cf. carte 36, p. 211)*.

Le premier de ces blocs procède de la vieille tradition des Kourganes. La culture des Tombes à charpente, formée sur la Volga, dérive apparemment de celle de Poltavka (vers 2700-2100 av. J.-C.), qui succédait à l'horizon des Tombes à fosse ; les racines de celle d'Andronovo (avec un noyau primitif « Sintachta-Petrovka-Arkaim » au sud de l'Oural dès 2300 ou 2200 av. J.-C.) ne sont pas bien connues, mais les deux types sont très étroitement apparentés. A partir de 1500 av. J.-C., l'aire des Tombes à charpente s'étend vers l'ouest au détriment des héritiers de la culture des Tombes à fosse (Céramique à bourrelets multiples), dont l'ultime avatar, la culture de Sabatynivka mentionnée plus haut à propos de la question des origines des Proto-Thraces, survivra jusqu'au XIIe siècle av. J.-C. De son côté, la culture d'Andronovo connaît une prodigieuse expansion vers l'est et finit par couvrir une grande partie de l'Asie Centrale et de la Sibérie méridionale, avec comme limite au sud le Pamir et les Tianshan et au nord la démarcation entre la steppe et la taïga. Elle représente d'ailleurs, plutôt qu'une même culture, un ensemble de variantes

Ornements de bronze provenant de sépultures de la culture d'Andronovo au Kazakhstan ; à gauche : bracelet de Tachty-Boulak, diamètre 6,2 cm ; à droite, collier de Borovoïé, diamètre de chaque perle 1 cm.

Vase d'argile de Tachty-Boulak (Kazakhstan), culture d'Andronovo ; hauteur : 13 cm.

Plan et reconstitution du site fortifié d'Arkaim (Russie, région de Tcheliabinsk dans l'Oural) ; culture de Sintachta ; d'après V. Botchkarev.

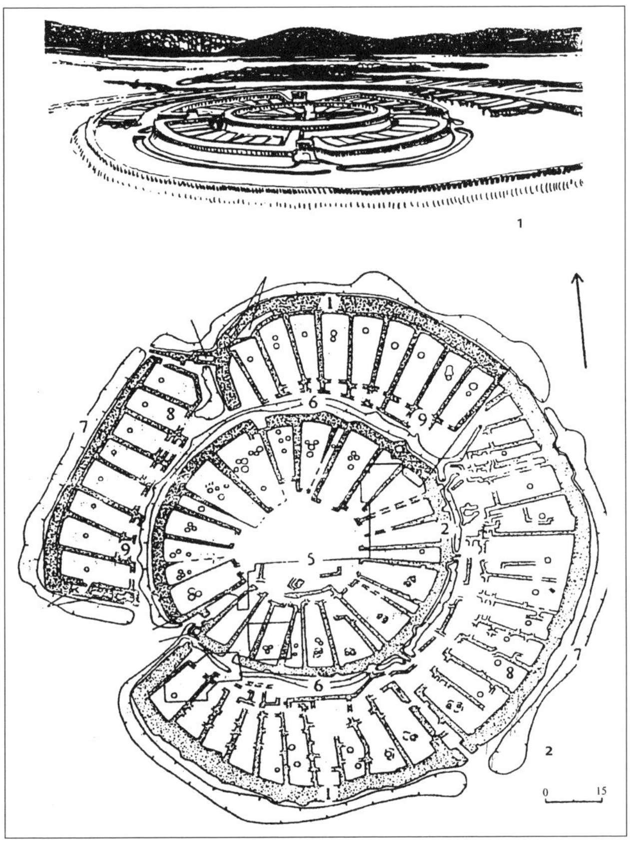

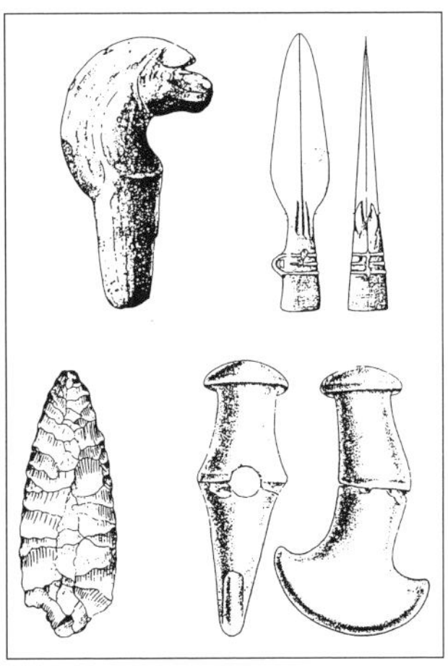

Armes de pierre et de bronze de la culture d'Andronovo. Le « sceptre » de pierre à gauche rappelle les modèles attestés au Chalcolithique dans les steppes européennes ; d'après Ié. Kouz'mina.

liées par des caractéristiques communes. Les habitats sont de petits villages rangés le long des cours d'eau, avec des maisons semi-enterrées à charpente de bois d'une taille variant de 80 à 300 m². L'économie est mixte, avec une prédominance de l'élevage (bovins, ovicaprins, cheval, chameau dans les régions orientales). Les sépultures sous kourgane sont des chambres funéraires en pierre ou en bois (les « tombes à charpente »), contenant un mobilier funéraire parfois abondant, dont des restes d'animaux. Dans la variante précoce de Sintachta, où sont attestés des établissements fortifiés, apparaissent, vers 2000 av. J.-C., les premiers chars de combat attelés.

La culture de Bactriane-Margiane, également appelée « culture de l'Oxus », représente un phénomène assez différent. Elle s'est développée principalement entre 2200 et 1700 av. J.-C., au sud de la mer d'Aral, dans des régions qui correspondent sur la carte politique actuelle au Turkménistan, au sud de l'Ouzbékistan, à l'ouest du Tadjikistan et au nord de l'Afghanistan. Certaines de ses racines remontent au plus vieux Néolithique proche-oriental. C'est une cul-

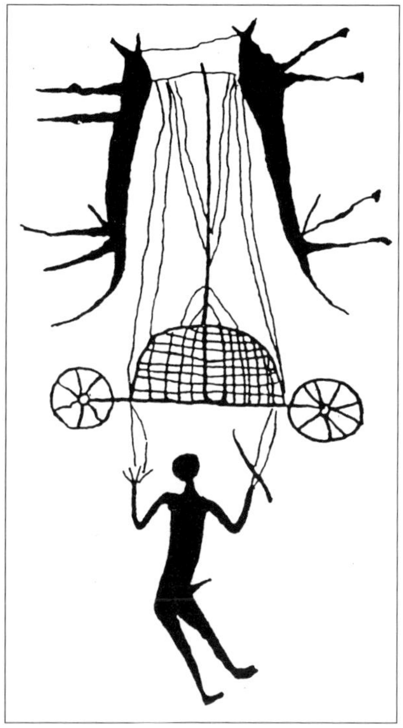

Pétroglyphe d'Akdjilga (Tadjikistan) représentant un char de guerre attelé à deux chevaux ; culture d'Andronovo ? d'après Ié. Kouz'mina.

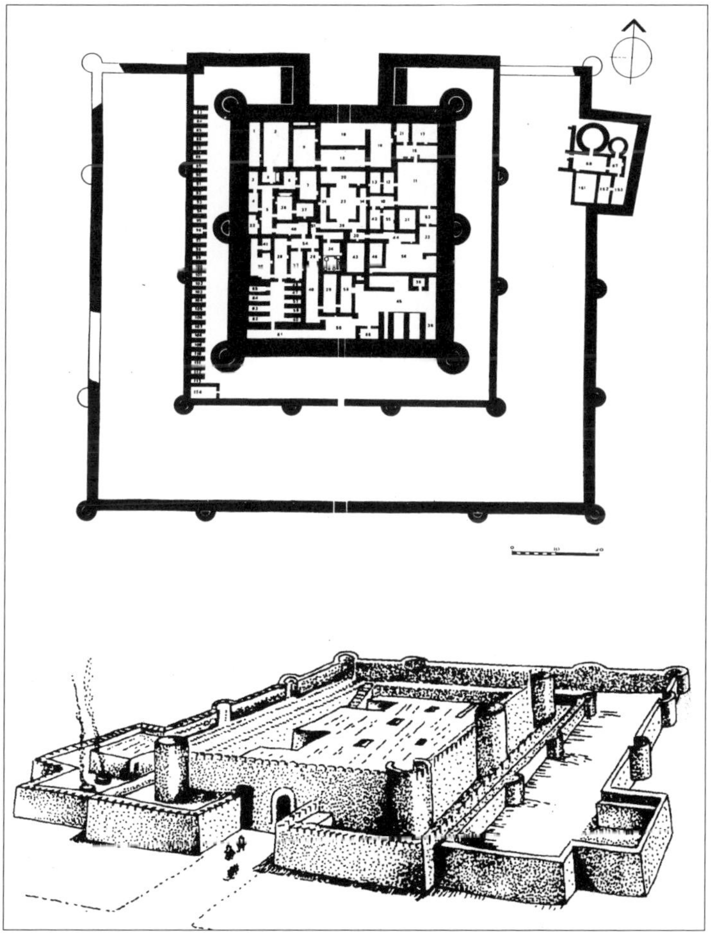

Plan et reconstitution du complexe architectural (« temple » ? « citadelle » ?) de Togolok-21 (Turkménistan), culture de Bactriane-Margiane ; d'après V. Sarianidi.

Grande coupe en terre cuite du site de Togolok-21 (Turkménistan), culture de Bactriane-Margiane. Selon le fouilleur, l'orifice comportait un filtre en laine de mouton et la coupe servait à préparer un liquide cultuel, ce qui a été rapproché de pratiques indo-iraniennes ; d'après V. Sarianidi.

ture principalement agricole (avec des techniques d'irrigation développées), mais pratiquant aussi l'élevage des ovicaprins et des bovins. L'habitat constitue parfois de véritables proto-villes, avec de puissantes fortifications et des bâtiments identifiés comme des complexes cultuels. Des contacts sont attestés avec la culture d'Andronovo, et avec la culture de l'Indus.

A partir de ce paysage archéologique, plusieurs modèles de formation des peuples iraniens et indiens ont été proposés :

- Le complexe Tombes à charpente-Andronovo est la traduction archéologique de l'unité aryenne.
- C'est la culture de Bactriane-Margiane qui représente cette unité aryenne.
- Une partie au moins des Iraniens est issue des Tombes à charpente-Andronovo ; les Proto-Indiens seraient soit des « Bactriens-Margiens », soit le produit de contacts ou de mélanges entre la culture d'Andronovo et celle de Bactriane-Margiane – cette dernière hypothèse a aussi été avancée pour certains peuples iraniens.

De ces trois scénarios, le second est clairement le moins vraisemblable. Il est défendu principalement par Victor Sarianidi, l'archéologue russe d'origine grecque qui a lui-même beaucoup contribué à la découverte archéologique et à la définition de la culture de Bactriane-Margiane. Outre la localisation géographique entre Asie Centrale et Inde, il insiste sur des éléments cultuels qui paraissent annoncer des faits indiens ou iraniens : le culte du feu, et l'usage de substances psychotropes tirées de l'opium, du chanvre et de l'éphédra (évoquant le futur *soma* indien et *haoma* iranien, la boisson rituelle). Mais cette culture urbaine et agricole, où le cheval n'occupait pas de place importante, ne correspond ni à l'esprit de la culture indo-européenne, ni à celui du plus ancien état de civilisation reconstituable pour les Indo-Iraniens à travers les textes de l'*Avesta* et des *Veda*. Ceux-ci reflètent plutôt un mode de vie pastoral, un rôle prééminent du cheval, une urbanisation inexistante ou embryonnaire. De plus, il n'y a aucune trace d'une expansion de la culture de Bactriane-Margiane vers les steppes herbeuses eurasiatiques, si bien qu'aucun lien ne peut être établi entre elle et les peuples iranophones ultérieurement connus dans ces régions. Finalement, dans le cadre de cette théorie, les contacts linguistiques ouralo-aryens seraient inexplicables.

Les deux autres modèles lient, d'une façon ou d'une autre, la formation des Aryas aux cultures steppiques de l'âge du Bronze, et tendent donc à vérifier sur ce point la théorie des Kourganes.

Le cas le plus clair est celui des **peuples iranophones de la steppe** (essentiellement les locuteurs des parlers iraniens dits « orientaux », les peuples « scythiques » de l'Antiquité). Au plus tard au IXe siècle av. J.-C., dans toute la ceinture des steppes eurasiatiques, des populations de langue iranienne orientale qui pratiquaient antérieurement une économie mixte (agriculture et élevage – ce dernier de plus en plus prépondérant) ont développé un mode de vie nomade basé sur un élevage extensif transhumant, un habitat mobile, et le déplacement à cheval. Les

La tombe de Koutoulouk (Russie, sur la Volga), culture des Tombes à fosse. On remarque, au creux du bras gauche du squelette, l'arme en cuivre ; d'après P. Kouznetsov.

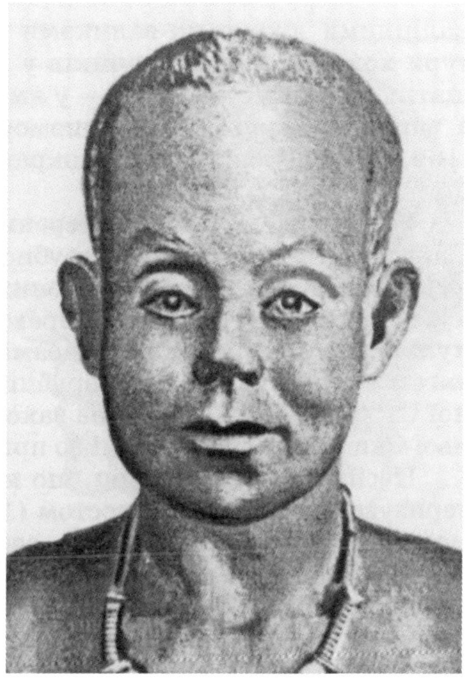

Reconstitution du visage d'un adolescent de la culture des Tombes à catacombe ; noter le crâne modelé ; dessin de M. Guérassimov.

« Cimmériens » des sources grecques et assyriennes sont sans doute leur première manifestation en Europe, avant les Scythes, Sauromates puis Sarmates, et enfin Alains ; en Asie, l'appellation antique de « Saces » recouvre un vaste ensemble de tribus partageant plus ou moins la même culture, auquel on doit probablement rattacher les Massagètes, et peut-être les nomades que les Chinois appelaient *Wusun* (les « Asiens » des sources occidentales ?) et *Yuezhi* (les Tokhariens des Grecs – s'ils ne parlaient pas une langue dite « tokharienne » !). Or, il est à peu près sûr que l'horizon Tombes à charpente-Andronovo a été la base principale commune à l'ensemble de ces formations ethniques.

Les choses deviennent beaucoup moins évidentes quand on essaye d'extrapoler ces résultats aux autres peuples iraniens comme les Mèdes ou les Perses (les locuteurs des parlers iraniens dits « occidentaux »), voire à tout l'ensemble indo-iranien. A ceux qui proposent d'identifier ce dernier – donc les Aryas encore indivis – à la culture d'Andronovo ou, plus généralement, à l'ensemble Tombes à charpente + Andronovo, on fait généralement deux objections.

L'une est que ces cultures sont trop tardives par rapport à la divergence linguistique entre la branche iranienne et la branche indo-aryenne. Ce n'est pas tout à fait exact, puisque le plus ancien noyau de la culture d'Andronovo, par exemple, daterait de 2200 av. J.-C. D'autre part, on peut très bien envisager que les cultures d'Andronovo et des Tombes à charpente, qui forment un horizon extrêmement étendu et fort diversifié, aient correspondu à un ensemble linguistique indo-iranien déjà fragmenté. Néanmoins, beaucoup de chercheurs tendent à identifier l'hypothétique culture des Aryas à des stades plus anciens des cultures steppiques, comme celle des Tombes à catacombe (cf. *infra* à propos de la théorie de L. Kleijn). Pavel Kouznetsov considère même comme typiquement « proto-védique » un objet récemment découvert dans une tombe de la culture, encore antérieure, des Tombes à fosse, datée de 2500-2300 av. J.-C., à Koutoulouk près de Samara (Russie, sur la Volga). Il s'agit d'un gourdin ou plutôt tranchoir de cuivre long de 63,5 cm, et que l'archéologue propose d'identifier au *vajra* brandi par Indra dans les hymnes du *R̥g-Veda*. Des objets semblables sont connus dans les « Trésors de cuivre » du nord de l'Inde de 1500-1000 av. J.-C. (cf. *infra*).

L'autre objection, plus gênante, est l'absence de lien entre le complexe Tombes à charpente + Andronovo et les cultures qui pourraient être attribuées aux ancêtres directs des peuples iraniens occidentaux et des Aryas d'Inde.

En ce qui concerne les **Iraniens occidentaux**, les Mèdes et Perses, ils sont connus des sources historiques (assyriennes), dans l'actuel Iran, à partir du milieu du IXe siècle av. J.-C. Leurs antécédents sont très difficiles à reconstituer. Leurs ancêtres de langue iranienne ont pu venir soit des steppes européennes par le Caucase, soit d'Asie Centrale en contournant la mer Caspienne par le sud. A l'appui de la première idée, on pourrait citer les sépultures à kourganes, proches de celles des Tombes à charpente et datées d'environ 1000 av. J.-C., découvertes en Azerbaïdjan septentrional. Cependant, les archéologues ne lient pas particulièrement ces vestiges à ceux du stade II de l'âge du Fer iranien (vers 1000-800 av. J.-C.) généralement associés aux ancêtres directs des Mèdes et Perses. Ce stade II continuerait plutôt le stade I (vers 1400-1000 av. J.-C.). Or, le début de celui-ci, au milieu du IIe millénaire av. J.-C., correspond à une période de grands bouleversements dans toute la région : abandon de sites, voire disparition de cultures comme celle du Kermân, etc. Ces bouleversements, qui auraient commencé vers 1700 av. J.-C., sont peut-être liés à des causes écologiques, voire à la perturbation des échanges (disparition de la culture de l'Indus vers 1500 av. J.-C.), mais il est possible que des invasions y aient contribué – ou que l'installation de nouvelles populations ait été favorisée par un chaos préexistant. La céramique grise unie caractéristique de l'âge du Fer I en Iran présente des similitudes avec celle employée antérieurement au Gorgan, au sud-est de la Caspienne, (Hissar IIIc), dans une culture urbaine disparue vers 1800 av. J.-C. On entrevoit un modèle où les Proto-Iraniens occidentaux, hypothétiquement issus d'une frange méridionale de la culture d'Andronovo, auraient contourné la Caspienne par l'est et le sud, traversant l'aire de cultures (non indo-européennes) urbanisées et agricoles et s'imprégnant d'elles, avant de pénétrer sur le plateau iranien vers 1400 av. J.-C. Beaucoup de problèmes subsistent néanmoins, à commencer par la fameuse céramique grise ou noire dont les racines au sud-est de la Caspienne remontent à la fin du IVe millénaire av. J.-C, et que Roman Ghirshman, par exemple, avait associée aux mouvements des… **Proto-Indiens**.

Quant à ces derniers, leur présence attestée non seulement en Inde du Nord, mais également au Proche-Orient (Mitanni) suppose – si l'on écarte la thèse nationaliste indienne d'une autochtonie en Inde et l'idée invraisemblable d'une origine proche-orientale – des migrations à partir d'une tierce région. Thomas Burrow avait d'ailleurs imaginé que ces deux groupes n'étaient que les restes d'une vaste nappe proto-indienne recouverte ensuite par l'expansion des Iraniens.

On ignore d'où provenaient les Aryas du Mitanni et quand exactement ils y étaient parvenus. Les termes indo-aryens des textes mitanniens peuvent être issus d'une langue qui n'était déjà plus parlée à l'époque de la rédaction ; dans le traité entre le roi hittite Suppiluliuma et le roi mitannien Sattiwaza, les dieux védiques qui sont invoqués n'apparaissent qu'après beaucoup d'autres (de la 105e à la 108e place !), ce qui fait penser que les Aryas qui les avaient importés étaient déjà assimilés et ne jouaient plus de rôle propre.

En ce qui concerne les Aryas d'Inde, Bernard Sergent a développé un scénario complexe qui les fait provenir des porteurs de la culture de Bactriane-Margiane, mais fait de cette dernière le fruit d'une synthèse entre un fond urbain local (culture de Namazga au nord de l'Iran, issue du Néolithique proche-oriental) et des influences venues des steppes dès la 1re moitié du IIIe millénaire av. J.-C. (culture de Samara sur la Volga ? Mais celle-ci est bien plus ancienne et antérieure même à la phase « Kourganes I » – cf. chap. VII). Mais toute la difficulté est de retrouver des traces « bactriennes-margiennes » claires dans les cultures postérieures de l'Inde du Nord.

Pour J. P. Mallory, la culture de Bactriane-Margiane ne serait ni proto-indienne, ni même indo-européenne en général, mais elle aurait pu influencer des migrants venus des steppes. L'existence de cultures mixtes, variantes périphériques de la culture d'Andronovo influencées par des modèles plus agricoles, est bien attestée : Tabazaguiab au sud de la mer d'Aral (vers 1500 av. J.-C.), Bichkent/Toulkhar et Vakhch au Tadjikistan méridional (vers 1700-1500 av. J.-C., avec des éléments « andronoviens » et « bactriens » bien visibles à Toulkhar). Elles comportent aussi des traits parfois considérés comme proto-indiens. A Toulkhar, par exemple, A. M. Mandelstam avait noté que la pose du défunt dans la tombe était conditionnée par le sexe, les hommes reposant sur le côté droit, les femmes sur le côté gauche (comme à Tazabaguiab), et que des foyers symboliques différents étaient attribués aux uns et aux autres. Le foyer masculin, carré, pourrait représenter le prototype de l'*āhavanīya* cultuel védique, et le foyer féminin, rond, celui du *gārhapatya* domestique. Les tombes des cultures de Bichkent/Toulkhar et du Vakhch présentent par ailleurs une structure en « catacombe » que L. Kleijn a rapprochée de l'architecture funéraire de la culture steppique justement dite des Tombes à catacombe, dans laquelle il voit la vraie culture des Proto-Indo-Aryens, celle d'Andronovo étant selon lui déjà spécifiquement iranienne.

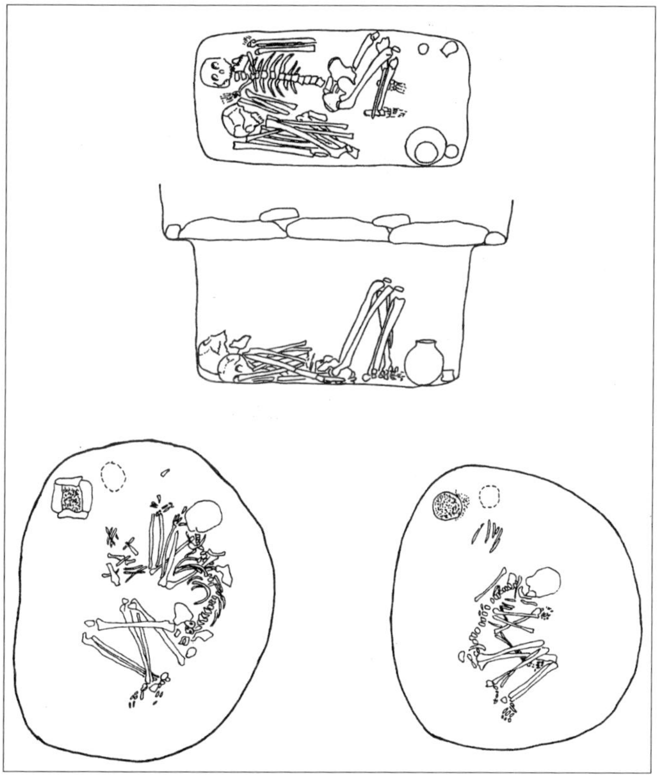

Sépultures des cultures des Tombes du Gandhara (en haut) et de Toulkhar (en bas ; à gauche : inhumation masculine à foyer rectangulaire ; à droite : inhumation féminine à foyer circulaire) ; d'après J. P. Mallory/B. et R. Allchin/ A. Mandelstam.

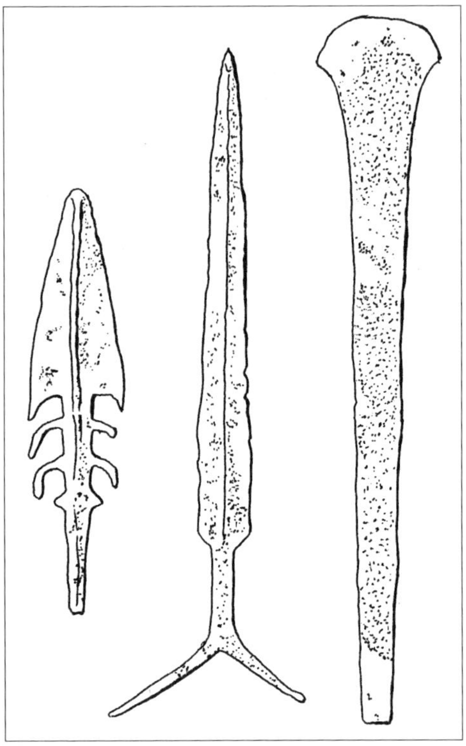

Les plus anciennes traces vraisemblables des Aryas aux Indes sont toutefois recherchées actuellement dans d'autres cultures, contemporaines des précédentes, voire un peu antérieures : celle de Pirak (Afghanistan), du « Cimetière H » (Pendjab) et surtout du Gandhāra (Pakistan).

Le site de Pirak manifeste, à partir de 1800 av. J.-C., d'importantes ruptures culturelles : élevage et monte du cheval et du chameau, développement de la culture du riz, etc. Le fer apparaît vers 1200 av. J.-C.

La culture du Cimetière H occupe, de 1900 à 1300 environ av. J.-C., la partie septentrionale de l'ancienne aire de la culture de l'Indus. On lui attribue, là aussi, les débuts de la culture du riz dans la région. Les maisons étaient, comme dans la culture de l'Indus, construites en briques crues. Les rites funéraires (dépôt des ossements dans des urnes peintes) n'ont pas de lien avec les traditions védiques ultérieures, et certains voudraient plutôt les rapprocher de traditions iraniennes.

Au Gandhāra, dans la vallée de la Swāt, apparaissent à la même époque des cimetières où cohabitent des inhumations sur le dos, jambes repliées, et des incinérations avec dépôt des cendres dans des urnes à visage. Les maisons sont semi-enterrées. Le cheval occupe une place importante, y compris dans les rites (tombes de chevaux). Au travail du cuivre, de l'argent et de l'or, s'ajoute vers 900 av. J.-C. celui du fer. La céramique est grise, avec des décors incisés. Selon Bernard Sergent, ces cultures apparues lors du déclin de la civilisation de l'Indus auraient certaines racines dans l'ancien complexe archéologique de Bactriane-Margiane.

Des trouvailles datées de la seconde moitié du IIe millénaire av. J.-C., parfois associées à une céramique ocre attribuée à des successeurs de la culture de l'Indus, sont réunies sous l'appellation de « Culture des trésors de cuivre ».

Il faut enfin évoquer la culture de la Céramique grise peinte, développée entre 1300 et 400 environ dans la région indo-gangétique. Son habitat sommaire groupé en petits villages, l'élevage du cheval bien attesté, lui ont fait depuis longtemps attribuer une identité indo-aryenne. Elle est peut-être néanmoins trop tardive pour représenter la première intrusion aryenne en Inde, et ses liens avec les cultures antérieures précitées sont assez incertains.

Le résultat de tout cela est que la formation des peuples iraniens orientaux s'enracine incontestablement dans des cultures steppiques liées à la tradition des Kourganes ; que celles des peuples iraniens occidentaux et des Indo-Aryens sont encore mal expliquées, mais que leurs origines sont nécessairement très proches de celles des Iraniens orientaux *(cf. carte 36, p. 211)*. Il faut rappeler à ce sujet que certains emprunts lexicaux faits par les langues ouraliennes, notamment ougriennes, à l'indo-iranien (cf. chap. VII à propos des déductions linguistiques sur

En haut - Urne funéraire à visage de la culture des Tombes du Gandhāra.
En bas - Objets de la culture des « Trésors de cuivre ».

l'*Urheimat*) ont leurs seuls, ou leurs meilleurs, correspondants dans la branche indienne. Le hongrois *tehén* « vache » est plus proche du sanscrit *dhenu-*, penjabi *dhen*, que de l'avestique *dainu-* « femelle de mammifère ». Le hongrois *tej* « lait » correspond à l'hindi *dhai* « lait caillé ». Le hongrois *szekér* « chariot, voiture » dériverait d'un composé indien **śaka-ra*, etc.

En tout état de cause, le fait que la patrie originelle des Aryas ait voisiné avec l'aire linguistique ouralienne nous paraît être un argument déterminant en faveur d'une provenance steppique de l'ensemble indo-iranien.

En marge de cette question se pose celle de la « révolution religieuse » qui aurait accompagné la rupture de l'unité indo-iranienne, voire, selon certains auteurs (depuis Martin Haug au XIXe siècle), l'aurait provoquée. En effet, le terme indo-iranien commun **daiva-* « dieu, divinité », qui a conservé son sens premier en sanscrit (*deva-*), a pris celui de « démon » en avestique (*daēva-*). Ce renversement serait révélateur d'une opposition religieuse majeure entre les ancêtres des Indo-Aryens et ceux des peuples iraniens. Mais il est impossible à dater, et il n'est même pas sûr qu'il ait concerné la totalité des parlers proto-iraniens (d'après Georges Dumézil, par exemple, il ne se serait pas produit dans une partie au moins des langues « scythiques » de la steppe, comme en témoigneraient les données de la religion populaire ossète). L'opposition est d'ailleurs moins nette dans le cas de l'autre catégorie de personnages divins, les **Asura-* indo-iraniens : du côté iranien, *Ahura* est devenu le nom du dieu unique du zoroastrisme, *Ahura Mazdā*, le « Seigneur sage » ou « Seigneur sagesse » ; mais du côté indien, les *Asura* védiques sont moins « démoniaques » qu'on ne l'a dit. Dans des textes anciens, ce nom est donné à de grands dieux comme Varuna ou Bhaga.

Les *Veda* indiens contiendraient aussi des traces d'anciens affrontements entre Indo-Aryens et Iraniens. On y rencontre par exemple, parmi les ennemis des « Aryas » (ici : les Indo-Aryens), des *Dāsá-* et *Dásyu-*. Ces appellations correspondent à l'iranien *Daha-* (nom de tribu) et *dahyu-* « pays », « tribu ». Les récits védiques se déroulent dans un environnement qui est déjà, géographiquement, celui de l'Inde du Nord. Plutôt que d'imaginer la présence dans ces régions de tribus iraniennes asservies ensuite par les Indo-Aryens (*dāsá-* a pris en sanscrit le sens de « serviteur »), on peut supposer que les *Veda* ont transféré sur les ennemis mythiques ou réels de ces derniers des noms qui n'étaient plus que des souvenirs de contacts bien antérieurs avec les Iraniens. Il est en tout cas clair que l'opposition entre les « Aryas » et les *Dāsa* des *Veda* est notamment

Squelettes d'adultes et d'enfant, apparemment victimes d'une mort violente, abandonnés dans une maison de Mohenjo-Dāro lors du sac de la ville (vers le milieu du IIe millénaire av. J.-C. ?). Bien que l'on tende à exonérer les Aryas de la destruction de la culture de l'Indus, on a là une trace possible de leur conquête de l'Inde du nord-ouest.

religieuse, les seconds étant aimablement définis comme ceux qui haïssent les dévotions, n'accomplissent pas les rites, etc.

Les « Tokhariens »

Les origines des « Tokhariens » (rappelons que ce nom est probablement impropre) sont particulièrement obscures. Les langues « tokhariennes » ne sont connues que dans un état très tardif et dans une seule région, totalement périphérique, du monde indo-européen : le Turkestan oriental (Xinjiang), plus précisément le bassin du Tarim autour du désert du Taklamakan. Aucune source historique ne mentionne l'immigration de leurs locuteurs, qui a donc dû se produire avant que les Chinois, par exemple, ne s'intéressent à cette région (*cf. carte 14, p. 191*).

La place des langues « tokhariennes » au sein de la famille indo-européenne n'est pas claire. On sait qu'elles appartiennent au groupe dit « centum » – celui qui n'a pas connu la transformation de certaines occlusives, et dont les autres membres sont plutôt occidentaux ; mais la pertinence de la dichotomie centum/satem est aujourd'hui très contestée. Pour le reste, les vues les plus divergentes ont été émises sur les relations entre les langues « tokhariennes » et leurs diverses cousines. Si l'on compare de façon plus précise le vocabulaire que le « tokharien » ne partage qu'avec certaines langues indo-européennes et pas d'autres, c'est du germanique qu'il semble le plus proche, et ensuite du balto-slave, du grec, et de l'indo-iranien. Mais si l'on fait porter la comparaison sur la phonologie et la morphologie, le tableau est différent : les plus fortes ressemblances existent avec le grec, puis l'arménien, le germanique, l'italique, le balto-slave et le celtique (travaux d'A. J. van Windekens et de D. K. Adams). La seule chose sûre est que le « tokharien » n'a pas d'affinités particulièrement fortes, en dehors d'emprunts lexicaux souvent tardifs, avec la seule autre branche de l'indo-européen diffusée au Turkestan oriental : l'iranien. Cela suggère une arrivée indépendante des « Proto-Tokhariens » dans la région.

Les scénarios proposés pour cette arrivée peuvent se ramener à deux variantes principales.

La première propose une chronologie courte et une migration assez tardive des « Proto-Tokhariens ». Ceux-ci auraient quitté l'Europe orientale au tournant de l'âge du Bronze et de l'âge du Fer, et, pour Robert Heine-Geldern, par exemple, auraient participé à la même « migration pontique » qui avait, selon lui, conduit jusqu'aux steppes mongoles une partie des nomades « cimmériens » de la steppe ukrainienne, les *Xianyun* des sources chinoises. Ils ne se seraient donc établis dans le bassin du Tarim que dans la première moitié du Ier millénaire av. J.-C. Leur départ tardif d'Europe expliquerait les caractéristiques « occidentales » de leurs parlers. Toutefois, il n'existe aucune trace archéologique d'une migration d'ouest en est à cette date. Au contraire, la période « cimmérienne » puis le début de la période scythe archaïque, aux IXe-VIIe siècles av. J.-C., inaugurent les mouvements de populations nomades d'est en ouest ; il faudrait imaginer un passage vers l'est des « Proto-Tokhariens » avant le début de ces déplacements, au plus tard vers 1000 av. J.-C., mais rien ne l'atteste.

La seconde variante est basée sur une chronologie beaucoup plus longue. Le « tokharien » est ici considéré comme une branche archaïque de l'indo-européen, détachée du tronc commun après l'anatolien mais avant beaucoup d'autres. La migration vers l'est des « Proto-Tokhariens » se serait produite très tôt et constituerait en fait l'une des premières manifestations de l'expansion indo-européenne dans cette direction. On pourrait alors la rattacher au curieux phénomène que représente la culture d'Afanassiévo (vers 3500-2000 av. J.-C.), évoquée au chapitre précédent. Liée aux cultures des Kourganes de la steppe européenne, développée par une population europoïde, elle représenterait le noyau des « Tokhariens » historiques *(cf. carte 23, p. 200)*.

L'aire d'Afanassiévo, dans l'Altaï, est cependant distante d'environ 1 500 km de l'aire linguistique « tokharienne » du Tarim. Une possible étape intermédiaire est représentée par Keremtchi/Ke'ermuqi en Dzoungarie. Au Tarim même, la culture de Qäwrighoul, qui remonte à l'âge du Bronze, présente certaines similitudes avec celles d'Afanassiévo et de Keremtchi.

Vase en argile de Sargov Oulous (Russie, région de Krasnoïarsk), culture d'Afanassiévo ; hauteur : 31,5 cm.

Cette culture de Qäwrighoul nous amène à un autre élément du dossier : les fameuses momies du Tarim. Il s'agit de corps humains momifiés – essentiellement par dessèchement naturel – trouvés dans de nombreux cimetières de la région. Ces sépultures datent de périodes allant de l'âge du Bronze aux premiers siècles de notre ère. La plupart des défunts présentent des traits nettement europoïdes, avec souvent des cheveux clairs (blonds ou châtain clair). Le type « proto-europoïde », courant comme on l'a vu dans les steppes européennes et à Afanassiévo, est bien représenté dans les tombes les plus anciennes.

Il est logique d'attribuer aux momies europoïdes une langue indo-européenne – ou plusieurs : les zones de découverte de ces restes correspondent aux aires linguistiques historiques des langues « tokhariennes » et de certains parlers iraniens (saces). Les études très détaillées de J. P. Mallory et V. P. Mair penchent plutôt en faveur d'une identité « tokharienne » des momies les plus anciennes, et de la culture de Qäwrighoul. Si cette hypothèse est exacte, elle confirme l'ancienneté de la présence « tokharienne » au Tarim.

Les momies du Tarim ont également relancé le débat sur les connexions occidentales des « Proto-Tokhariens ». Le climat a conservé non seulement les corps, mais aussi leurs vêtements. Certains tissus à carreaux ressemblent de façon extraordinaire aux tissus de tradition celtique connus de l'Antiquité à nos jours (les tartans écossais !). On n'en déduira pas, comme certains vulgarisateurs un peu rapides, que les « Tokhariens » étaient des Celtes – mais il y a là un fait qui devra être expliqué. Peut-être les prototypes communs de ces étoffes étaient-ils déjà produits à la fin de la communauté indo-européenne.

Le dossier des « Tokhariens » a été encore compliqué par le rapprochement fait par Walter Henning entre ce peuple et les Guti, envahisseurs de la Mésopotamie au IIIe millénaire av. J.-C. Le raisonnement est le suivant : les Tokhariens historiques, ceux des sources occidentales antiques, étaient appelés *Yuezhi* par les Chinois. Or, la prononciation antique de ce nom se rapprochait de « Guti ». Tout cela n'a guère de sens : on n'est pas sûr que les Tokhariens/Yuezhi aient parlé les langues que nous appelons « tokhariennes » ; quant au nom *Yuezhi*, il devait se prononcer à peu près

**ngiwnt-zie* **ngiwăt-tįěg*, et d'aucuns ont voulu y reconnaître celui… des Scythes, ou bien des Massagètes ! L'idée jouit malgré tout encore d'un certain crédit, et Bernard Sergent, par exemple, avance un scénario compliqué dans lequel les Proto-Tokhariens se seraient initialement dirigés vers les Balkans en compagnie des Anatoliens, puis seraient revenus vers l'est, s'y seraient mêlés aux Proto-Grecs, avant de partir vers l'Asie en faisant peut-être un crochet par la Mésopotamie. Il invoque, entre autres indices, la correspondance entre les noms (sans étymologie indo-européenne) du « roi » en grec, phrygien, et « tokharien » A, terme que ces trois langues auraient emprunté au parler disparu des indigènes de Trypillia, lors d'une période de cohabitation.

En tout état de cause, le plus probable est que les « Proto-Tokhariens » sont une population détachée assez tôt de l'ensemble indo-européen, et dont l'expansion vers l'est a sans doute devancé celle des Aryas. Pour autant, leur identification à la culture d'Afanassiévo reste hypothétique – car il faut tenir compte de la possiblité que d'autres groupes indo-européens, anonymes et dont la langue n'aurait pas laissé de traces, se soient eux aussi dirigé précocément vers l'Asie. L'itinéraire steppes européennes (Kourganes) – Altaï (Afanassiévo) – Dzoungarie (Keremtchi) – Tarim (Qäwrighoul) demande à être vérifé, même s'il semble bien que l'on ait là un schéma permettant de faire provenir les porteurs des langues « tokhariennes », à date très ancienne, de l'aire européenne des Kourganes.

Les Indo-Européens perdus

S'il y a des groupes ethnolinguistiques d'origine indo-européenne dont la traduction archéologique demeure incertaine, il y a aussi à l'inverse des phénomènes archéologiques qui, compte tenu de leurs caractéristiques ou de leur localisation, peuvent être attribués à des populations de souche indo-européenne, mais sans pouvoir être associés à des groupes historiquement connus.

La culture de la Céramique cordée a eu des prolongements septentrionaux jusqu'en Finlande (Kiukais). Les porteurs de cette variante ont ensuite été assimilés linguistiquement par des populations de langue ouralienne (finnoise), et il est impossible de dire s'ils parlaient un dialecte indo-européen distinct, ou si leur parler se rattachait, par exemple, au proto-balte (*cf. carte 26, p. 203*).

De la même façon, des populations de type europoïde et de langue vraisemblablement indo-européenne sont attestées anciennement dans des régions très orientales (culture d'Afanassiévo sur le Iénisseï, crânes de l'âge du Bronze dans la Touva, stèles à traits europoïdes de Mongolie…). On a vu que des archéologues proposaient d'identifier les porteurs de la culture d'Afanassiévo aux Proto-« Tokhariens », et il est possible que certains autres vestiges se rattachent à l'expansion de populations iraniennes, mais on peut aussi imaginer qu'il s'agisse de groupes indo-européens différents, dont les langues n'auraient pas laissé de traces.

Marija Gimbutas croyait aussi à une expansion précoce des Indo-Européens, porteurs des cultures des Kourganes, au Caucase. Elle s'appuyait sur des vestiges comme ceux d'Outch Tépé en Azerbaïdjan (vers 3500 av. J.-C.), avec un grand kourgane à chambre funéraire en pierre à charpente de bois, où l'aspersion d'ocre est attestée. Diverses innovations apparues au IVe millénaire dans la culture transcaucasienne indigène de Koura-Araxe sont aussi attribuées à des migrations venues des steppes : types d'habitations, domestication du cheval... Tant la réalité de ces intrusions que l'identité indo-européenne d'éventuels migrants sont très controversées. Dans le cas où il s'agirait bien de populations indo-européennes venues des steppes, elles pourraient être identifiées soit à des ancêtres des Anatoliens (pour ceux qui privilégient une arrivée de ces derniers par le Caucase – ce qui n'est pas aujourd'hui la thèse majoritaire), soit à un autre groupe, assimilé ensuite par les indigènes de langue caucasique.

A une époque beaucoup plus tardive, autour de 1000 av. J.-C., d'autres sépultures à kourganes d'Azerbaïdjan sont considérées comme la trace d'une expansion à travers le Caucase des porteurs de la culture des Tombes à charpente (cf. *supra* à propos de la genèse des Aryas) ; il s'agirait alors de Proto-Iraniens.

On peut encore mentionner la grande culture de la Lusace, qui s'est développée en Europe centrale (Allemagne orientale, Pologne, parties de la République tchèque, de la Slovaquie, et de l'Ukraine) entre 1300 et 500 av. J.-C. environ. Bien qu'on ait voulu l'attribuer aux Slaves, aux Thraces, aux Daces, et même aux inévitables « Illyriens », la théorie la plus probable la rattache au peuple appelé « Vénètes » par les auteurs classiques. Vraisemblablement, il s'agissait au départ de gens parlant une branche distincte de l'indo-européen, et dont différents groupes émigrés – peut-être en suivant les routes commerciales de l'âge du Bronze – ont été absorbés par les Celtes (Vénètes d'Armorique) et les populations de langue italique (Vénètes de Vénétie), tandis que ceux demeurés sur place se fondaient dans l'ensemble slave (Wendes) ; un peuple des *[H]enetoí* était également connu des Grecs en Asie Mineure (Paphlagonie).

Bilan

On voit que dans beaucoup de cas, la preuve formelle d'une continuité directe entre les cultures, présumées indo-européennes, des Kourganes, et les peuples historiques parlant des langues de la famille indo-européenne, n'existe pas. Mais peut-être les indices partiels que nous avons recueillis sont-ils, somme toute, une moisson déjà abondante. Il ne fallait pas s'attendre à pouvoir suivre une ligne régulière et ininterrompue, à travers des siècles de migration et de mélange, du Chalcolithique au début de l'âge du Fer.

La théorie des Kourganes ne peut, en l'état actuel des connaissances, être considérée comme complètement démontrée. Mais de nombreux éléments en corroborent certaines parties et, surtout, aucun fait majeur n'est en contradiction flagrante avec elle, alors que tous les autres systèmes se heurtent à des objections souvent rédhibitoires. Il faut éviter de la sacraliser, travailler à combler ses lacunes, et garder l'esprit ouvert pour examiner objectivement toute autre possibilité. Mais elle constitue pour l'instant la meilleure hypothèse de travail pour les indo-européistes.

Conclusion

Nous avons essayé, dans cette présentation, de faire un exposé objectif des faits, des raisonnements, des hypothèses... accumulés durant deux siècles d'études indo-européennes. Nous avons notamment refait le parcours intellectuel qui a conduit une majorité de spécialistes, depuis les années 1950 (mais sur la base d'intuitions remontant aux XVIIe-XVIIIe siècles !), à privilégier une solution qui situe la communauté indo-européenne originelle dans les steppes d'Europe orientale au Chalcolithique. Les grandes remises en cause récentes ont fait forte impression sur le grand public, toujours avide de « nouvelles révélations » ou de « solutions définitives », mais ont beaucoup moins ébranlé le consensus majoritaire des chercheurs.

Nous ne considérons cependant pas la théorie des Kourganes comme un *nec plus ultra* de la recherche. Il manque (et peut-être manquera-t-il toujours) des pièces à sa démonstration archéologique, et certains de ses partisans se sont, à notre avis, laissé aller à un dogmatisme excessif. Mais sur le fond, nous pensons que Marija Gimbutas, après Latham, Schrader, Gordon Childe et Leibniz, avait raison.

On ne peut conclure un livre sur les Indo-Européens sans s'interroger sur leur « héritage », c'est-à-dire sur l'impact matériel et culturel qu'ils ont eu sur l'histoire humaine.

La partie la plus visible et la plus indiscutable de cet héritage, ce sont les langues indo-européennes, tant les grandes langues classiques comme le sanscrit, le grec ancien, le latin, le vieil-irlandais... que les parlers modernes qui forment aujourd'hui la première famille linguistique du monde par ordre d'importance numérique (1,6 milliards de locuteurs, dont 600 millions pour la seule branche indienne). Il est inutile d'insister sur la place actuelle de l'anglais (322 millions de locuteurs à titre maternel), langue germanique très abâtardie et grammaticalement dégénérée, mais qui continue elle aussi à sa façon, tout autant que le lituanien le plus archaïque, l'indo-européen parlé au Chalcolithique dans les steppes ukrainiennes *(cf. carte 37, p. 212)*.

Les Indo-Européens n'ont sûrement pas été les civilisateurs prométhéens qu'imaginaient les auteurs du XIXe siècle. On pourrait même, en forçant le trait en sens inverse, les représenter comme des brutes agressives responsables de l'extinction des brillantes cultures danubiennes, de leurs villes naissantes et de leurs tentatives d'écriture... Cependant, on peut aussi les créditer de quelques apports durables aux industries humaines. On leur doit très probablement la domestication du cheval. Ils ont, sinon inventé, du moins diffusé très largement le véhicule à roues.

Mais c'est l'héritage « idéologique » des Indo-Européens qui soulève les questions les plus intéressantes. La remarquable longévité du cadre de pensée trifonctionnel signifie que les grandes civilisations de la Grèce, de la Perse pré-islamique, des nomades « scythiques », de l'Inde védique, des anciens Celtes et Germains... ont fondé une partie de leurs mythes, de leurs systèmes de valeurs, et même dans certains cas leurs structures sociales, sur ce modèle ancestral. On a voulu en retrouver les traces jusque dans la théorisation médiévale d'une société divisée en *oratores*, *bel-*

latores et *laboratores*, qui s'est perpétuée dans les « anciens régimes » européens, et plus tard encore. A titre anecdotique, on peut signaler que l'Ossétie a adopté en 1991 un drapeau blanc-rouge-jaune qui renvoie expressément aux caractéristiques des trois grandes familles de l'épopée narte : sagesse, courage, prospérité – mais ici, les influences duméziliennes ont sans doute autant pesé que la tradition !

A un autre niveau, la plupart des grands groupes héritiers de l'unité indo-européenne ont en commun d'avoir constitué, à un moment de leur histoire, des « sociétés héroïques » dominées par la figure du guerrier. Il est tentant de penser que leurs idéaux – qui ne sont d'ailleurs pas nécessairement une exclusivité indo-européenne – étaient en germe dès l'époque de l'unité, pour laquelle on peut reconstruire, comme on l'a vu, un vocabulaire militaire qui va au-delà des simples noms d'armes. Cette idée ne fait pas l'unanimité (C. Renfrew, en particulier, voit dans le parallélisme des sociétés héroïques le résultat d'une convergence tardive), mais elle est vraisemblable dès lors que l'on admet la dimension guerrière de l'expansion indo-européenne.

On peut assigner une hypothétique origine indo-européenne à bien d'autres comportements attestés dans les cultures héritières, comme la valorisation de l'élevage et la place toute spéciale faite au cheval, que ce soit dans la religion ou en pratique. On remarque d'ailleurs que ces traits sont particulièrement accusés chez les Iraniens des steppes (Scythes, Sarmates, Saces...), ce qui est logique pour des peuples qui seraient à certains égards, dans le cadre des théories développées ici, les continuateurs les plus directs de l'ancienne communauté.

Reste l'inévitable interrogation : sommes-nous (nous, les locuteurs immémoriaux de langues indo-européennes – par opposition aux peuples dont nous savons qu'ils les ont adoptées récemment), les descendants des Indo-Européens ?

La transmission des langues et l'hérédité biologique sont assurément deux choses différentes. L'époque coloniale a montré à grande échelle ce qu'illustrait déjà le cas du latin dans l'Occident antique : des populations peuvent, sans qu'il ne se produise de métissage massif, adopter une langue étrangère. On peut néanmoins rétorquer que même dans ces cas, la transmission suppose un contact, et que des situations de domination prolongée conduisent toujours à quelques mélanges. Les Haïtiens qui parlent créole ne descendent pas des Français – mais on ne peut affirmer qu'ils ne comptent aucun Français parmi leurs ascendants ! Mais surtout, des processus de remplacement linguistique liés à des cadres étatiques et administratifs (comme celui de l'Empire romain pour ce qui est du latin), à un statut de langue officielle, etc., ne peuvent être projetés rétroactivement dans l'Europe du Chalcolithique ou de l'âge du Bronze. Hors de leur foyer originel, les langues indo-européennes ont évidemment été diffusées par des locuteurs indo-européens suffisamment nombreux, ou puissants, ou prestigieux.

Parfois, l'implantation de ces langues a dû résulter de celle d'une population indo-européenne relativement homogène ; nous l'envisagerions volontiers dans le cas des « Tokhariens » (dont on ne voit guère avec qui ils auraient pu se mélanger, tout en conservant une langue indo-européenne archaïque et un type physique purement europoïde ?). Ailleurs, elle a pu être due à une petite minorité de dominateurs, progressivement fondue dans une majorité indigène, mais dont l'emprise aurait été suffisante pour l'indo-européaniser. La formation des peuples anatoliens, très marqués par un fort substrat local, répond sans doute à ce schéma.

Nous avons pris là l'exemple de deux groupes ethnolinguistiques éteints. Qu'en est-il des groupes survivants ? Nécessairement, ils proviennent tous de mélanges entre les Indo-Européens du Chalcolithique (eux-mêmes issus des processus d'assimilation détaillés au chapitre VIII) et de substrats divers, plus ou moins identifiables suivant les régions considérées. On peut citer la couche dravidienne (dont les porteurs de la culture de l'Indus ?) en Inde ; la couche élamite en Iran ; la plus ancienne couche pré-hellénique en Grèce ; le fond « danubien » (pas forcément homogène) dans une grande partie des Balkans et de l'Europe moyenne ; de probables éléments ouraliens au nord-est de l'Europe ; et des groupes ethniques méditerranéens comme les Ibères, les Etrusques, sans doute d'autres encore. La composante danubienne, de par son extension géographique et sa densité démographique, a sûrement joué un rôle majeur dans l'ethnogenèse de nombreux peuples de langue indo-européenne.

Les Indo-Européens comptent parmi nos ancêtres – dans des proportions difficiles à évaluer (la génétique des populations est encore loin de pouvoir répondre de façon sûre à cette question). L'essentiel est que ce sont ces ancêtres-là qui ont déterminé notre façon de nous exprimer et certaines de nos façons de penser. Ni race de demi-dieux, ni abstraction insaisissable, ce peuple d'il y a six mille ans a été l'un des grands ferments de l'histoire de l'humanité.

ATLAS

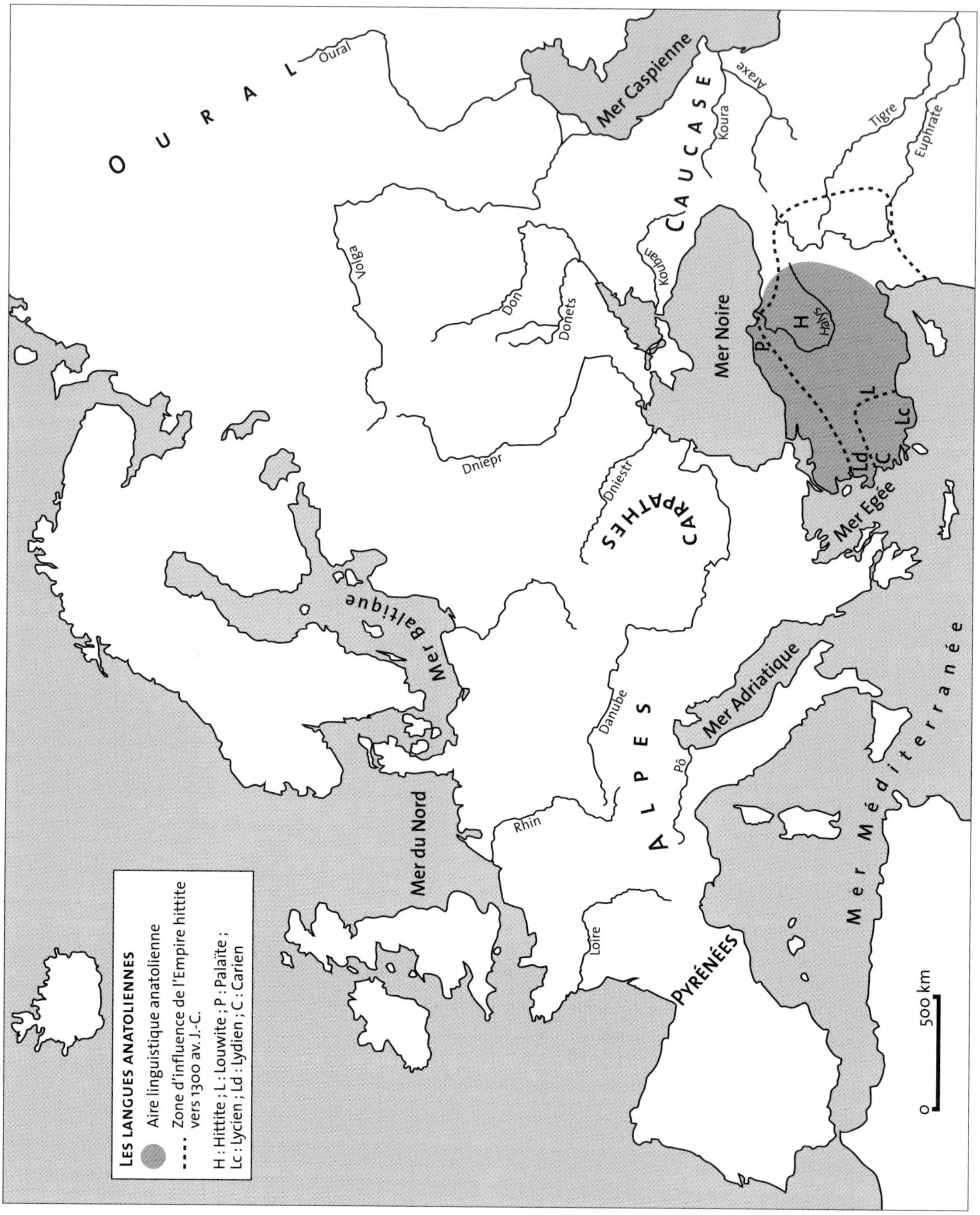
LES LANGUES ANATOLIENNES
Aire linguistique anatolienne
Zone d'influence de l'Empire hittite vers 1300 av. J.-C.
H : Hittite ; L : Louwite ; P : Palaïte ; Lc : Lycien ; Ld : Lydien ; C : Carien
OURAL
Oural
Mer Caspienne
CAUCASE
Araxe
Koura
Tigre
Euphrate
Volga
Kouban
Don
Donets
Mer Noire
H
Halys
P
L
Lc
Ld
C
Dniepr
Dniestr
CARPATHES
Mer Egée
Mer Baltique
Mer Adriatique
Danube
ALPES
Pô
Rhin
Mer du Nord
Loire
PYRÉNÉES
Mer Méditerranée
0
500 km

Carte 1

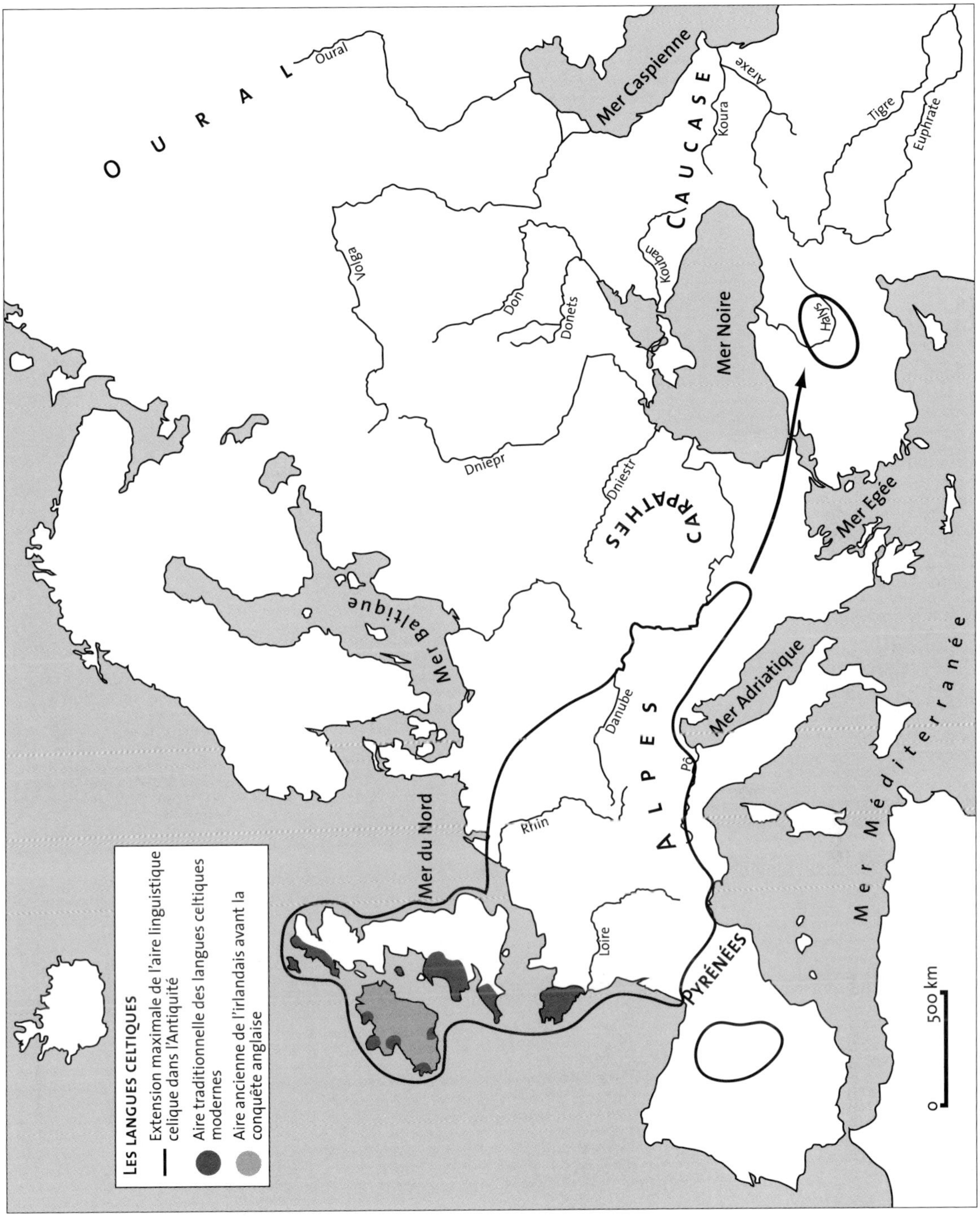
LES LANGUES CELTIQUES
Extension maximale de l'aire linguistique celique dans l'Antiquité
Aire traditionnelle des langues celtiques modernes
Aire ancienne de l'irlandais avant la conquête anglaise
O U R A L
Oural
C A U C A S E
Mer Caspienne
Araxe
Koura
Tigre
Euphrate
Volga
Don
Donets
Kouban
Mer Noire
Halys
Dniepr
Dniestr
CARPATHES
Mer Egée
Mer Baltique
Mer Adriatique
A L P E S
Danube
Pô
Rhin
Mer du Nord
Loire
PYRÉNÉES
M e r M é d i t e r r a n é e
0
500 km

Carte 2

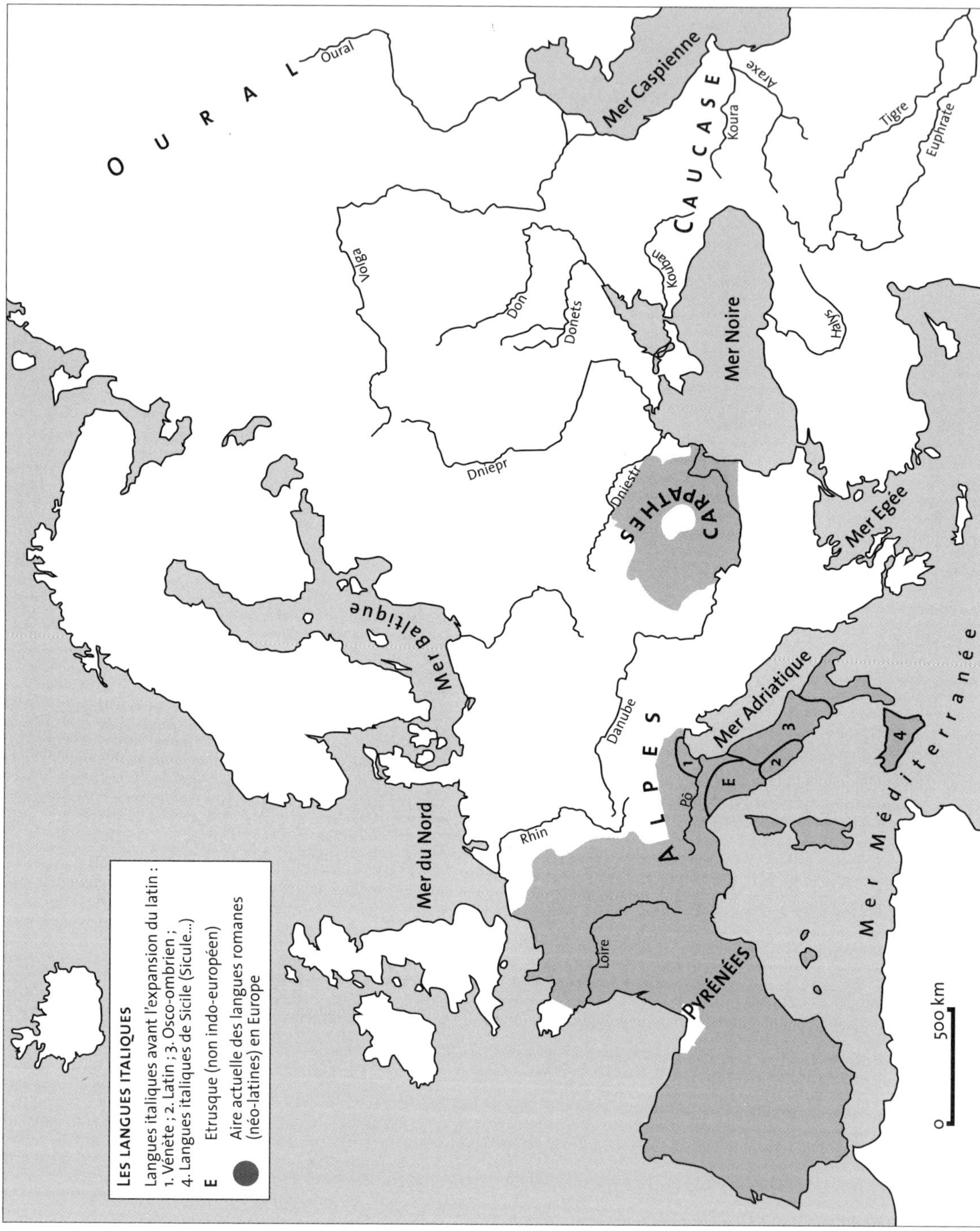
LES LANGUES ITALIQUES
Langues italiques avant l'expansion du latin :
1. Vénète ; 2. Latin ; 3. Osco-ombrien ;
4. Langues italiques de Sicile (Sicule...)
E Etrusque (non indo-européen)
Aire actuelle des langues romanes (néo-latines) en Europe
OURAL
Oural
Mer Caspienne
CAUCASE
Araxe
Koura
Tigre
Euphrate
Volga
Don
Donets
Kouban
Mer Noire
Halys
Dniepr
Dniestr
CARPATHES
Mer Egée
Mer Baltique
Danube
ALPES
Mer Adriatique
Pô
Rhin
Mer du Nord
Loire
PYRÉNÉES
Mer Méditerranée
0 500 km

Carte 3

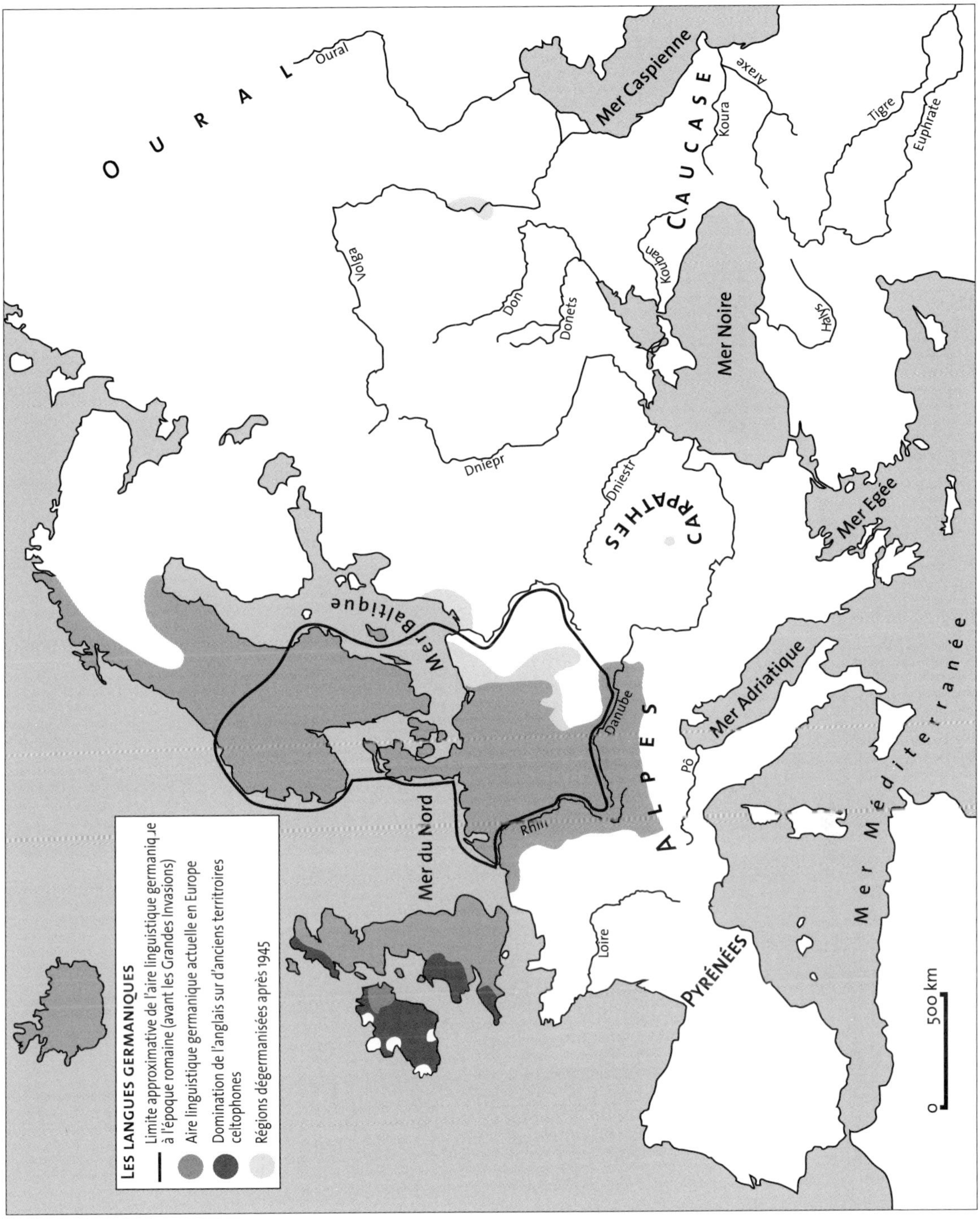
LES LANGUES GERMANIQUES
Limite approximative de l'aire linguistique germanique à l'époque romaine (avant les Grandes Invasions)
Aire linguistique germanique actuelle en Europe
Domination de l'anglais sur d'anciens territoires celtophones
Régions dégermanisées après 1945
0 500 km
OURAL
Oural
Mer Caspienne
CAUCASE
Araxe
Koura
Tigre
Euphrate
Volga
Don
Donets
Kouban
Halys
Mer Noire
Dniepr
Dniestr
CARPATHES
Mer Egée
Mer Baltique
Danube
ALPES
Mer Adriatique
Pô
Rhin
Mer du Nord
Loire
PYRÉNÉES
Mer Méditerranée

Carte 4

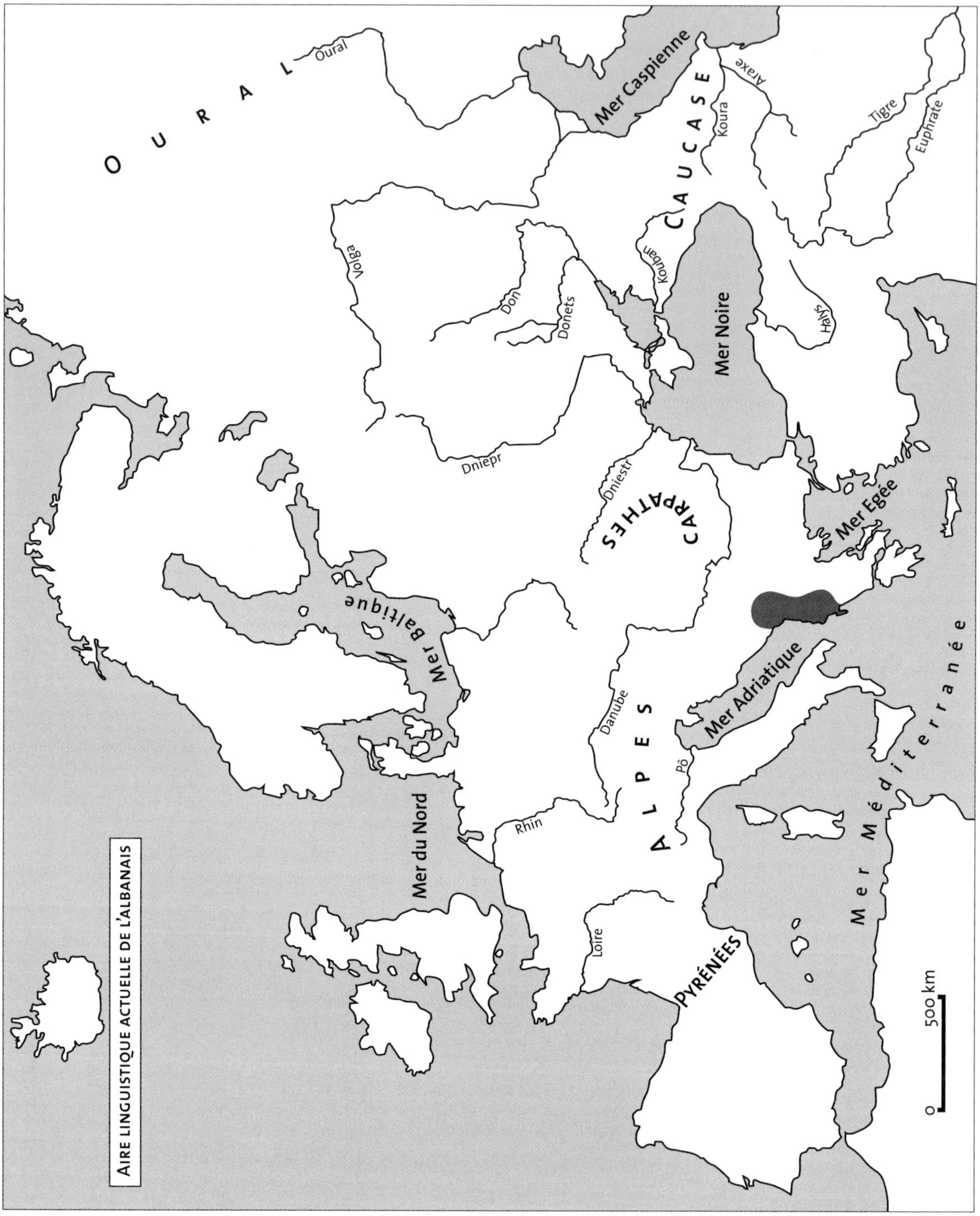
AIRE LINGUISTIQUE ACTUELLE DE L'ALBANAIS
OURAL
Oural
Mer Caspienne
CAUCASE
Araxe
Koura
Tigre
Euphrate
Volga
Don
Donets
Kouban
Mer Noire
Halys
Dniepr
Dniestr
CARPATHES
Mer Egée
Mer Baltique
Mer Adriatique
Danube
ALPES
Pô
Mer Méditerranée
Mer du Nord
Rhin
Loire
PYRÉNÉES
500 km
0

Carte 5

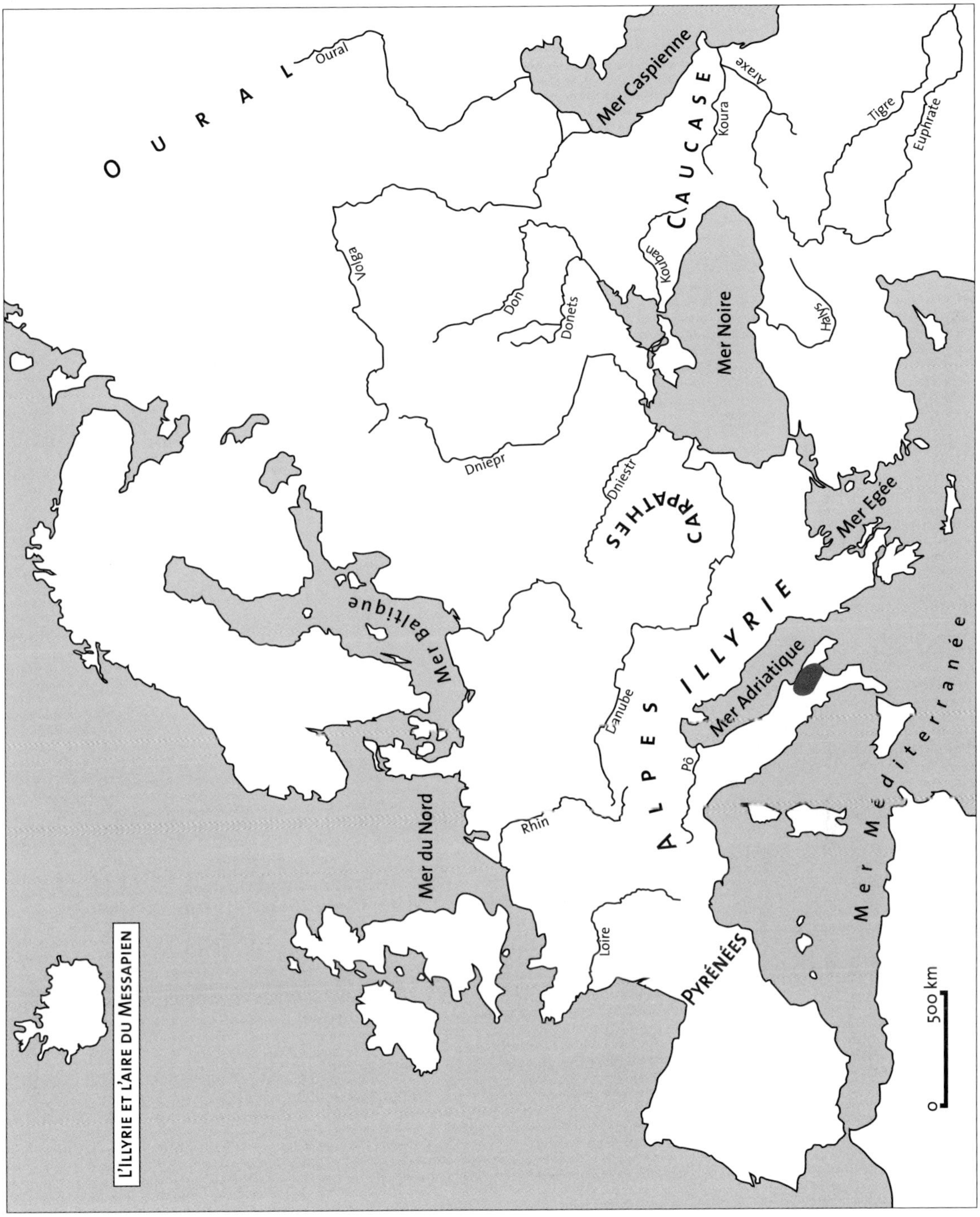
L'ILLYRIE ET L'AIRE DU MESSAPIEN
OURAL
Oural
Mer Caspienne
CAUCASE
Araxe
Koura
Tigre
Euphrate
Volga
Don
Donets
Kouban
Mer Noire
Halys
Dniepr
Dniestr
CARPATHES
Mer Egée
Mer Baltique
ILLYRIE
Mer Adriatique
Mer Méditerranée
ALPES
Danube
Pô
Rhin
Mer du Nord
Loire
PYRÉNÉES
0
500 km

Carte 6

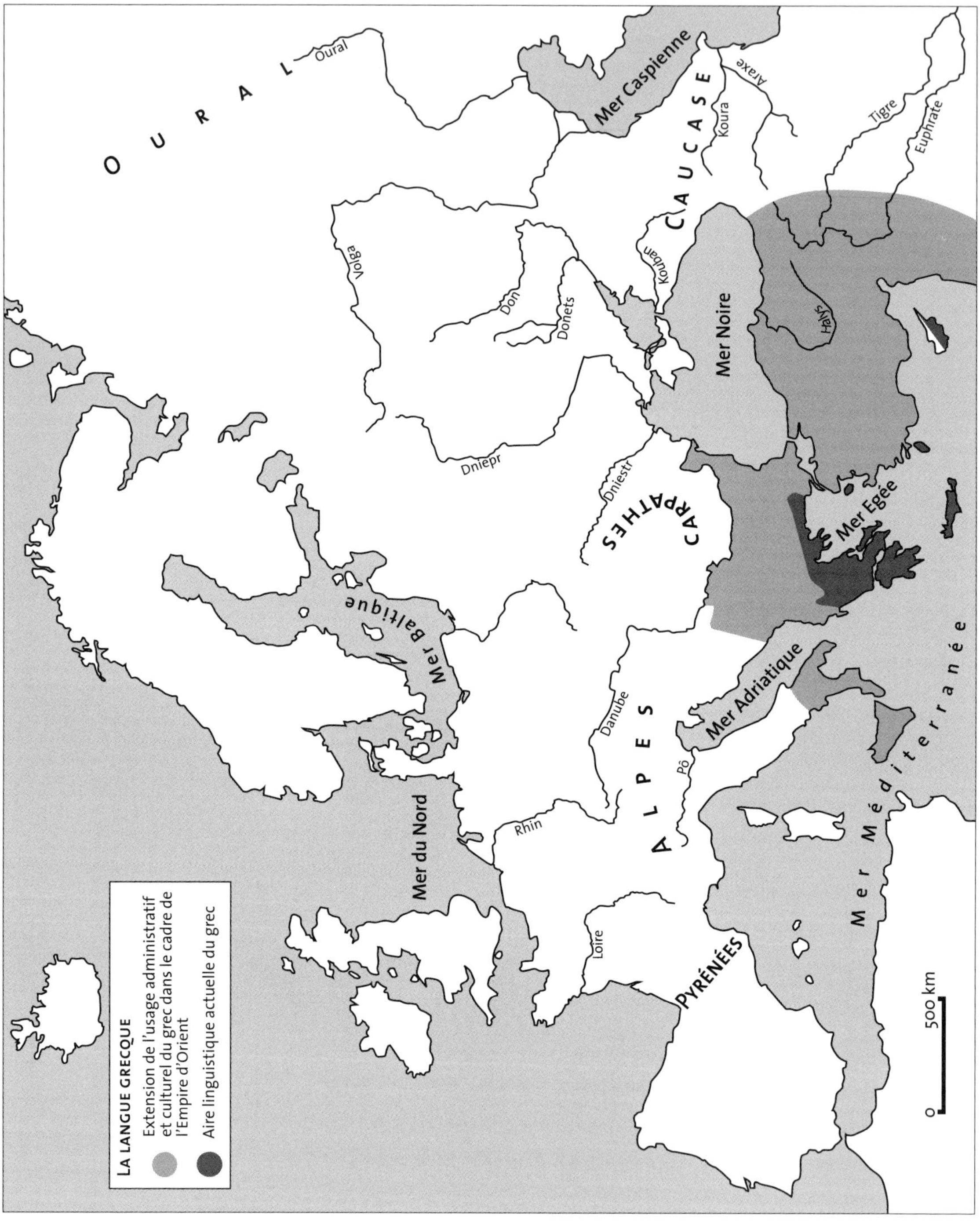
LA LANGUE GRECQUE
Extension de l'usage administratif et culturel du grec dans le cadre de l'Empire d'Orient
Aire linguistique actuelle du grec
OURAL
Oural
Mer Caspienne
CAUCASE
Araxe
Koura
Tigre
Euphrate
Volga
Kouban
Don
Donets
Mer Noire
Halys
Dniepr
Dniestr
CARPATHES
Mer Egée
Mer Baltique
Danube
ALPES
Mer Adriatique
Pô
Rhin
Mer du Nord
Loire
PYRÉNÉES
Mer Méditerranée
0
500 km

Carte 7

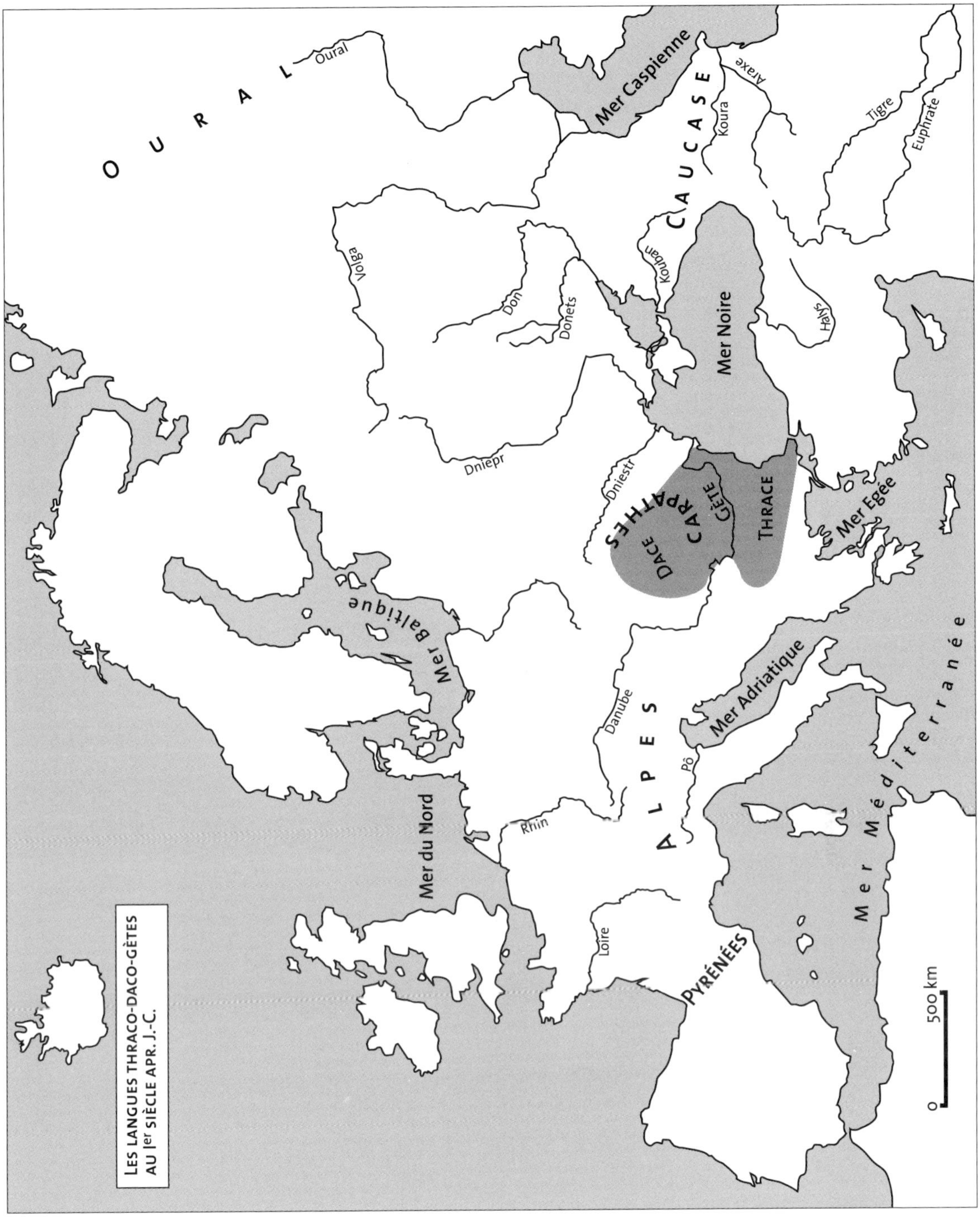
Les langues thraco-daco-gètes
au Ier siècle apr. J.-C.
O U R A L
Oural
Mer Caspienne
C A U C A S E
Araxe
Koura
Tigre
Euphrate
Volga
Kouban
Don
Donets
Mer Noire
Halys
Dniepr
Dniestr
CARPATHES
DACE
GÈTE
THRACE
Mer Egée
Mer Baltique
Mer Adriatique
Danube
A L P E S
Pô
Mer Méditerranée
Rhin
Mer du Nord
Loire
PYRÉNÉES
0
500 km

Carte 8

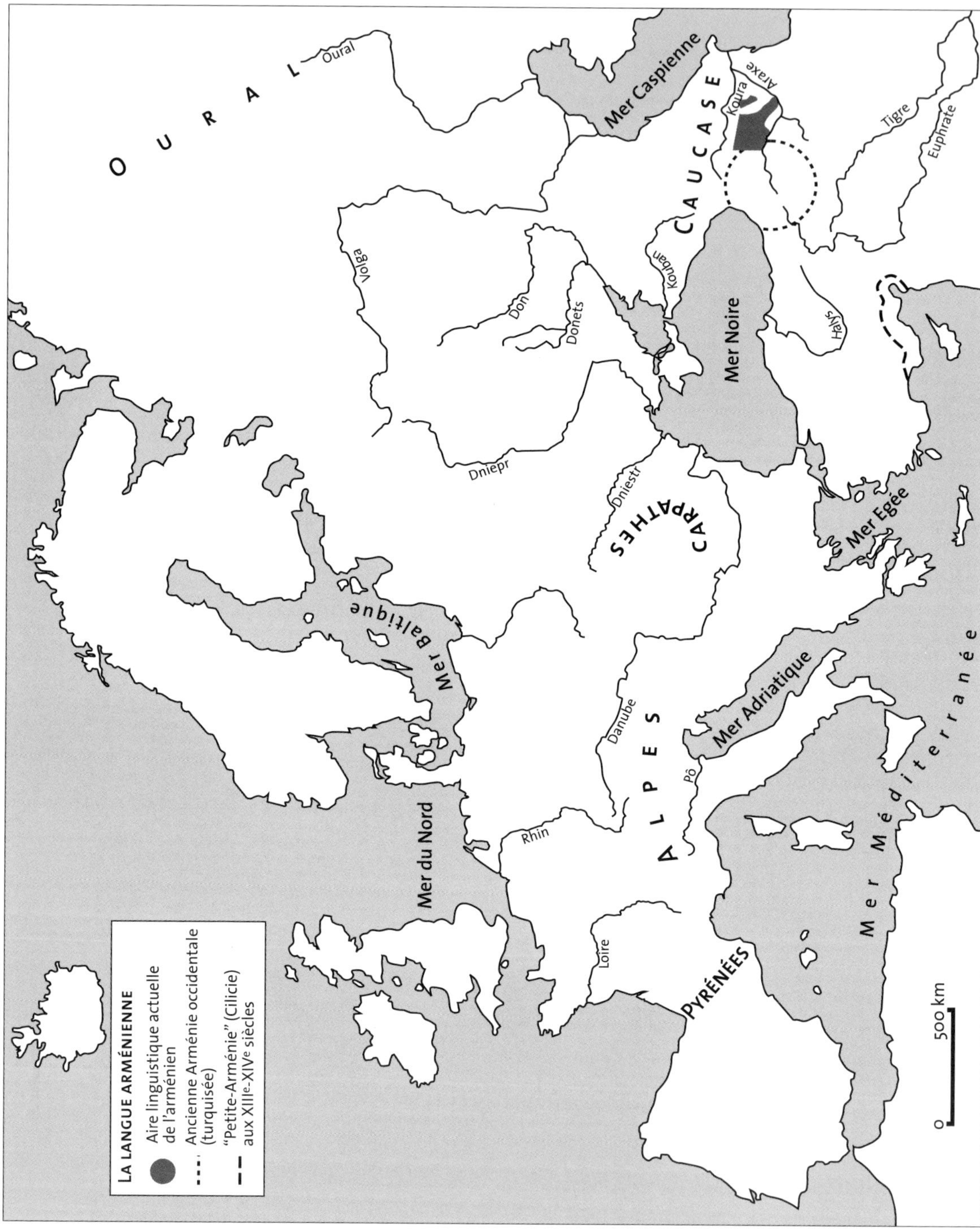
LA LANGUE ARMÉNIENNE
Aire linguistique actuelle de l'arménien
Ancienne Arménie occidentale (turquisée)
"Petite-Arménie" (Cilicie) aux XIIIe-XIVe siècles
0 500 km
O U R A L
Oural
Mer Caspienne
CAUCASE
Araxe
Koura
Tigre
Euphrate
Kouban
Volga
Don
Donets
Mer Noire
Halys
Dniepr
Dniestr
CARPATHES
Mer Egée
Mer Baltique
Mer Adriatique
Danube
ALPES
Pô
Rhin
Mer du Nord
Loire
PYRÉNÉES
Mer Méditerranée

Carte 9

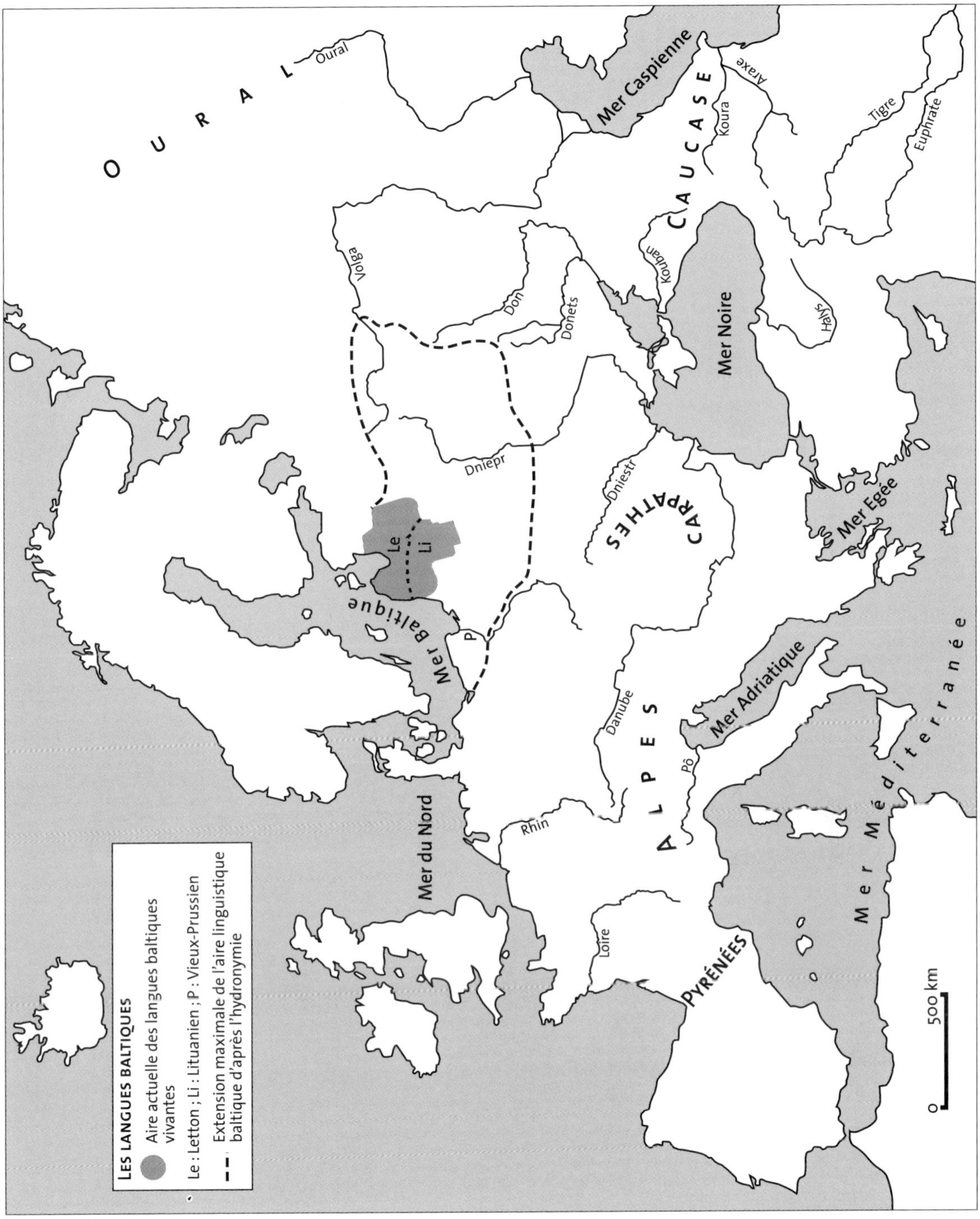
LES LANGUES BALTIQUES
Aire actuelle des langues baltiques vivantes
Le : Letton ; Li : Lituanien ; P : Vieux-Prussien
Extension maximale de l'aire linguistique baltique d'après l'hydronymie
Le
Li
P
Mer Baltique
Mer du Nord
Mer Noire
Mer Caspienne
Mer Egée
Mer Adriatique
Mer Méditerranée
OURAL
CAUCASE
CARPATHES
ALPES
PYRÉNÉES
Oural
Volga
Don
Donets
Dniepr
Dniestr
Danube
Rhin
Loire
Pô
Kouban
Koura
Araxe
Tigre
Euphrate
Halys
0
500 km

Carte 10

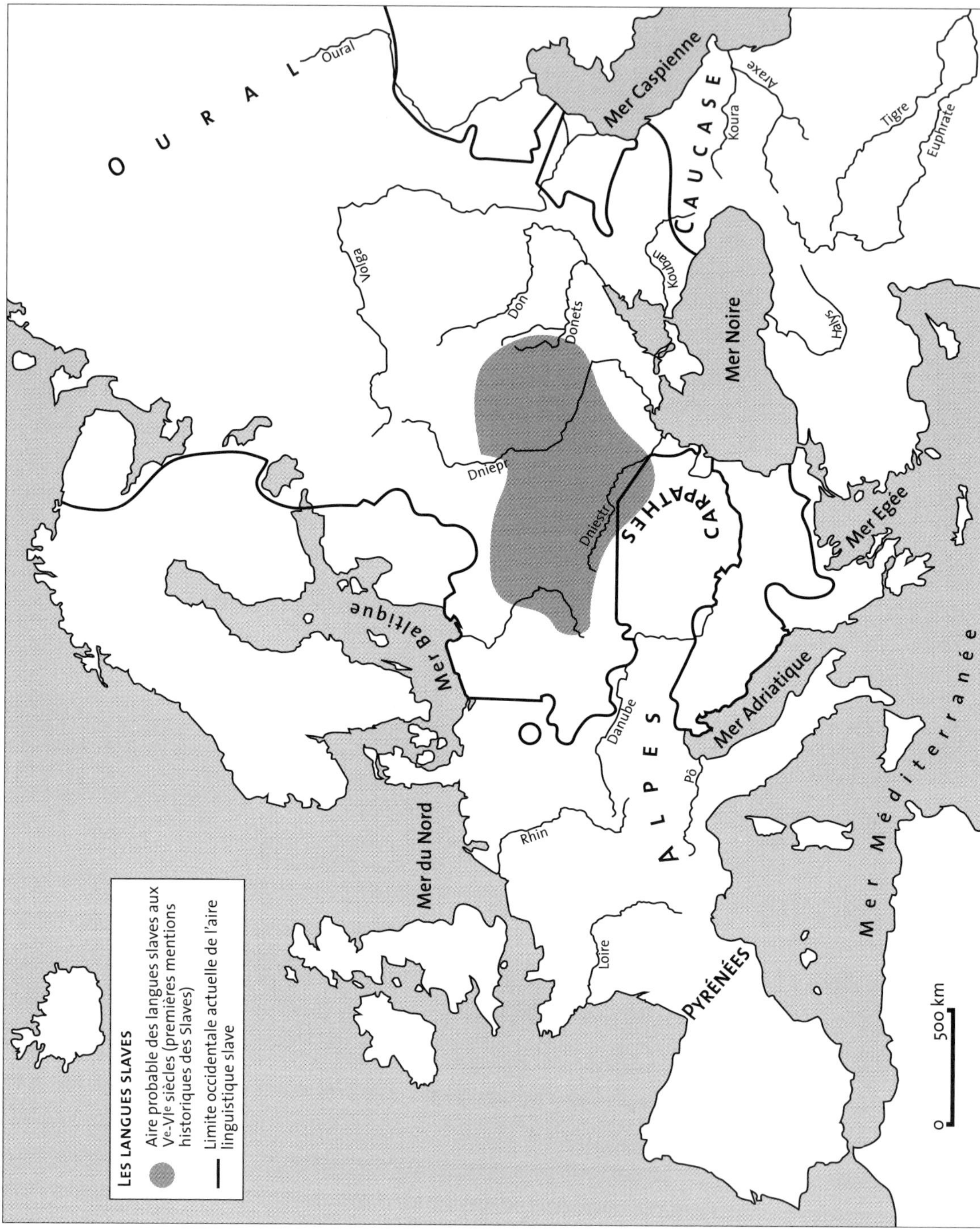
LES LANGUES SLAVES
Aire probable des langues slaves aux Ve-VIe siècles (premières mentions historiques des Slaves)
Limite occidentale actuelle de l'aire linguistique slave
OURAL
Oural
Mer Caspienne
CAUCASE
Araxe
Koura
Tigre
Euphrate
Volga
Don
Donets
Kouban
Halys
Mer Noire
Dniepr
Dniestr
CARPATHES
Mer Egée
Mer Baltique
Mer Adriatique
Mer Méditerranée
Danube
ALPES
Pô
Rhin
Mer du Nord
Loire
PYRÉNÉES
0
500 km

Carte 11

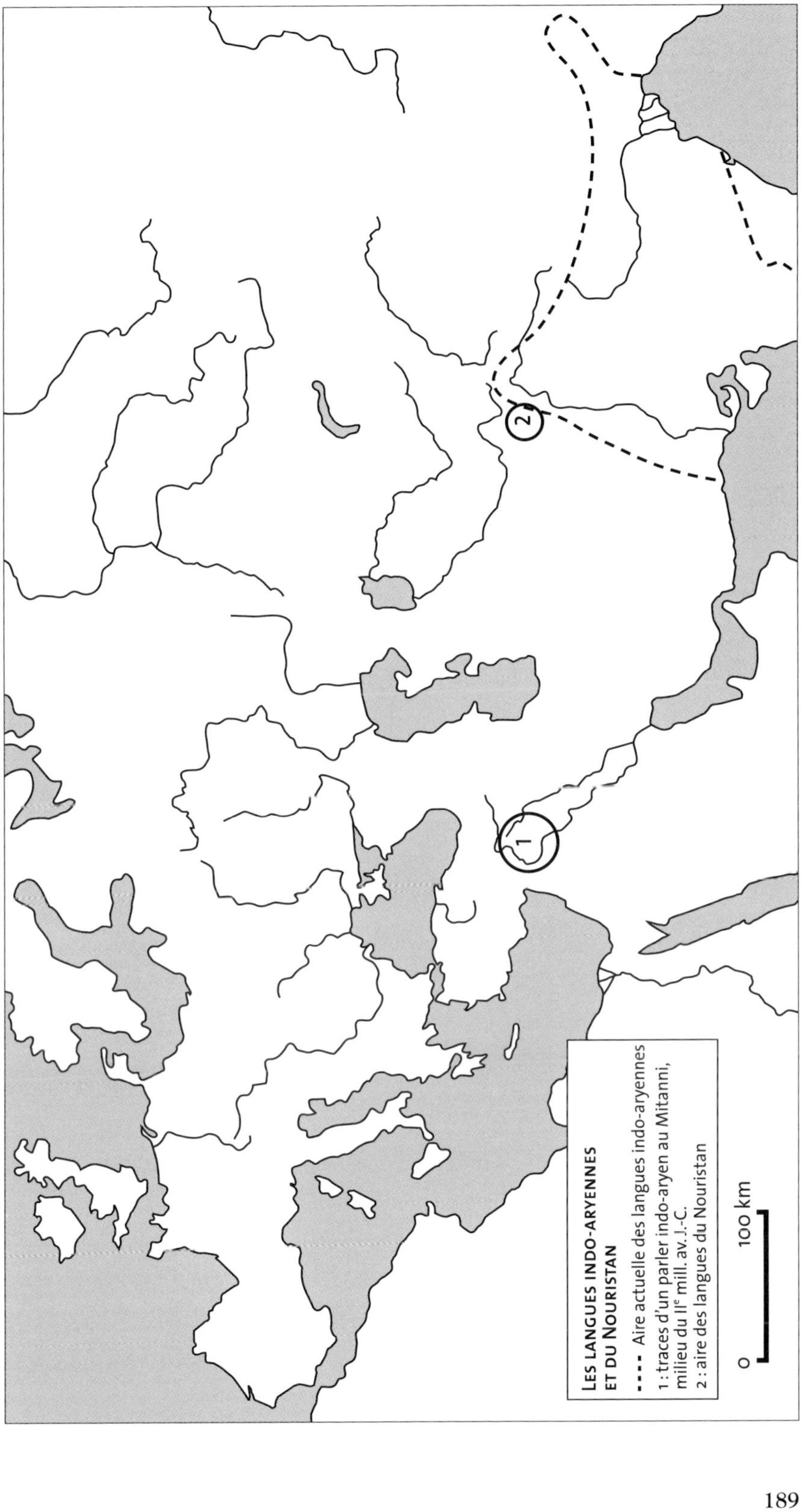
Les langues indo-aryennes et du Nouristan
---- Aire actuelle des langues indo-aryennes
1 : traces d'un parler indo-aryen au Mitanni, milieu du IIe mill. av. J.-C.
2 : aire des langues du Nouristan
0
100 km
1
2

Carte 12

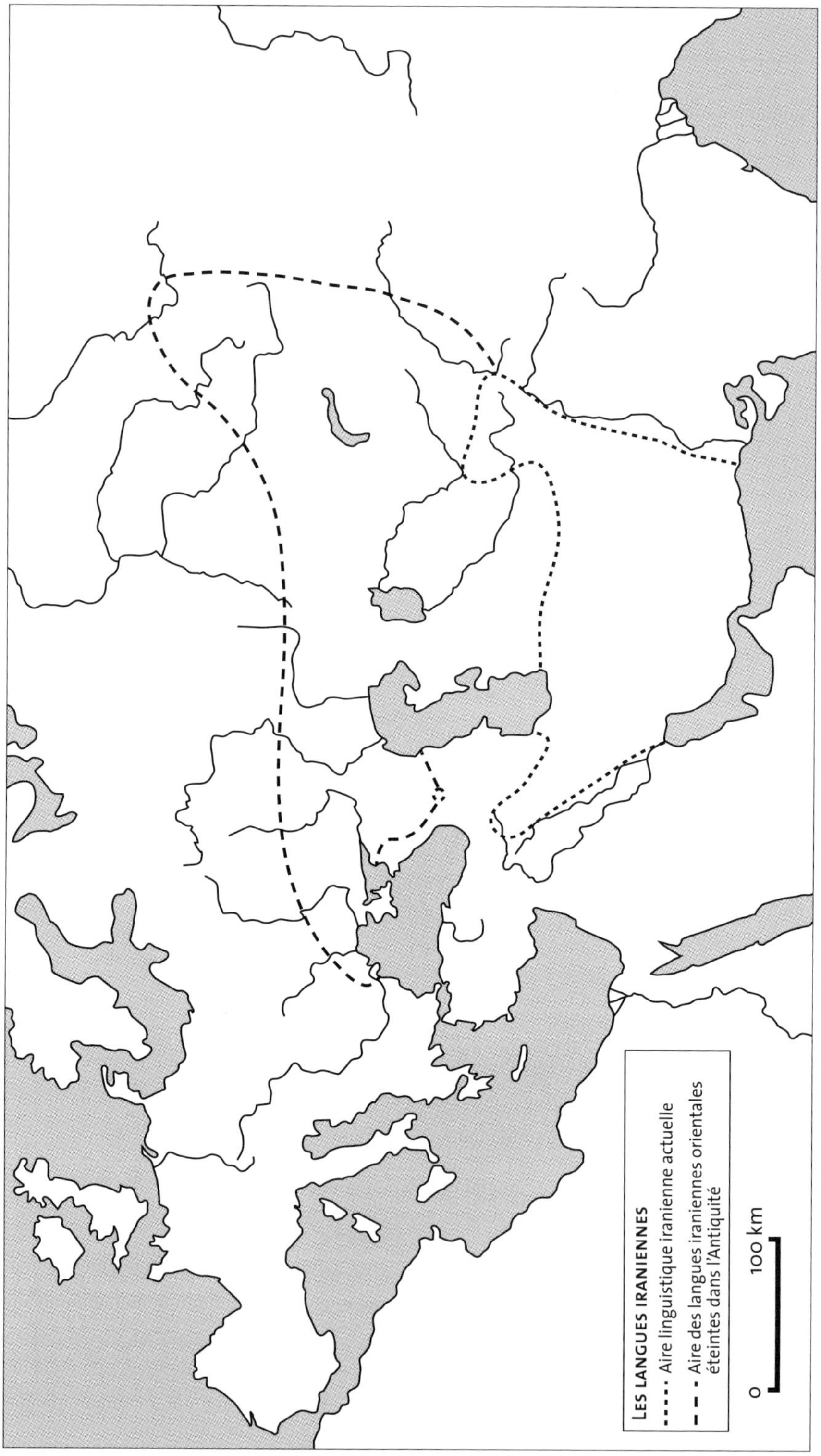
Les langues iraniennes
Aire linguistique iranienne actuelle
Aire des langues iraniennes orientales éteintes dans l'Antiquité
0
100 km

Carte 13

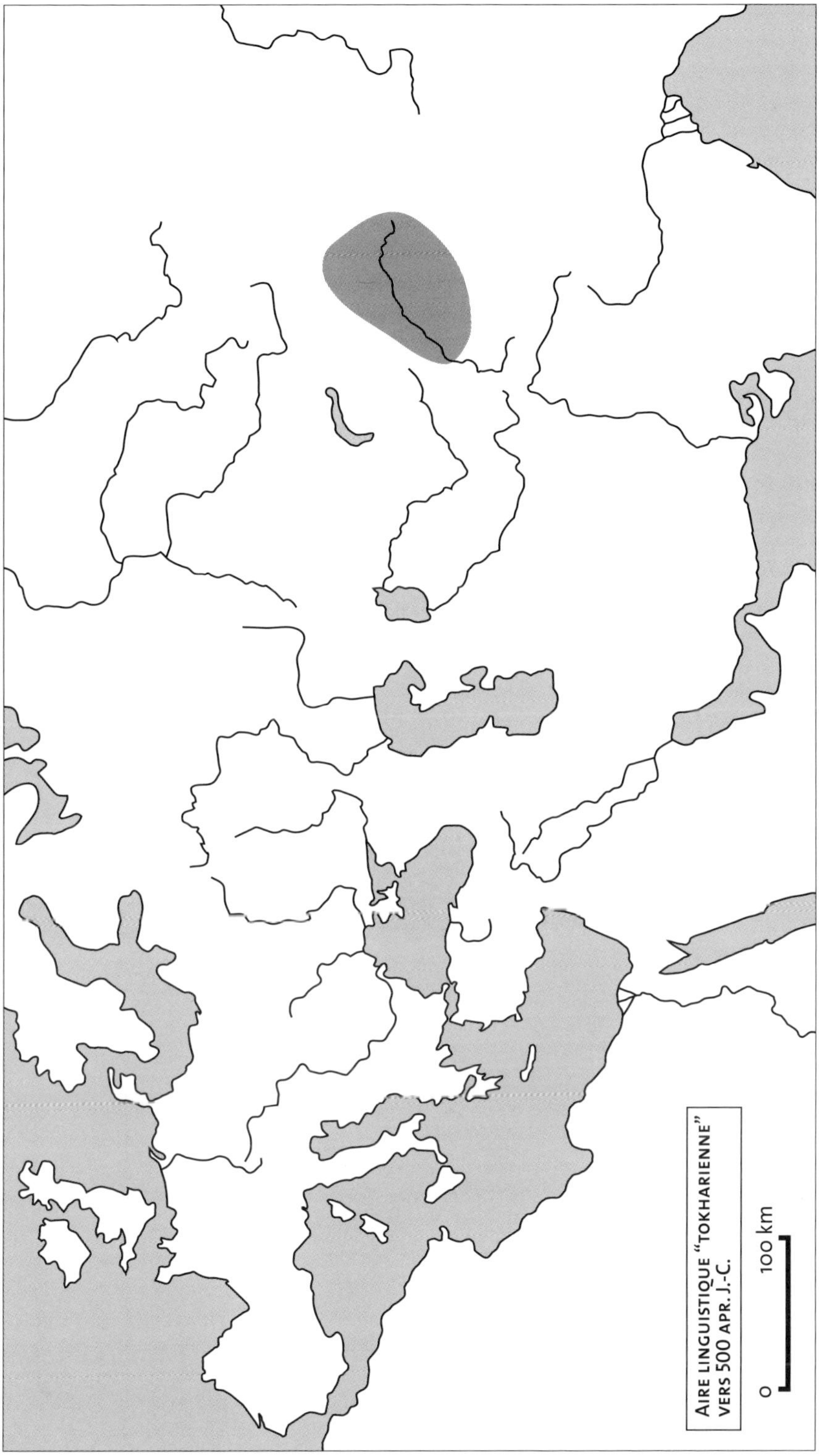

Carte 14

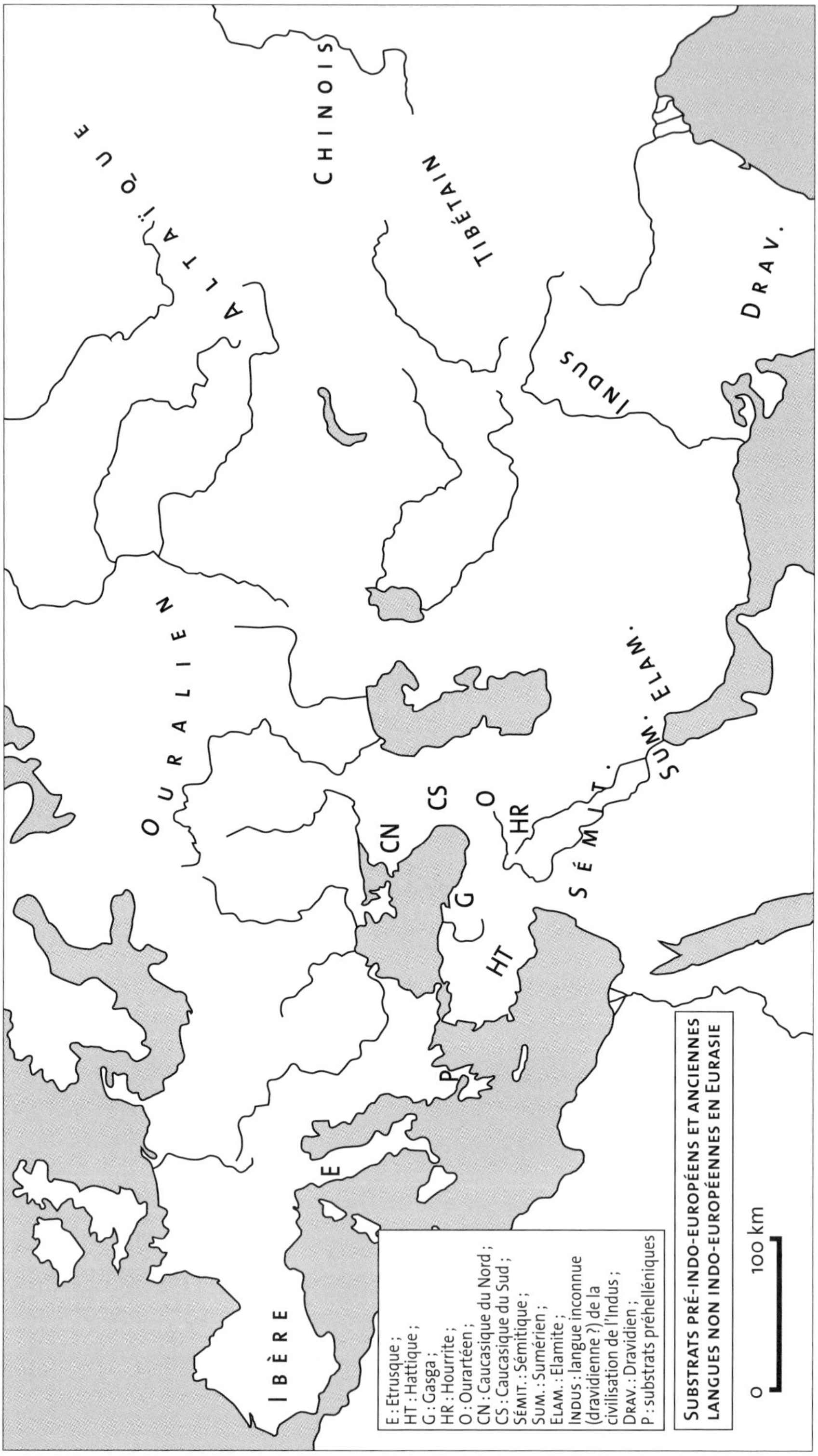
SUBSTRATS PRÉ-INDO-EUROPÉENS ET ANCIENNES LANGUES NON INDO-EUROPÉENNES EN EURASIE
0
100 km
E : Etrusque ;
HT : Hattique ;
G : Gasga ;
HR : Hourrite ;
O : Ourartéen ;
CN : Caucasique du Nord ;
CS : Caucasique du Sud ;
SÉMIT. : Sémitique ;
SUM. : Sumérien ;
ELAM. : Elamite ;
INDUS : langue inconnue (dravidienne ?) de la civilisation de l'Indus ;
DRAV. : Dravidien ;
P : substrats préhelléniques
IBÈRE
E
P
HT
G
CN
CS
O
HR
SÉMIT.
SUM.
ELAM.
OURALIEN
ALTAÏQUE
CHINOIS
TIBÉTAIN
INDUS
DRAV.

Carte 15

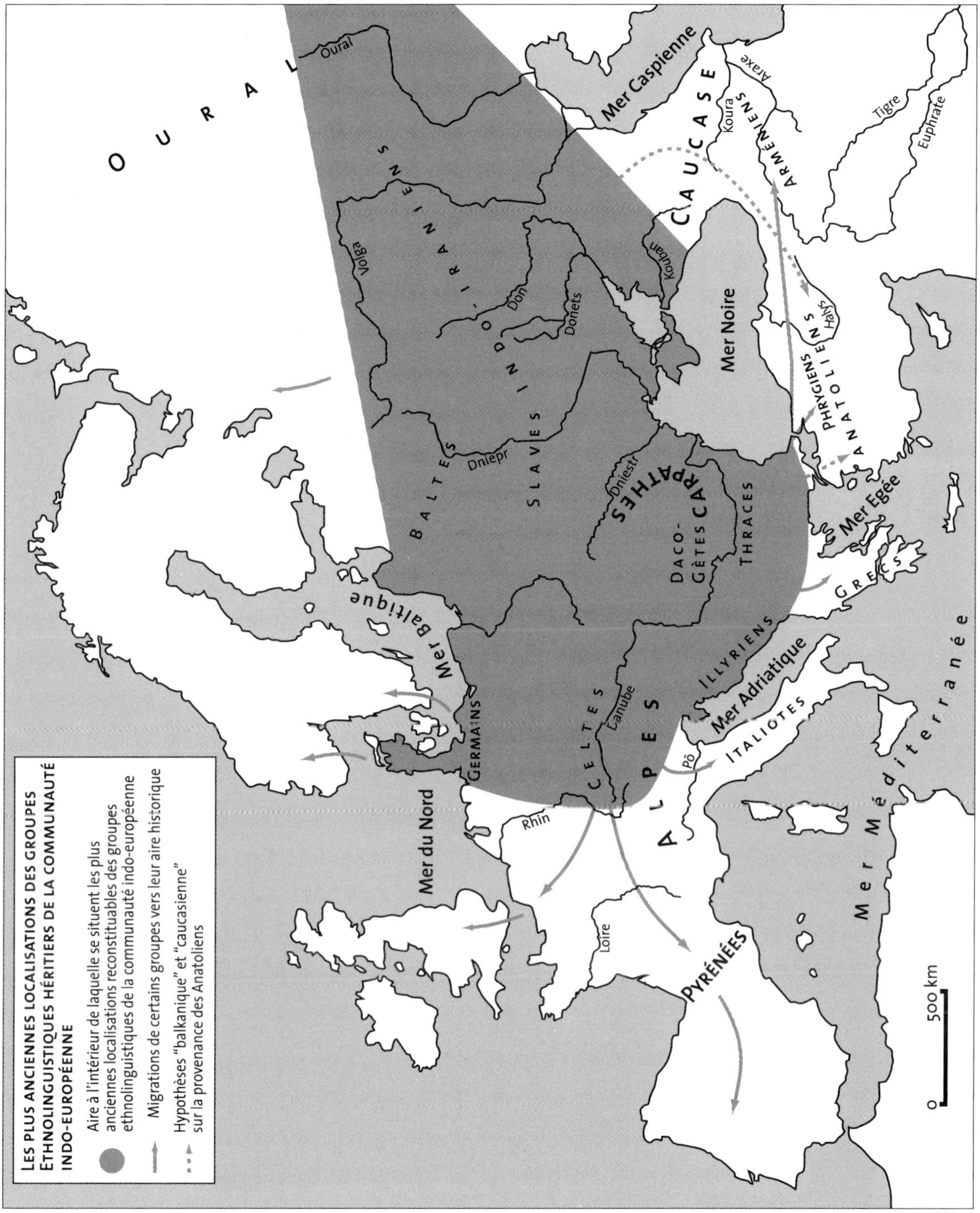
Les plus anciennes localisations des groupes ethnolinguistiques héritiers de la communauté indo-européenne
Aire à l'intérieur de laquelle se situent les plus anciennes localisations reconstituables des groupes ethnolinguistiques de la communauté indo-européenne
Migrations de certains groupes vers leur aire historique
Hypothèses "balkanique" et "caucasienne" sur la provenance des Anatoliens
Oural
Oural
Mer Caspienne
Araxe
Caucase
Koura
Arméniens
Tigre
Euphrate
Indo-Iraniens
Volga
Don
Donets
Kouban
Mer Noire
Halys
Phrygiens
Anatoliens
Baltes
Dniepr
Slaves
Dniestr
Carpathes
Daco-Gètes
Thraces
Mer Egée
Grecs
Mer Baltique
Illyriens
Mer Adriatique
Germains
Celtes
Danube
Alpes
Pô
Italiotes
Mer Méditerranée
Mer du Nord
Rhin
Loire
Pyrénées
0
500 km

Carte 16

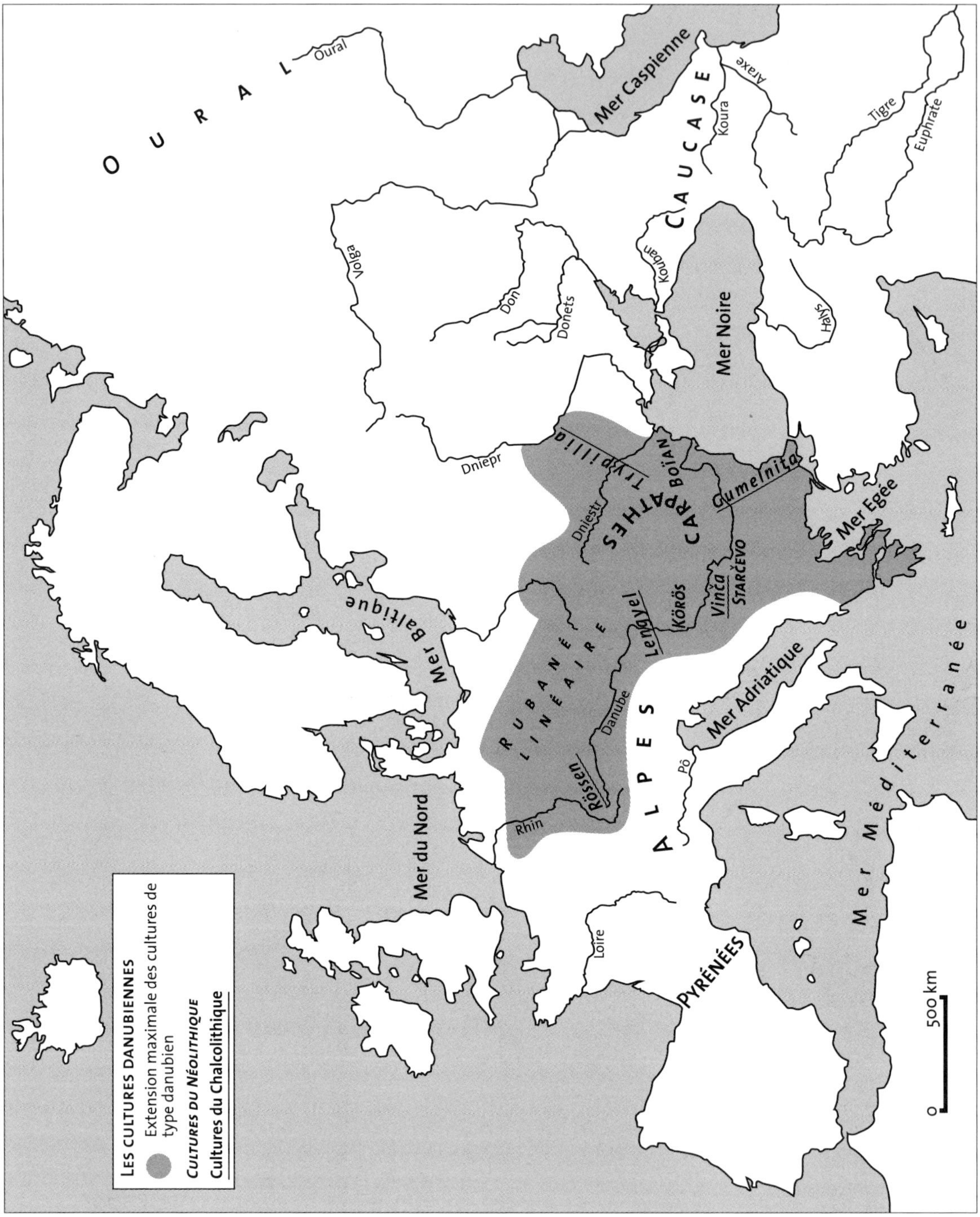
Les cultures danubiennes
Extension maximale des cultures de type danubien
Cultures du Néolithique
Cultures du Chalcolithique
Oural
O U R A L
Mer Caspienne
C A U C A S E
Araxe
Koura
Tigre
Euphrate
Kouban
Volga
Don
Donets
Mer Noire
Halys
Dniepr
Tripilia
Boïan
Gumelnita
Dniestr
C A R P A T H E S
Mer Egée
Starčevo
Vinča
Körös
Lengyel
Mer Baltique
R U B A N É
L I N É A I R E
Danube
A L P E S
Mer Adriatique
Pô
Rössen
Rhin
Mer du Nord
Mer Méditerranée
Loire
Pyrénées
0
500 km

Carte 17

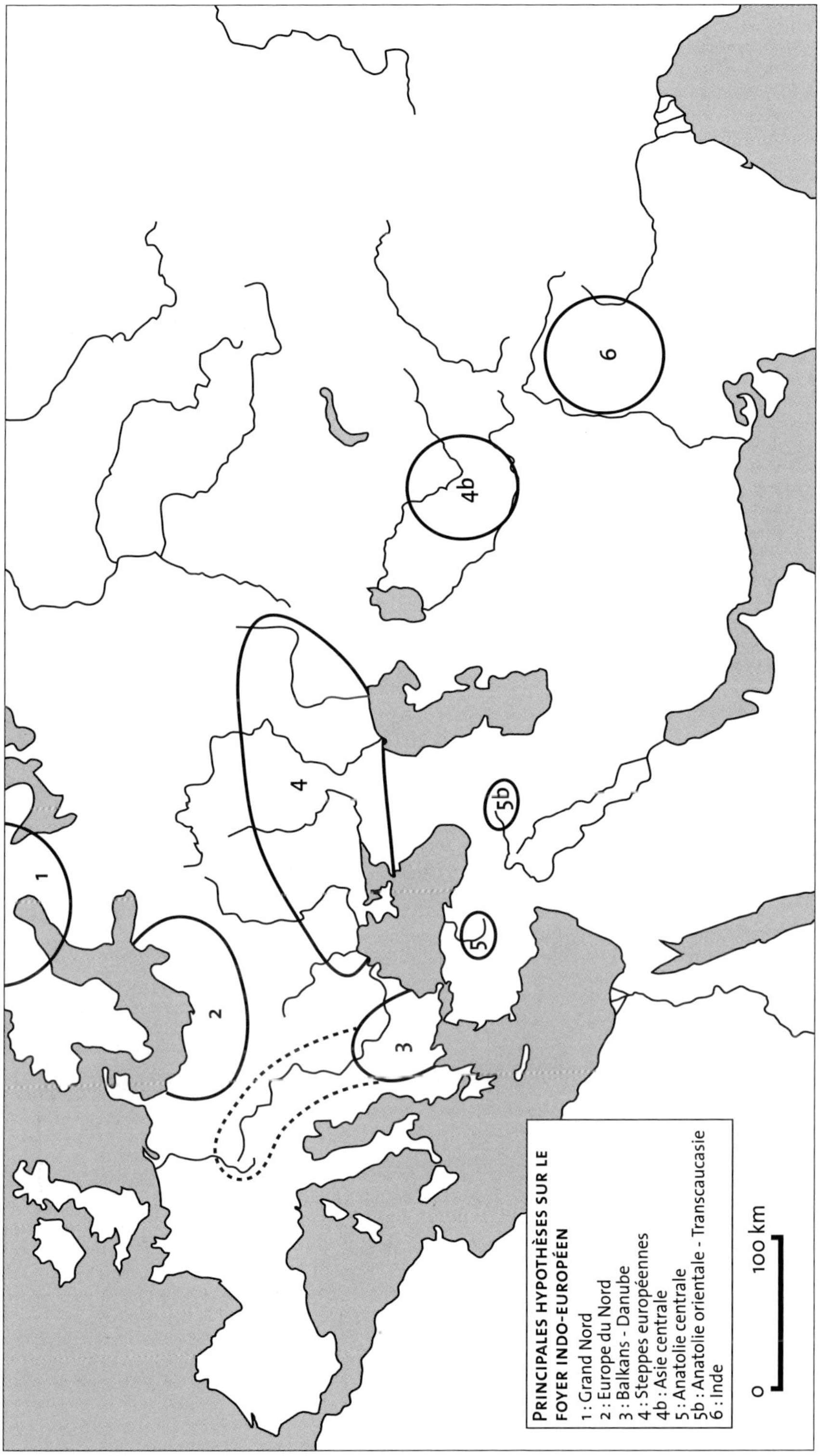
PRINCIPALES HYPOTHÈSES SUR LE FOYER INDO-EUROPÉEN
1 : Grand Nord
2 : Europe du Nord
3 : Balkans - Danube
4 : Steppes européennes
4b : Asie centrale
5 : Anatolie centrale
5b : Anatolie orientale - Transcaucasie
6 : Inde
0
100 km
1
2
3
4
4b
5
5b
6

Carte 18

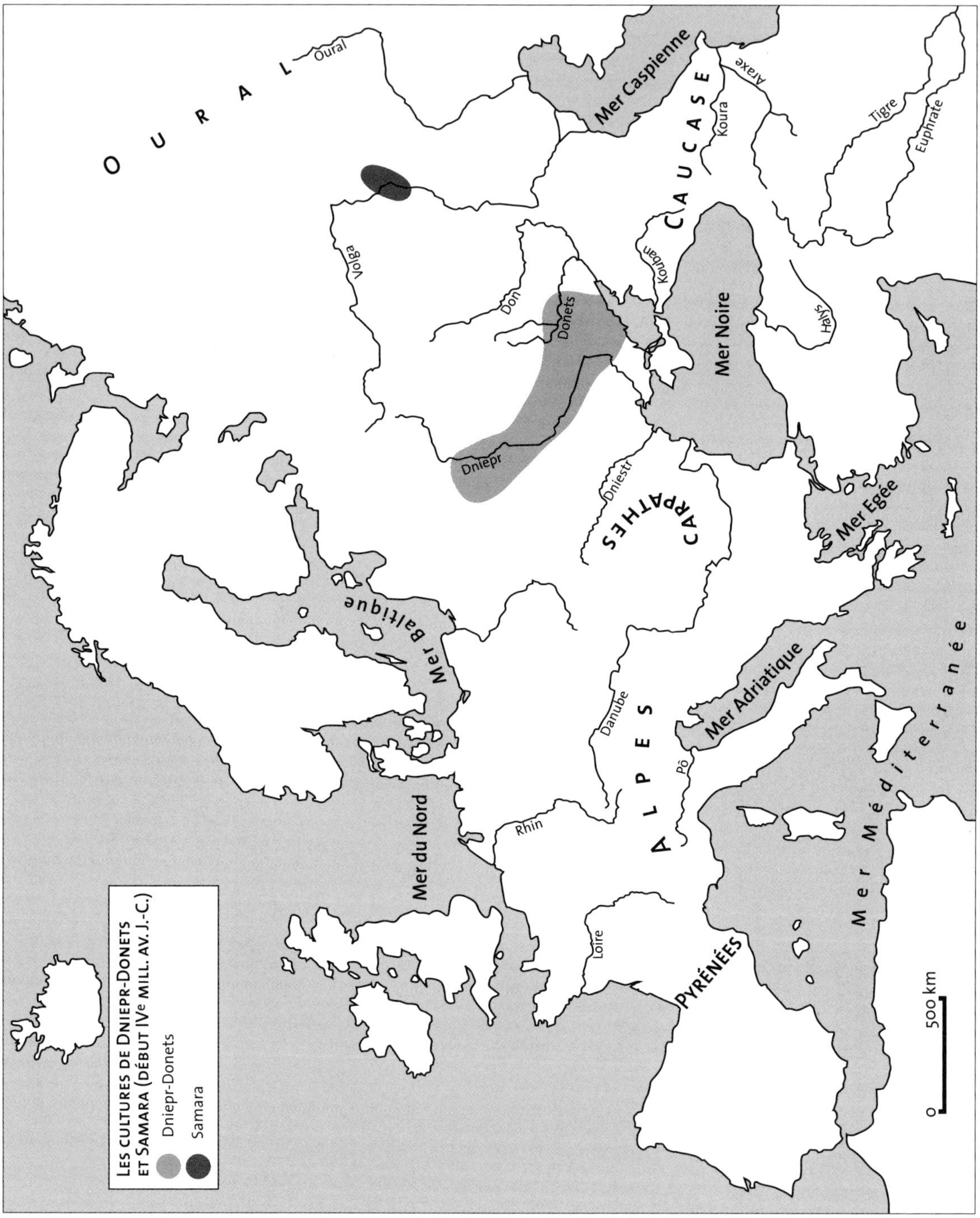
Les cultures de Dniepr-Donets et Samara (début IVe mill. av. J.-C.)
Dniepr-Donets
Samara
Oural
Oural
Volga
Don
Donets
Dniepr
Mer Caspienne
Caucase
Koura
Araxe
Tigre
Euphrate
Kouban
Mer Noire
Halys
Dniestr
Carpathes
Mer Egée
Mer Baltique
Danube
Alpes
Pô
Mer Adriatique
Mer Méditerranée
Rhin
Mer du Nord
Loire
Pyrénées
0
500 km

Carte 19

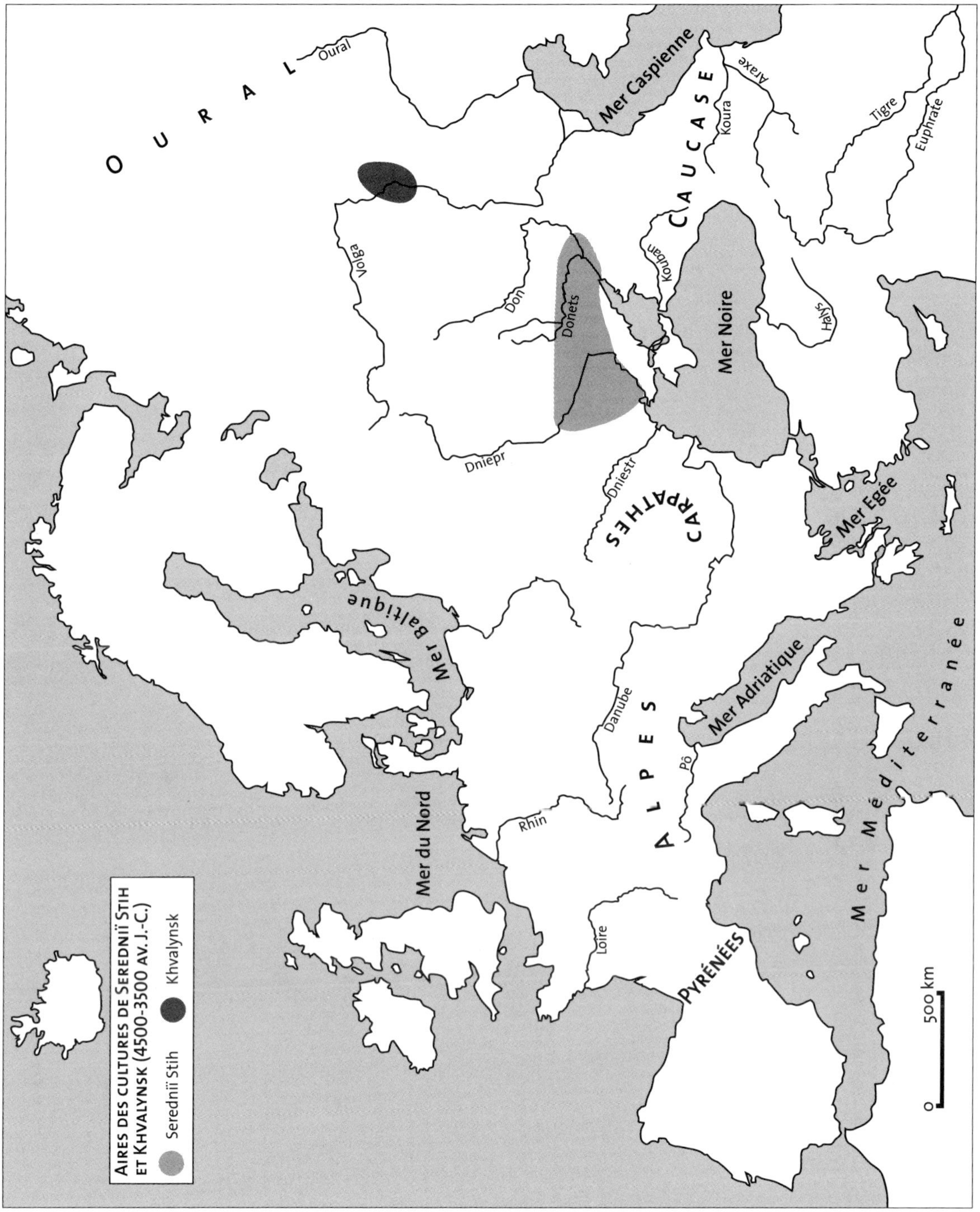
Aires des cultures de Seredniï Stih et Khvalynsk (4500-3500 av. J.-C.)
Seredniï Stih
Khvalynsk
O U R A L
Oural
Volga
Don
Donets
Dniepr
Dniestr
Kouban
Mer Caspienne
C A U C A S E
Koura
Araxe
Tigre
Euphrate
Halys
Mer Noire
C A R P A T H E S
Mer Baltique
Mer Egée
Mer Adriatique
Mer Méditerranée
Danube
A L P E S
Pô
Rhin
Mer du Nord
Loire
PYRÉNÉES
0
500 km

Carte 20

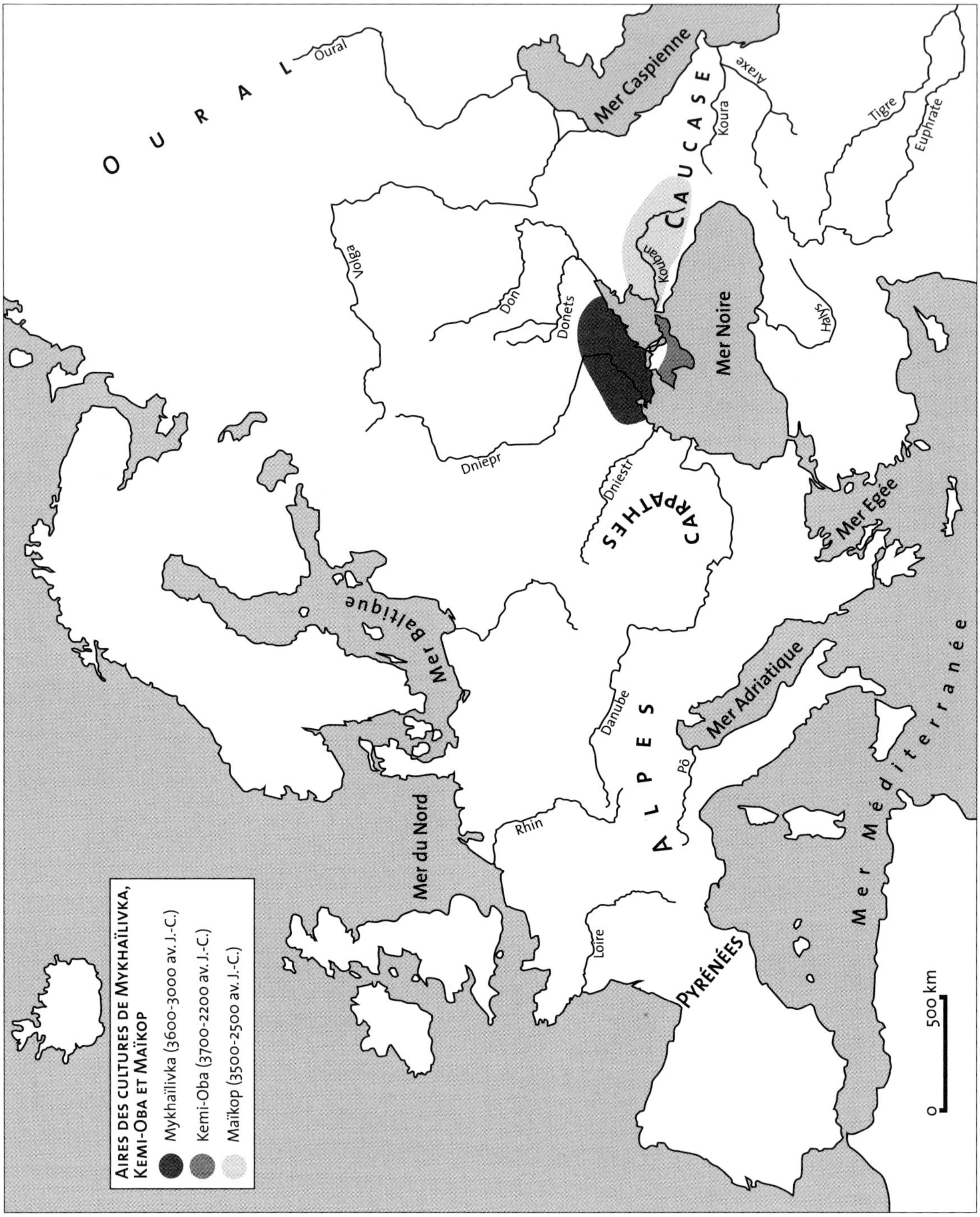
AIRES DES CULTURES DE MYKHAÏLIVKA, KEMI-OBA ET MAÏKOP
Mykhaïlivka (3600-3000 av. J.-C.)
Kemi-Oba (3700-2200 av. J.-C.)
Maïkop (3500-2500 av. J.-C.)
OURAL
Oural
Mer Caspienne
CAUCASE
Araxe
Koura
Tigre
Euphrate
Volga
Don
Donets
Kouban
Mer Noire
Halys
Dniepr
Dniestr
CARPATHES
Mer Egée
Mer Baltique
Danube
ALPES
Mer Adriatique
Pô
Mer Méditerranée
Rhin
Mer du Nord
Loire
PYRÉNÉES
0
500 km

Carte 21

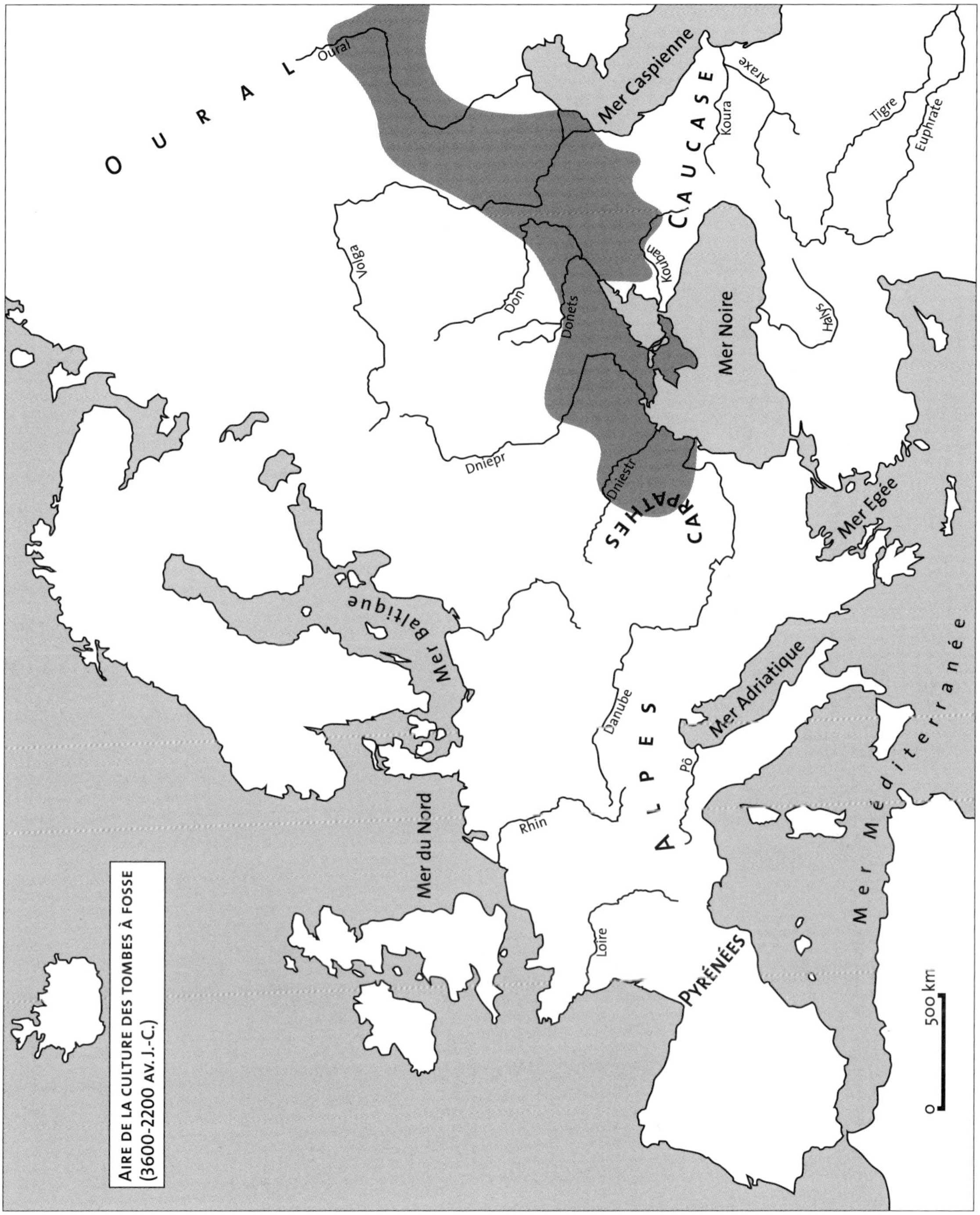
AIRE DE LA CULTURE DES TOMBES À FOSSE
(3600-2200 AV. J.-C.)
OURAL
Oural
Mer Caspienne
CAUCASE
Araxe
Koura
Tigre
Euphrate
Volga
Don
Donets
Kouban
Mer Noire
Halys
Dniepr
Dniestr
CARPATHES
Mer Egée
Mer Baltique
Danube
ALPES
Mer Adriatique
Pô
Mer Méditerranée
Rhin
Mer du Nord
Loire
PYRÉNÉES
0
500 km

Carte 22

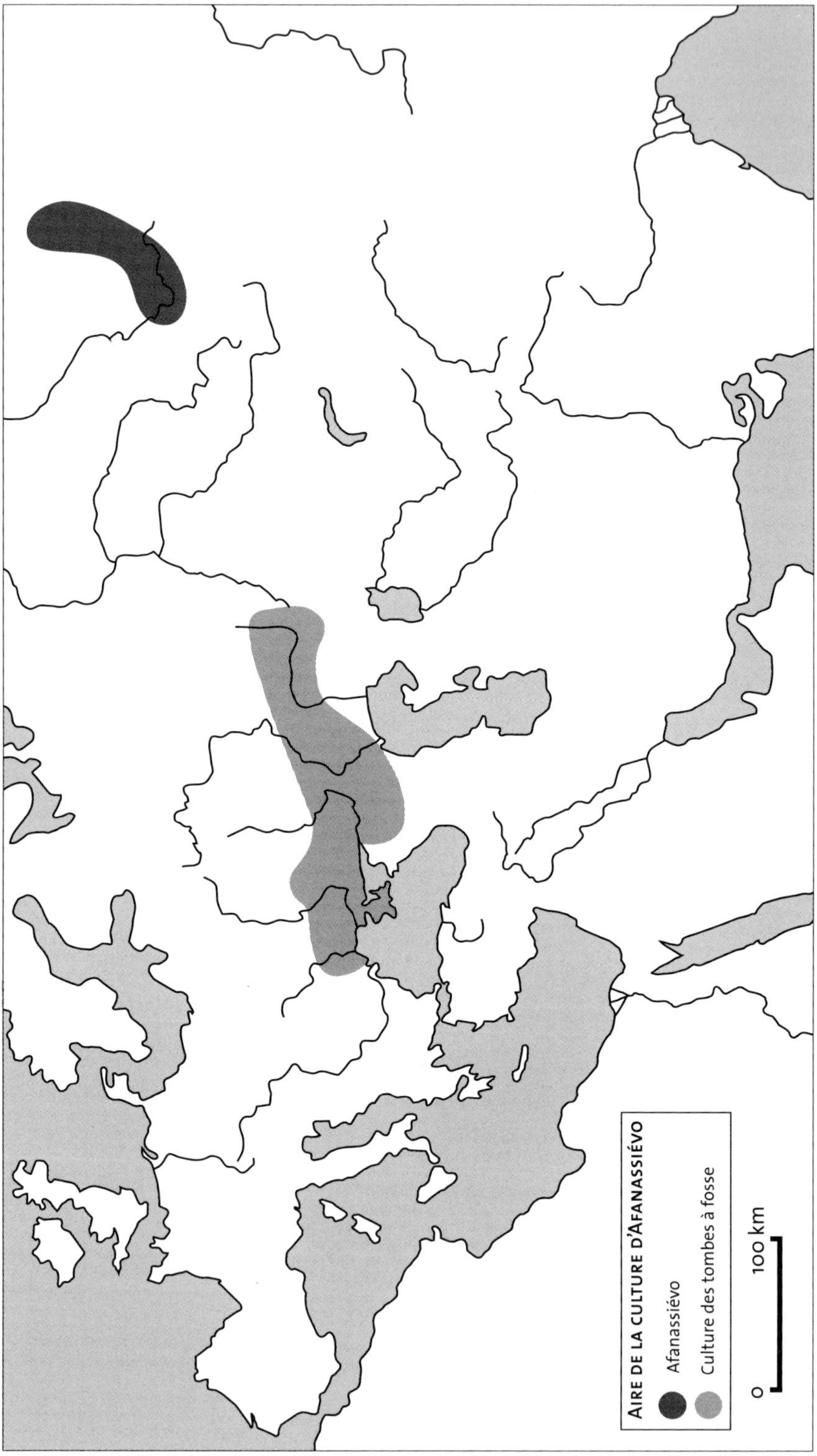
AIRE DE LA CULTURE D'AFANASSIÉVO
Afanassiévo
Culture des tombes à fosse
0
100 km

Carte 23

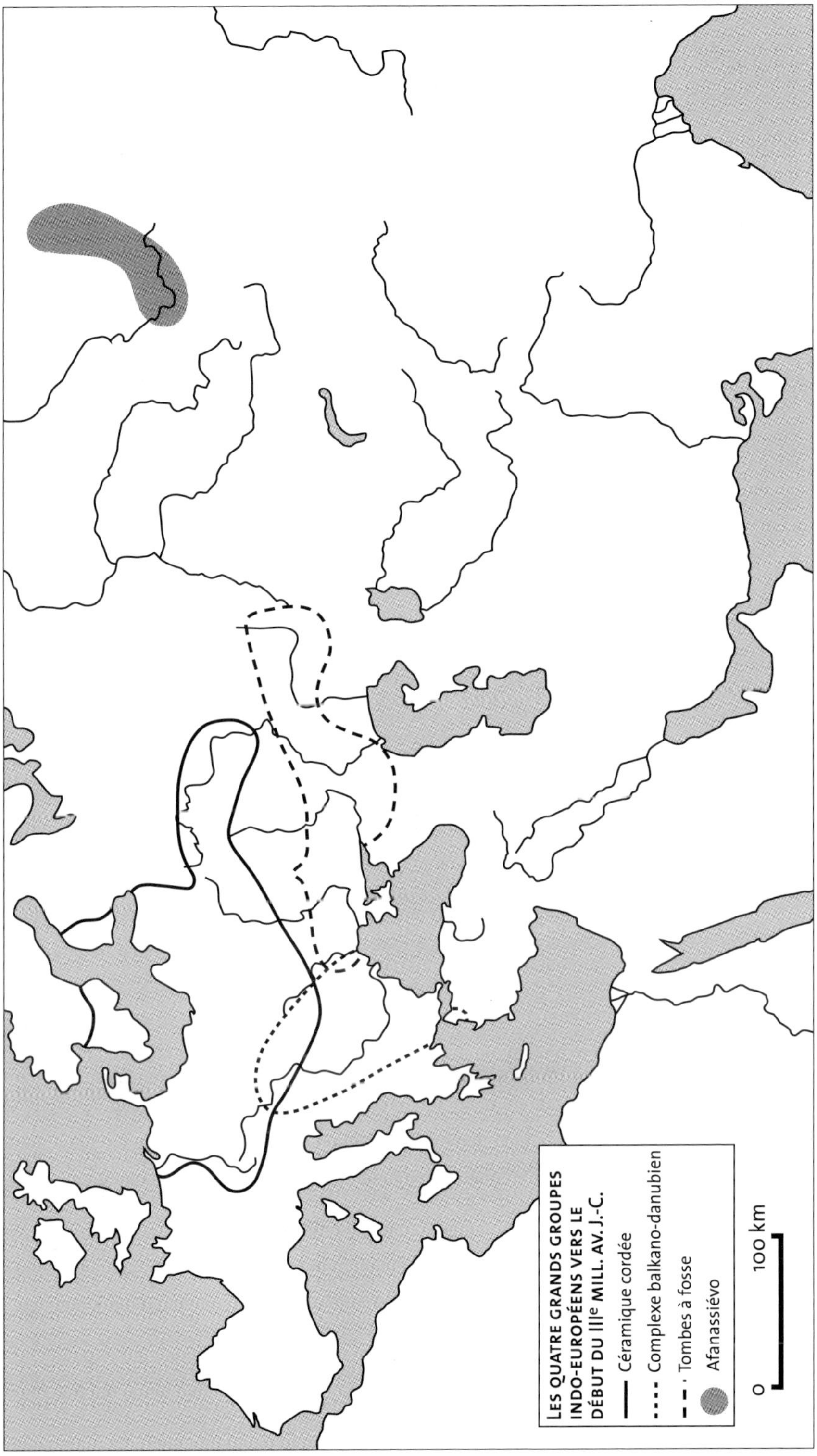
LES QUATRE GRANDS GROUPES INDO-EUROPÉENS VERS LE DÉBUT DU IIIe MILL. AV. J.-C.
Céramique cordée
Complexe balkano-danubien
Tombes à fosse
Afanassiévo
0
100 km

Carte 24

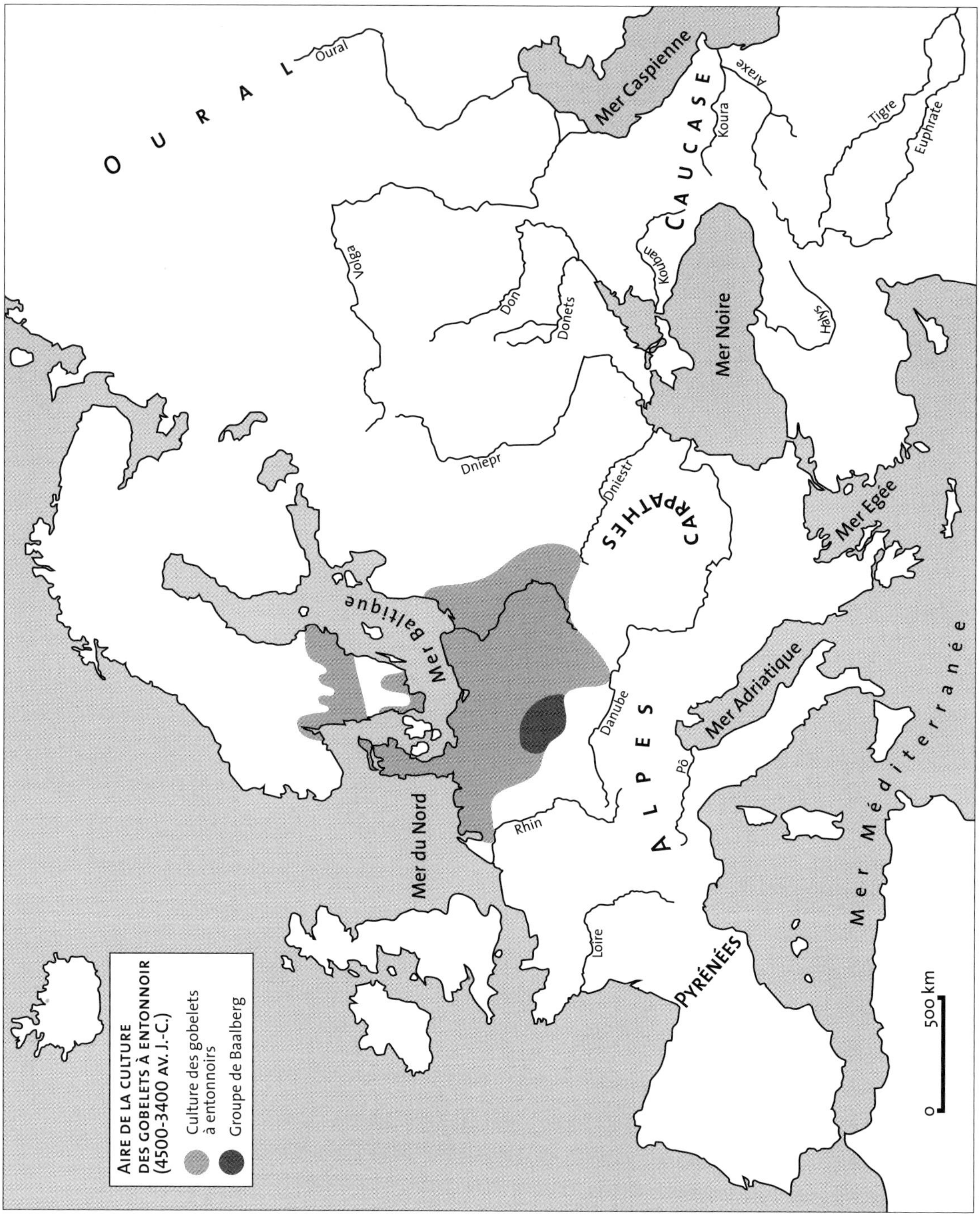
AIRE DE LA CULTURE
DES GOBELETS À ENTONNOIR
(4500-3400 AV. J.-C.)
Culture des gobelets à entonnoirs
Groupe de Baalberg
0
500 km
OURAL
Oural
Mer Caspienne
CAUCASE
Araxe
Koura
Tigre
Euphrate
Volga
Kouban
Don
Donets
Mer Noire
Halys
Dniepr
Dniestr
CARPATHES
Mer Egée
Mer Baltique
Danube
ALPES
Pô
Mer Adriatique
Mer Méditerranée
Rhin
Mer du Nord
Loire
PYRÉNÉES

Carte 25

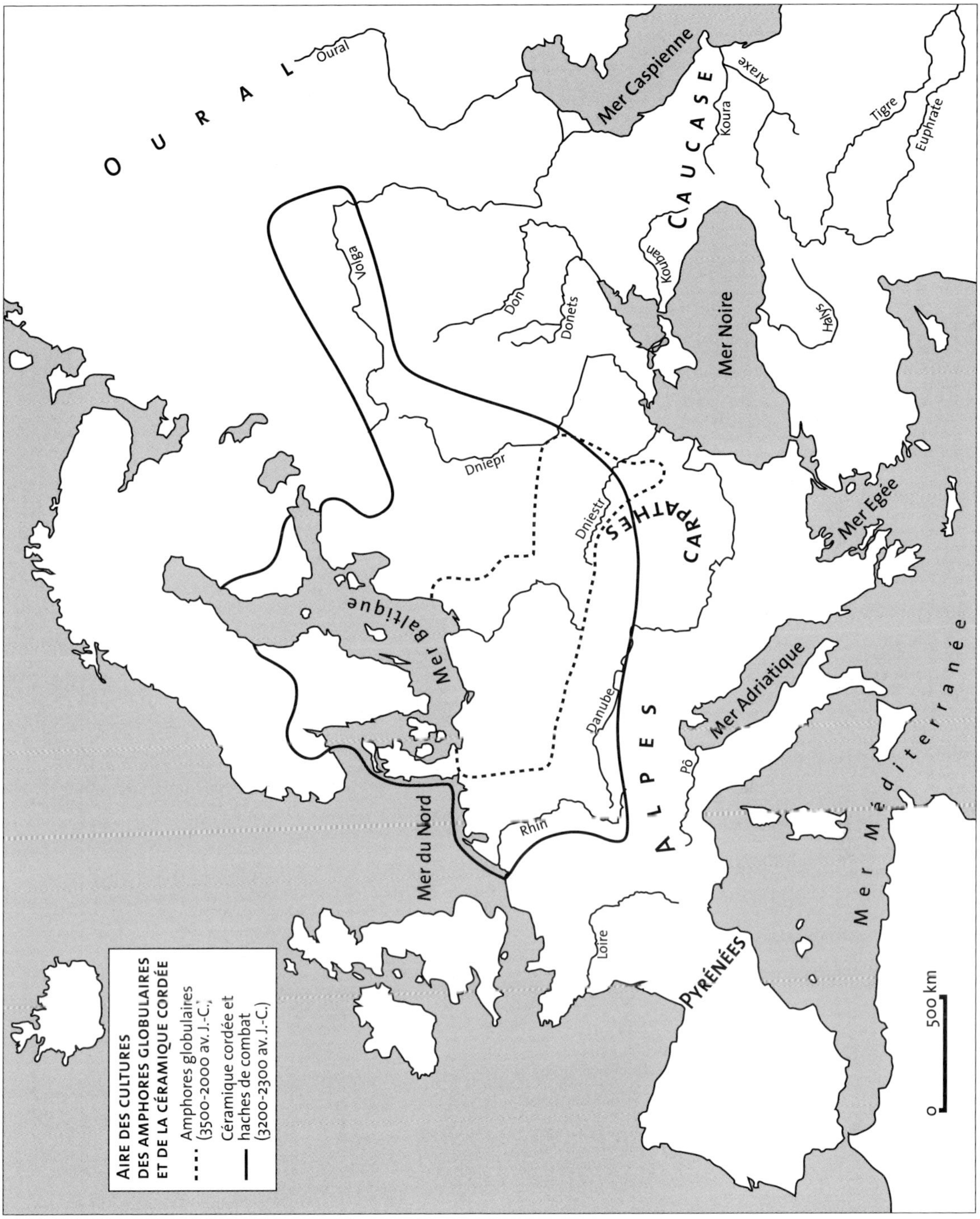
AIRE DES CULTURES DES AMPHORES GLOBULAIRES ET DE LA CÉRAMIQUE CORDÉE
Amphores globulaires (3500-2000 av. J.-C.)
Céramique cordée et haches de combat (3200-2300 av. J.-C.)
0
500 km
OURAL
Oural
Mer Caspienne
CAUCASE
Araxe
Koura
Tigre
Euphrate
Kouban
Mer Noire
Halys
Volga
Don
Donets
Dniepr
Dniestr
CARPATHES
Mer Egée
Mer Baltique
Danube
ALPES
Pô
Mer Adriatique
Mer Méditerranée
Rhin
Mer du Nord
Loire
PYRÉNÉES

Carte 26

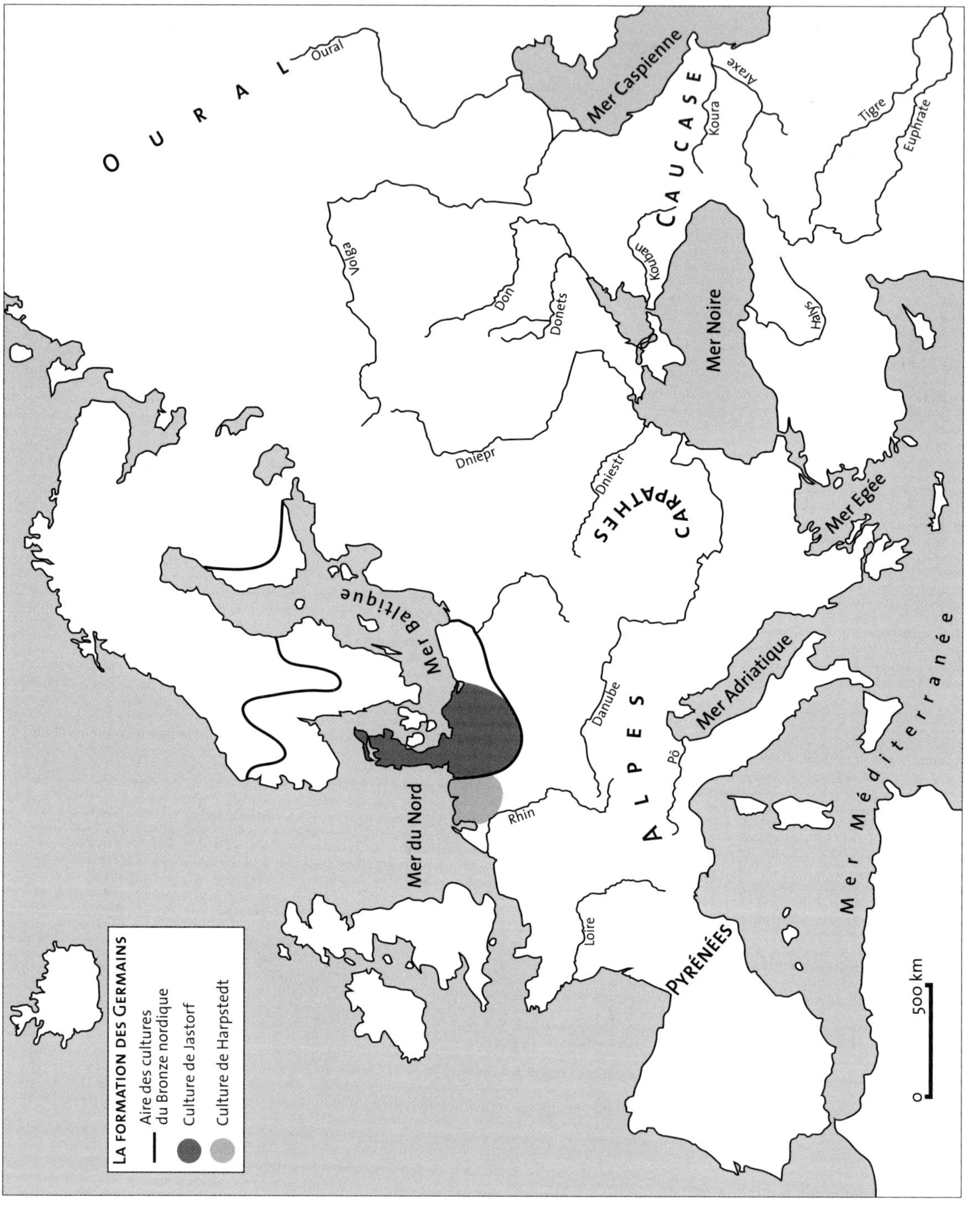
LA FORMATION DES GERMAINS
Aire des cultures du Bronze nordique
Culture de Jastorf
Culture de Harpstedt
0 500 km
OURAL
Oural
Mer Caspienne
Araxe
CAUCASE
Koura
Tigre
Euphrate
Volga
Don
Donets
Kouban
Mer Noire
Halys
Dniepr
Dniestr
CARPATHES
Mer Egée
Mer Baltique
Danube
Mer Adriatique
Mer Méditerranée
ALPES
Pô
Rhin
Mer du Nord
Loire
PYRÉNÉES

Carte 27

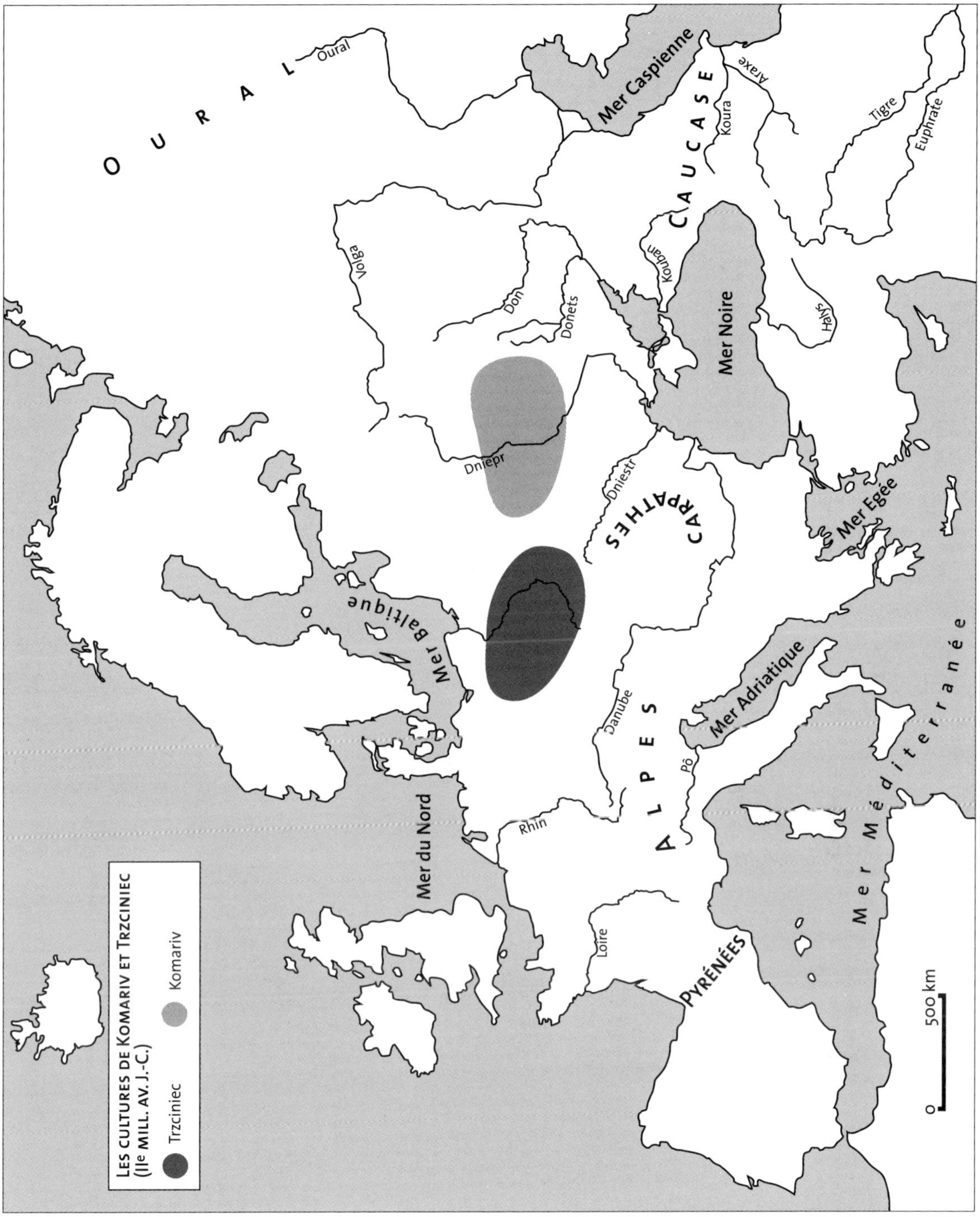
Les cultures de Komariv et Trzciniec (IIe mill. av. J.-C.)
Trzciniec
Komariv
0
500 km
Oural
O U R A L
Mer Caspienne
C A U C A S E
Araxe
Koura
Tigre
Euphrate
Volga
Don
Donets
Kouban
Mer Noire
Halys
Dniepr
Dniestr
C A R P A T H E S
Mer Egée
Mer Baltique
Danube
A L P E S
Mer Adriatique
Pô
Rhin
Mer du Nord
Loire
PYRÉNÉES
M e r M é d i t e r r a n é e

Carte 28

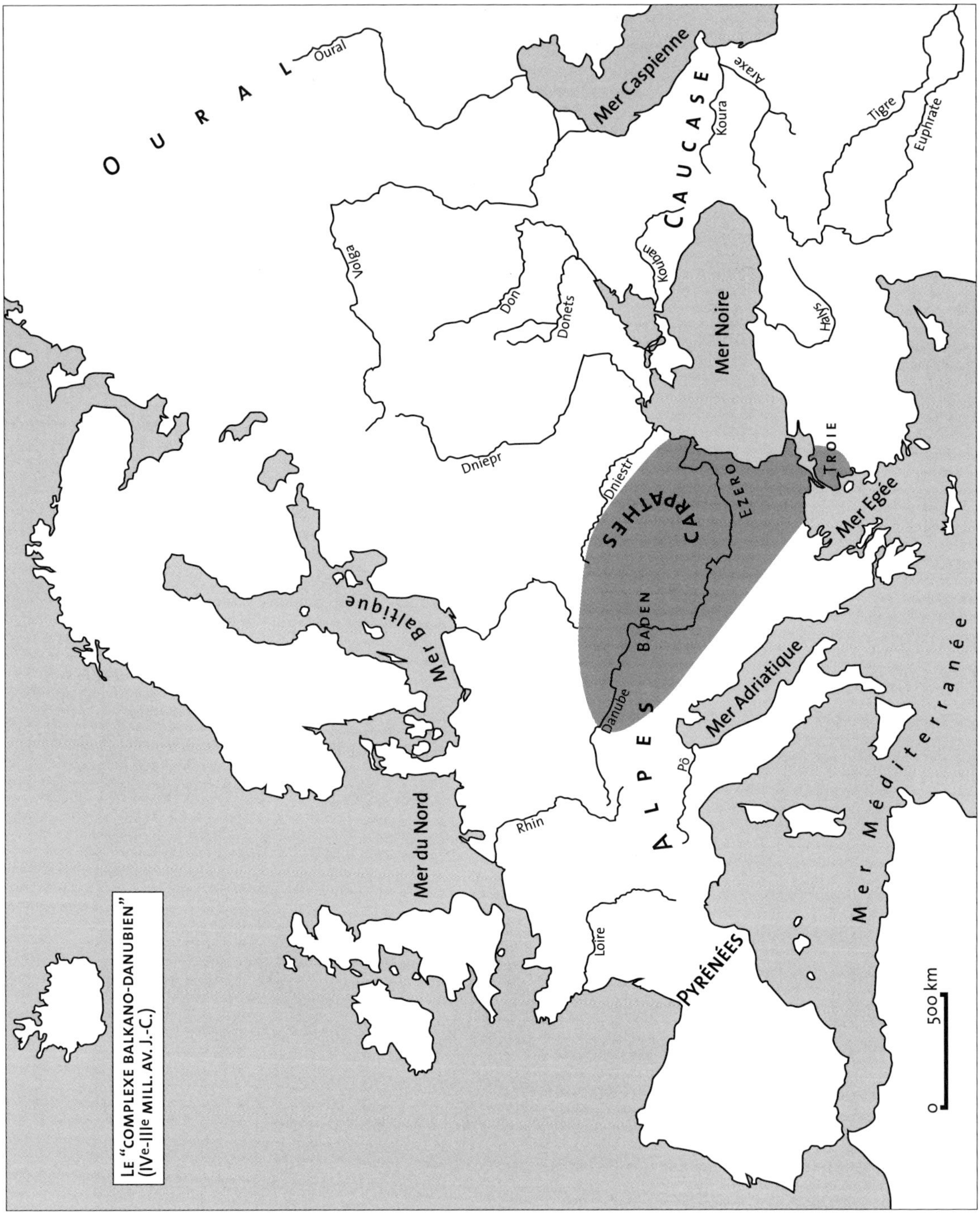
LE "COMPLEXE BALKANO-DANUBIEN"
(IVe-IIIe MILL. AV. J.-C.)
OURAL
Oural
Mer Caspienne
CAUCASE
Araxe
Koura
Tigre
Euphrate
Volga
Don
Donets
Kouban
Mer Noire
Halys
Dniepr
Dniestr
TROIE
EZERO
CARPATHES
Mer Egée
Mer Baltique
BADEN
Danube
ALPES
Mer Adriatique
Pô
Rhin
Mer du Nord
Mer Méditerranée
Loire
PYRÉNÉES
0
500 km

Carte 29

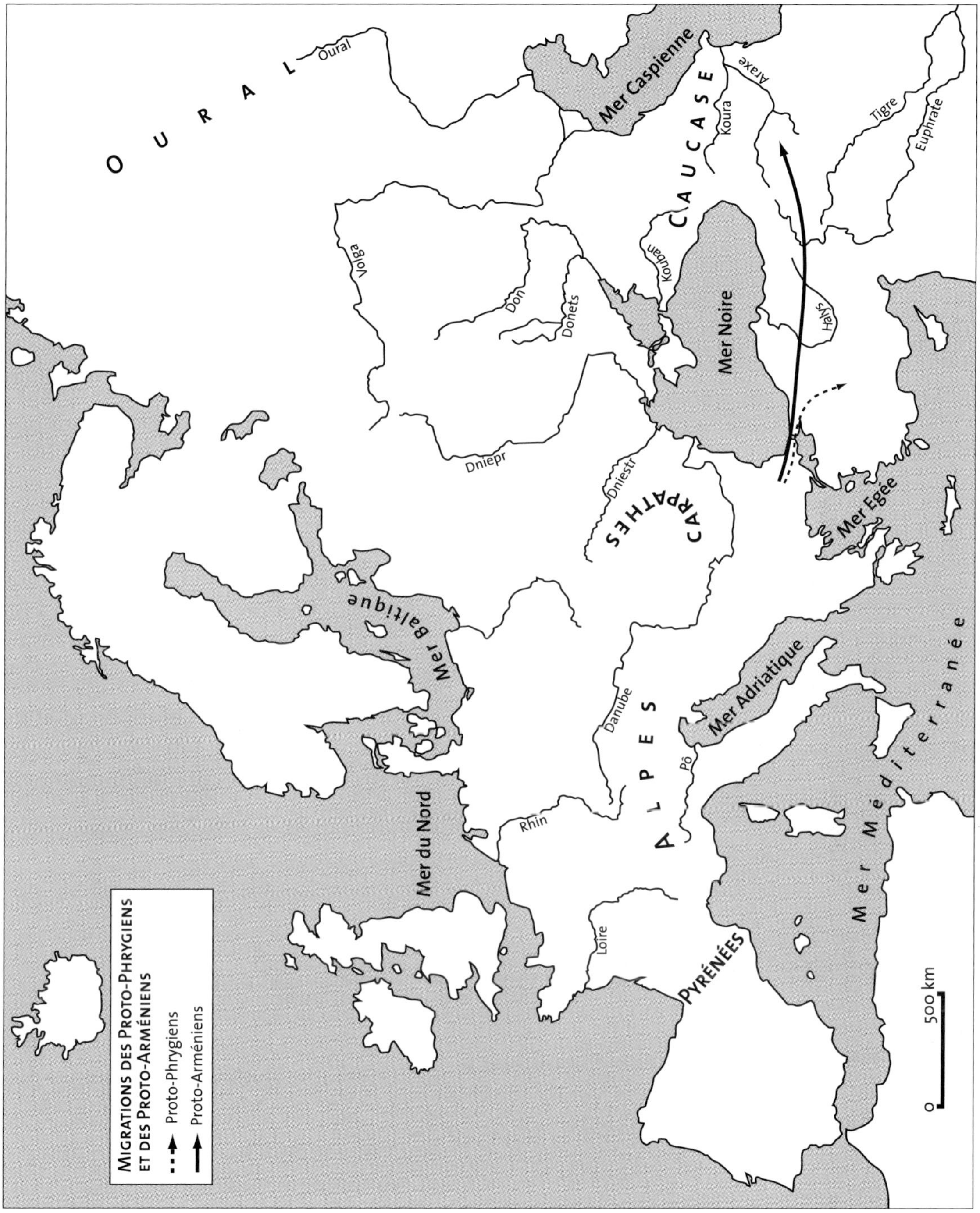
Migrations des Proto-Phrygiens
et des Proto-Arméniens
Proto-Phrygiens
Proto-Arméniens
OURAL
Oural
Mer Caspienne
CAUCASE
Araxe
Koura
Tigre
Euphrate
Volga
Don
Donets
Kouban
Mer Noire
Halys
Dniepr
Dniestr
CARPATHES
Mer Egée
Mer Baltique
Danube
ALPES
Mer Adriatique
Pô
Mer Méditerranée
Rhin
Mer du Nord
Loire
PYRÉNÉES
0
500 km

Carte 30

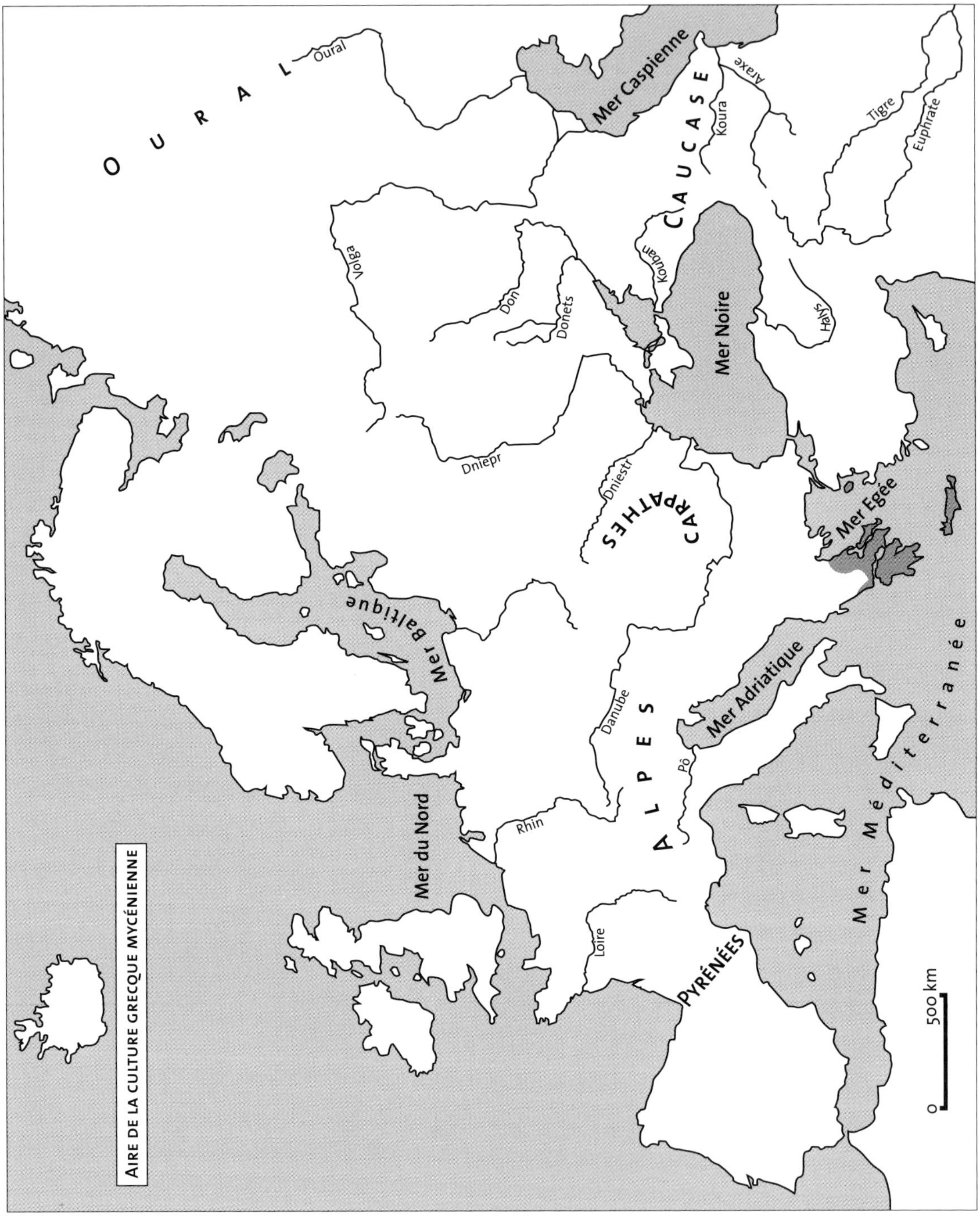
AIRE DE LA CULTURE GRECQUE MYCÉNIENNE
OURAL
Oural
Mer Caspienne
CAUCASE
Araxe
Koura
Tigre
Euphrate
Volga
Don
Donets
Kouban
Mer Noire
Halys
Dniepr
Dniestr
CARPATHES
Mer Egée
Mer Baltique
Danube
ALPES
Mer Adriatique
Pô
Mer Méditerranée
Rhin
Mer du Nord
Loire
PYRÉNÉES
0
500 km

Carte 31

Carte 32

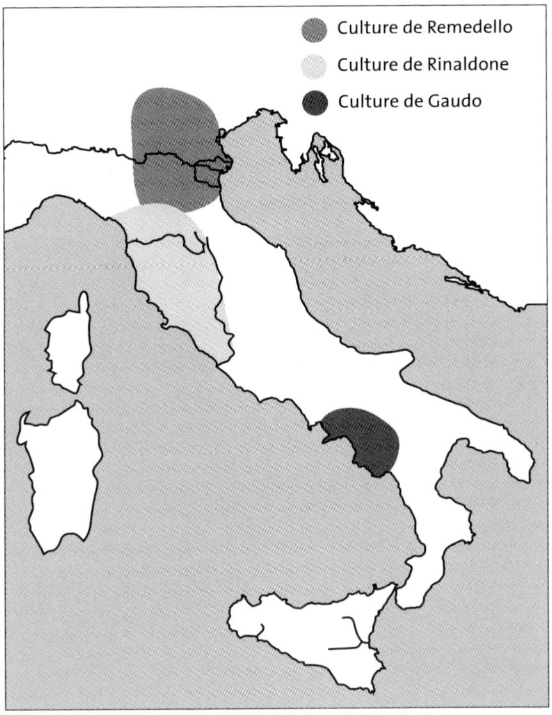

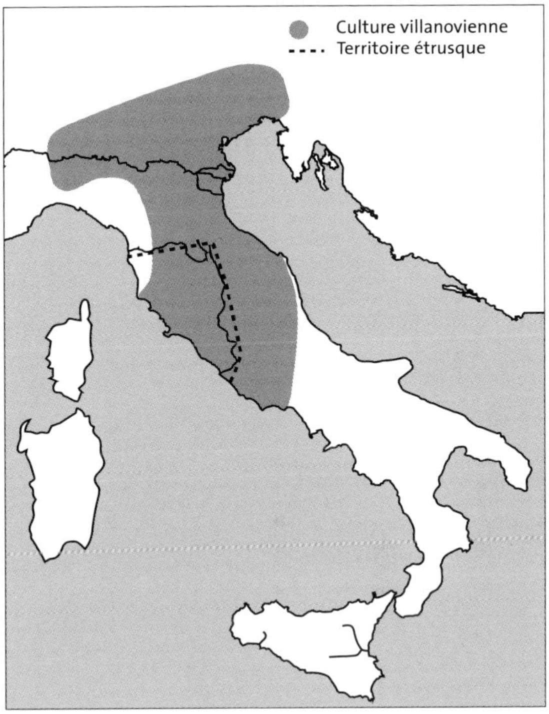

Carte 33

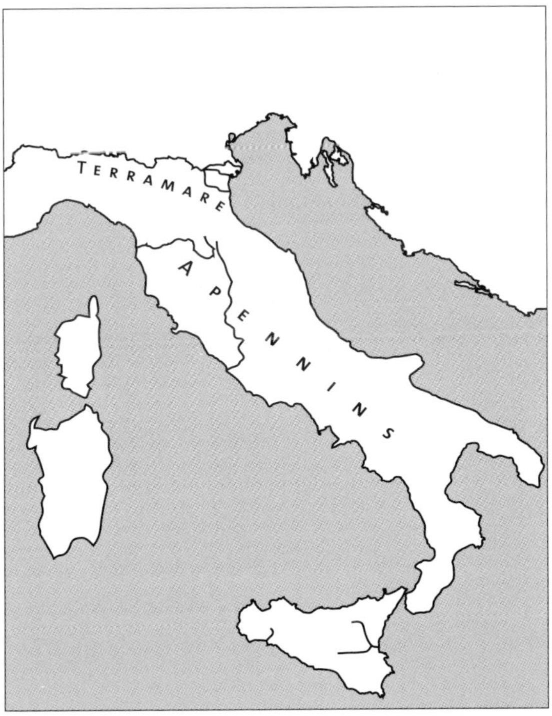

Carte 34

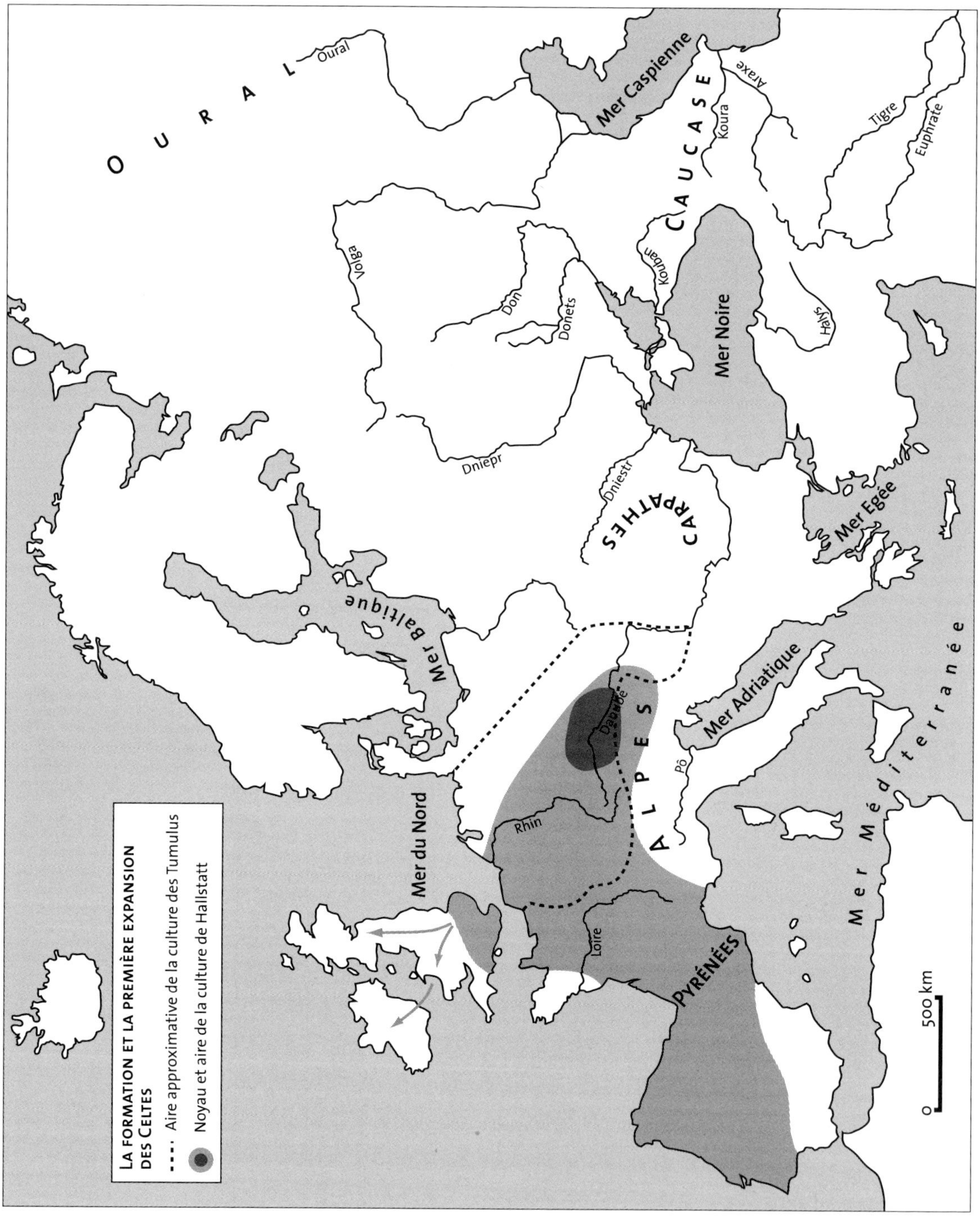
LA FORMATION ET LA PREMIÈRE EXPANSION DES CELTES
Aire approximative de la culture des Tumulus
Noyau et aire de la culture de Hallstatt
OURAL
Oural
Mer Caspienne
CAUCASE
Araxe
Koura
Tigre
Euphrate
Volga
Kouban
Don
Donets
Mer Noire
Halys
Dniepr
Dniestr
CARPATHES
Mer Baltique
Mer Egée
Danube
ALPES
Mer Adriatique
Pô
Rhin
Mer du Nord
Loire
PYRÉNÉES
Mer Méditerranée
0
500 km

Carte 35

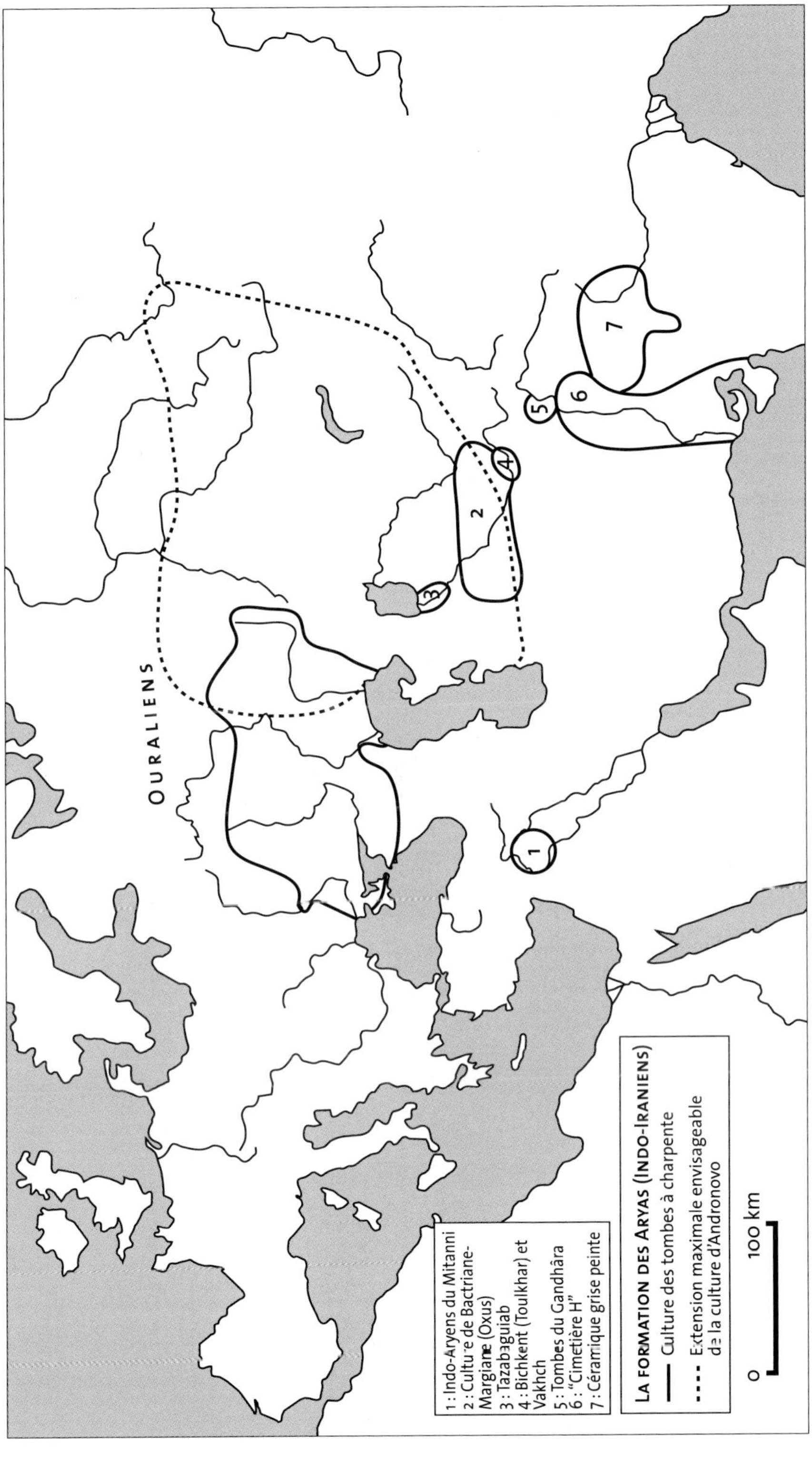
OURALIENS
1
2
3
4
5
6
7
1 : Indo-Aryens du Mitanni
2 : Culture de Bactriane-Margiane (Oxus)
3 : Tazabaguiab
4 : Bichkent (Toulkhar) et Vakhch
5 : Tombes du Gandhâra
6 : "Cimetière H"
7 : Céramique grise peinte
La formation des Aryas (Indo-Iraniens)
Culture des tombes à charpente
Extension maximale envisageable de la culture d'Andronovo
0
100 km

Carte 36

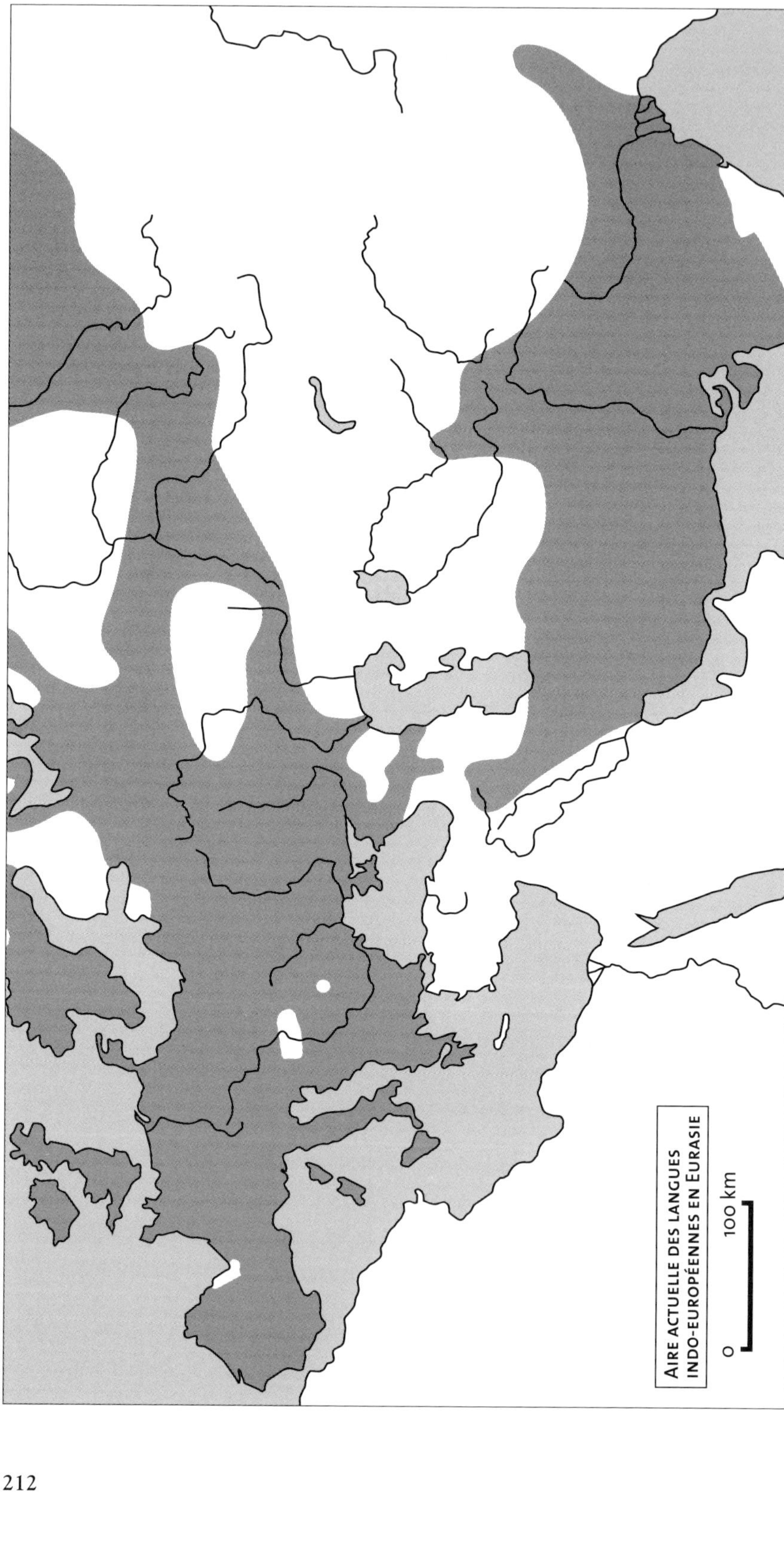
Aire actuelle des langues
indo-européennes en Eurasie
0
100 km

Carte 37

ANNEXES

Liste des cultures archéologiques

Ce livre évoque de nombreuses cultures archéologiques, à propos desquelles deux choses doivent être précisées.

D'une part, les noms qui leur sont donnés correspondent soit à un site ou une région (culture de Hallstatt, culture des Apennins…), soit à un artefact ou des pratiques caractéristiques (culture de la Céramique cordée).

Dans le premier cas, le nom est en principe celui qui figure sur les atlas actuels dans la langue du pays concerné ou dans la version internationale admise. Lorsque ce nom a changé depuis la définition de la culture, généralement pour des raisons de modifications de frontières, d'apparition de nouveaux Etats, etc., nous indiquons éventuellement la version actuelle et l'ancienne (culture d'Únětice/Aunjetitz, de Serednïï Stih/Srednïï Stog…).

Dans le second, nous avons systématiquement donné une traduction française de l'appellation d'origine : culture des Tombes à fosses (et non, comme on le voit souvent, « Yamna », « Yamno », mauvaises adaptations du russe *Jamnaja kul'tura*), culture des Gobelets à entonnoir (allemand *Trichterbecher*, en abrégé TRB). Le premier élément du nom porte toujours une majuscule pour distinguer, par exemple, la Céramique cordée (culture chalcolithique) de la céramique cordée (toute poterie décorée par impression de cordelettes).

D'autre part, les datations approximatives indiquées sont celles admises actuellement par une majorité d'auteurs. Il faut savoir que beaucoup de cultures ont été notablement « vieillies » par le perfectionnement des techniques, en particulier celle du radiocarbone (C14). Les datations au C14, effectuées à partir du milieu du XXe siècle, ont été revues ou « recalibrées » dès les années 1960, grâce notamment à la comparaison avec les données de la dendrochronologie (la datation des bois anciens par étude des cernes de croissance des arbres) ou par thermoluminescence. Le dernier mot n'est pas dit à ce sujet. La découverte d'un seul site peut parfois déplacer de plusieurs siècles les limites chronologiques précédemment admises.

Afanassiévo : Sibérie, 3500-2000 av. J.-C.

Amphores globulaires : Europe du Nord, 3500-2000 av. J.-C.

Andronovo : Asie Centrale et Sibérie, 2300-1000 av. J.-C.

Apennins : Italie, 1600-1100 av. J.-C.

Baalberge : cours supérieur de l'Elbe, 3800-3500 av. J.-C.

Bactriane-Margiane (culture de l'**Oxus**, BMAC pour *Bactrian-Margian Archaeological Complex*) : Bactriane et Margiane, 2200-1700 av. J.-C.

Baden : Danube moyen, 3600-2800 av. J.-C.

Bichkent (Toulkhar) : Tadjikistan, 1700-1500 av. J.-C.

Boïan : Roumanie, VIe-V[e] millénaires av. J.-C.

Botaï : Kazakhstan, 3500-3000 av. J.-C.

Campaniforme : voir Vase campaniforme.

Céramique à bourrelets multiples : Steppes européennes, XVIIe-XVIe siècles av. J.-C.

Céramique cordée (Hache de combat) : Europe du Nord, 3200-2300 av. J.-C.

Céramique grise peinte (PGW pour *Painted Grey Ware*) : Inde du Nord, 1300-400 av. J.-C.

Céramique rubanée linéaire (*Linearbandkeramik*, *Linear ware*, *Linear pottery*) : moyen Danube, Allemagne, v. 5500-4500 av. J.-C.

Cernavoda I : côte nord-ouest de la mer Noire, 4000-3200 av. J.-C.

Champs d'urnes (*Urnenfelder*, *Urnfield*) : Europe moyenne, 1200-800 av. J.-C. Il s'agit d'un concept très global et non d'une entité culturelle bien définie.

Cimetière H : Pendjab (nord-ouest de l'Inde), 1900-1300 av. J.-C.

« **Complexe balkano-danubien** » (à ne pas confondre avec les cultures néolithiques danubiennes) : Balkans et Danube, seconde moitié du IVe et début du IIIe millénaire av. J.-C.

Coslogeni : Roumanie, XIVe-XIIIe siècles av. J.-C.

Cucuteni : voir Trypillia.

Danubiennes (cultures néolithiques) : Danube, Europe centrale, Balkans, VIe-Ve millénaires av. J.-C.

Dniepr-Donets : Ukraine centrale, début du Ve millénaire av. J.-C.

Ezero : Bulgarie, 3300-2700 av. J.-C.

Fer iranien : Iran, phase I 1400-1000 av. J.-C., phase II 1000-800 av. J.-C.

Gandhāra (tombes du Gandhāra, culture de la Swāt) : 1800-600 av. J.-C.

Gaudo : Italie, IIIe millénaire (à partir de 2700) av. J.-C.

Gáva-Holihrady : Balkans et Ukraine du sud-ouest, 1200-800 av. J.-C.

Gobelets à entonnoir (TRB pour *Trichterbecher*, *Funnel Beaker*) : Europe du Nord, 4500-3400 av. J.-C.

Gumelniţa (Goumelnitsa) : Roumanie, seconde moitié du Ve millénaire av. J.-C.

Haches de combat, Haches de bataille : voir Céramique cordée.

Hallstatt : Europe moyenne, 800-500 av. J.-C.

Harappa : voir Indus.

Helladique : nom général des cultures de l'âge du Bronze en Grèce. La périodisation est la suivante : **Helladique ancien** I à partir de 3200 av. J.-C. ; II à partir de 2700 ; III à partir de 2200 ; **Helladique moyen** I à partir de 2000 av. J.-C. ; II et III à partir de 1900 ; **Helladique récent** I et II à partir de 1630 av. J.-C. ; IIIa à partir de 1430 ; IIIb à partir de 1300 ; IIIc à partir de 1200 av. J.-C.

Indus : Inde du Nord, 2700-1500 av. J.-C.

Jastorf : sud de la Scandinavie et nord de l'Allemagne, 600 av. J.-C. – début de notre ère.

Karanovo VI : Bulgarie, seconde moitié du Ve millénaire av. J.-C.

Kemi-Oba : Crimée, 3700-2200 av. J.-C.

Khvalynsk : Russie, sur la Volga, 4900-3500 av. J.-C.

Kiukais : Finlande, début du IIe millénaire av. J.-C.

Komariv (Komarovo) : Ukraine et Biélorussie, 1650-1200 av. J.-C.

Koura-Araxe : Transcaucasie, 3500-2200 av. J.-C.

« **Kourganes** » : steppes européennes, 4500-2200 av. J.-C.

La Tène : Europe moyenne, 500 av. J.-C. – début de notre ère.

Lusace (*Lausitzkultur*) : Europe centrale, 1300-500 av. J.-C.

Maïkop : Caucase du nord-ouest, 3500-2500 av. J.-C.

Monteoru : Roumanie, datations divergentes : 2500-2000 ? 1800-1500 ? av. J.-C.

Mykhaïlivka (Mikhaïlovka) : steppes ukrainiennes, 3600-3000 av. J.-C.

Nal'tchik : Caucase du nord-ouest, Chalcolithique.

Namazga : Turkménistan, Néolithique.

Noua : Roumanie, XIVe-XIIIe siècles av. J.-C.

Novodanylivka (Novodanilovka) : steppes ukrainiennes, 4500-3500 av. J.-C.

Ousatové (Ousatovo) : Ukraine du sud-ouest et Roumanie, 3500-3000 av. J.-C.

Oxus : voir Bactriane-Margiane.

Pirak : nord de l'Inde, 1800-VIIIe siècle av. J.-C.

Plovdiv : Bulgarie, XIVe-XIIIe siècles av. J.-C.
Poltavka : Russie, sur la Volga, 2700-2100 av. J.-C.
Qäwrighoul : Turkestan oriental (Xinjiang, bassin du Tarim), 2000-1500 av. J.-C.
Remedello : Italie, IIIe millénaire (à partir de 2700) av. J.-C.
Rinaldone : Italie, IIIe millénaire (à partir de 2700) av. J.-C.
Rubané linéaire : voir Céramique rubanée linéaire.
Sabatynivka (Sabatinovka) : steppes ukrainiennes occidentales, XVe (ou XVIIIe ?)-XIIe siècles av. J.-C.
Samara : Russie, sur la Volga, début du Ve millénaire av. J.-C.
Serednii Stih II (Srednii Stog) : steppes ukrainiennes, v. 4500-3500 av. J.-C.
Srednii Stog : voir Serednii Stih.
Tazabaguiab : Ouzbékistan, v. 1500 av. J.-C.
Terramare : Italie, 1500-1100 av. J.-C.
Tombes à catacombe : Steppes européennes, 2300-1700 av. J.-C.
Tombes à charpente (*Timber-grave culture*, *Srubnaja kul'tura*) : Steppes européennes, 1800-1200 av. J.-C.
Tombes à fosse (*Jamnaja kul'tura*) : Steppes européennes, 3600-2200 av. J.-C.
Trésors de cuivre : nord de l'Inde, 1500-1000 av. J.-C.
Trzciniec : Pologne, IIe millénaire av. J.-C.
Tumulus (*Hügelgräberkultur*) : Europe moyenne, 1600-1200 av. J.-C.
Trypillia (Tripolié) ou Cucuteni-Trypillia, Balkans et Ukraine occidentale, v. 4500-3000 av. J.-C.
Únětice (Aunjetitz) : Europe centrale, 2300-1600 av. J.-C.
Vakhch : Tadjikistan, 1700-1500 av. J.-C.
Varna : Bulgarie, 4600-4200 av. J.-C.
Vases campaniformes (*[Bell-]Beaker culture*, *Glockenbecherkultur*) : Europe occidentale, 2600-1900 av. J.-C.
Villanovien : Italie, 1100-700 av. J.-C. (1100-900 : « Proto-Villanovien »).
Vinča : Danube et Balkans, VIe-IIIe millénaires av. J.-C.

Périodisation de la Préhistoire

On a fréquemment utilisé dans le texte les noms des grandes phases de la Préhistoire. Elles ne correspondent pas toujours à des dates fixes, parce qu'elles sont en partie définies par des innovations techniques qui sont apparues, suivant les régions considérées, avec des décalages pouvant atteindre plusieurs millénaires.

Paléolithique : de l'apparition de l'industrie humaine à 9000 av. J.-C. environ.

Mésolithique : période de transition vers le Néolithique ; en Europe : vers 9000-6000 av. J.-C.

Néolithique : période définie par la domestication des animaux, la diffusion de l'agriculture, de la céramique. Le Néolithique débute au Proche-Orient aux VIIIe-VIIe millénaires av. J.-C., et il est attesté en Europe (Grèce) vers 6500 av. J.-C.

Chalcolithique (ou Enéolithique) : période de transition entre Néolithique et âge du Bronze, définie par l'usage du cuivre ; en Europe orientale : dès 5000-4500 av. J.-C., jusque vers 2500 av. J.-C.

Age du Bronze : vers 2500-1000 av. J.-C.

Age du Fer : à partir de 1000 av. J.-C. environ en Europe.

Glossaire

Ce glossaire ne reprend que quelques termes techniques qui ne sont pas expliqués dans le corps du texte.

Agglutinante (langue) : type de langue où les rapports grammaticaux sont indiqués par des affixes indépendants ajoutés les uns aux autres. Par exemple, « dans mes maisons » se dit en turc *evlerimde* (*ev* « maison » + *ler* [pluriel] + *im* [possessif 1re personne du singulier] + *de* « dans »).

Asianique : nom traditionnellement donné à certaines langues, non indo-européennes et non sémitiques, du Proche-Orient, comme le hattique ou l'ourartéen. Il ne s'agit pas d'une famille linguistique bien définie.

Brachycéphale : à crâne arrondi (vu de dessus).

Cognat : terme apparenté à un autre et provenant d'un même prototype ; le russe *brat* et le français *frère* sont des cognats.

Cunéiforme : type d'écriture répandu dans l'Orient ancien et caractérisé par des signes en forme de coins ou triangles allongés. Ces signes ont servi, avec de nombreuses variantes, à écrire des langues de plusieurs familles, dont des langues indo-européennes (hittite, et vieux-perse).

Désinence : terminaison indiquant le rôle du mot dans un énoncé, précisant son genre, son nombre, son cas, etc. Par exemple, la désinence du pluriel en français est habituellement *-s*.

Dialecte : l'une des variantes d'une langue. Contrairement à l'usage courant en français, ce terme n'a aucune connotation péjorative.

Dolichocéphale : à crâne allongé (vu de dessus).

Duel : outre un singulier et un pluriel, certaines langues possèdent un duel pour désigner des paires homogènes ou non (par exemple : les deux yeux).

Ethnonyme : nom de peuple. Le nom qu'un peuple se donne lui-même est un autoethnonyme (*Deutsch*), ceux que lui donnent des étrangers sont des hétéroethnonymes (*Allemands*, *Germans*, *Tedeschi*, *Nemcy*, etc.).

Flexionnelle (langue) : type de langue où les rapports grammaticaux sont exprimés par des désinences synthétiques chargées de plusieurs significations (genre, nombre, cas pour les déclinaisons, personne, temps, mode et voie pour les conjugaisons...). Dans le latin *gallus cantavit* « le coq chanta », *-us* signale le nominatif et le genre masculin du nom, *-vit* la voie active, le parfait de l'indicatif, la troisième personne du singulier. L'indo-européen était une langue flexionnelle (au moins à ses stades 2 et 3), et ses dérivés le sont restés dans des proportions diverses.

Locuteur : celui qui parle une langue.

Mésocéphale : à crâne de forme intermédiaire (cf. dolichocéphale, brachycéphale).

Mutation consonantique : Processus de transformation subi par une consonne. Dans les langues indo-européennes, les plus importantes sont celles qui sont affecté le germanique (lois de Grimm et de Verner) et l'arménien.

Occlusive : consonne réalisée au moyen d'une fermeture, en un point quelconque, du canal vocal (*p*, *k*, *d*...), par opposition à des consonnes « fricatives » où ce canal est simplement resserré (par exemples les sifflantes *s*, *z*...).

Palatalisation : Déplacement du point d'articulation d'un phonème vers la région antérieure du palais ; par exemple, *n* palatalisé (*ñ*) se prononcera comme le *gn* français de *gnon* ou le *ñ* espagnol de *niño*. Ce sont des phénomènes de palatalisation qui distinguent, parmi les langues indo-européennes, le type « centum » du type « satem ».

Phénotype : ensemble des traits physiques caractéristiques.

Sonores : consonnes prononcées avec l'intervention de la voix (*b*, *d*, *g*...).

Sourdes : consonnes prononcées sans intervention de la voix (*p*, *t*, *k*...).

Substrat : couche antérieure à un phénomène ethnique ou linguistique donné, et qui a exercé une influence sur lui. Exemple : le substrat linguistique gaulois en français.

Syllabique (écriture) : écriture dans laquelle les signes représentent des syllabes. Le syllabaire est à une telle écriture ce que l'alphabet est à la nôtre.

Pour aller plus loin : éléments bibliographiques commentés

De même que nous avons choisi, dans cet ouvrage introductif, de ne pas alourdir le corps du texte par d'innombrables notes, nous avons pris le parti de ne pas donner de bibliographie complète (une bonne partie des sources utilisées ayant en outre été publiée en russe, ukrainien, etc.), mais de signaler quelques références facilement accessibles au lecteur francophone et comportant, pour la plupart, de solides bibliographies.

Ouvrages de synthèse

Parmi les synthèses récentes disponibles en français, nous recommandons principalement et sans réserve celle de J. P. Mallory, *A la recherche des Indo-Européens* (Seuil, Paris, 1997 ; édition originale : *In Search of the Indo-Europeans*, Thames & Hudson, Londres, 1989). Ce livre fait une présentation nuancée et équilibrée du problème, assaisonnée de pointes d'humour bienvenues. L'auteur adhère pour l'essentiel à la théorie des Kourganes, tout en signalant les failles qu'il croit y déceler. Contrairement au principe général, nous conseillons l'édition française, munie en postface d'une mise à jour, plutôt que l'édition originale anglo-américaine, à laquelle manquaient... *tous* les signes diacritiques !

L'ouvrage de Bernard Sergent, *Les Indo-Européens, Histoire, langue, mythe* (Payot, Paris, 1995) a une dimension encyclopédique qui le rend précieux. Il fait une large place à la reconstitution, qu'il pousse très loin, de la culture indo-européenne primitive par la méthode comparative. L'auteur est également partisan de la théorie des Kourganes, et le lecteur notera qu'il la présente comme une certitude, y compris en ce qui concerne les rapports contestés entre cultures de la steppe et cultures d'Europe centrale et du Nord.

Le « Que Sais-je » de Jean Haudry, *Les Indo-Européens* (P.U.F., Paris), est consacré à la reconstitution de la culture indo-européenne, avec quelques éléments sur l'archéologie. C'est un aide-mémoire utile, même si l'auteur, après avoir présenté la théorie des Kourganes et l'avoir approuvée, lui préfixe bizarrement, dans un paragraphe de conclusion, la théorie « polaire » de Tilak.

La théorie « néolithique » de Colin Renfrew est expliquée sous une forme simple et claire dans son livre *L'énigme indo-européenne, archéologie et langage* (Flammarion, Paris, 1990 ; édition originale : *Archaeology and language : the Puzzle of Indo-European Origins*, Cambridge University Press, 1988).

La théorie « anatolo-transcaucasienne » de Tomas Gamkrelidzé et Viatcheslav Ivanov est exposée dans *Indo-European and the Indo-Europeans* (Mouton de Gruyter, Berlin-New York, 1995).

Le lecteur curieux pourra jeter un œil au livre de Lothar Kilian, *De l'origine des Indo-Européens* (Le Labyrinthe, 2000 ; édition originale : *Zum Ursprung der Indogermanen*, Dr. Rudolf Habelt GmbH, Bonn, 1983). Bien que sa traduction en français soit récente, il reflète une vision assez datée de la question indo-européenne. Son intérêt est de défendre des thèses totalement opposées à celles des ouvrages précités de J. P. Mallory et B. Sergent : unité indo-européenne repoussée jusqu'au Paléolithique, foyer nord-européen... Une mise à jour de ces mêmes thèses, faisant suite à un résumé bien documenté de la question, figure dans l'essai d'Alain de Benoist diffusé sur Internet (*Indo-Européens : à la recherche du foyer d'origine*).

Une autre synthèse ancienne, encore utile par sa présentation presque exhaustive des théories formulées jusque vers 1960 sur l'origine des Indo-Européens, est celle de Pedro Bosch-Gimpera, *Les Indo-Européens* (Payot, Paris, 1980). Le lecteur prendra garde aux datations périmées (excessivement « rajeunies ») des cultures archéologiques évoquées.

L'indo-européen et les langues indo-européennes

Parmi une littérature abondante, on peut recommander les travaux très accessibles de W. B. Lockwood, *Indo-European Philology* et *A Panorama of Indo-European Languages* (Londres, 1969 et 1972). La publication dirigée par Françoise Bader, *Langues indo-européennes* (éditions du CNRS, 1998), ne couvre malheureusement pas toutes les branches de l'indo-européen, mais contient quelques bonnes contributions.

En français, l'*Introduction à l'étude comparatives des langues indo-européennes* d'Antoine Meillet (Hachette, Paris, 1922), est naturellement vieillie ; l'ouvrage d'André Martinet, *Des steppes aux océans* (Payot, 1986), avance des propositions intéressantes, notamment en ce qui concerne les laryngales. Le « Que Sais-je » de Jean Haudry, *L'indo-Européen* (P.U.F., Paris) contient les données essentielles sous un format pratique.

A côté des grands dictionnaires classiques comme celui de J. Pokorny, *Indogermanisches etymologisches Wörterbuch*, Berne, 1959, il existe des ouvrages plus simples mais plus maniables, comme le *Vocabulaire indo-européen* de Xavier Delamarre (Adrien Maisonneuve, Paris, 1984).

Pour replacer la question indo-européenne dans un contexte plus vaste, on tirera profit du récent ouvrage collectif dirigé par J.-M. Hombert, *Aux origines des langues et du langage* (Fayard, Paris, 2005).

Culture, comparatisme religieux

Le vocabulaire des institutions indo-européennes d'Emile Benveniste (Editions de Minuit, Paris, 1969) demeure un ouvrage de référence.

Pour la mythologie comparée et la théorie dumézilienne, le mieux est évidemment de lire les œuvres de Georges Dumézil lui-même, en particulier les grandes synthèses qu'il a rédigées à l'apogée de sa carrière (tout en sachant que comme tout vrai chercheur, il n'a cessé jusqu'à la fin de sa vie de modifier et de remettre en cause certains de ses propres points de vue). On peut citer : *Mythe et épopée I, II et III* (Gallimard, Paris, 1995) ; *Les Dieux souverains des Indo-Européens* (Gallimard, Paris, 1993) ; *Heur et malheur du guerrier, Aspects mythiques de la fonction guerrière chez les Indo-Européens* (Flammarion, Paris, 1996) ; *Mariages indo-européens*, suivi de *Quinze questions romaines* (Gallimard, Paris, 1988) ; *La Religion romaine archaïque* (Payot, 2000) ; *Romans de Scythie et d'alentour* (Payot, Paris, 1988).

Pour ceux que découragerait l'ampleur de l'œuvre du maître, il existe un excellent ouvrage introductif *Mythes et dieux des Indo-Européens*, réalisé par Hervé Coutau-Bégarie à partir d'extraits de textes essentiels (Flammarion, Paris, 1999). On peut aussi lire, à propos du mauvais procès en « sympathies d'extrême-droite » fait à Georges Dumézil, le plaidoyer de Didier Eribon *Faut-il brûler Dumézil ?* (Flammarion, Paris, 1992).

Archéologie, génétique

L'information archéologique relative au problème indo-européen est dispersée dans une foule de livres et d'articles traitant du Néolithique et du Chalcolithique en Europe et Asie occidentale. On trouvera cependant un matériel abondant dans J. P. Mallory and D.Q. Adams, *The Encyclopaedia of Indo-European Culture* (Fitzroy & Dearborn, Londres-Chicago, 1997). Pour le reste, nous renvoyons le lecteur aux bibliographies des manuels généraux.

Il n'existe pas d'ouvrage de synthèse rédigé par Marija Gimbutas elle-même sur sa théorie des Kourganes. On peut se référer à ses articles dans le *Journal of Indo-European Studies*, et aussi – avec les réserves qu'impose leur caractère indirect – aux présentations faites dans tous les ouvrages généraux traitant des Indo-Européens.

Pour les données génétiques récentes, les travaux de Luigi Luca Cavalli-Sforza ont été traduits en français : *Gènes, peuples, et langues*, Odile Jacob, Paris, 1996. L'application de la génétique aux problèmes d'histoire des langues et des peuples fait l'objet d'un chapitre de L. Quintana-Murci et J.-M. Hombert dans l'ouvrage collectif précité (*Aux origines*...).

Périodique

Le prestigieux *Journal of Indo-European Studies*, publié à Washington, est le principal organe de recherche et de liaison des indo-européistes.

Table des matières

Achevé d'imprimer en février 2006
sur les presses de la Nouvelle Imprimerie Laballery
58500 Clamecy
Dépôt légal : février 2006
N° d'impression : 602089

Imprimé en France